2022

COORDENADORES

BRUNO **MIRAGEM**

ROBERTA **DENSA**

COMPLIANCE
E RELAÇÕES DE CONSUMO

AUTORES • ALINE ROBERTA VELOSO **RANGEL** • AMANDA FLÁVIO DE **OLIVEIRA** • ANGELICA LUCIA **CARLINI** • BRUNO **MIRAGEM** • CECÍLIA **DANTAS** • EVELYN DALMOLIN CANALLI DE **MOURA** • FÁBIO LOPES **SOARES** • FABÍOLA MEIRA DE ALMEIDA **BRESEGHELLO** • FERNANDO RODRIGUES **MARTINS** • FLÁVIO DE MIRANDA **RIBEIRO** • JACQUELINE SALMEN **RAFFOUL** • JOSÉ DOS SANTOS **CARVALHO FILHO** • JOSÉ LUIZ DE MOURA **FALEIROS JÚNIOR** • JULIANA OLIVEIRA **DOMINGUES** • LUCIANO BENETTI **TIMM** • LUIZ EDUARDO DE **ALMEIDA** • MARCEL EDVAR **SIMÕES** • MARIA LUIZA MACHADO **GRANZIERA** • MARIANA ZILIO DA SILVA **NASARET** • ROBERTA **DENSA** • RODRIGO BRANDÃO **FONTOURA** • SIMONE **MAGALHÃES** • UINIE **CAMINHA**

EDITORA FOCO

Dados Internacionais de Catalogação na Publicação (CIP) de acordo com ISBD

C737

Compliance e relações de consumo / Aline Roberta Veloso Rangel ... [et al.]. -Indaiatuba, SP : Editora Foco, 2022.

344 p. ; 17cm x 24cm.

Inclui bibliografia e índice.

ISBN: 978-65-5515-388-0

1. Direito. 2. Direito do consumidor. 3. Compliance. 4. Relações de consumo. I. Rangel, Aline Roberta Veloso. II. Oliveira, Amanda Flávio de. III. Carlini, Angelica Lucia. IV. Miragem, Bruno. V. Dantas, Cecília. VI. Moura, Evelyn Dalmolin Canalli de. VII. Soares, Fábio Lopes. VIII. Breseghello, Fabíola Meira de Almeida. IX. Martins, Fernando Rodrigues. X. Ribeiro, Flávio de Miranda. XI. Raffoul, Jacqueline Salmen. XII. Carvalho Filho, José dos Santos. XIII. Faleiros Júnior, José Luiz de Moura. XIV. Domingues, Juliana Oliveira. XV. Timm, Luciano Benetti. XVI. Almeida, Luiz Eduardo de. XVII. Simões, Marcel Edvar. XVIII. Granziera, Maria Luiza Machado. XIX. Nasaret, Mariana Zilio da Silva. XX. Densa, Roberta. XXI. Fontoura, Rodrigo Brandão. XXII. Magalhães, Simone. XXIII. Caminha, Uinie. XXIV. Título.

2021-3871 CDD 342.5 CDU 347.451.031

Elaborado por Vagner Rodolfo da Silva - CRB-8/9410

Índices para Catálogo Sistemático:

1. Direito do consumidor 342.5
2. Direito do consumidor 347.451.031

2022

COORDENADORES

BRUNO **MIRAGEM**

ROBERTA **DENSA**

COMPLIANCE E **RELAÇÕES** DE **CONSUMO**

AUTORES • ALINE ROBERTA VELOSO **RANGEL** • AMANDA FLÁVIO DE **OLIVEIRA** • ANGELICA LUCIA **CARLINI** • BRUNO **MIRAGEM** • CECÍLIA **DANTAS** • EVELYN DALMOLIN CANALLI DE **MOURA** • FÁBIO LOPES **SOARES** • FABÍOLA MEIRA DE ALMEIDA **BRESEGHELLO** • FERNANDO RODRIGUES **MARTINS** • FLÁVIO DE MIRANDA **RIBEIRO** • JACQUELINE SALMEN **RAFFOUL** • JOSÉ DOS SANTOS **CARVALHO FILHO** • JOSÉ LUIZ DE MOURA **FALEIROS JÚNIOR** • JULIANA OLIVEIRA **DOMINGUES** • LUCIANO BENETTI **TIMM** • LUIZ EDUARDO DE **ALMEIDA** • MARCEL EDVAR **SIMÕES** • MARIA LUIZA MACHADO **GRANZIERA** • MARIANA ZILIO DA SILVA **NASARET** • ROBERTA **DENSA** • RODRIGO BRANDÃO **FONTOURA** • SIMONE **MAGALHÃES** • UINIE **CAMINHA**

2022 © Editora Foco
Coordenadores: Bruno Miragem e Roberta Densa
Organizadora: Cecília Dantas
Autores: Aline Roberta Veloso Rangel, Amanda Flávio de Oliveira, Angelica Lucia Carlini, Bruno Miragem, Cecília Dantas, Evelyn Dalmolin Canalli de Moura, Fábio Lopes Soares, Fabíola Meira de Almeida Breseghello, Fernando Rodrigues Martins, Flávio de Miranda Ribeiro, Jacqueline Salmen Raffoul, José dos Santos Carvalho Filho, José Luiz de Moura Faleiros Júnior, Juliana Oliveira Domingues, Luciano Benetti Timm, Luiz Eduardo de Almeida, Marcel Edvar Simões, Maria Luiza Machado Granziera, Mariana Zilio da Silva Nasaret, Roberta Densa, Rodrigo Brandão Fontoura, Simone Magalhães e Uinie Caminha
Diretor Acadêmico: Leonardo Pereira
Editor: Roberta Densa
Assistente Editorial: Paula Morishita
Revisora Sênior: Georgia Renata Dias
Revisora: Simone Dias
Capa Criação: Leonardo Hermano
Diagramação: Ladislau Lima e Aparecida Lima
Impressão miolo e capa: FORMA CERTA

NOTAS DA EDITORA:

Atualizações e erratas: A presente obra é vendida como está, atualizada até a data do seu fechamento, informação que consta na página II do livro. Havendo a publicação de legislação de suma relevância, a editora, de forma discricionária, se empenhará em disponibilizar atualização futura.

Erratas: A Editora se compromete a disponibilizar no site www.editorafoco.com.br, na seção Atualizações, eventuais erratas por razões de erros técnicos ou de conteúdo. Solicitamos, outrossim, que o leitor faça a gentileza de colaborar com a perfeição da obra, comunicando eventual erro encontrado por meio de mensagem para contato@editorafoco.com.br. O acesso será disponibilizado durante a vigência da edição da obra.

Impresso no Brasil (12.2021) – Data de Fechamento (12.2021)

2022

Editora Foco Jurídico Ltda.
Avenida Itororó, 348 – Sala 05 – Cidade Nova
CEP 13334-050 – Indaiatuba – SP

E-mail: contato@editorafoco.com.br
www.editorafoco.com.br

APRESENTAÇÃO

Esta obra, construída a muitas mãos, é o resultado da evidente necessidade de aproximação entre teoria e prática para resposta aos desafios do mercado de consumo nos dias que seguem. É objeto de repetidas considerações a qualidade da legislação brasileira em matéria de defesa do consumidor. De fato, em poucos sistemas jurídicos o direito do consumidor conta com uma disciplina normativa como no Brasil, com assento constitucional e uma codificação cuja influência dogmática ultrapassa os limites da relação de consumo em si, avançando sobre os domínios do direito privado em geral e sobre o processo civil. Por outro lado, são conhecidos os reclamos pela falta de efetividade destas mesmas normas e o desrespeito por diversos dos seus comandos, a fomentar o litígio judicial e a reprodução indefinida de violações a direitos. Só estas já seriam razões suficientes para exame de novos instrumentos que não substituam, mas se somem às respostas existentes, mas que não dão conta de assegurar os interesses legítimos dos consumidores no mercado de consumo.

Neste ponto é que se deve prestar atenção ao compliance como técnica e como práxis empresarial, visando tanto à prevenção do ilícito e do litígio, quanto instrumento de gestão da empresa pelo fornecedor. Como é notório na teoria do direito, todo o dever jurídico, para ser considerado tal, e admitir a possibilidade de que se imponha coercitivamente o cumprimento, supõe que certo número de destinatários atenda seu comando de modo cooperativo, independentemente de coerção. Projetando-se sobre as relações econômicas e, sobretudo, em relação aos deveres impostos à grande empresa, a discussão sobre as motivações da atuação ilícita opera-se mais no campo dos incentivos do que das considerações sobre dolo e culpa – conforme é intuitivo do desenvolvimento contemporâneo da teoria do risco.

Nestes termos, o compliance nas relações de consumo é técnica e práxis que organiza e estrutura a atuação da empresa em diferentes dimensões e, também, no tocante às relações de consumo. Sua importância inconteste, todavia, ressente-se ainda, da devida atenção desde a perspectiva jurídica que, no ponto, tem muito a contribuir. O interesse do consumidor move o mercado e a atividade dos fornecedores destinada a assegurar credibilidade e sustentabilidade da sua atuação. Para tanto, estrutura e processos que promovam o atendimento dos deveres jurídicos em operações de escala – que caracterizam o mercado de consumo atual – prevenindo e respondendo com celeridade casos de violação de direitos ou irregularidades, são decisivos à reputação da empresa perante os consumidores, mas também no plano da responsabilidade jurídica. Aí se situa a função do compliance.

Eis a motivação que permitiu reunir, nesta obra, a contribuição genuína de mais de uma dezena de especialistas para examinar, refletir e apontar caminhos para o compliance e as relações de consumo no Brasil. Conciliam-se as contribuições de juristas destacados, profissionais com ampla experiência no mercado de consumo e pesquisadores, visando identificar e mensurar a contribuição e os desafios do compliance de consumo na experiência atual e futura.

Para iniciar, Bruno Miragem – um dos coordenadores da obra que também responde por esta apresentação – discorre sobre o "*Compliance* e o direito do consumidor: aspectos conceituais". No artigo, reconhece ser o *compliance* técnica de gestão da empresa, que resulta da compreensão de que a complexidade e extensão dos deveres e responsabilidades atribuídos à sociedade empresária em suas múltiplas relações, exige a adoção de sistemas que permitam identificar e prevenir eventuais riscos de falhas e atuação irregular, assim como agilidade na reação caso ocorram.

Conclui que o estudo do *compliance* de consumo e os meios de sua implementação pelo fornecedor, deve contar com crescente e qualificada atenção dos juristas, sem prejuízo de sua compreensão como estratégia multidisciplinar, compreendendo a integração, sistematização e expansão de uma série de atividades típicas da empresa para realização do seu objeto social, e atenta ao risco de falhas na consecução deste propósito.

Com o artigo intitulado "Governança corporativa, *compliance* e riscos como instrumentos para efetivação das normas do CDC", Luiz Eduardo de Almeida conceitua e explica a governança coorporativa e a função do *compliance*, adentrando nas noções de gerenciamento de riscos, demonstrando como tais instrumentos podem ser úteis para a efetivação das normas do CDC.

Para o autor, governança corporativa se relaciona com o modo como as companhias são geridas e como as decisões de gestão são tomadas. É conceito que delineia as funções dos administradores, bem como as suas relações com os sócios ou acionistas, com os demais colaboradores, com as empresas e pessoas que se relacionam comercialmente com a sociedade empresária, e até mesmo com a própria sociedade.

Assevera que o planejamento estratégico e o sistema de governança corporativa possuem a obrigação constitucional e legal de atentarem à proteção dos consumidores. Afirma que a implantação de estruturas de tomada de decisão na empresa relacionadas à consumidores deve ter por norte a obrigação da observância das normas do Código de Defesa do Consumidor.

No texto intitulado "Notas sobre *compliance* no âmbito das relações de consumo", Cecília Dantas e Roberta Densa – também coordenadora desta obra coletiva – discorrem o conceito de *compliance*, apresentando as vantagens e desvantagens da regulação estatal e da autorregulação, argumentando ser essencial que o mercado faça autorregulação dos aspectos que o legislador não consegue ter agilidade necessária para atuação frente às necessidades dos consumidores.

Passam a tratar dos pilares do programa de *compliance* no espaço coorporativo, conforme o guia da Controladoria Geral da União, quais sejam: o comprometimento e apoio da alta administração; definição de instância responsável; análise de perfil e riscos; e estratégias de monitoramento contínuo.

Por fim, tratam do *compliance* como efetividade das políticas públicas instrumento de prevenção de danos, trazendo casos concretos que demonstram efetivos prejuízos aos consumidores pela ausência de instrumento de prevenção de danos.

Marcel Edvar Simões discute em seu capítulo a natureza jurídica das regras de *compliance*, e questiona se seria o conteúdo de um programa de *compliance* erigível à categoria de autêntica norma jurídica para os seus destinatários, ou tratar-se-ia, apenas, de deveres e poderes jurídicos atribuídos aos sujeitos por meio de negócios jurídicos empresariais internos com base na autonomia privada. E continua a questionar: o programa de *compliance* resulta fundamentalmente do exercício da autonomia privada, ou existe em simbiose com uma regulação indutiva de padrões gerada por órgãos estatais e paraestatais que diminui a margem da *escolha de categoria jurídica* a cargo dos particulares?

Sustenta que o *compliance* se insere no âmbito de um modelo estratégico de Direito pós-regulatório a que Gunther Teubner designa como *modelo do controle de autorregulação* (*control of self regulation*). Defende que, por meio da adequada compreensão do instituto do *compliance*, realizada sob a perspectiva da Teoria Geral do Direito (notadamente, a perspectiva da teoria da norma jurídica e das fontes do Direito), torna-se possível delinear melhor de que forma o Direito do Consumidor se estrutura como um autêntico *microssistema jurídico* com traços estruturais, funcionais e processuais dotados de identidade própria, em que a integração entre o Direito Público e o Direito Privado.

Rodrigo Brandão Fontoura no artigo intitulado "Conformidade das relações com o mercado e seus efeitos nas relações de consumo", afirma que a empresa deve adaptar seus processos e políticas internas em relação às leis, normas e diretrizes voltadas para o relacionamento com seus *stakeholders*, considerando *stakeholders* todos aqueles que possuam relações ou interesses com uma determinada empresa, entidade ou organização e ressalta a importância da manutenção de boas relações com aqueles.

Considera que os consumidores, para a grande maioria das empresas, são aqueles que ditam as regras de sua perpetuidade, na condição de destinatários finais das suas respectivas atividades econômicas. Para as empresas que estão inseridas no cenário das relações de consumo, os consumidores fazem parte de um contexto de relacionamento que os alça à condição de *stakeholders* externos mais importantes.

José dos Santos Carvalho Filho trata do *compliance* nas concessões de serviço público, abordando a proteção do usuário afirmando ser a adoção do sistema uma fonte de proteção e garantia dos serviços públicos praticados pelas concessionárias, evitando fraudes, corrupção e problemas com os usuários desses serviços. Ressalta o autor que algumas atitudes podem envolver a aplicação da Lei 12.846/2013, tais como a possiblidade de pagamento de propina entre concessionário e órgão público; as fraudes em licitações; fraude no equilíbrio econômico do contrato de concessão (valor da tarifa paga pelos usuários e a remuneração do concessionário, com a inclusão do custeio na prestação do serviço); entre outras possibilidades demonstrando o efetivo prejuízo aos consumidores.

Juliana Oliveira Domingues, Aline Roberta Veloso Rangel, Mariana Zilio da Silva Nasaret analisam os programas de integridade como mecanismos de mitigação de sanções administrativas, e sustentam que estes devem atentar para a agenda central da Senacon/MJSP e do SNDC. Mencionam o desafio de não apenas customizar programas de conformidade de acordo com a realidade de cada empresa, mas, também, criar meios factíveis de implementação que resultem na ampliação da cultura do *compliance in-house*.

Alertam que toda construção de um programa de integridade deve envolver valores e princípios constantes no Código de Defesa do Consumidor que tem como pilares a saúde e a segurança, informação clara e adequada, além da educação e divulgação sobre o consumo adequado dos produtos e serviços.

Com o artigo intitulado "*Compliance* antitruste no Brasil", Amanda Flávio de Oliveira e Uinie Caminha ressaltam, de início, as funções preventiva, repressiva e educativa da legislação antitruste no Brasil, afirmando estar o *compliance* antitruste relacionado às funções repressiva e educativa, representando uma forma adicional do Estado buscar atingir a plena eficácia do sistema normativo de defesa da concorrência brasileiro. O texto apresenta uma abordagem crítica do significado e das justificativas para se estimular ou implementar esses programas no Brasil e demonstra porque a adoção desses programas por parte das empresas ainda vale a pena, apesar de seu custo e de seus riscos.

José Luiz de Moura Faleiros Júnior aborta, com profundidade, os impactos das novas tecnologias afirmando que o *compliance* representa um dos caminhos profícuos para o florescimento de estruturas complementares aos deveres de proteção já definidos pela legislação. Ratifica a ideia de que o chamado *compliance* digital envolve a adoção de estratégias de governança baseadas nas funções preventiva e precaucional da responsabilidade civil, e em deveres como a transparência e a responsividade, sendo exigível do fornecedor que explore atividades em mercados ricos em dados e realize auditorias frequentes.

Por fim, demonstra que a a *accountability*, compreendida a partir da introjeção das funções preventiva e precaucional da responsabilidade civil nas atividades econômicas exploradas em ambientes menos regulados ou totalmente desregulados, impõe maior rigor na análise do cumprimento de deveres extraídos da governança. O tênue limiar de transição, marcado pela iminente consolidação da '*web 5.0*', com a adoção da tecnologia 5G e a proliferação da Internet das Coisas, apenas reforçará essa tendência e cada vez mais as relações de consumo passarão a ser complementadas pelo *compliance*, especialmente no comércio eletrônico.

Luciano Benetti Timm e Jacqueline Salmen Raffoul, com o artigo intitulado "O *compliance* como meio de proteção dos dados pessoais dos consumidores no ambiente digital", buscam analisar de que forma o *compliance* pode ser utilizado para a proteção dos dados pessoais dos consumidores no ambiente digital. Para isso, observaram como o *compliance* reflete os princípios do Código de Defesa do Consumidor e da Lei Geral de Proteção de Dados (LGPD). Verificaram, ainda, como os direitos dos consumidores são respeitados com o *compliance*, bem como as contribuições das disposições da LGPD para o desenvolvimento e a implementação de programas de integridade.

Trazendo dados que mostram o crescimento exponencial do uso das informações pessoais dos consumidores, os autores trouxeram estudo de casos e de análise de preceitos legais. Concluíram, por fim, que *compliance* é um mecanismo eficaz para o estabelecimento de relações de confiança com consumidores, bem como de prevenir violações legais e consequentes aplicações de sanções pelas autoridades competentes.

Angélica Carlini, no seu texto denominado "*Compliance* em seguro e proteção do consumidor" enfatiza a necessidade de as sociedades seguradores de organizar, administrar e utilizar recursos de terceiros para pagamento de indenizações ao próprio segurado, a vítimas ou beneficiários. Coloca, no centro do seu trabalho, o mutualismo nas relações entre segurados e seguradora e ressalta que a atividade exige rigoroso cumprimento das disposições legais e das normas de regulação.

Demonstrando a regulação do setor por meio da SUSEP, discorre a autora sobre diversas circulares daquele órgão para chegar até a recém editada Resolução 382/2020 do Conselho Nacional de Seguros Privados, que dispõe sobre princípios a serem observados nas práticas de conduta adotadas pelo setor de seguros no relacionamento com o cliente. Referida norma tem como objetivo minimizar a assimetria de informações, elemento muito presente na área de seguros privados dado à complexidade das operações que devem ser obedecidas para a formação e gestão do fundo mutual; e, a adoção de medidas que visem diminuir o risco de venda de produtos não adequados ou apropriados ao cliente, o que exigirá maior conhecimento do perfil e dos objetivos de quem pretende contratar o seguro, capitalização ou previdência complementar.

Fernando Rodrigues Martins, aborda o *compliance* no direito do consumidor, apresentando uma evolução das normas relacionadas aos planos de saúde e a proteção do consumidor, bem como a mudança na dinâmica na prestação de serviços de saúde e a importância do código do consumidor na proteção das suas vulnerabilidades.

Ressalta o autor que o sistema a governança e *compliance* deem ser utilizados em relação à atividade estatal de deveres de proteção aos consumidores, mas também direcionado às boas práticas na iniciativa privada ressaltando a necessidade de suporte e acolhimento do vulnerável; desenvolvimento de programas e procedimentos na garantia dos direitos dos consumidores; redução de riscos nas relações de consumo; diminuição de conflitos e geração de consumo sustentável.

Demonstra a importância da Resolução Normativa nº 443/19 expedida pela ANS que estabelece 'práticas mínimas de *governança corporativa* das operadoras e planos de saúde', e conclui pela necessidade de adesão aos modelos de programas de conformidade para a consolidação da '*comunidade empresarial ética*'. Ressalta que, no caso dos planos e seguros privados de assistência à saúde, o *compliance* deve ser mais amplo e atender as demandas dos consumidores, especialmente a melhoria da qualidade de vida.

No artigo intitulado "*Compliance* e ouvidoria: a importância da governança do relacionamento com o consumidor", Fábio Lopes Soares discorre sobre o papel das ouvidorias e sistemas de *compliance*, afiançando a importância dos canais de relacionamento com o cliente na otimização de processos gerenciais internos.

Afirma que a ouvidoria distingue-se das demais áreas de relacionamento como geradora de resultados e não de custos, oferecendo um sistema de *consumer compliance*, de forma estratégica e perenidade a iniciativa privada e ao poder público, passando os canais de manifestação dos consumidores a ter um olhar de integridade.

Assim, conclui o autor, que se uma ouvidoria é a mais pura representação da voz do cliente dentro da organização, sua manutenção como centro de custo contábil está forjada por processos gerenciais capazes de se manter atuantes mesmo sem a presença de um Ouvidor, capazes de garantir aderência ou não a compliance.

O *compliance* no setor automotivo é estudado a fundo pelas autoras Evelyn Dalmolin Canalli de Moura e Fabíola de Almeida Breseguello no artigo intitulado "Principais pilares do programa de *compliance* no setor automotivo". No início, as autoras apontam a importância do programa de *compliance* nas relações de consumo, passam pela regra do art. 4º do Código de Defesa do Consumidor, tratando dos princípios da norma e aprofundando o estudo sobre a importância do CDC para a defesa do consumidor.

Passam a tratar as práticas comerciais e publicidade no setor automotivo, tratando das regras da Lei e do Código de Ética do CONAR. Posteriormente, tratam da regulação do setor automotivo trazendo várias normas aplicáveis ao setor, inclusive no que diz respeito ao relacionamento com a rede de concessionários, a rede de fornecedores, adentrando nos aspectos da prevenção da corrupção conforme as normas brasileiras.

Simone Magalhães traz importante reflexão sobre a rotulagem de alimentos no artigo intitulado "*Compliance* e proteção do consumidor na indústria de alimentos: normas da Anvisa". No início, busca dados e informações sobre a epidemia de obesidade que está presente em boa parte dos países ocidentais. Relaciona esses dados com a falta de informação adequada sobre a rotulagem de alimentos.

Na sequência, estuda de forma aprofundada as normas da ANVISA sobre rotulagem de alimentos e conclui pela necessidade de programa de *compliance* na medida em que se percebe a necessidade de se estar em conformidade com todos os inúmeros regramentos relacionados à fabricação de alimentos.

O artigo intitulado "*Compliance* ambiental e logística reversa: o descarte de produtos" de autoria de Maria Luiza Machado Granziera e Flavio de Miranda Ribeiro revelam o estudo da logística reversa como elemento do programa de *compliance* ambiental. De fato, fornecedores passaram a ser obrigados a implantar mecanismos de logística reversa, afetando diretamente a forma de descarte de produtos e a forma de comunicação com o consumidor a respeito desse tema.

Os autores passam pelo estudo da Lei nº 12.305/2010, que instituiu a Política Nacional de Resíduos Sólidos (PNRS) e outras normas anteriores a lei federal, como a que tratava das embalagens de agrotóxicos (Lei nº 7.802/1989), dos pneus (Resolução CONAMA nº 416/2009), das pilhas e baterias (Resolução CONAMA nº 401/2008) e dos óleos lubrificantes usados e contaminados (Resolução CONAMA nº 362/2005). Concluem pela necessidade de implantação de programa de *compliance* ambiental também com fundamento no princípio da prevenção.

Este breve panorama dos estudos originais e plurais dos autores bem demonstra a qualidade que se empresta ao exame do tema, de modo a contribuir com os estudos do compliance nas relações de consumo segundo a realidade brasileira. Porém, para além disso, pretende também oferecer aos leitores uma visão atualizada e objetiva que permita intervir no debate e promover a adequada compreensão do tema – em especial, com o objetivo de incentivar sua implementação e aperfeiçoamento como instrumento que assegure a efetividade dos direitos do consumidor no Brasil.

Porto Alegre/RS e São Paulo/SP, dezembro de 2021.

Bruno Miragem

Roberta Densa.

SUMÁRIO

APRESENTAÇÃO V

COMPLIANCE E O DIREITO DO CONSUMIDOR: ASPECTOS CONCEITUAIS

Bruno Miragem 1

GOVERNANÇA CORPORATIVA, *COMPLIANCE* E RISCOS COMO INSTRUMENTOS PARA EFETIVAÇÃO DAS NORMAS DO CDC

Luiz Eduardo de Almeida 19

NOTAS SOBRE *COMPLIANCE* NO ÂMBITO DAS RELAÇÕES DE CONSUMO

Cecília Dantas e Roberta Densa 33

COMO A TEORIA GERAL DO DIREITO PODE EXPLICAR A FUNÇÃO DO *COMPLIANCE* NO DIREITO DO CONSUMIDOR? A NATUREZA DAS REGRAS DE *COMPLIANCE* À LUZ DA TEORIA DA NORMA JURÍDICA E A RELAÇÃO JURÍDICA TRILATERAL DE CONSUMO

Marcel Edvar Simões 53

CONFORMIDADE DAS RELAÇÕES COM O MERCADO E SEUS EFEITOS NAS RELAÇÕES DE CONSUMO

Rodrigo Brandão Fontoura 73

COMPLIANCE E PROTEÇÃO DO CONSUMIDOR NA CONCESSÃO DE SERVIÇOS PÚBLICOS

José dos Santos Carvalho Filho 85

COMPLIANCE NAS RELAÇÕES DE CONSUMO: PROGRAMAS DE INTEGRIDADE COMO MECANISMOS DE MITIGAÇÃO DE SANÇÕES ADMINISTRATIVAS

Juliana Oliveira Domingues, Aline Roberta Veloso Rangel e Mariana Zilio da Silva Nasaret 99

COMPLIANCE ANTITRUSTE NO BRASIL

Amanda Flávio de Oliveira e Uinie Caminha 121

COMPLIANCE DIGITAL E A PROTEÇÃO DO CONSUMIDOR: *ACCOUNTABILITY* E ABERTURA REGULATÓRIA COMO NOVAS FRONTEIRAS DO COMÉRCIO ELETRÔNICO NOS MERCADOS RICOS EM DADOS

José Luiz de Moura Faleiros Júnior 135

O *COMPLIANCE* COMO MEIO DE PROTEÇÃO DOS DADOS PESSOAIS DOS CONSUMIDORES NO AMBIENTE DIGITAL

Luciano Benetti Timm e Jacqueline Salmen Raffoul.. 171

COMPLIANCE EM SEGURO E PROTEÇÃO DO CONSUMIDOR

Angelica Lucia Carlini 187

COMPLIANCE SOLIDÁRIO E PROMOÇÃO DO CONSUMIDOR NOS PLANOS DE SAÚDE: NOVAS ESTRATÉGIAS PREVENTIVAS E ESTRUTURAIS

Fernando Rodrigues Martins 207

COMPLIANCE E OUVIDORIA A IMPORTÂNCIA DA GOVERNANÇA DO RELACIONAMENTO COM O CONSUMIDOR

Fábio Lopes Soares 233

PRINCIPAIS PILARES DO PROGRAMA DE *COMPLIANCE* NO SETOR AUTOMOTIVO

Evelyn Dalmolin Canalli de Moura e Fabíola Meira de Almeida Breseghello 245

COMPLIANCE E PROTEÇÃO DO CONSUMIDOR NA INDÚSTRIA DE ALIMENTOS: NORMAS DA ANVISA

Simone Magalhães 283

COMPLIANCE AMBIENTAL E LOGÍSTICA REVERSA: O DESCARTE DE PRODUTOS

Maria Luiza Machado Granziera e Flávio de Miranda Ribeiro 315

COMPLIANCE E O DIREITO DO CONSUMIDOR: ASPECTOS CONCEITUAIS

Bruno Miragem

Professor da Universidade Federal do Rio Grande do Sul (UFRGS), nos cursos de graduação e no Programa de Pós-Graduação em Direito (PPGD/UFRGS). Doutor e Mestre em Direito pela UFRGS. Advogado e parecerista.

Sumário: 1. Introdução – 2. O *compliance* e a efetividade das normas de proteção do consumidor; 2.1 *Compliance* e conformação da organização da empresa; 2.2 *Compliance* e atuação da sociedade empresária como fornecedora – 3. Repercussão do *compliance* na concretização de deveres de proteção do consumidor; 3.1 Dever de qualidade e *compliance;* 3.2 Contrato de consumo e *compliance* – 4. Síntese conclusiva – 5. Referências.

1. INTRODUÇÃO

A atuação das sociedades empresárias no cumprimento da lei não resulta apenas do risco de aplicação de sanção em caso de violação, senão também de outros incentivos como, por exemplo, a queda do valor de suas ações, o constrangimento pessoal de seus administradores e empregados perante suas famílias e seu círculo social, e a própria reputação frente aos seus consumidores.[1] Neste sentido, ganha relevância, para além da licitude da atuação empresarial para precaver-se de sanções, a adoção de procedimentos que visem prevenir riscos de atuação irregular.

O *compliance* é reconhecido como instrumento para melhor governança da empresa em relação aos vários riscos que envolvem a atividade, assim como para proteção de administradores e empregados. Seu efeito imediato, na legislação brasileira e em vários outros sistemas jurídicos é o da mitigação das sanções administrativas decorrentes da atuação ilícita.[2] Com crescente destaque, especialmente na atividade empresarial, vem atraindo a atenção dos juristas, sobretudo em vista da confluência de três fenômenos atuais: a) o desenvolvimento, no âmbito do direito empresarial da noção de governança corporativa, expandindo os deveres relativos ao funcionamento das sociedades empresárias para além da visão tradicional dos deveres dos administradores; b) o incentivo, por lei, à adoção de procedimentos internos visando a prevenção e denúncia da atuação irregular da sociedade empresária, por intermédio dos seus órgãos (e.g. art. 7º, VIII, da Lei 12.846/2013), e a adoção de políticas de boas

1. PARKER, Christine; NIELSEN, Vibeke Lehmann. *Deterrence and the impact of calculative thinking on business compliance with competition and consumer regulation*. Antitrust Bulletin, v. 56, n. 2. New York: Federal Legal Publications, Summer 2011, p. 381-382.
2. CUEVA, Ricardo Villas-Bôas. Funções e finalidades dos programas de *compliance*. In: CUEVA, Ricardo Villas Bôas; FRAZÃO, Ana (Coord.) *Compliance:* perspectivas e desafios dos programas de conformidade. Belo Horizonte: Fórum, 2018. p. 58-59.

práticas e governança (como ocorrem em relação ao tratamento de dados pessoais, arts. 50 e 51 da Lei 13.709/2018); e c) o estímulo à prevenção e mitigação de riscos da atividade empresarial em diferentes perspectivas, tanto na gestão administrativa, quanto regulatória, pelos órgãos do Estado ou mediante autorregulação.

Deste contexto, o cumprimento da lei (ou não violação) não é mais apenas fenômeno passivo (abster-se de violar, suportar sua incidência), passando a supor a adoção de comportamentos ativos, a revelar um conjunto de ações que assegurem, no âmbito das respectivas organizações empresariais, procedimentos e regras internas de prevenção e resposta a irregularidades.

Para tanto, parte-se da ideia correta de que em relação à sociedade empresária, dado o conjunto diverso de pessoas e ações envolvidos na sua atuação, nem tudo é voluntariedade no cumprimento da lei; o risco de descumprimento (ou desconformidade) resulta de falhas muitas vezes involuntárias, no âmbito do risco da atividade empresarial.

A adoção de procedimentos que permitam identificar, prevenir e corrigir falhas no cumprimento da lei, revela-se uma estratégia de proteção da própria atividade empresarial em relação a riscos diversos, desde os custos financeiros diretamente relacionados a eventual responsabilização em diferentes âmbitos (civil, penal e administrativo), os prejuízos decorrentes do dever de reparar danos que venha a causar e os prejuízos a sua reputação e à confiança em relação a suas práticas negociais.

Especialmente no mercado de consumo, os fornecedores se apresentam, com cada vez maior frequência, como complexas organizações empresariais, com distintos níveis de atuação, fluxo de informações e poder decisório, cujo funcionamento raramente é completamente apreendido por seus consumidores. A própria noção de organização empresarial é, antes de tudo, um conceito cultural,[3] que se forma a partir da vinculação a determinados fins que são de conhecimento comum – ainda que em diferentes graus – a todos que atuam ou se relacionam com ela. Por outro lado, a multiplicidade de normas jurídicas compõe também esta experiência cultural, exigindo um esforço considerável para que sejam conhecidas e cumpridas de modo uniforme por toda a organização.

A adoção dos procedimentos de *compliance*, neste sentido, conflui para o exercício da *autonomia privada* tanto na *organização interna* da sociedade empresária, quanto do seu *modo de atuação*. Ao se tratar das relações de consumo, não se deixa de reconhecer na realidade brasileira, os riscos de prática de corrupção com o objetivo da edição de normas legais ou regulamentares que possam reduzir padrões de exigência em relação a produtos ou serviços, ou ainda a omissão ou leniência dos órgãos e entidades da administração pública competentes para fiscalização dos agentes econômicos no mercado.

---

3. MORGAN, Gareth. *Imagens da organização*. São Paulo: Atlas, 2002. p. 121.

Por outro lado, contudo, também os deveres de conduta dispostos em lei, e que muitas vezes se definem a partir de conceitos indeterminados, a exigir concreção pelo intérprete, merecerão do *compliance* e dos programas de integridade que o compõe, a determinação de meios que assegurem seu cumprimento.[4] Assim é o caso do *dever de segurança* e do *dever de adequação*, que se referem imediatamente ao produto ou serviço objeto da relação de consumo, mas que se projetam sobre a totalidade da relação de consumo, valorizando não apenas o dever principal de prestação, mas também os deveres secundários e anexos que integram a obrigação.

2. O *COMPLIANCE* E A EFETIVIDADE DAS NORMAS DE PROTEÇÃO DO CONSUMIDOR

A origem do *compliance* relaciona-se tanto com o surgimento das agências reguladoras norte-americanas, que passam a centralizar a supervisão do mercado em todo o território dos Estados Unidos no princípio do século XX, quanto as primeiras iniciativas no sentido de coordenar a regulação financeira global, por intermédio da criação do Banco Internacional de Pagamentos (*Bank of International Settlements*), em 1930, ocasião na qual se passa a considerar o dever dos agentes econômicos (no caso, os do setor financeiro), em organizar sistemas de controles internos visando o atendimento das exigências regulatórias.

Daí por diante, são listadas iniciativas tomadas como incentivos à adoção e aperfeiçoamento da supervisão das próprias empresas sobre a conduta de seus empregados e colaboradores no cumprimento da legislação, inicialmente no mercado de capitais, a partir da adoção de *compliance officers* por exigência da *Securities and Exchange Comission (SEC)* norte-americana e, gradualmente, no setor financeiro em geral. No final da década de 1970, a edição, ainda nos Estados Unidos da América, do *Foreign Corrupt Practices Act* (1977), visando coibir a corrupção de autoridades de outros países por empresas norte-americanas, deu causa, igualmente, ao incremento de estruturas e procedimentos internos no âmbito das sociedades empresárias, com o objetivo de prevenir tais práticas.

Mais à frente, a adoção dos *standards* internacionais de regulação bancária ("Acordos de Basileia"), vão dar conta do crescente aperfeiçoamento das práticas de *compliance*, inclusive com sua adoção como um dos princípios da regulação eficaz (1997).[5] No direito brasileiro, resultam atualmente como exigência regulatória pre-

4. Alguns autores identificam um paralelismo entre normas estatais e privadas, decorrentes da fragmentação de instituições e de normas que caracteriza a realidade atual, em especial pelo crescente poder das empresas transnacionais. Neste sentido: TEUBNER, Gunther. Corporate codes in the varieties of capitalism: how their enforcement depends upon difference between production regimes, *Indiana Journal of Global Legal Studies*, v. 24, n. 1. (Winter 2017), p. 81-97. No direito brasileiro, assim refere: NASCIMENTO, Victor Hugo Alcade. Os desafios do *compliance* contemporâneo. *Revista dos tribunais*, v. 1003. São Paulo: Ed. RT, maio 2019. p. 51-75.

5. Dispõe o Princípio 26, adotado pelo Comitê de Basileia, em 1997: "Controle e auditoria internos: O supervisor determina que os bancos disponham de padrões adequados de controle interno para estabelecer e

vista na Resolução 4.595/2017, do Conselho Monetário Nacional (para as instituições financeiras em geral), e na Circular Bacen 3.865/2017 (para as administradoras de consórcio e instituições de pagamento).

Na virada do século, então, conhecidos escândalos corporativos nos Estados Unidos, em prejuízo de investidores (e.g. caso Enron), incentivam a adoção de práticas de *governança corporativa* às sociedades empresárias norte-americanas (que resultará na edição da Lei Sarbanes-Oxley, 2002), rapidamente disseminada em diversos países, inclusive no Brasil.

Trata-se, a governança corporativa[6] do "conjunto de princípios, propósitos, processos e práticas que rege o sistema de poder e o mecanismo de gestão da empresa",[7] ou como propõe a Organização para a Cooperação e Desenvolvimento Econômico (OCDE), das Nações Unidas, de *um sistema pelo qual as corporações são dirigidas e controladas, mediante distribuição de direitos e responsabilidades entre os diversos participantes da sociedade, tais como diretoria, executivos, acionistas e outras partes interessadas, e define as regras e procedimentos para tomada de decisões acerca dos negócios da companhia.*

Revelam a importância dada à transparência na atuação empresarial[8], e sua progressiva adoção na experiência das empresas e no direito empresarial,[9] inclusive como condição de legitimidade da difusão do controle da empresa no mercado de capitais, conforme já propunha Tulio Ascarelli, muito antes do surgimento do

---

manter um ambiente operacional devidamente controlado que facilite a gestão do negócio tendo em vista seu perfil de risco. Esses controles incluem procedimentos claros sobre delegação de autoridade e atribuições; separação das funções que implicam compromissos do banco, desembolso de seus fundos e contabilidade de seus ativos e passivos; conciliação destes processos; proteção dos ativos do banco e funções independentes de auditoria interna e funções de conformidade (*compliance*) para comprovar a adesão a estes controles, assim como às normas legais e regulamentares aplicáveis." O Comitê de Supervisão Bancária da Basileia (2005) define o risco de conformidade como "o risco de sanções legais ou regulatórias, perda financeira material ou perda de reputação que um banco pode sofrer como resultado de seu não cumprimento de leis, regulamentos, regras, relacionados padrões de organização autorreguladores e códigos de conduta aplicáveis às suas atividades bancárias". Desde 2005, os reguladores bancários globais têm defendido que as organizações financeiras devem criar programas eficazes de gerenciamento de risco de conformidade que adotem abordagens baseadas em risco, incorporando controles projetados para manter a conformidade com normas e padrões avaliados por risco. MIRAGEM, Bruno. *Direito bancário*. 3. ed. São Paulo: Ed. RT, 2019, p. 101 passim 140.

6. . Arnoldo Wald critica a expressão governança corporativa, preferindo tratar de governo da empresa, em especial pela confusão a ser evitada entre a sociedade anônima, como se estruturam as grandes sociedades no direito brasileiro, e o sentido distinto que em língua portuguesa pode consentir a expressão corporação (WALD, Arnoldo. O governo das empresas. *RDB* 15/53).
7. ANDRADE, Adriana; ROSSETTI, José Paschoal. *Governança corporativa* cit., p. 141.
8. . ORGANISATION FOR ECONOMIC COOPERATION AND DEVELOPLMENT, OECD principles of corporate governance. Paris: OECD, 2004. p. 49 e ss.
9. CLARKE, Thomas. *Theories of corporate governance – The philosophical foundations of corporate governance*. New York: Routledge, 2007. p. 64-77. Entre nós, ANDRADE, Adriana; ROSSETTI, José Paschoal. *Governança corporativa*. 4. ed. São Paulo: Atlas, 2009. p. 71. No mesmo sentido a pesquisa brasileira: SILVEIRA, Alexandre Di Miceli da. *Governança corporativa e estrutura de propriedade. Determinantes e relação com o desempenho das empresas no Brasil*. São Paulo: Saint Paul, 2006. p. 52 e ss.

conceito atual.[10] Dentre as práticas que integram a governança corporativa estão os procedimentos de *compliance*.

A adoção do *compliance* implica tanto previsões relativas à estrutura organizacional da sociedade empresária, quanto do seu modo de atuação, que se inserem no exercício da autonomia privada com o objetivo de assegurar a realização de finalidades diversas, vinculadas imediatamente ao cumprimento da legislação, mas que revelam também a proteção da moralidade pública e da probidade, da ordem pública e de interesses específicos tutelados pela ordem jurídica, como é o caso da proteção da livre concorrência, do meio ambiente e, no tocante ao objeto de exame por este estudo, da defesa do consumidor.

Dentre os princípios consagrados pela Política Nacional das Relações de Consumo, estão a "harmonização dos interesses dos participantes das relações de consumo e compatibilização da proteção do consumidor com a necessidade de desenvolvimento econômico e tecnológico, de modo a viabilizar os princípios nos quais se funda a ordem econômica (art. 170 da Constituição Federal), sempre com base na boa-fé e equilíbrio nas relações entre consumidores e fornecedores" (art. 4º, inciso III, do CDC).

Da mesma forma, o inciso V do mesmo art. 4º, do CDC, dispõe como princípio da Política Nacional das Relações de Consumo o "incentivo à criação pelos fornecedores de meios eficientes de controle de qualidade e segurança de produtos e serviços, assim como de mecanismos alternativos de solução de conflitos de consumo". O princípio da efetividade do direito do consumidor, neste sentido, resulta da preocupação evidente, na experiência brasileira, de assegurar-se tanto do respeito à lei, quanto o alcance dos seus resultados concretos.[11]

São conhecidas as situações de desrespeito ou simples desconsideração da existência da lei, assim como os vários expedientes possíveis para evitar que ela produza os resultados concretos concebidos quando da sua elaboração. Neste sentido é que, reconhecido um princípio da efetividade no direito do consumidor, ele incidirá "sobre os processos de tomada de decisão de todas as autoridades (judiciais ou administrativas) que se ocupam da aplicação das normas do CDC, determinando-lhes, dentre as diversas possibilidades de ação ou decisão, a opção necessária por aquela que proteja de modo mais efetivo o direito dos consumidores, o que resulta, em última análise, do dever de oferecer *máxima efetividade*[12] ao direito fundamental de defesa do

10. ASCARELLI, Tullio. *Panorama del derecho comercial*. Buenos Aires: Depalma, 1949. p. 97.
11. Tercio Sampaio Ferraz Júnior distingue, para a efetividade da norma, sobre a necessidade da presença de requisitos fáticos ou técnicos-normativos, ou seja, se a norma jurídica simplesmente não é seguida espontaneamente por seus destinatários, ou se também não é exigida pelos tribunais, que por isso não sancionam sua violação. FERRAZ JR., Tercio Sampaio. *Introdução ao estudo do direito: técnica, decisão, dominação*. 2. ed. São Paulo: Atlas, 1994. p. 199.
12. Sobre o dever dos agentes públicos e dos particulares de assegurar a máxima efetividade dos direitos fundamentais, veja-se a obra de: SARLET, Ingo Wolfgang. *A eficácia dos direitos fundamentais*. 6. ed. Porto Alegre: Livraria do Advogado Editora, 2006. p. 381.

consumidor".[13] O que deverá se estender também para o reconhecimento de esforços dos próprios fornecedores, visando o atendimento aos deveres que lhe são impostos.

Nestes termos é que a adoção de procedimentos de *compliance,* e em especial do programa de integridade, deve ser compreendido, deste modo, como instrumento de fomento à eficiência da atividade dos fornecedores no mercado de consumo e à efetividade do direito dos consumidores.

2.1 *Compliance* e conformação da organização da empresa

O *compliance* envolve a adoção de mecanismos de gestão com o propósito de assegurar a conformidade com a legislação e o respeito às partes que se relacionam com a sociedade empresária. No âmbito das relações de consumo, a retidão e lealdade da conduta dos fornecedores na sua relação com os consumidores é um dos principais objetivos perseguidos pela legislação de proteção do consumidor nos mais diversos sistemas jurídicos.

É o que resulta do desequilíbrio natural das partes da relação de consumo, contrastando o poder do fornecedor em relação à organização da própria atividade de fornecimento de produtos e serviços, a estipulação e execução do contrato, e a vulnerabilidade do consumidor. Em termos jurídicos, este objetivo materializou-se a partir dos efeitos da boa-fé, mas igualmente, por intermédio de uma série de deveres específicos, que no Brasil foram estabelecidos pelo Código de Defesa do Consumidor.[14]

Nestes termos, o *compliance* visa dotar a sociedade empresária de instrumentos eficientes que assegurem o cumprimento da legislação e o respeito ao Direito, não como um limite de sua atuação, mas como parte de seu propósito. A adoção das práticas de *compliance* estão indissociáveis do reconhecimento de padrões éticos socialmente assentados e implementado na atividade empresarial,[15] no que encontra evidente paralelo à eficácia jurídica dos princípios da boa-fé e da probidade no âmbito das relações jurídicas privadas.[16]

Da mesma forma, associa-se ao reconhecimento, pelo direito privado, de uma função social da empresa que a vincula não apenas à finalidade de lucro para seus sócios ou acionistas, mas, igualmente, à promoção de benefícios a toda a sociedade

13. MIRAGEM, Bruno. *Curso de direito do consumidor*. 8. ed. São Paulo: Ed. RT, 2019, p. 223-224.
14. Para a eficácia dos princípios previstos no CDC, seja consentido remeter a: MIRAGEM, Bruno. *Curso de direito do consumidor*. 8. ed. São Paulo: Ed. RT, 2019, p. 197 e ss.
15. ANTONIK, Luis Roberto. *Compliance, ética e responsabilidade social e empresarial: uma visão prática*. Rio de Janeiro: Alta Books, 2016, p. 75. Assim, também se expressam os documentos internacionais, como: OECD. *Good Practice Guidance on Internal Controls, Ethics, and Compliance, annex* II. Adopted 18 fabruary 2010.
16. Para a eficácia jurídica da boa-fé nas relações jurídicas privadas, veja-se o clássico de MENEZES CORDEIRO, António. *A boa-fé no direito civil*. Coimbra: Almedina, 2001, p. 1176 e ss. Sobre a recepção da boa-fé no direito brasileiro, seja consentido remeter a síntese que apresento em: MIRAGEM, Bruno. *Direito das obrigações*. 3. ed. Rio de Janeiro: Forense, 2021, p. 62 e ss.

(e.g. geração de empregos, receita de tributos, fornecimento de bens e serviços úteis à comunidade).[17]

No tocante à organização da empresa, trata-se de distribuir deveres e responsabilidades nas relações internas entre empregados e administradores da sociedade, em seus órgãos previstos no contrato social ou no estatuto, conforme o caso, ou naqueles que resultam da definição do modo como executa suas atividades.

Dentre os elementos que integram um programa de integridade – parte das atividades de *compliance* – está a definição de normas internas que visem assegurar o cumprimento da legislação, a identificação e mensuração de riscos de violação, assim como procedimentos que permitam a identificação de irregularidades – mediante denúncias ou rotina periódica de verificação dos diversos modos de atuação da sociedade empresária.

Dentre os aspectos a serem considerados na implementação do *compliance* empresarial e do respectivo programa de integridade, está a identificação dos setores de atuação da sociedade empresária, sua estrutura organizacional e o modo como se dá seu processo decisório, o número de funcionários, a interação com o setor público, e o vínculo com outras sociedades (de controle, coligação ou consórcio).

Conforme já foi mencionado, a definição destas regras internas que informam a atuação dos empregados, administradores e terceiros que se relacionam com a sociedade empresária, assim como os procedimentos para assegurar seu atendimento – ou ainda o reporte de irregularidades – pertence ao exercício da autonomia privada da pessoa jurídica. Seus órgãos podem ser internos ou externos.

Os órgãos internos atuam apenas na relação com outros órgãos da pessoa jurídica, sem estabelecer qualquer relação jurídica com pessoas externas a ela. Assim órgãos que tenham a finalidade consultiva, ou sejam auxiliares ou de fiscalização das próprias atividades desempenhadas por todos os que se vinculem à pessoa jurídica (demais órgãos, funcionários, p.ex.). Já os órgãos externos são aqueles titulares de poder de exteriorização do interesse da pessoa jurídica a outras pessoas, exercendo sua capacidade civil.[18]

O programa de integridade que componha a estratégia de *compliance* da sociedade empresária, ao definir deveres a seus empregados, administradores e terceiros, também distribui entre os vários órgãos internos, as respectivas atribuições e responsabilidades. Estas abrangem diversas ações, dentre as quais a formação e esclarecimento de empregados e colaboradores, a atribuição a quem incumbe o atendimento das regras definidas em "códigos de conduta" ou outros documentos de orientação de

17. COMPARATO, Fabio Konder. Estado, empresa e função social. *Revista dos Tribunais*, v. 85, n. 732. São Paulo: Ed. RT, out. 1996, p. 45; TOMASEVICUS, Eduardo. A função social da empresa. *Revista dos Tribunais*, v. 92. São Paulo: Ed. RT, v. 92, n. 810, p. 46.
18. MIRAGEM, Bruno. *Teoria geral do direito civil*. Rio de Janeiro: Forense, 2021, p. 239.

sua atuação, assim como os meios de fiscalização, correção e sanção de condutas, quando for o caso.

O Decreto 8.420, de 18 de março de 2015, que regulamentou a Lei 12.846/2012, definiu em seu art. 41, no que consiste o programa de integridade, tomado como "o conjunto de mecanismos e procedimentos internos de integridade, auditoria e incentivo à denúncia de irregularidades e na aplicação efetiva de códigos de ética e de conduta, políticas e diretrizes com objetivo de detectar e sanar desvios, fraudes, irregularidades e atos ilícitos praticados contra a administração pública, nacional ou estrangeira."

A estruturação e aplicação do programa de integridade, de sua vez, deve se dar considerando as características e os riscos das atividades realizadas pela pessoa jurídica, inclusive com sua constante atualização, de modo a garantir-lhe efetividade.[19]

Do mesmo modo, alguns parâmetros foram fixados para avaliação de sua efetividade, definindo responsabilidades dos órgãos de administração da empresa, a exigência de normas internas aplicáveis a todos os empregados e administradores (preenchendo conteúdo, inclusive, das relações de trabalho em que a empresa seja empregadora), de terceiros com quem mantenha relacionamento (preenchendo conteúdo dos contratos celebrados), procedimentos de análise de riscos, fidedignidade dos registros contábeis, procedimentos para prevenção de fraudes, execução do programa de integridade, dentre outros elementos (art. 42 do Decreto 8.420/2015).[20]

19. Para uma crítica atual sobre os desafios e insuficiências do *compliance* – em especial, na perspectiva criminal – nos Estados Unidos da América, veja-se: LAUFER, William S. The compliance game. *Revista dos Tribunais*, v. 988. São Paulo: Ed. RT, fev. 2018, p. 67-80.

20. Assim é a íntegra do art. 42 do Decreto 8.420/2015: "Art. 42. Para fins do disposto no § 4º do art. 5º, o programa de integridade será avaliado, quanto a sua existência e aplicação, de acordo com os seguintes parâmetros: I – comprometimento da alta direção da pessoa jurídica, incluídos os conselhos, evidenciado pelo apoio visível e inequívoco ao programa; II – padrões de conduta, código de ética, políticas e procedimentos de integridade, aplicáveis a todos os empregados e administradores, independentemente de cargo ou função exercidos; III – padrões de conduta, código de ética e políticas de integridade estendidas, quando necessário, a terceiros, tais como, fornecedores, prestadores de serviço, agentes intermediários e associados; IV – treinamentos periódicos sobre o programa de integridade; V – análise periódica de riscos para realizar adaptações necessárias ao programa de integridade; VI – registros contábeis que reflitam de forma completa e precisa as transações da pessoa jurídica; VII – controles internos que assegurem a pronta elaboração e confiabilidade de relatórios e demonstrações financeiros da pessoa jurídica; VIII – procedimentos específicos para prevenir fraudes e ilícitos no âmbito de processos licitatórios, na execução de contratos administrativos ou em qualquer interação com o setor público, ainda que intermediada por terceiros, tal como pagamento de tributos, sujeição a fiscalizações, ou obtenção de autorizações, licenças, permissões e certidões; IX – independência, estrutura e autoridade da instância interna responsável pela aplicação do programa de integridade e fiscalização de seu cumprimento; X – canais de denúncia de irregularidades, abertos e amplamente divulgados a funcionários e terceiros, e de mecanismos destinados à proteção de denunciantes de boa-fé; XI – medidas disciplinares em caso de violação do programa de integridade; XII – procedimentos que assegurem a pronta interrupção de irregularidades ou infrações detectadas e a tempestiva remediação dos danos gerados; XIII – diligências apropriadas para contratação e, conforme o caso, supervisão, de terceiros, tais como, fornecedores, prestadores de serviço, agentes intermediários e associados; XIV – verificação, durante os processos de fusões, aquisições e reestruturações societárias, do cometimento de irregularidades ou ilícitos ou da existência de vulnerabilidades nas pessoas jurídicas envolvidas; XV – monitoramento contínuo do programa de integridade visando seu aperfeiçoamento na prevenção, detecção e combate à ocorrência dos atos lesivos previstos no art. 5º da Lei 12.846, de 2013; e XVI

Neste particular, é de notar que os programas de integridade se direcionam a prevenir irregularidades, tanto praticadas pela empresa que o institui, quanto aquelas em que esta possa ser vítima, repercutindo, por isso, de modo amplo, no aperfeiçoamento de sua atuação.

Contudo, não bastará a definição de deveres e responsabilidades no programa de integridade. Sua efetividade vincula-se ao exercício da autonomia privada da sociedade empresária em diversas outras relações jurídicas, seja de natureza trabalhista (com exercício do poder de direção sobre seus empregados) ou obrigacional (frente a terceiros com quem se relacione, inclusive com a estipulação contratual que reproduza, no que interessa àquelas partes, o disposto nas regras internas da sociedade empresária.

Também pode ocorrer que eventuais irregularidades identificadas no âmbito dos procedimentos de *compliance* suscitem a incidência de outras normas, como é o caso em que se caracterizem como infração penal ou administrativa. No caso de tais irregularidades vierem a causar dano, também darão ensejo ao dever de reparar a vítima.

2.2 *Compliance* e atuação da sociedade empresária como fornecedora

Originalmente, os procedimentos de *compliance* e, por consequência, o programa de integridade de uma determinada sociedade empresária, são identificados como instrumentos de prevenção à corrupção. Isso se deve, as suas origens históricas, bem como, mais recentemente, à previsão do programa de integridade na legislação de combate à corrupção (art. 7º, VIII, da Lei n. 12.846/2013), como espécie de *ato lesivo à administração pública*.

Todavia, a infração a deveres legais, que se projeta em comportamentos concretos definidos no âmbito interno das sociedades empresárias, tanto pode representar, inúmeras vezes, lesão à administração pública (quando se caracterizem como casos

---

– transparência da pessoa jurídica quanto a doações para candidatos e partidos políticos. § 1º Na avaliação dos parâmetros de que trata este artigo, serão considerados o porte e especificidades da pessoa jurídica, tais como: I – a quantidade de funcionários, empregados e colaboradores; II – a complexidade da hierarquia interna e a quantidade de departamentos, diretorias ou setores; III – a utilização de agentes intermediários como consultores ou representantes comerciais; IV – o setor do mercado em que atua; V – os países em que atua, direta ou indiretamente; VI – o grau de interação com o setor público e a importância de autorizações, licenças e permissões governamentais em suas operações; VII – a quantidade e a localização das pessoas jurídicas que integram o grupo econômico; e VIII – o fato de ser qualificada como microempresa ou empresa de pequeno porte. § 2º A efetividade do programa de integridade em relação ao ato lesivo objeto de apuração será considerada para fins da avaliação de que trata o caput. § 3º Na avaliação de microempresas e empresas de pequeno porte, serão reduzidas as formalidades dos parâmetros previstos neste artigo, não se exigindo, especificamente, os incisos III, V, IX, X, XIII, XIV e XV do caput. § 4º Caberá ao Ministro de Estado Chefe da Controladoria-Geral da União expedir orientações, normas e procedimentos complementares referentes à avaliação do programa de integridade de que trata este Capítulo. § 5º A redução dos parâmetros de avaliação para as microempresas e empresas de pequeno porte de que trata o § 3º poderá ser objeto de regulamentação por ato conjunto do Ministro de Estado Chefe da Secretaria da Micro e Pequena Empresa e do Ministro de Estado Chefe da Controladoria-Geral da União."

de corrupção), quanto produzir efeitos também em relação ao interesse individual e coletivo de pessoas que podem ser afetadas pela mesma conduta em diferentes relações jurídicas.

Não se deve pressupor, necessariamente, a tipificação penal de uma determinada conduta irregular para associá-la à prevenção por procedimentos de *compliance* e seu respectivo programa de integridade. Sua abrangência é maior. O cumprimento dos deveres jurídicos vincula-se à finalidade da atuação da sociedade empresária e ao respeito à esfera jurídica das pessoas que se relacionam com ela, prevenindo sua atuação ilícita e os danos que dela possam decorrer a terceiros, assim como, também, a repercussão no patrimônio e na reputação da própria sociedade.

Daí sua crescente referência em relação ao atendimento de diferentes legislações, conforme as relações jurídicas em foco – caso do *compliance trabalhista, tributário, sanitário*, entre outros – cujas normas incidentes pretenda assegurar cumprimento. E, nestes termos, também a referência ao *compliance* de consumo, assim considerado em vista da conformidade de atuação da sociedade empresária na condição de fornecedora de produtos e serviços, às normas de proteção do consumidor.

Tais normas, naturalmente, são as previstas no Código de Defesa do Consumidor, centro do sistema de defesa do consumidor que qualifica e disciplina as relações de consumo. Porém, também estão previstas em todo o ordenamento jurídico, seja em razão do disposto no art. 7º, *caput*, do CDC (diálogo das fontes), seja pelo caráter transversal das normas que disciplinam as relações de consumo, no âmbito da legislação que discipline setores econômicos ou aspectos que repercutam diretamente sobre o mercado e o interesse dos consumidores.

É o caso, atualmente, do que vem sendo referido como "*compliance* de dados" – a rigor, atentando para a conformidade da atuação de controladores e operadores nas operações de tratamento de dados, inclusive com a formulação de regras de boas práticas e adoção de programas de governança (art. 50 da Lei 13.709/2018). Mas, igualmente, o atendimento de normas relativas à saúde pública, segurança de produtos e serviços, deveres previstos em regulamentação infralegal sobre informações e esclarecimento aos consumidores, dentre outros numerosos exemplos.

Uma questão que surge, naturalmente, é de quais as vantagens para o fornecedor na adoção destes procedimentos de *compliance*, visando assegurar o atendimento às normas de defesa do consumidor, prevenção e correção de vícios ou defeitos de produtos e serviços, bem como dos demais deveres que lhe incumbe na relação de consumo? A rigor, trata-se, antes, da redução de riscos de perda ao fornecedor, aí compreendidos tanto prejuízos econômicos diretos de eventual dever de reparação dos danos causados em razão de irregularidades cometidas pela sociedade empresária, quanto agravos a sua reputação, dos quais possa resultar perda de clientela, redução de faturamento, dentre outras desvantagens.

Por outro lado, a referência ao *compliance* de consumo lança novas luzes também sobre o sentido e alcance das normas jurídicas de proteção do consumidor, especialmente para revalorização da relação de consumo tomada como um *continuum* de atos e comportamentos do fornecedor e do consumidor, que embora tenham no seu objeto principal – produto ou serviço em troca da respectiva remuneração – o interesse imediato das partes, conta com uma sucessão de deveres secundários e anexos que merecem atenção, podendo se refletir ou não no dever principal de prestação.

A pergunta que se revela aqui é: de que modo a adoção dos procedimentos de *compliance*, em especial do programa de integridade a partir do *standard* previsto na legislação, pode contribuir para a promoção do melhor interesse do consumidor? A resposta compreende, especialmente, duas perspectivas: a) de um lado, como a adoção de procedimentos de *compliance* pode favorecer a maior efetividade dos direitos do consumidor previstos na legislação; e b) de outro, como tais procedimentos podem contribuir para uma maior eficiência e qualidade dos produtos e serviços ofertados, a partir do incremento de diversos aspectos parcelares que formam este interesse do consumidor (utilidade, segurança, custo, dentre outros).

3. REPERCUSSÃO DO *COMPLIANCE* NA CONCRETIZAÇÃO DE DEVERES DE PROTEÇÃO DO CONSUMIDOR

Propõe-se, neste estudo, o exame da contribuição que os procedimentos de *compliance* podem oferecer à efetividade dos direitos do consumidor, a partir de sua repercussão sobre o sentido e alcance do dever de qualidade imposto ao fornecedor, assim como da sua relação com o consumidor no contrato de consumo.

3.1 Dever de qualidade e *compliance*

O dever de qualidade imposto ao fornecedor compreende tanto a preservação da segurança do consumidor, quanto à adequação do produto ou serviço às finalidades que legitimamente dele se esperam.[21] Devem ser ofertados no mercado apenas os produtos e serviços com riscos normais e previsíveis (art. 8º do CDC). Fora daí, sendo anormais ou excessivos, dão causa à identificação do defeito, que é condição para responsabilidade do fornecedor pelos danos que venham a causar, determinando, ainda, o dever de preveni-los, corrigindo as falhas identificadas ou retirando-os do mercado. No tocante ao dever de adequação, é estabelecido que a presença de vício caracteriza o desatendimento à finalidade esperada de produtos ou serviços, ou porque sejam impróprios ou inadequados para consumo a que se destinam, ou porque contenham disparidade de informações (arts. 18 e 20 do CDC).

---

21. MIRAGEM, Bruno. *Curso de direito do consumidor*. 8. ed. São Paulo: Ed. RT, 2019, p. 682 passim 695. Para as origens do dever e seu desenvolvimento, veja-se: BENJAMIN, Antônio Herman de Vasconcelos. Notas sobre a teoria da qualidade no Código de Defesa do Consumidor: homenagem à Ada Pelegrini Grinover. In: BENJAMIN, Antônio H.; MARQUES, Claudia Lima; MIRAGEM, Bruno (Org.) *O direito do consumidor no mundo em transformação*: em comemoração aos 30 anos do Código de Defesa do Consumidor. São Paulo: Ed. RT, 2020, p. 11 e ss.

Para além destes deveres diretamente relacionados ao produto ou serviço, que são objeto principal da relação de consumo, e integram, portanto, seu dever principal de prestação, somam-se deveres secundários, visando assegurar sua utilidade ao consumidor, e os deveres anexos, dirigidos à proteção da sua integridade pessoal e do seu patrimônio.

A adoção de procedimentos de *compliance* pressupõe a identificação os riscos de violação das normas de proteção do consumidor, o que permite serem tomadas providências para prevenir tais situações, e naquelas que não sejam impedidas, a rápida identificação e resposta aos consumidores.

Aí se inserem tanto as ocorrências de produtos defeituosos que possam ser objeto de recall, por exemplo, ou um rápido e eficiente atendimento ao consumidor no caso de produtos viciados, evitando a instauração de processos administrativos ou a aplicação de sanções ao fornecedor. Insere-se nestas providências também a adoção, na organização interna do fornecedor, de processos que facilitem o fluxo da informação sobre falhas no cumprimento dos seus deveres, e naquilo que fuja ao caráter episódico, impedir que se reproduzam em outras situações, ou se preservem no tempo.

É o caso, tanto de procedimento para acesso direto aos consumidores (e.g. por intermédio de ouvidorias, serviços de atendimento ao consumidor), ou de órgãos de defesa do consumidor, quanto do trâmite das demandas entre os diversos setores do fornecedor, em tempo razoável e com resposta adequada.

Tais providências compreendem-se no sentido amplo da qualidade que se imputa como dever ao fornecedor. Contemplam situações que representam riscos operacionais (aqueles que dizem respeito à atuação do fornecedor, seus processos e sistemas internos, assim como a possibilidade de serem prejudicados por eventos externos) e que podem resultar tanto em prejuízos econômicos decorrentes de eventual responsabilização, quanto danos à reputação e credibilidade perante o mercado e o universo de consumidores.

Neste particular, não se deixa de notar que a ineficiência em um sistema de prevenção de falhas no atendimento aos direitos do consumidor, ou na resposta a eventuais demandas, não repercute apenas na formalização de demandas judiciais ou administrativas (risco legal), mas também no fato de o consumidor tornar pública sua insatisfação, inclusive com sua propagação em redes sociais – o que potencializa os danos à reputação do fornecedor.[22]

A ausência de resposta e prevenção de condutas que implicam violação de direitos, igualmente, facilita sua reiteração, o que se reflete também no âmbito da

22. Não por acaso identifica-se que, em inúmeras situações, o maior incentivo à atuação lícita será a possibilidade de ser identificado e tornado pública a irregularidade, e não, necessariamente, as sanções estritamente legais que dela decorram. PARKER, Christine; NIELSEN, Vibeke Lehmann. Deterrence and the impact of calculative thinking on business compliance with competition and consumer regulation. *Antitrust Bulletin*, v. 56, n. 2. New York: Federal Legal Publications, Summer 2011, p. 413.

responsabilidade legal do fornecedor, tomada a reincidência como causa para aplicação de determinadas sanções (art. 59 do CDC), e circunstância agravante para efeito de sanções administrativas (art. 26, I, do Decreto n. 2.181/1997) e penais (art. 61, I, do Código Penal). Ademais, será considerada também como demonstração de menoscabo do fornecedor, adotado como critério para fixação de indenização no caso de danos extrapatrimoniais do consumidor.

3.2 Contrato de consumo e *compliance*

A oferta de produtos e serviços no mercado pelo fornecedor visa a celebração do contrato de consumo com o consumidor. Para tanto, o CDC ocupa-se com especial atenção da fase pré-contratual, definindo deveres legais de informação e esclarecimento do consumidor, tomando em conta a oferta publicitária ou não. Neste sentido, a imputação do dever de informar (como dever de esclarecer), e a vinculação do fornecedor a "toda informação ou publicidade suficientemente precisa" que fizer veicular (art. 30), desdobra-se, igualmente, em deveres relativos a restrições à atividade publicitária (arts. 36 a 38), ineficácia das obrigações não informadas adequadamente (art. 46), dentre outros efeitos.

Da mesma forma, responde solidariamente, o fornecedor, pelos termos da oferta feita por seus prepostos ou representantes autônomos (art. 34). Tais circunstâncias reforçam a importância de uma série de providências, por parte do fornecedor, que se inserem no âmbito do *compliance*.

É o caso: a) do acompanhamento da estratégia de formação e comunicação da oferta, e sua divulgação ao consumidor;[23] b) da formação e treinamento de empregados ou terceiros responsáveis pela relação direta com o consumidor na apresentação da oferta e contratação; c) a definição de uma estrutura remuneração e incentivos que não estimule a violação de deveres pré-contratuais com o propósito de induzir em erro o consumidor para celebrar a contratação; d) definição de deveres e responsabilidades explícitos de prepostos ou representantes autônomos (inclusive mediante contrato, quando for o caso), em relação ao respeito dos direitos dos consumidores; e) adoção de procedimentos para resposta ágil e eficiente dos consumidores que reclamem do descumprimento da oferta (art. 35) ou exerçam seu direito de arrependimento na hipótese prevista em lei (art. 49); e f) adoção de procedimento que assegure o fluxo de informação sobre falhas na oferta e contratação que possam se refletir, posteriormente, na execução e inadimplemento do contrato.

---

23. Tem especial relevância, neste caso, o próprio meio pelo qual será realizada a oferta, havendo relevantes distinções no tocante à oferta de consumo presencial e aquela realizada pela internet, no comércio eletrônico de consumo (*online*). Neste sentido: MIRAGEM, Bruno. *Curso de direito do consumidor*. 8. ed. São Paulo: Ed. RT, 2019, p. 667 e ss.; WHITE, Fidelma. Selling on-line: Business compliance and consumer protection. *Hibernian Law Journal*, v. 5. Dublin, 2004-2005, p. 223-250. A matéria também é objeto do Projeto de Lei 3514/2015, já aprovado pelo Senado Federal e ora tramitando na Câmara dos Deputados, que visa alterar o Código de Defesa do Consumidor para, dentre outras providências, incluir deveres específicos de informação para a oferta eletrônica de consumo na internet.

Da mesma forma, nos contratos de consumo que envolvam financiamento ao consumidor, o risco de crédito deve ser considerado para efeito não apenas de informação correta ao consumidor sobre os valores envolvidos, mas também, nos contratos que envolvam um maior comprometimento financeiro, da própria capacidade de pagamento nos termos ajustados, de modo a prevenir o inadimplemento. Isso envolve providências tradicionais de avaliação de crédito do consumidor, direcionamento da oferta de produtos e serviços compatíveis, assim como eventual adoção de estrutura de incentivos remuneratórios aos empregados e colaboradores responsáveis pela oferta, para que partilhem da preocupação acerca do adimplemento futuro do contrato.

Em relação à execução do contrato de consumo, a conformidade com os deveres impostos ao fornecedor na relação com o consumidor compreende: a) a adoção de canais de comunicação acessíveis, para reporte de eventuais vícios ou defeitos e meios para sua correção, ou simplesmente para solução de dúvidas sobre a correta fruição do produto ou serviço; b) a atenção aos instrumentos de adimplemento pelo consumidor, com adoção de procedimentos que assegurem a confiabilidade e integridade dos meios de pagamento – inclusive a definição, por contrato, de padrões atualizados e eficientes a serem observados por parceiros como instituições de pagamento, bancos e outras instituições financeiras; c) tratamento regular dos dados do consumidor, cujo acesso seja necessário ao adimplemento, limitando o tratamento à finalidade para a qual foram obtidos (princípio da finalidade, art. 6º, I, da Lei 13.709/2018), bem como impedindo que terceiros os obtenham indevidamente; d) no caso da proteção dos dados pessoais, o dever de assegurar seu tratamento regular se projeta, igualmente, no tocante ao uso de produtos e serviços para os quais se exija acesso a dados do consumidor, devendo o fornecedor adotar meios eficientes para o atendimento ao dever de segurança imposto em lei (art. 46 da Lei 13.709/2018), assim como reportar eventuais vazamentos e uso não autorizado, com a agilidade suficiente para impedir danos aos consumidores (princípio da prevenção, art. 6º, VIII, da Lei 13.709/2018).

Na fase pós-contratual, a conformidade dos deveres do fornecedor será favorecida, dentre outras providências, pela adoção de: a) meios que permitam ao consumidor fazer uso das garantias legal e contratual de produtos e serviços, nos termos previstos na legislação e no contrato, abstendo-se de impor obstáculos ao exercício deste direito; b) processos que assegurem a identificação de defeitos, como é o caso do monitoramento de mercado, especialmente em relação a produtos e serviços que ofereçam maiores riscos ou cujos danos sejam mais gravosos aos consumidores; c) procedimentos eficientes e atualizados para cumprimento da legislação no tocante ao arquivamento de dados dos consumidores e sua eliminação, protegendo-os em relação ao tratamento irregular pelo próprio fornecedor, pessoas a ele relacionadas, ou seu acesso não autorizado por terceiros; d) meios adequados de identificação e registro do adimplemento pelo consumidor, evitando equívocos no tocante a providências para exigir o pagamento de dívidas já satisfeitas (e.g. inscrição indevida em bancos de dados restritivos de crédito ou outras providências prejudiciais ao consumidor).

A adoção destes procedimentos de *compliance*, para além de assegurar o respeito dos direitos do consumidor no contrato de consumo, repercutem sensivelmente na redução de litígios, e de todos os custos a eles inerentes.

4. SÍNTESE CONCLUSIVA

O *compliance* como técnica de gestão da empresa, resulta da compreensão de que a complexidade e extensão dos deveres e responsabilidades atribuídos à sociedade empresária em suas múltiplas relações, exige a adoção de sistemas que permitam identificar e prevenir eventuais riscos de falhas e atuação irregular, assim como agilidade na reação caso ocorram. Resulta do poder de auto-organização da pessoa jurídica, em caráter complementar ao caráter coercitivo das normas jurídicas, visando prevenir sua violação. No tocante à atuação da sociedade empresária como fornecedora no mercado de consumo, os procedimentos de *compliance* recaem sobre às repercussões da atuação empresarial na relação de consumo, em especial, no atendimento dos deveres impostos por lei, regulamento ou contrato, visando à proteção dos direitos do consumidor. Como é evidente, não elimina a possibilidade de violação do direito, mas visa reduzir os riscos de que ocorra.[24]

A adoção de procedimentos de *compliance* visando assegurar a conformidade da atuação do fornecedor nas relações de consumo representa efeitos positivos de diferentes ordens: a) para o consumidor, reforça os deveres de diligência e cuidado do fornecedor no cumprimento dos deveres que lhe são impostos em vista dos interesses legítimos das partes; b) para o próprio fornecedor, reduzindo riscos de prejuízos econômicos diretos decorrentes de responsabilização nas diferentes esferas (civil, penal e/ou administrativa), e de reputação, frente à divulgação de eventuais falhas e sua projeção, especialmente, por intermédio da internet; e c) para a sociedade em geral, em especial no tocante à redução de custos sociais e econômicos representados por um alto nível de litigiosidade que pode ser evitado com procedimento que incentivem o cumprimento da legislação, e a solução proativa de conflitos decorrentes de eventuais violações, assim como o próprio incremento da confiança social na efetividade do direito e no comportamento cooperativo dos diversos agentes econômicos na comunidade.

Por tais razões o estudo do *compliance* de consumo e os meios de sua implementação pelo fornecedor, deve contar com crescente e qualificada atenção dos juristas, sem prejuízo de sua compreensão como estratégia multidisciplinar, compreendendo a integração, sistematização e expansão de uma série de atividades típicas da empresa para realização do seu objeto social, e atenta ao risco de falhas na consecução deste propósito.[25] O Código de Defesa do Consumidor, de sua vez, ao prever como princípios

24. MENDES, Francisco Schertel; CARVALHO, Vinicius Marques. *Compliance*: concorrência e combate à corrupção. São Paulo: Trevisan Editora. 2017, p. 29.

25. Examinando, em outro estudo, o compliance de consumo na área da saúde, identificamos dentre os benefícios já identificados para o consumidor: "(a) Adoção de práticas negociais em conformidade com pre-

a harmonização dos interesses dos participantes das relações de consumo (art. 4º, III, do CDC) e o incentivo de meios eficientes de controle de qualidade e segurança de produtos e serviços, assim como de mecanismos alternativos de solução de conflitos (art. 4º, V, do CDC), também forma a base sobre o qual será atestada a conformidade da atividade de *compliance*. Tem, deste modo, protagonismo no desenho dos procedimentos que viabilizam sua implementação e aferem a eficiência no atendimento às finalidades que deve atender.

5. REFERÊNCIAS

ANDRADE, Adriana; ROSSETTI, José Paschoal. *Governança corporativa*. 4. ed. São Paulo: Atlas, 2009.

ANTONIK, Luis Roberto. *Compliance, ética e responsabilidade social e empresarial:* uma visão prática. Rio de Janeiro: Alta Books, 2016.

ASCARELLI, Tullio. *Panorama del derecho comercial*. Buenos Aires: Depalma, 1949.

BENJAMIN, Antônio H.; MARQUES, Claudia Lima; MIRAGEM, Bruno (Org.). *O direito do consumidor no mundo em transformação*: em comemoração aos 30 anos do Código de Defesa do Consumidor. São Paulo: Ed. RT, 2020.

BENJAMIN, Antônio Herman de Vasconcelos. Notas sobre a teoria da qualidade no Código de Defesa do Consumidor: homenagem à Ada Pelegrini Grinover. In: BENJAMIN, Antônio H.; MARQUES, Claudia Lima; MIRAGEM, Bruno (Org.). *O direito do consumidor no mundo em transformação*: em comemoração aos 30 anos do Código de Defesa do Consumidor. São Paulo: Ed. RT, 2020.

CLARKE, Thomas. *Theories of corporate* governance – The philosophical foundations of corporate governance. New York: Routledge, 2007.

COMPARATO, Fabio Konder. Estado, empresa e função social. *Revista dos Tribunais*, v. 85, n. 732. São Paulo: Ed. RT, out. 1996.

CUEVA, Ricardo Villas-Bôas. Funções e finalidades dos programas de *compliance*. In: CUEVA, Ricardo Villas Bôas; FRAZÃO, Ana (Coord.) *Compliance:* perspectivas e desafios dos programas de conformidade. Belo Horizonte: Fórum, 2018.

CUEVA, Ricardo Villas Bôas; FRAZÃO, Ana (Coord.) *Compliance:* perspectivas e desafios dos programas de conformidade. Belo Horizonte: Fórum, 2018.

FERRAZ JR., Tercio Sampaio. *Introdução ao estudo do direito. Técnica, decisão, dominação*. 2. ed. São Paulo: Atlas, 1994.

LAUFER, William S. The compliance game. *Revista dos Tribunais*, v. 988. São Paulo: Ed. RT, fev. 2018.

---

ceitos éticos, com benefícios a todas as relações estabelecidas na prestação de serviços no âmbito de saúde suplementar, tanto dos integrantes da cadeia de fornecimento entre si, quanto destes com o consumidor; (b) Prevenção de conluios ou associação entre agentes de mercado para criação de necessidades artificiais acerca de tratamento de saúde ou procedimentos dispensáveis um com seu custo elevado artificialmente, em prejuízo à sustentabilidade dos contratos de planos de saúde celerados pelas operadoras de plano de saúde e o consumidor; (c) Elevação dos padrões de qualidade, baseados na boa-fé e na probidade, entre os fornecedores de serviços de saúde suplementar e seus consumidores, em especial visando maior eficiência e menores custos na realização da prestação devida; (d) Limite ao lobby empresarial junto ao Poder Público relativamente à representação dos interesses dos agentes econômicos, em especial pela adoção de práticas que previnam atos de corrupção, advocacia administrativa, dentre outros crimes." MIRAGEM, Bruno. *Compliance* como instrumento de proteção do consumidor na saúde suplementar. In: CARLINI, Angélica; SAAVEDRA, Giovani Agostini (Org.). Compliance *na área da saúde*. Indaiatuba: Foco, 2020. p. 110.

MENDES, Francisco Schertel; CARVALHO, Vinicius Marques. *Compliance*: concorrência e combate à corrupção. São Paulo: Trevisan Editora, 2017.

MENEZES CORDEIRO, António. *A boa-fé no direito civil*. Coimbra: Almedina, 2001.

MIRAGEM, Bruno. *Compliance* como instrumento de proteção do consumidor na saúde suplementar. In: CARLINI, Angélica; SAAVEDRA, Giovani Agostini (Org.). Compliance *na área da saúde*. Indaiatuba: Foco, 2020.

MIRAGEM, Bruno. *Curso de direito do consumidor*. 8. ed. São Paulo: Ed. RT, 2019.

MIRAGEM, Bruno. *Direito bancário*. 3. ed. São Paulo: Ed. RT, 2019.

MIRAGEM, Bruno. *Direito das obrigações*. 3. ed. São Paulo: Forense, 2021.

MIRAGEM, Bruno. *Teoria geral do direito civil*. Rio de Janeiro: Forense, 2021.

MORGAN, Gareth. *Imagens da organização*. São Paulo: Atlas, 2002.

NASCIMENTO, Victor Hugo Alcade. Os desafios do compliance contemporâneo. *Revista dos Tribunais*, v. 1003. São Paulo: Ed. RT, maio 2019.

OECD. *Good Practice Guidance on Internal Controls, Ethics, and Compliance, annex* II. Adopted 18 fabruary 2010.

ORGANISATION FOR ECONOMIC COOPERATION AND DEVELOPLMENT, *OECD principles of corporate governance*. Paris: OECD, 2004.

PARKER, Christine; NIELSEN, Vibeke Lehmann. Deterrence and the impact of calculative thinking on business compliance with competition and consumer regulation. *Antitrust Bulletin*, v. 56, n. 2. New York: Federal Legal Publications, Summer 2011.

SARLET, Ingo Wolfgang. *A eficácia dos direitos fundamentais*. 6. ed. Porto Alegre: Livraria do Advogado Editora, 2006.

SILVEIRA, Alexandre Di Miceli da. *Governança corporativa e estrutura de propriedade*. Determinantes e relação com o desempenho das empresas no Brasil. São Paulo: Saint Paul, 2006.

TEUBNER, Gunther. Corporate codes in the varieties of capitalism: how their enforcement depends upon difference between production regimes. *Indiana Journal of Global Legal Studies*, v. 24, n. 1, Winter 2017.

TOMASEVICUS, Eduardo. A função social da empresa. *Revista dos Tribunais*, v. 92. São Paulo: Ed. RT, v. 92, n. 810.

WALD, Arnoldo. O governo das empresas. *Revista de direito bancário, do mercado de capitais e da arbitragem*, São Paulo, v. 15, jan./mar. 2002.

WHITE, Fidelma. Selling on-line: Business compliance and consumer protection. *Hibernian Law Journal*, v. 5. Dublin, 2004-2005.

GOVERNANÇA CORPORATIVA, *COMPLIANCE* E RISCOS COMO INSTRUMENTOS PARA EFETIVAÇÃO DAS NORMAS DO CDC

Luiz Eduardo de Almeida

Doutor em Direito pela USP. Advogado. Consultor em Governança, Riscos e *Compliance*.

Sumário: 1. Introdução – 2. Governança corporativa e a função de *compliance* – 3. Noção de gerenciamento de riscos – 4. Governança corporativa, *compliance* e riscos como instrumentos para efetivação das normas do CDC – 5. Referências.

1. INTRODUÇÃO

O Código de Defesa do Consumidor (Lei 8.078/1990) implementa determinação do artigo 5º, XXXII da Constituição da República, ou seja, é instrumento que colabora para que o Estado cumpra seu o dever constitucional de promover a proteção do consumidor.

Dentre outras determinações constitucionais acerca de proteção ao consumidor, interessa ao nosso estudo o artigo 170 da Constituição da República. O referido artigo trata do delineamento da ordem econômica a partir da indicação de fundamentos, finalidade, parâmetros e princípios.

Os fundamentos da ordem econômica são a valorização do trabalho humano e a livre iniciativa. A finalidade da ordem econômica é assegurar existência digna a todos. Os parâmetros que deve observar são os ditames da justiça social.

Os princípios são: soberania nacional, propriedade privada, função social da propriedade, livre concorrência, defesa do consumidor, defesa do meio ambiente, redução das desigualdades regionais e sociais, busca do pleno emprego, tratamento favorecido para as empresas de pequeno porte constituídas sob as leis brasileiras e que tenham sua sede e administração no País.

O artigo 170 da Constituição da República desenha verdadeira matriz constitucional a ser observada na exploração das atividades empresárias. A matriz, sob a ótica da proteção dos consumidores é complementada pelo disposto no artigo 5º, XXXII da Constituição, devidamente regulada pela Lei 8.078/1990 e dos demais atos praticados no seu âmbito.

Desse modo, ainda no recorte de proteção dos consumidores, a forma como as atividades empresárias são geridas encontra limites e deveres a serem observados na ordem constitucional e legal vigentes.

O modo como são tomadas decisões de gestão nas empresas[1] – desde a decisão sobre observar ou não as determinações de proteção aos consumidores até a implantação de medidas que vão além do mínimo determinado pela legislação –, além da decisão e o cotidiano de controlar e verificar desvios são atividades que se relacionam diretamente com governança corporativa, riscos e *compliance*.

Desse modo, nesse artigo, delinearemos governança corporativa e a função de compliance, abordaremos a noção de gerenciamento de riscos e, ao fim, trataremos das relações entre governança corporativa, *compliance* e riscos como instrumentos para efetivação das normas do CDC.

2. GOVERNANÇA CORPORATIVA E A FUNÇÃO DE *COMPLIANCE*

Apesar de grande esforço para unificar um conceito de governança corporativa, tal intento ainda não foi alcançado. Há inúmeras propostas acadêmicas e profissionais.

O conceito de governança corporativa é buscado não só entre administradores de empresas, mas também entre economistas, sociólogos, contadores e no âmbito do direito. De tão utilizado, tal conceito passou a funcionar quase como um amálgama que toma diferentes formas e, por isso, tem esvaziado a sua identidade e significado.[2]

Em meio a todo o esforço para organizar o conteúdo, compreender o assunto e sua sistematização, encontram-se aqueles que vislumbram coesão na grande quantidade de definições, destacando, ainda, que há elementos marcantes nessas definições que permitem analisar a governança corporativa como: (i) sistemas de relações, (ii) guardiã de direitos, (iii) estrutura de poder, e (iv) sistema normativo[3].

Como já sustentamos em outra oportunidade[4], parece-nos que os inúmeros conceitos acadêmicos e práticos disponíveis não são coesos. Uma parte considerável deles possuem uma relação de complementariedade.

De modo geral, cada conceito – seja ele lapidado por acadêmico ou por profissional – tende a dar maior ênfase a um ponto de vista ou a um elemento específico. Isso se deve, em parte, à variada gama de profissionais que se envolvem com o assunto governança corporativa, como administradores, economistas, contadores, profissionais com formação jurídica[5].

1. Apesar da não ser o termo apropriado, nesse artigo utilizaremos o termo "empresa" para identificar a pessoa jurídica que explora a atividade empresária.
2. BERNARDES, Patrícia. *Incertezas na decisão estratégica de investimento na geração de energia*. Belo Horizonte, 2003. Tese (Doutorado em Administração) – Faculdade de Ciências Econômicas da UFMG.
3. Nesse sentido: SILVA, Edson Cordeiro da. *Governança corporativa nas empresas*. 4. ed. atual. rev. São Paulo: Atlas, 2016.
4. ALMEIDA, Luiz Eduardo. Governança Corporativa. In: CARVALHO, André Castro; BERTOCCELLI, Rodrigo de Pinho; ALVIM, Tiago Cripa; VENTURINI, Otavio. *Manual de Compliance*. 2 ed. São Paulo: Forense, 2020.
5. Edson Cordeiro afirma que: "a "governança corporativa" diz respeito à maneira pela qual as sociedades são dirigidas e controladas, incluindo suas regras explícitas e tácitas, com destaque para o relacionamento entre os seus principais personagens: diretoria, conselho de administração e acionistas. Trata-se de um tema que exige uma abordagem multidisciplinar, englobando áreas como ética empresarial, gestão, liderança,

Cada qual com seu enfoque de formação e experiência observa o fato e vislumbra elementos familiares. Essa prática não é prejudicial. Ao revés, parece-nos extremamente saudável, na medida em que é possível colher contribuições a partir de experiências diversas e possibilitar uma visão mais ampla do assunto e o amadurecimento da governança corporativa.

Independentemente das divergências conceituais, sustentamos que há pontos comuns: governança corporativa se relaciona com o modo como as companhias são geridas e como as decisões de gestão são tomadas. É conceito que delineia as funções dos administradores, bem como as suas relações com os sócios ou acionistas, com os demais colaboradores, com as empresas e pessoas que se relacionam comercialmente com a sociedade empresária, e até mesmo com a própria sociedade.

A tomada de decisões nas companhias é assunto bastante antigo no mundo, apesar de o termo *corporate governance* ter sido cunhado na década de 1970 e no Brasil o termo *governança corporativa* somente ter sido utilizado no final da década de 1990[6]. O eixo central do desenvolvimento das práticas de governança corporativa é a busca para superação ou mitigação dos conflitos nas relações de agência.

Apesar de momentos de estagnação e retrocessos pontuais, o processo de evolução das práticas de governança corporativa está focado na superação ou mitigação dos conflitos nas relações de agência.

Relações de agência são relações contratuais. Caracterizam-se por um contrato onde uma ou mais pessoas ("*principal*") contratam com outra pessoa (o agente) para que esta preste serviços que envolvem a delegação de parte das decisões a serem tomadas[7]. Os acionistas ou sócios – proprietários – contratam um terceiro e outorgam

---

psicologia social, direito, economia, finanças e contabilidade, entre outras" (SILVA, Edson Cordeiro da. *Governança corporativa nas empresas*. 4. ed. atual. rev. São Paulo: Atlas, 2016. p. 40).

6. A expressão "governança corporativa" passou a ser utilizada com regularidade nos EUA na década de 1970. Apenas após a expansão das corporações, no período denominado do triunfo do capitalismo e da revolução gerencial (1950-1960), com a crescente tendência de divisão entre propriedade e gestão, começou-se a se preocupar com governança corporativa. Na década de 1970, tornou-se crescente a preocupação com o colapso e a corrupção. O escândalo do conglomerado de transporte ferroviário *Penn Central Transportation Company* revelou à época corrupção e necessidade de controle. O caso foi marcado pela atuação da SEC e exigências de que as companhias listadas passassem a ter comitês de auditoria compostos por conselheiros independentes. No Reino Unido, por sua vez, o conceito de governança corporativa só se tornou uma característica explícita do cenário das companhias no início dos anos 90. Um relatório e o Código de Boas Práticas publicado em 1992 por Sir Adrian Cadbury e o Comitê sobre os Aspectos Financeiros de Governança Corporativa que ele presidiu se destacam como a explicitação do momento em que "governança corporativa" tornou-se proeminente naquele país. Cf.: CHEFFINS, Brian R. The rise of corporate governance in the UK: When and why. *Current Legal Problems*, v. 68, n. 1, p. 387-429, 2015. ALMEIDA, Luiz Eduardo. Governança Corporativa. In: CARVALHO, André Castro; BERTOCCELLI, Rodrigo de Pinho; ALVIM, Tiago Cripa; VENTURINI, Otavio. *Manual de Compliance*. 2. ed. São Paulo: Forense, 2020. p. 10.

7. Jensen e Meckling contribuem para a compreensão das relações de agência: "We define an agency relationship as a contract under which one or more persons (the principal(s)) engage another person (the agent) to perform some service on their behalf which involves delegating some decision making authority to the agent. If both parties to the relationship are utility maximizers, there is good reason to believe that the agent will not always act in the best interests of the principal. The principal can limit divergences from his interest by establishing appropriate incentives for the agent and by incurring monitoring costs designed to limit

poderes para que este terceiro tome decisões de gestão e conduza os negócios nos termos e nos limites por eles estabelecidos, sempre observando as suas diretrizes. O ponto crucial para a compreensão da relação de agência é a presença da segregação entre a propriedade e a gestão. Sob a ótica societária, esse(s) terceiro(s) pode(m) compor o conselho de administração ou a diretoria executiva em uma sociedade por ações ou ser(em) o(s) administrador(es) em uma sociedade limitada.

Em torno do potencial conflito de interesses entre gestão e propriedade, uma vez separadas pela pulverização do controle acionário, as práticas de governança corporativa visam proporcionar métodos pelos quais as organizações sejam dirigidas, monitoradas e incentivadas para maximizar o valor para os proprietários.

Daí o raciocínio de que "os conselhos de administração têm a obrigação fiduciária perante os acionistas de monitorar a alta administração (os executivos) na perseguição das metas orientadas à maximização da riqueza dos acionistas."[8] Em uma acepção mais ampla, "preservar e otimizar o valor econômico de longo prazo da organização, facilitando seu acesso a recursos e contribuindo para a qualidade da gestão da organização, sua longevidade e o bem comum."[9]

Todo desempenho de atividade profissional de gestão pressupõe a maximização dos resultados desejados pelos proprietários, observando os seus deveres, e, especialmente, o dever de diligência. O agente assume o encargo de otimizar os resultados e zelar pelos interesses do *principal* e da empresa. De outro lado, o *principal* se compromete a oferecer incentivos ao agente pela gestão exitosa.

Os conflitos entre os interesses do *principal* e dos agentes são chamados conflitos de agência. Os conflitos ocorrem quando os interesses do *principal* são dissonantes dos interesses do agente e afetam decisões e a gestão da empresa. Ocorre de modo tradicional quando se verifica um conflito entre os interesses dos proprietários da sociedade – em benefício da sociedade empresária – e os interesses pessoais dos

---

the aberrant activities of the agent. In addition in some situations it will pay the agent to expend resources (bonding costs) to guarantee that he will not take certain actions which would harm the principal or to ensure that the principal will be compensated if he does take such actions.". Tradução livre: "Definimos um relacionamento de agência como um contrato por meio do qual uma ou mais pessoas (principal) engajam outra pessoa (agente) a performar serviços em seus nomes e, o contrato, abrange delegação de autoridade para tomadas de decisão ao agente. Se ambas as partes no relacionamento são maximizadores de utilidade, há boas razões para acreditar que o agente nem sempre agirá no melhor interesse do principal. O principal pode limitar as divergências de seus interesses estabelecendo incentivos apropriados para o agente e incorrendo em custos de monitoramento destinados a limitar as atividades aberrantes do agente. Além disso, em algumas situações, caberá ao agente despender recursos (custos de caução) para garantir que ele não realizará certas ações que prejudicariam o principal ou para garantir que o principal será compensado se ele fizer tais ações" (JENSEN, Michael; MECKLING, William H. Theory of the Firm: Managerial Behavior, Agency Costs and Ownership Structure. *Journal of Financial Economics*. v. 3, n. 4, p. 5, out. 1976. Disponível em: http://www.sfu.ca/~wainwrig/Econ400/jensen-meckling.pdf).

8. SILVA, Wesley Mendes da. *Board interlocking, desempenho financeiro e valor das empresas brasileiras listadas em bolsa*: análise sob a ótica da teoria dos grafos e de redes sociais. 2010. Tese de Doutorado. Universidade de São Paulo. p. 42.
9. IBGC (2015). Código das melhores práticas de governança corporativa. Disponível em: http://www.ibgc.org.br/userfiles/files/2014/files/CMPGPT.pdf . p. 20.

agentes, ou seja, dos integrantes do conselho de administração ou da diretoria executiva de uma sociedade por ações ou dos administradores em sociedades limitadas.

Não podemos perder de vista que os desvios de conduta dos agentes muitas vezes não causam prejuízos apenas à sociedade empresária. Dependendo das circunstâncias, eles podem atingir os proprietários – *shareholders* –, os *stakeholders* e, dependendo da repercussão, parcela expressiva de toda sociedade, como no caso de sociedades por ações com ações listadas em bolsas de valores, ou, exemplificativamente, eventuais danos ambientais de grande monta.

Para evitar ou mitigar tais conflitos e os desvios de conduta dos agentes, bem como monitorar as ações dos agentes, a empresa incorre numa série de custos. Jensen e Meckling indicam (i) custos para o monitoramento das ações do agente, (ii) custos para a adesão do agente e (iii) perdas residuais. Governança corporativa também se aplica a sociedades que não estão listadas na bolsa de valores[10], empresas estatais[11], pequenas e médias empresas[12], entidades do terceiro setor[13], empresas familiares[14], entre outras.

Nesse ponto, a realidade empresarial brasileira se mostra dissociada dos modelos nos Estados Unidos e na Inglaterra. Nesses países há maior dispersão do capital, situação que favorece a maior concentração do poder de gestão das companhias na diretoria executiva (agentes) e menos poderes nos acionistas (principal), ampliando a possibilidade de conflitos de interesses.

O IBGC – Instituto Brasileiro de Governança Corporativa, em seu Código de Melhores Práticas[15], vislumbra a governança corporativa como sistema de relações e identifica as boas práticas no processo de concretização das recomendações:

> Governança corporativa é o sistema pelo qual as empresas e demais organizações são dirigidas, monitoradas e incentivadas, envolvendo os relacionamentos entre sócios, conselho de administração, diretoria, órgãos de fiscalização e controle e demais partes interessadas.

---

10. Nesse sentido vale conferir o código de governança corporativa para empresas em mercados emergentes que não possuem ações ofertadas na bolsa de valores da OCDE (*Corporate Governance of Non-Listed Companies in Emerging Markets*) (disponível em: http://www.ecgi.org/codes/code.php?code_id=400). No Brasil vale conferir o Caderno de Boas Práticas de Governança Corporativa Para Empresas de Capital Fechado do IBGC (disponível em http://www.ibgc.org.br/userfiles/2014/files/Arquivos_Site/Caderno_12.PDF).
11. No âmbito internacional vale conferir as Diretrizes da OCDE sobre Governança Corporativa para Empresas de Controle Estatal (disponível em: https://www.oecd.org/daf/ca/corporategovernanceofstate-ownedenterprises/42524177.pdf). No Brasil, vale conferir a Lei 13303/2016 que trata das empresa pública, da sociedade de economia mista e de suas subsidiárias.
12. "As discussões em prol das boas práticas de modo geral desconsideram pequenas e médias empresas da economia capitalista, bem como organizações do terceiro setor". (RODRIGUEZ, Gregório Mancebo; BRANDÃO, Monica Mansur. *Visões da governança corporativa*. São Paulo: Saraiva, 2010. p. 12-20).
13. Vale conferir o Guia das Melhores Práticas para Organizações do Terceiro Setor: Associações e Fundações do IBGC (disponível em: http://www.ibgc.org.br/userfiles/2014/files/GUIA_3SETOR_WEB.pdf).
14. Vale conferir o Caderno de Governança da Família Empresária do IBGC (disponível em: http://www.ibgc.org.br/userfiles/2014/files/Arquivos_Site/GovernancadaFamiliaEmpresaria_IBGC.pdf).
15. IBGC (2015). Código das melhores práticas de governança corporativa. Disponível em: http://www.ibgc.org.br/userfiles/files/2014/files/CMPGPT.pdf.

> As boas práticas de governança corporativa convertem princípios básicos em recomendações objetivas, alinhando interesses com a finalidade de preservar e otimizar o valor econômico de longo prazo da organização, facilitando seu acesso a recursos e contribuindo para a qualidade da gestão da organização, sua longevidade e o bem comum.

Tendo em vista o escopo amplo da governança corporativa e o os custos para o monitoramento das ações dos agentes, sem perder de vista os custos dos agentes para demostrar ao principal que, de fato, seus atos não serão prejudiciais, é necessário contextualizar a função de *compliance*.

Sob determinada ótica, *compliance* pode ser concebido como um dos custos relacionados ao monitoramento e controles das decisões dos agentes de modo a mitigar conflitos de agência. A função de *compliance* foi forjada a partir das necessidades verificadas em diversos escândalos em decorrência de desvios praticados pelos agentes ou até mesmo pelo descumprimento do dever de diligência dos agentes.

Nessa abordagem inicial é importante um esclarecimento: nas empresas onde inexiste determinação legislativa sobre o assunto, *compliance* é uma decisão dos sócios ou acionistas e da alta administração. *Compliance* integra os mecanismos de governança corporativa. Não há função de *compliance* desgarrada do sistema de governança corporativa ou que a ele se sobreponha.

Como já sustentamos em outra oportunidade[16], a maioria dos escândalos – e aqueles de maior repercussão social e econômica – que moldaram o desenvolvimento das práticas de governança corporativa e das funções de compliance nos Estados Unidos e no Reino Unido ocorreram (i) no âmbito privado – ou seja, não envolveram a má utilização ou desvio de dinheiro público daqueles Estados e em seu território, como temos atualmente no Brasil –, (ii) envolveram conflitos de agência e (iii) estavam presentes companhias listadas em bolsa.

Compliance é, desse modo, atividade de prevenção no processo de decisão dos agentes e nos processos empresariais da companhia para assegurar que as determinações dos agentes aos demais colaboradores estão sendo cumpridas. A prevenção possui duas vertentes: (i) controles, monitoramento e aculturamento de colaboradores e terceiros em conformidade com as definições da alta administração – ou seja, dos agentes –, e, também, (ii) controles, monitoramento e aculturamento da alta administração por determinação dela própria em cumprimento das determinações dos proprietários (sócios ou acionistas).

Podemos sintetizar do seguinte modo: *Compliance* é uma decisão do *principal* (proprietários, ou seja, sócios ou acionistas) e dos agentes (alta administração, como conselho de administração e diretoria executiva em sociedades anônimas e administradores nas sociedades limitadas), sobre o modo como as decisões serão

---

16. ALMEIDA, Luiz Eduardo. *Governança Corporativa*. In: CARVALHO, André Castro; BERTOCCELLI, Rodrigo de Pinho; ALVIM, Tiago Cripa; VENTURINI, Otavio. *Manual de Compliance*. 2. ed. São Paulo: Forense, 2020.

tomadas, sobre quem tomará as decisões (alta, média e baixa administração), e sobre quais serão os limites, controles e monitoramento a serem impostos aos processos decisórios da sociedade empresária em todos os níveis.

Busca-se a perenidade da atividade e, ao não se envolver em escândalos, evita-se a afetação negativa da cotação das ações na bolsa, o descrédito da atividade em face de investidores ou do mercado consumidor, na medida em que o mercado deve reconhecer valor, dentre outros fatores, em razão de bens intangíveis da companhia e dos seus produtos ou serviços: marca, imagem, solidez e reputação.

Em suma, busca-se a preservação da atividade empresária, dos interesses do *principal*, dos *stakeholders*, e de toda sociedade. Trata-se de fazer cumprir a função social da empresa. Afinal, por força do artigo 170 da Constituição da República a atividade empresária DEVE garantir as condições de livre concorrência para a defesa do consumidor e para a defesa do meio ambiente, dentre outros objetivos.

Tais objetivos se vinculam ao conceito de empresa e vinculam seus proprietários e os agentes em toda a sua estrutura de tomada de decisão. Empresa não se presta exclusivamente à obtenção dos melhores resultados aos acionistas. A empresa onde os seus proprietários e os seus agentes tomam decisões que cumprem as finalidades estabelecidas no artigo 170 da Constituição, cumpre sua função social em todos os aspectos, pois geram empregos, arrecadam tributos, agem em conformidade com a defesa do meio ambiente e asseguram a defesa da concorrência e a proteção dos consumidores.

Trata-se de agir em conformidade com sua responsabilidade ambiental, social e em observância aos princípios de governança corporativa. É a essência de *Enviromental, Social and Governance* – ESG.

Como sustentamos em outra oportunidade[17], nos grandes escândalos brasileiros onde foram verificadas práticas fraudulentas de gestão e que motivaram a expansão da função de *compliance* estavam presentes: (i) presença de agentes públicos, (ii) desvio ou má-utilização de dinheiro público ou (iii) concessão de vantagens indevidas a agentes públicos.

Apesar da inegável importância e relevância, a função de compliance no Brasil não se limita à Lei Anticorrupção. Limitar compliance ao descumprimento da Lei Anticorrupção é uma distorção da função e de toda sua importância no controle e monitoramento do processo de tomada de decisões nas empresas.

Frise-se: o monitoramento, controle e aculturamento para a tomada de decisões empresariais que não incorram em ilícito – previsto ou não na Lei Anticorrupção – são funções de suma importância e relevância.

17. ALMEIDA, Luiz Eduardo de. Compliance público e compliance privado: semelhanças e diferenças. In: NOHARA, Irene Patrícia; PEREIRA, Flávio Leão Bastos (Coord.). *Governança, compliance e cidadania*. São Paulo: Thomson Reuteurs, 2018. p. 132.

Contudo, ainda permanecem todas as demais decisões empresariais. Por exemplo: a sobreposição de interesses pessoais dos agentes em casos de fraudes que envolvem subterfúgios e ardis, como, por exemplo, falta de clareza nas informações e demonstrações financeiras e contábeis, ausência de tratamento justo e equânime aos sócios e acionistas das mesmas categorias, ausência de prestações de contas de modo claro, objetivo e com a exposição das consequências de decisões, e, por fim, ausência de um compromisso com a gestão de médio e longo prazo priorizando os resultados imediatos.

Tendo em vista o desenvolvido até o momento, afirmar, no Brasil, que *compliance* significa *apenas* cumprir as normas, no mínimo, gera perplexidade. Tal afirmação induz uma série de questionamentos sobre a própria obrigatoriedade prévia da norma jurídica e do caráter essencial que lhe caracteriza: a sanção jurídica – e, portanto, forçada –, no caso de descumprimento da norma. O dever de cumprimento das normas já integra os deveres mínimos de toda atividade empresária, dos proprietários e da administração das sociedades empresárias em todos os seus níveis.

Dito isso, está claro que *compliance* não se reduz ao cumprimento das normas. Contudo, também está claro que não se pode conceber *compliance* sem o comprometimento dos proprietários e da administração em cumprir as normas.

Vale esclarecer que são todas as normas jurídicas às quais a empresa se submete, como por exemplo: normas de proteção ao consumidor, trabalhistas, regulatórias, fiscais e tributárias, ambientais, defesa da concorrência, normas anticorrupção, entre tantas outras.

Reiteramos nossa proposta de conceber *compliance* para o setor privado no Brasil como um sistema composto de três níveis integrados e cumulativos com o sistema de governança corporativa[18].

O compromisso com o cumprimento das normas jurídicas é o primeiro nível de *compliance*.

O segundo nível do compliance pressupõe o cumprimento das normas e está focado em (i) especificar o modo como as obrigações normativas serão efetivadas e (ii) concretizar as opções realizadas pelos proprietários e/ou administradores em assumirem obrigações além do mínimo exigido pelas normas em razão de tais opções serem benéficas à empresa. O segundo nível concretiza opções legítimas de governança corporativa e se materializa em documentos internos das empresas como códigos, políticas, procedimentos instruções técnicas, entre outros.

O terceiro nível do compliance pressupõe que (i) todas as normas aplicáveis estão sendo cumpridas e que (ii) todos os valores e decisões que constam nos códigos e políticas internas da empresa também estão sendo cumpridos. Contudo, apesar de

18. A proposta aqui trazida é um aprimoramento da proposta realizada em: ALMEIDA, Luiz Eduardo de. Compliance público e compliance privado: semelhanças e diferenças. In: NOHARA, Irene Patrícia; PEREIRA, Flávio Leão Bastos (Coord.). *Governança, compliance e cidadania*. São Paulo: Thomson Reuteurs, 2018.

preencherem os requisitos normativos e previstos nos códigos e políticas internas, há várias decisões possíveis.

Desse modo, o terceiro nível se apresenta e se faz necessário quando (i) há várias decisões possíveis a serem tomadas atendendo as normas aplicáveis, os códigos e as políticas, ou quando, mesmo atendidas essas disposições, (ii) parece existir um dilema ético na decisão, sendo que esse dilema pode repercutir na imagem e reputação da empresa.

O cerne do terceiro nível é um amálgama composto por (i) proteção da imagem e reputação da empresa; (ii) cumprimento dos objetivos da empresa e atendimento dos seus interesses; e, (iii) responsabilidade social.

O IBGC se posiciona afirmando que "todo sistema de compliance deve ter como base sólidos conceitos de identidade organizacional que transcendam as leis, as normas e os regulamentos externos a serem naturalmente obedecidos".

> A identidade da organização é uma combinação entre o seu propósito (razão de ser), sua missão (aonde quer chegar), seus valores e princípios – o que é importante para ela e a forma como são tomadas as decisões. Busca-se, assim, a prática constante de deliberações éticas (consciência e coerência entre o pensar, o falar e o agir). Para tanto, "as principais decisões dever ser adequadamente fundamentadas, registradas e passíveis de verificação pelas devidas partes interessadas.
>
> A construção de uma organização íntegra – coerente com sua identidade – implica atitudes e ações que demonstrem uma visão de responsabilidade corporativa que vá muito além da luta contra a corrupção.[19]

O cerne do terceiro nível é um amálgama composto por (i) proteção da imagem e reputação da empresa; (ii) cumprimento dos objetivos da empresa e atendimento dos seus interesses, e (iii) função social da empresa e responsabilidade corporativa.

3. NOÇÃO DE GERENCIAMENTO DE RISCOS

O gerenciamento de riscos pressupõe um processo interativo. O processo abrange: (i) o conhecimento do planejamento estratégico e do sistema de governança corporativa; (ii) o conhecimento e o mapeamento dos processos empresariais; (iii) a adoção de um conceito de riscos; (iv) o mapeamento dos riscos a partir de critérios predefinidos e alinhados ao planejamento estratégico e às determinações de governança corporativa; (v) a mensuração dos riscos; e, por fim, (vi) o gerenciamento de riscos propriamente dito.

Risco pode ser definido como:

> potencial de perda existente em determinada ação (ou ausência de determinada ação), sendo incerta a sua ocorrência e que acontece quando uma ameaça encontra uma vulnerabilidade ou

---

19. IBGC (2017). *Compliance à luz da governança corporativa*. p. 17-18. Disponível em: https://conhecimento.ibgc.org.br/Paginas/Publicacao.aspx?PubId=23486.

um conjunto de vulnerabilidades nos sistemas de proteção e em processos críticos, permitindo a concretização do evento que causará destruição de valor ou desvio da meta, objetivo ou padrão preestabelecido.[20]

Os elementos postos na definição são: (i) a ação, que pode ser comissiva ou omissiva, (ii) a incerteza da ocorrência da ação, (iii) a necessidade de uma vulnerabilidade que permita a ocorrência da ação, (iv) o evento que causará destruição de valor ou desvio de meta, objetivo ou padrão preestabelecido. A partir da interpretação desses elementos, poderíamos esclarecer que a destruição de valor ou o desvio de meta, objetivo ou padrão preestabelecidos devem afetar negativamente a empresa, pois o dano, nessa visão, seria pressuposto da existência do risco.

De modo geral, "a identificação de um risco é um processo interativo e integrado à estratégica e ao planejamento"[21].

O mapeamento do risco deve incluir pontos-chave da organização, as interações significativas com terceiros, os objetivos particulares e gerais e as ameaças que poderão ser enfrentadas.[22]

Os riscos são mapeados nos processos empresariais de cada empresa. Há três categorias básicas de processos empresariais: (i) os *processos de negócios* que caracterizam a efetiva atividade da empresa, e que são suportados por outros processos internos; (ii) os *processos organizacionais* que viabilizam ou facilitam o funcionamento coordenado de vários subsistemas, garantindo o suporte adequado aos processos de negócio, e (iii) os *processos gerenciais* por meio dos quais os gerentes medem e ajustam o desempenho das atividades da empresa.[23]

Após a identificação do contexto interno e externo da empresa, o mapeamento costuma ter quatro etapas: (i) entrevistas, (ii) elaboração de fluxo macro, (iii) elaboração de fluxos detalhados dos processos, e (iv) identificação dos pontos de controle, riscos e problemas.[24]

A elaboração do fluxo macro, possui o objetivo de facilitar a visualização da organização de uma forma sistêmica e "permitir o controle dos processos mapeados e pendentes"[25].

O detalhamento dos fluxos de processos está diretamente ligado à identificação dos pontos de controle, riscos e problemas. Isso ocorre a partir do detalhamento dos

20. SILVA. Nelson Ricardo F. da. Análise de risco parametrizada 2.0. Manual prático da governança voltada para a gestão de risco. São Paulo: Polo Editora, 2017. p. 23.
21. AVALOS, José Miguel Aguilera. *Auditoria e gestão de riscos*. São Paulo: Saraiva, 2009. p. 31.
22. AVALOS, José Miguel Aguilera. *Auditoria e gestão de riscos*. São Paulo: Saraiva, 2009. p. 31.
23. GONÇALVES, José Ernesto Lima. As empresas são grandes coleções de processos. *RAE-Revista de Administração de Empresas*, v. 40, n. 1, 2000. Disponível em: https://www.fgv.br/rae/artigos/revista-rae-vol-40-num-1-ano-2000-nid-46461/.
24. ASSI, Marcos. *Gestão de riscos com controles internos*: ferramentas, certificações e métodos para garantir a eficiência dos negócios. São Paulo: Saint Paul, 2012. p. 2-295.
25. ASSI, Marcos. *Gestão de riscos com controles internos*: ferramentas, certificações e métodos para garantir a eficiência dos negócios. São Paulo: Saint Paul, 2012. p. 294.

processos empresariais onde é possível identificar os riscos presentes, bem como possíveis controles a serem desenvolvidos.

Há diversas metodologias para a realização do mapeamento dos riscos. Destaca-se, também, a metodologia do COSO, cuja síntese está no quadro abaixo.

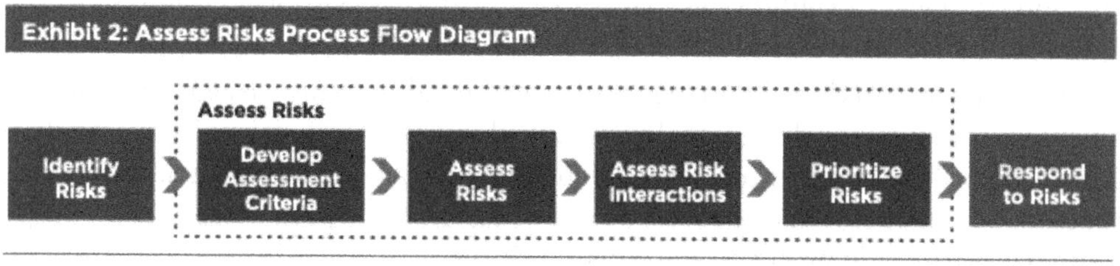

Fonte: COSO. Risk assessment in practice. 2012. p. 2.

Após a identificação dos riscos, é necessário ocorrer a sua mensuração, ou seja, a avaliação da magnitude risco para a empresa e seus objetivos. O seu objetivo é fornecer um indicativo da representatividade do risco. É importante, também, adotar um modelo que permita a gradação da magnitude e critérios objetivos de priorização de respostas.

De forma geral, os riscos podem ser avaliados de forma qualitativa ou quantitativa. A avaliação qualitativa dos riscos possui o objetivo de permitir a priorização dos riscos identificados e das suas respostas. É importante considerar nessa análise o tamanho do projeto, equipe disponível, ferramentas disponíveis, entre outros itens. A avaliação quantitativa possui o objetivo de analisar os riscos e seus efeitos negativos numericamente.[26]

O processo de decisão sobre as respostas aos riscos identificados, sobre a priorização de tais respostas, bem como sobre o monitoramento e atualização contínua dos riscos integra o gerenciamento de riscos. O gerenciamento de riscos possui o objetivo de priorizar respostas aos riscos de modo a melhor atender aos objetos da empresa postos em seu planejamento estratégico e em seu sistema de governança corporativa.

4. GOVERNANÇA CORPORATIVA, *COMPLIANCE* E RISCOS COMO INSTRUMENTOS PARA EFETIVAÇÃO DAS NORMAS DO CDC

A liberdade de exploração das atividades empresárias está condicionada à proteção do consumidor, conforme delineia o artigo 170 da Constituição.

Esse condicionamento gera uma série de consequência no modo como as empresas serão geridas, ou seja, afeta diretamente o seu planejamento estratégico, a estruturação do seu sistema de governança corporativa, o funcionamento da função de compliance e o processo de gerenciamento de riscos.

26. Cf. DIAS, Fernando. *Gerenciamento de riscos em projetos*. Rio de Janeiro: Campus, 2014. p. 54.

O planejamento estratégico e o sistema de governança corporativa possuem a obrigação constitucional e legal de atentarem à proteção dos consumidores. Desse modo, a implantação de estruturas de tomada de decisão na empresa relacionadas à consumidores deve ter por norte a obrigação da observância das normas do Código de Defesa do Consumidor. Essa estrutura, em termos de riscos, pode ser classificada como uma obrigação de implantação de controles internos com a finalidade de mitigar riscos legais relacionados a consumidores. Contudo, não é só.

Não há margem de escolha legítima e lícita da alta administração em optar por não cumprir as normas de defesa do consumidor. Esse limitante no processo de tomada de decisões empresariais desencadeia a obrigação de que sejam desenvolvidos processos organizacionais e processos negociais efetivos para assegurar o cumprimento das normas de proteção aos consumidores.

Inerentes a esses processos são as estruturas de controles internos para evitar desvios na determinação de cumprimento de tais normas pelas demais estruturas da empresa. Também inerentes a esses processos é a função de compliance, que atuará nos três níveis, ou seja: para verificar a conformidades dos processos empresariais às normas de proteção dos consumidores (primeiro nível: cumprimento com as normas); para assegurar que as decisões de governança corporativa postas nos códigos, políticas e procedimentos sejam cumpridas (segundo nível: conformidade com as determinações de governança corporativa); e, por fim, para assegurar (i) a proteção da imagem e reputação da empresa, (ii) o cumprimento dos objetivos da empresa e atendimento dos seus interesses, e (iii) o cumprimento da responsabilidade social da empresa.

O sistema de governança corporativa aliado a um efetivo processo de gerenciamento de riscos e à função de compliance se materializam, nesse sentido, como instrumentos para a efetivação das normas do Código de Defesa do Consumidor. Fora disso, ou seja, sociedade empresária cujos proprietários ou administradores não se comprometam com o cumprimento das normas de proteção dos consumidores – por ausência de determinação para o cumprimento das normas ou pela ausência de determinação da criação de processos efetivos para o cumprimento das normas – explora atividade à margem das determinações constitucionais e legais. Não observa princípio elementar que informa toda atividade empresária no Brasil.

5. REFERÊNCIAS

ALMEIDA, Luiz Eduardo de. Compliance público e compliance privado: semelhanças e diferenças. In: NOHARA, Irene Patrícia; PEREIRA, Flávio Leão Bastos (Coord.). *Governança, compliance e cidadania*. São Paulo: Thomson Reuteurs, 2018.

ALMEIDA, Luiz Eduardo. Governança Corporativa. In: CARVALHO, André Castro; BERTOCCELLI, Rodrigo de Pinho; ALVIM, Tiago Cripa; VENTURINI, Otavio. *Manual de Compliance*. 2. ed. São Paulo: Forense, 2020.

ASSI, Marcos. *Gestão de riscos com controles internos*: ferramentas, certificações e métodos para garantir a eficiência dos negócios. São Paulo: Saint Paul, 2012.

AVALOS, José Miguel Aguilera. *Auditoria e gestão de riscos*. São Paulo: Saraiva, 2009.

BERNARDES, Patrícia. *Incertezas na decisão estratégica de investimento na geração de energia*. Belo Horizonte, 2003. Tese (Doutorado em Administração) – Faculdade de Ciências Econômicas da UFMG.

CHEFFINS, Brian R. The rise of corporate governance in the UK: When and why. *Current Legal Problems*, v. 68, n. 1, p. 387-429, 2015.

DIAS, Fernando. *Gerenciamento de riscos em projetos*. Rio de Janeiro: Campus, 2014

GONÇALVES, José Ernesto Lima. *As empresas são grandes coleções de processos*. RAE-Revista de Administração de Empresas, v. 40, n. 1, 2000. Disponível em: https://www.fgv.br/rae/artigos/revista-rae--vol-40-num-1-ano-2000-nid-46461/

IBGC (2015). Código das melhores práticas de governança corporativa. Disponível em: http://www.ibgc.org.br/userfiles/files/2014/files/CMPGPT.pdf.

IBGC (2017). *Compliance à luz da governança corporativa*. Disponível em: https://conhecimento.ibgc.org.br/Paginas/Publicacao.aspx?PubId=23486.

JENSEN, Michael; MECKLING, William H. Theory of the Firm: Managerial Behavior, Agency Costs and Ownership Structure. Journal of Financial Economics. v. 3, n. 4, out. 1976. Disponível em: http://www.sfu.ca/~wainwrig/Econ400/jensen-meckling.pdf.

RODRIGUEZ, Gregório Mancebo; BRANDÃO, Monica Mansur. *Visões da governança corporativa*. São Paulo: Saraiva, 2010.

SILVA, Edson Cordeiro da. *Governança corporativa nas empresas*. 4. ed. atual. rev. São Paulo: Atlas, 2016.

SILVA, Wesley Mendes da. *Board interlocking, desempenho financeiro e valor das empresas brasileiras listadas em bolsa*: análise sob a ótica da teoria dos grafos e de redes sociais. 2010. Tese de Doutorado. Universidade de São Paulo.

SILVA. Nelson Ricardo F. da. Análise de risco parametrizada 2.0. *Manual prático da governança voltada para a gestão de risco*. São Paulo: Polo Editora, 2017.

NOTAS SOBRE *COMPLIANCE* NO ÂMBITO DAS RELAÇÕES DE CONSUMO

Cecília Dantas

Pós-graduanda em Direito Administrativo pelo Instituto de Direito Público. Advogada em São Paulo.

Roberta Densa

Doutora em Direitos Difusos e Coletivos pela Pontifícia Universidade Católica de São Paulo (PUC/SP), mestre em Direito Político e Econômico pela Universidade Presbiteriana Mackenzie. Professora de Direito Civil e Direitos Difusos e Coletivos. Professora da Faculdade de Direito de São Bernardo do Campo. Autora da obra "Proteção jurídica da criança consumidora" publicada pela Editora Foco, do livro "Direito do Consumidor" publicado pela Editora Atlas (9ª edição) e cocoordenadora da obra "Coronavírus e responsabilidade civil contratual e extracontratual" publicada pela Editora Foco. Membro da Comissão dos Direitos do Consumidor da OAB/SP. Advogada em São Paulo.

Sumário: 1. *Compliance*: conceito e aplicação – 2. O conceito de integridade e os pilares do *compliance* no espaço corportativo; 2.1 O conceito de integridade – 3. Os pilares de um programa de *compliance* e sua aplicação nas relações de consumo; 3.1 Comprometimento e apoio da alta administração; 3.2 Instância responsável; 3.3 Análise de risco; 3.3.1 Due diligence; 3.4 Monitoramento contínuo; 3.5 Elaboração de um Código de Ética e Conduta; 3.6 Treinamento e comunicação; 3.7 Canais de denúncia – 4. O *compliance* como efetivação das políticas públicas e instrumento de prevenção de danos aos consumidores; 4.1 A Operação Carne Fraca; 4.2 A fraude do leite – Operação Leite Compensado – 5. *Compliance* e atendimento aos consumidores: exemplo a partir das normas do bacen – 6. Notas conclusivas – 7. Referências.

Dentre os desafios apresentados aos profissionais da área jurídica que atuam na proteção e defesa do consumidor, está a efetivação dos direitos estabelecidos em lei, o estudo constante das novas formas de economia e a melhoria no atendimento aos consumidores.

O artigo tem por escopo trazer luzes a um tema relativamente novo que está em voga nas relações de consumo e que pode em muito auxiliar o atendimento aos consumidores: o *compliance*. De fato, um dos pontos essenciais da lei consumerista é o reconhecimento da vulnerabilidade do consumidor, a transparência e harmonia nas relações e a prevenção de danos aos consumidores.

O *compliance*, pensado incialmente para coibir a corrupção e a concorrência, pode ser um instrumento de extremo valor para efetivar a defesa do consumidor, organizando a empresa desde a alta cúpula, passando pelos seus empregados e chegando aos prestadores de serviços. De fato, conforme veremos, todo o processo organizacional introduzido pelo programa de *compliance* na empresa pode ser uma eficaz forma de atender aos anseios dos consumidores e efetivar os direitos trazidos pelo CDC.

1. *COMPLIANCE*: CONCEITO E APLICAÇÃO

O termo *compliance* deriva do inglês e pode ser traduzido para o vernáculo como 'conformidade'. Leia-se conformidade não só com o ordenamento jurídico, mas também com os anseios de boas práticas advindos da empresa, do consumidor, da autorregulação do setor e da sociedade como um todo[1]. Percebe-se que a crescente importância da matéria vem tomando o meio corporativo em diversos setores empresariais para se adotar procedimentos éticos e de conformidade.

Nesse sentido, Milena Donato e Rodrigo da Guia esclarecem que:

> Estipulam-se normas de conduta a serem seguidas, de maneira a se garantir o respeito à legalidade, à transparência, bem como a ausência de conivência com qualquer tipo de infração ou ilícito praticados pelos funcionários ou representantes da sociedade. Cuida-se da adoção de sistemas para assegurar o bom funcionamento do ambiente corporativo à luz não apenas das políticas internas de cada sociedade, como também das normas legais em vigor[2].

Destarte, o *compliance* evoluiu e passou a ser pauta no mundo corporativo como um todo, trazendo eficácia às normas, tanto jurídicas quanto éticas, em virtude da crescente necessidade de se encontrar o seu efetivo cumprimento. Assim, tornou-se instrumento capaz de superar as deficiências normativas no ambiente corporativo, e foi além dos modelos regulatórios tradicionais de controle até então existentes.

Isso porque a regulação estatal não é suficiente para a solução de todas as questões evocadas pela sociedade, nem mesmo para alcançar com a agilidade necessária os novos desafios trazidos pela tecnologia.

De fato, a regulação estatal e a autorregulação possuem vantagens e desvantagens e sugere-se que deva ser pretendida uma medida adequada de dosagem de cada uma dessas modalidades de disciplina da publicidade no Brasil, muito embora, na prática, essa justa medida não seja fácil de ser encontrada. O objetivo, aqui, com a autorregulação e o *compliance* é concretizar a harmonia das relações de consumo preconizada pelo art. 4º do Código de Defesa do Consumidor.

Nesse sentido, Juliana Martins e Raphael Silva afirmam que

---

1. De acordo com o guia do CADE define-se *compliance* como sendo "um conjunto de medidas internas que permite prevenir ou minimizar os riscos de violação às leis decorrentes de atividade praticada por um agente econômico e de qualquer um de seus sócios ou colaboradores. Por meio dos programas de *compliance*, os agentes reforçam seu compromisso com os valores e objetivos ali explicitados, primordialmente com o cumprimento da legislação. Esse objetivo é bastante ambicioso e por isso mesmo ele requer não apenas a elaboração de uma série de procedimentos, mas também (e principalmente) uma mudança na cultura corporativa. O programa de *compliance* terá resultados positivos quando conseguir incutir nos colaboradores a importância em fazer a coisa certa. Disponível em: http://www.cade.gov.br/acesso-a-informacao/publicacoes-institucionais/guias_do_Cade. Acesso em: 06 jun. 2020).
2. OLIVA, Milena Donato; SILVA, Rodrigo da Guia. Origem e evolução histórica do compliance no direito brasileiro. In: FRAZÃO, Ana; CUEVA, Ricardo Villas Bôas. *Perspectivas e desafios dos programas de conformidade*. Belo Horizonte: Editora Fórum, 2019. Edição do Kindle.

cada um dos agentes reguladores responde a incentivos diferentes e possui instrumentos e objetivos particulares, razão pela qual regulação e autorregulação devem ser vistas como instrumentos complementares, não alternativos[3].

É essencial que o mercado faça autorregulação dos aspectos que o legislador não consegue ter agilidade necessária para atuação frente às necessidades dos consumidores. Por outro lado, a regulação promovida pelo Estado tem por função corrigir as assimetrias de informação presentes no mercado de consumo, sempre respeitando a legislação concernente ao tema.

Sabemos que os mercados são estruturados de forma complexa e que realizam trocas econômicas eficientes. No entanto,

> mercados resultam de decisões políticas e de normas jurídicas modeladoras, cabendo, pois, ao Direito, conformar, desenhar e definir os mercados, que, por sua vez, são produto, criação deste mesmo Direito, desenhados, configurados pelas normas que cuidam das relações intersubjetivas. São, então, produtos de decisões e opções políticas[4].

É de se reconhecer, portanto, que o mercado segue determinada ordem e que é necessária a previsibilidade quanto aos comportamentos das partes, previsibilidade essa que pode ser estabelecida pelas próprias partes através da autorregulação. Ordem essa estabelecida em pelo Estado (regulação)[5] e, também, pelos agentes de mercado (autorregulação)[6].

A autorregulação pelo *compliance* é, nas palavras de Milena Donato e Rodrigo da Guia

---

3. Mecanismos de autorregulação do mercado de capitais: características e papel na proteção dos investidores. ***Revista de direito bancário e do mercado de capitais***, v. 88. p. 127-156, abr./jun. 2020.
4. Mecanismos de autorregulação do mercado de capitais: características e papel na proteção dos investidores. *Revista de direito bancário e do mercado de capitais*, v. 88. p. 127-156, abr./jun. 2020.
5. Sobre o conceito e extensão da palavra *regulação*, Juliana Martins e Raphael Silva explicam: "Regular significa o ato de formular e impor determinadas regras de conduta, modalidade de intervenção do Estado no domínio econômico que não, isto é certo, pelo exercício da própria atividade. A regulação em sentido amplo, portanto, encerra todo conjunto de regras estabelecidas por determinado órgão ou agência da Administração indireta, objetivando a fiscalização e a garantia do exercício de determinadas atividades ou setores da vida econômica. Uma interessante concepção de regulação é apresentada por H. Dumez e A. Jeunemaître, que tratam de colocar em relevo, exatamente, os pressupostos assumidos pelo Estado ao decidir intervir no domínio econômico por meio desta modalidade: 'A regulação é uma resposta aos problemas criados pelo jogo espontâneo dos mercados em matéria de produção de bens ou fornecimento de serviços, cada mercado tendo especificidades e podendo ensejar regulação particular [...] Esta resposta se inscreve em dois extremos: a colocação do mercado entre parênteses (o Estado assume a produção do bem ou do serviço, segundo regras que não dizem respeito ao mercado) e o livre jogo do mercado [...] A intensidade da regulação ocorre entre os dois extremos, conforme o efeito de três fatores: o político, as ideias econômicas e a inovação'. Como deve ter ficado claro, na medida em que a regulação é expressão da intervenção do Estado no domínio econômico, a decisão de regular é, evidentemente, uma decisão política. Sendo assim, não estranha existirem diferentes espécies ou estilos de regulação, razão pela qual M. Trindade e A. M. Santos afirmam que 'o resultado conjunto de forças e de fraquezas inerentes a cada solução é melhor ou pior dependendo do contexto cultural, legal e histórico de cada país, e de variáveis macro e microeconômicas'". Mecanismos de autorregulação do mercado de capitais: características e papel na proteção dos investidores. *Revista de direito bancário e do mercado de capitais*, v. 88. p. 127 – 156, abr./jun. 2020.
6. A autorregulação, por sua vez, as normas de conduta ficam a cargo daqueles que exercem a atividade regulada.

uma mudança de dentro para fora, que desafia os agentes econômicos a saírem de sua postura passiva tradicional diante da regulação jurídica – de apenas obedecer a comandos jurídicos predeterminados e suportar as sanções em caso de descumprimento – para assumir grande protagonismo[7].

Assim, é através de programas efetivos de *compliance* que agentes privados se tornam aliados ao Estado, à medida que instigam uma cultura de ética e cumprimento de lei e da ética, desde a implantação de regras de conformidade de todas as operações da empresa, até o monitoramento de seu cumprimento e investigação de possíveis transgressões. Dessa forma, com a ascensão de uma cultura de exigibilidade de ética e conformidade dentro das empresas o caminho da efetivação das normas jurídicas se faz mais certeiro[8].

Importante observar que os programas de *compliance* são baseados não só na valorização da autonomia privada, como em pilares de efetivação do pensamento ético e da necessidade de se implantar uma cultura de integridade em todos os setores de uma empresa, desde sua administração, funcionários e prestadores de serviços.

2. O CONCEITO DE INTEGRIDADE E OS PILARES DO *COMPLIANCE* NO ESPAÇO CORPORTATIVO

De fato, o debate sobre a implantação de programas de *compliance* vem ganhando força dentro e fora do Brasil. Vale notar que os programas de *compliance* começaram a tomar corpo no Brasil com mais intensidade a partir da lei anticorrupção, tendo a legislação brasileira acompanhando o movimento mundial iniciado na década de 1970 nos EUA.

Ainda que de forma tardia, diversos setores de nossa sociedade vêm se preocupando com os programas de integridade como forma não só de evitar transgressões às normas jurídicas, mas também como forma de melhorar a reputação dos negócios aqui feitos, alavancando a economia do Estado.

Nesse contexto e mirando a implantação de um sistema anticorrupção, a Controladoria-Geral da União (CGU) passou a desempenhar papel fundamental na

7. OLIVA, Milena Donato; SILVA, Rodrigo da Guia. Origem e evolução histórica do *compliance* no direito brasileiro. In: FRAZÃO, Ana; CUEVA, Ricardo Villas Bôas. Compliance: *Perspectivas e desafios dos programas de conformidade*. Belo Horizonte: Fórum, 2019. Edição do Kindle.
8. Neste sentido, aponta Nascimento: "A globalização, ao contrário do que se poderia prever, não trouxe consigo a desregulamentação de áreas importantes da vida, mas a proliferação normativa. Essa pluralidade não se cinge à produção legislativa inerente a determinado Estado, mas, advém, igualmente, de organizações internacionais, de tratados internacionais ou, mesmo, de organizações privadas. A sujeição à essas normas, é, por vezes, compulsória, como no caso das legislações e regulamentações domésticas ou dos acordos internacionais. Outras vezes, é facultativa, como ocorre com as disposições emanadas por alguns entes privados, tradicionalmente conhecidos como *soft law*. Embora não vinculantes, a recusa em assimilá-las poderia significar o impedimento da atuação de uma empresa em determinado mercado. Não seria sábio um advogado, por exemplo, aconselhar uma instituição bancária a não observar uma norma do Conselho da Basileia: caso o fizesse, o banco poderia ser vetado em contratações com outras instituições financeiras na seara internacional". NASCIMENTO, Victor Hugo Alcade do. Os desafios do *compliance* contemporâneo. *Revista do Tribunais*, v. 1003. p. 51-75, maio 2019.

defesa do patrimônio público e no incremento de transparência dos órgãos públicos, auxiliando o poder executivo na prevenção e combate à fraude e corrupção, tantos dos entes públicos quanto nas relações com o setor privado.

Diante de sua importância na efetivação das normas relativas à transparência e ética, a CGU elaborou, em 2015, um guia denominado "Programa de Integridade: Diretrizes para empresas privadas"[9], contendo normas que objetivam ajudar empresas a aperfeiçoar seus mecanismos de cumprimentos de regras legais e éticas, efetivando um programa de *compliance* que previna e combata condutas ilegais e antiéticas.

Diante de sua importância na efetivação das normas relativas à transparência e ética, a Controladoria-Geral da União elaborou, em 2015, um guia denominado "Programa de Integridade: Diretrizes para empresas privadas"[10], contendo normas que objetivam ajudar empresas a aperfeiçoar seus mecanismos de cumprimentos de regras legais e éticas, efetivando um programa de *compliance* que previna e combata condutas ilegais e antiéticas.

Importante ressaltar, ainda, que o guia não tem caráter normativo e vinculante, o que nos leva a compreender que nenhum direito ou garantia foi criado a partir de sua elaboração. Isso demonstra a intenção do órgão em auxiliar as empresas na criação de regras de integridade eficazes ao combate de condutas previstas ao nosso ordenamento jurídico.

2.1 O conceito de integridade

Conforme dissemos, o Guia de Integridade da CGU foi elaborado com a finalidade de auxiliar as instituições públicas e privadas, na aplicação do *compliance* em seus ambientes de trabalho, diante do caráter recente da matéria. Em seu bojo, é possível observar alguns conceitos essenciais para a compreensão do tema, como o conceito de integridade, a fim de esclarecer sua importância no mundo corporativo. Assim, conforme o manual[11]

> O conceito de integridade pública representa um estado ou condição de um órgão ou entidade pública 'completo, inteiro, são'. Em outras palavras, pode-se dizer que há uma atuação imaculada e sem desvios, conforme os princípios e valores que devem nortear a atuação da Administração Pública.

De outra banda, a Organização para a Cooperação e Desenvolvimento Econômico – OCDE também traz definição do termo *integridade* como sendo: "uma pedra fundamental da boa governança, uma condição para que todas as outras atividades do governo não só tenham confiança e legitimidade, mas também que sejam efetivas".

9. A mais recente versão do Guia de Integridade da CGU é datada de julho de 2017. Disponível em: https://repositorio.cgu.gov.br/handle/1/41665.
10. A mais recente versão do Guia de Integridade da CGU é datada de julho de 2017. Disponível em: https://www.gov.br/cgu/pt-br/centrais-de-conteudo/publicacoes/integridade/colecao-programa-de-integridade. Acesso em: 06 jun. 2020).
11. Disponível em: https://www.gov.br/cgu/pt-br/centrais-de-conteudo/publicacoes/integridade/arquivos.

De acordo com a Controladoria-Geral da União, ficou claro que a promoção da integridade é necessária para a preservação da credibilidade das instituições, mas não só, sendo também uma condição essencial para assegurar um "campo propício para os negócios privados"[12].

Nessa toada, o manual da Controladoria-Geral da União trouxe importante inovação, demonstrando a abrangência da necessidade de um programa de integridade nas instituições, certificando o uso do *compliance* além das esferas de proteção à corrupção, trazendo tal ferramenta como um meio abrangente de respeito às normas legais e éticas:

> "Ainda que o termo 'quebra de integridade' possa ser entendido de maneira mais ou menos abrangente, este Manual considera a expressão de maneira mais ampla, englobando atos como recebimento/oferta de propina, desvio de verbas, fraudes, abuso de poder/influência, nepotismo, conflito de interesses, uso indevido e vazamento de informação sigilosa e práticas antiéticas".

Percebe-se, dessa forma, que o guia pretende ir além das obrigações normativas estabelecidas pela Lei Anticorrupção (Lei 12.846/2013), demonstrando a necessidade de um ambiente corporativo em conformidade não só com as regras anticorrupção, mas com todo conjunto de normas legais e éticas que se relacionam com a organização.

Tanto é assim que, atualmente, é bastante comum as empresas utilizarem dos instrumentos de *compliance* para sua organização interna quanto aos aspectos trabalhistas, ambientais e condutas relativas à diversidade.

Nossa proposta é que se utilize desses mesmos fundamentos e organização para se fazer plena a aplicação do Código de Defesa do Consumidor, em especial em razão de a lei consumerista prever expressamente a prevenção de danos aos consumidores como fundamento de todo o sistema protetivo ao consumidor.

Assim, ao prevenir e combater uma série de possíveis crimes e condutas antiéticas, além da corrupção, a implementação do *compliance* nas empresas revela-se como uma importante ferramenta de sucesso dos negócios privados.

3. OS PILARES DE UM PROGRAMA DE *COMPLIANCE* E SUA APLICAÇÃO NAS RELAÇÕES DE CONSUMO

Definida a acepção de integridade, passemos agora a discorrer sobre os pilares necessários para se alcançar um programa de integridade efetivo, segundo o manual da Controladoria-Geral da União[13]. São eles: o comprometimento e apoio da alta administração; definição de instância responsável; análise de perfil e riscos; e estratégias de monitoramento contínuo. Vale mencionar também estratégias amplamente utili-

---

12. Disponível em https://www.gov.br/cgu/pt-br/centrais-de-conteudo/publicacoes/integridade/arquivos/manual_profip.pdf, p. 5.
13. Todas as definições dos pilares de um programa efetivo de *compliance* estão disponíveis em: https://www.gov.br/cgu/pt-br/centrais-de-conteudo/publicacoes/integridade/arquivos/manual_profip.pdf capítulo I, p. 9 a 14.

zadas num programa de *compliance* eficiente, tais como treinamento e comunicação, canais de denúncia e código de conduta.

Passemos então a análise de cada um desses fundamentos.

3.1 Comprometimento e apoio da alta administração

O apoio da alta administração das instituições públicas e privadas na efetivação do programa de *compliance* é fundamental para que haja aderência dos demais colaboradores da empresa. Naturalmente, as lideranças são posições de destaque e seus atos são, em grande parte, reproduzidos pelos funcionários, seja por respeito, lealdade e admiração, ou ainda, porque eles representam a cultura daquele ambiente.

Nesse sentido, existe uma expressão utilizada para representar a importância na adesão do programa de integridade pela alta administração, a denominada *tone at the top*, que pode ser traduzido como "a cultura do topo". Tal expressão refere-se implantação de uma cultura ética em ambiente corporativos, estabelecida e incentivada pela alta administração, na busca da prevenção de práticas ilegais e antiéticas.

Desta feita, para que exista reconhecimento e adesão de um programa de *compliance*, é muito importante que a alta administração, tal como de presidentes, vice-presidentes e diretores apoiem o programa discutido e implementado, encorajando seus funcionários a cumpri-lo, demonstrando a utilidade do *compliance* naquele ambiente corporativo.

Nesse sentido, é importante que, além de dar suporte ao setor de *compliance* da empresa, a alta administração participe de todas as fases de implementação e monitoramento do programa, adote postura ética exemplar e siga, como todos os outros funcionários, as regras e disposições do código de conduta da empresa.

Em relação à defesa do consumidor, é possível exemplificar a conduta da alta administração a partir do seguinte caso hipotético: como se sabe, muitos colaboradores em instituições financeiras trabalham mediante uma remuneração fixa e outra variável. Tal remuneração costuma ter como parâmetro as metas estabelecidas pela alta gestão da empresa.

Naturalmente, ao estudar o mercado, entender os riscos e oportunidades, os gestores projetam o crescimento, estabilidade ou encolhimento da empresa, sempre com base em estudos, dados e perspectivas futuras.

Por outro lado, sabe-se que o Código de Defesa do Consumidor traz como premissa básica o dever de informação, a transparência e a boa-fé nas relações de consumo e, em especial, após a Lei 14.181/2021, deixou clara a proibição do assédio ao consumidor no momento da oferta do crédito.

Caso a alta gestão estabeleça metas irreais ou com poucas chances de serem cumpridas pelos colaboradores, estes poderão deixar de obedecer às regras de *compliance* da instituição, expondo o consumidor ao assédio ao consumo, desrespeitando a lei e as normas éticas da empresa. Nesse caso, por se tratar de instituição financeira e ter a regulação do Banco Central do Brasil, caberá, ainda, a imposição de sanções por descumprimento das regulações.

Ora, com o efetivo envolvimento da alta gestão da empresa, as metas devem ser compatíveis com a capacidade não só dos colaboradores, mas também da absorção da demanda pelo mercado. Caso haja um programa de *compliance* na empresa, é mandatório que a alta gestão estimule o comportamento ético e tenha real dimensão da autuação dos seus colaboradores.

3.2 Instância responsável

O segundo pilar trazido pelo manual da Controladoria Geral da União diz respeito à necessidade da criação de uma unidade de *compliance* dentro da empresa. A instância responsável pela criação e monitoramento das políticas de *compliance* precisa ser independente e trabalhar com autonomia e imparcialidade durante todo o funcionamento do programa. Isso significa que a pessoa, grupo ou comitê formado deve obter recursos financeiros e humanos, e trabalhar de forma independente, com vistas a efetividade do programa de integridade, tendo acesso, sempre que possível, ao mais alto nível hierárquico da organização.

Dessa forma, para que se tenha um programa de *compliance* efetivo, é necessário que exista uma área, munida de recursos e de pessoas com expertise no setor. Além disso, é preciso que exista, sobretudo, uma autonomia na implantação e monitoramento do programa, para que tais especialistas tenham acesso aos documentos e pessoas necessários à compreensão de todo o ambiente corporativo.

Em relação à defesa do consumidor, é essencial que o *compliance officer* esteja preparado para análise das questões relacionadas às vulnerabilidades dos consumidores no mercado de consumo. Por óbvio não se exige conhecimentos profundos sobre a defesa do consumidor, posto que apoiado pelo departamento jurídico, mas é essencial que tenha uma visão genérica sobre os princípios da lei consumerista e que haja suporte de especialista na área para a orientação da alta cúpula, dos colaboradores e prestadores de serviço.

3.3 Análise de risco

A análise de risco[14] é fator imprescindível em um programa de *compliance*. É através dela que se entende as ameaças de fraude, condutas erráticas e crimes que a empresa está exposta, para que se mitigue as possíveis falhas éticas e legais dentro

---

14. "Da origem da palavra risco é extraída uma característica fundamental que, até hoje, é válida para a compreensão do fenômeno: a incerteza diante da novidade desconhecida e imprevisível. Etimologicamente, a palavra "risco" deriva do italiano *risicare*, que é um termo proveniente das palavras latinas: *risicu* ou *riscu*, que significam "ousar" (*to dare*, em inglês)". MAGALHÃES JÚNIOR, Danilo Brum. Gerenciamento de risco, compliance e geração de valor: os compliance programs como ferramenta para mitigação de riscos reputacionais nas empresas. *Revista dos tribunais,* v. 997/2018. p. 575-594, nov. 2018.

do ambiente corporativo. Nesse contexto, observa-se o papel fundamental que desempenha num programa de *compliance*, à medida que é ferramenta indispensável de identificação e mitigação de transgressões no âmbito empresarial.

Necessário esclarecer que o risco é sempre um evento futuro e incerto, com um resultado negativo que pode impossibilitar o alcance de objetivos da empresa. Assim, para que as metas daquele ambiente corporativo sejam alcançadas, é necessário que se realize uma gestão dos possíveis riscos na atividade empresarial, possibilitando uma diminuição de seus efeitos.

Ressalta-se ainda que o levantamento prévio à implementação do Programa de Integridade possibilita uma maior compreensão das vulnerabilidades daquele ambiente corporativo, além de identificar as áreas com maior sujeição à riscos, bem como aqueles setores que necessitarão de maior atenção e planejamento pelo *compliance*.

Dessa forma, a análise de risco leva à uma mitigação de futuras transgressões as regras legais e éticas da empresa, trazendo uma resposta aos riscos apontados. Assim é através da identificação, classificação e monitoramento dessas vulnerabilidades que uma série de políticas de integridade são elaboradas, transformando a cultura daquele ambiente corporativo[15].

Conforme veremos, o Código de Defesa do Consumidor traz na sua essência a regra da prevenção de danos aos consumidores, sendo o pilar da análise de risco um dos mais importantes para a implantação de uma política de conformidade consumerista.

Assim, é essencial que se estude detalhadamente, por toda a atividade da empresa, quais são os riscos que a atividade pode oferecer ao consumidor. Aqui, um dos pontos essenciais é justamente a análise do *risco relacionado à responsabilidade civil do fornecedor* e o *risco reputacional* da empresa.

Imagina-se a implantação de sistema de conformidade em uma rede de lojas de comércio de calçado. Para mapeamento dos riscos, deve ser analisada a atividade desde a compra dos produtos com fornecedores, termos de garantia, identificação correta do produto e origem, exposição em vitrines, segurança do local, possiblidade de práticas comerciais abusivas, análise das peças publicitárias, entre outros pontos.

3.3.1 Due diligence

Dentro de uma análise eficiente dos elementos acimas expostos, é necessário levar em consideração os riscos envolvidos no relacionamento com outras empre-

---

15. De fato, conforme afirma Magalhães Júnior, "os *compliance programs* podem contribuir para a gestão do risco empresarial ao reduzir ou eliminar o risco de possíveis impactos causados pelas inconformidades nos processos internos e fraudes, impondo às instituições uma política ética e de cumprimento das normas, mantendo hígida a reputação e a imagem das companhias, o que gera desenvolvimento da empresa e da sociedade como um todo, porque os comportamentos adotados em cada seara tendem a ser copiados e replicados, estimulando a transparência, a ética e a confiança em qualquer relação, bases para uma verdadeira sustentabilidade". MAGALHÃES JÚNIOR, Danilo Brum. Gerenciamento de risco, *compliance* e geração de valor: os compliance programs como ferramenta para mitigação de riscos reputacionais nas empresas. *Revista dos tribunais*, v. 997/2018. p. 575-594, nov. 2018.

sas na constituição dos negócios de uma corporação. É preciso considerar todos os aspectos de contratação, inclusive com os fornecedores da cadeia de consumo, que podem prejudicar a boa reputação de um negócio.

Nesse sentido, a submissão de empresas terceiras a uma rigorosa *due diligence* pode evitar diversos problemas na reputação da companhia. Logo, fornecedores, representantes, distribuidores e outros parceiros devem ser submetidos à tal mecanismo, que nada mais é que uma meticulosa análise sobre aspectos envolvendo a imagem da companhia.

Ao explicar a *due diligence*, Carlos Fernando do Santos Lima e André Almeida Rodrigues Martinez, relembram o procedimento acautelatório feito pelas empresas nos processos de fusão e aquisições, para a análise da condição financeira e jurídica da empresa. Assim, a fusão somente acontece depois da *due diligence*, ou seja, da devida cautela na contratação. E afirmam:

> Assim como ocorre no mundo civil, no qual existe o conceito de "homem médio", de quem são esperadas certas atitudes de cautela na vida comum, as *due diligences* de compliance deve também ser considerada hoje uma atitude esperada daquela empresa interessada na outra. Não é um *plus*.
>
> É sim um verdadeiro dever de diligência, não podendo posteriormente a empresa compradora pretender se eximir de suas responsabilidades perante as autoridades estatais alegando desconhecimento de fatos relativa ou facilmente encontrados ou identificáveis.
>
> Fatos muito bem escondidos ou simulados pela empresa adquirida logicamente deverão ser sopesados pelas autoridades em eventual caso de responsabilização por sucessão, mas, mesmo nestes casos, deverá então a compradora demonstrar documentalmente que fez as diligências que estavam ao seu alcance naquele dado momento[16].

Dentro dessa análise, por exemplo, ao contratar um prestador de serviços (pessoa física ou jurídica), devem ser investigados os processos judiciais e administrativos que figure como réu. Devem ser analisados caos que importem em crimes contra o Estado, sociedade, consumidor e meio ambiente, além de eventuais notícias nocivas à imagem da empresa vinculadas à mídia, além de eventuais crimes de corrupção envolvendo o quadro de sócios e funcionários.

3.4 Monitoramento contínuo

Tão importante quanto identificar riscos e implantar programa de integridade a partir deles, o monitoramento estabelece dinamismo e atualização das iniciativas, permitindo ajustar constantemente um programa de integridade nas instituições. Nesse sentido, importante ressaltar que o sistema de integridade é sempre dinâmico, e as necessidades da empresa estão em constante mudança diante de diversos fatores, como mudança de função, alteração em normas que refletem suas atividades

O monitoramento do programa de integridade é primordial para a efetividade das normas e cultura imposta pelo *compliance*. Sem ele, o programa se torna obso-

16. MARTINEZ, André Almeida Rodrigues; LIMA, Carlos Fernando dos Santos Lima. *Compliance bancário*: um manual descomplicado. São Paulo: Quartier Latin, 2018. p. 98.

leto e não alcança os objetivos anteriormente desenhados, o que torna imperativa a necessidade de se identificar constantemente se as medidas adotadas continuam sendo eficazes, alterando e adaptando as regras conforme o aparecimento de vulnerabilidade diversas e mudanças no cenário interno e externo.

Ademais, o Código de Defesa do Consumidor, em seu art. 4º, VII, insere como Política Nacional de Defesa do Consumidor o "estudo constante das modificações do mercado de consumo" o que impõe aos fornecedores a obrigação de manter-se atualizado em relação as suas práticas.

Cite-se como exemplo a recente Lei Geral de Proteção de Dados (Lei 13.709/2018) e a Lei do Superendividamento do Consumidor (Lei 14.181/2021) que impactaram profundamente as relações de consumo e exige dos fornecedores novas práticas. De se notar também que a doutrina e a jurisprudência vêm ganhando muito espaço nas novas discussões relativas à defesa do consumidor, em especial quanto aos impactos das novas tecnologias.

3.5 Elaboração de um Código de Ética e Conduta

Um programa de *compliance* vai muito além da elaboração de um documento escrito. É preciso colocar em prática todas as ações acima elencadas. Entretanto, a formalização de todas as medidas de *compliance* em um documento de fácil acesso aos envolvidos no negócio é importante para a consolidação de um programa de ética dentro de uma empresa.

Nesse sentido, é necessária a elaboração de um Código de Ética apresentado a todos os funcionários, colaboradores, parceiros e membros da alta administração, que apresente de forma clara e precisa, os valores e condutas esperados, além dos comportamentos a serem evitados.

Tal medida se mostra como o assentamento de todas os pilares de um programa de *compliance*, dando o norte das condutas éticas que devem ser adotados e formalizando a importância da ética e *compliance* dentro do negócio. Para tanto, destacamos que o documento deve usar uma linguagem simples e clara, para cativar todos os funcionários e terceiros relacionados à empresa.

3.6 Treinamento e comunicação

Para que haja aderência de um programa de *compliance*, é necessário que os colaboradores da empresa conheçam e entendam as regras e objetivos daquele planejamento. Assim, é necessário investir no treinamento e comunicação das regras estabelecidas em Código de Conduta.

Dessa forma, ao comunicar e treinar os colaboradores, a aderência as regras estabelecidas tornam-se mais certeira e a empresa caminha para uma maior aderência do programa ético estabelecido.

Ressaltamos, ainda, que o treinamento e comunicação precisam ser periódicos e acompanhar a evolução do negócio. Assim como as necessidades de uma empresa estão em constante mudança, as regras também são dinâmicas e o treinamento dessas novas diretrizes precisam ser atualizados.

Nessa seara, entendemos ser imprescindível o treinamento voltado para o conhecimento e debate sobre as normas do Código de Defesa do Consumidor. Sem que os funcionários, prestadores de serviços, influenciadores digitais, enfim, que todos os envolvidos conheçam os parâmetros éticos e jurídicos que impactam nas relações de consumo, de nada servirá o programa de *compliance*.

3.7 Canais de denúncia

Por fim, uma vez definidas e demonstradas as regras aos colaboradores, é preciso que exista um canal de comunicação para que haja a oportunidade dos envolvidos no programa de alertar sobre possíveis violações ao Código de Conduta. Tal canal reforça o cumprimento das regras pelos colaboradores e é fundamental no funcionamento do programa de *compliance*.

Nesse sentido, ressaltamos que, para que seja efetivo, o canal de denúncias deve ser totalmente independente, assegurando o anonimato das denúncias recebidas, dando segurança ao colaborador de que suas reclamações serão ouvidas com o máximo de efetividade.

Assim, o canal de denúncia pode se estabelecer de diversas formas a depender do tamanho e necessidades da corporação, sendo resguardado o anonimato do colaborador.

4. O *COMPLIANCE* COMO EFETIVAÇÃO DAS POLÍTICAS PÚBLICAS E INSTRUMENTO DE PREVENÇÃO DE DANOS AOS CONSUMIDORES

Em primeiro lugar é necessário esclarecer que relações de consumo, diferentemente as relações das demais relações de direito privado, destacando aqui o Direito Civil e de o Direito empresarial, traz forte carga de intervenção do Estado. De fato, o art. 170 da Constituição, inciso V, estabelece a defesa do consumidor como princípio da ordem econômica.

Ademais, na forma do art. 6º do Código de Defesa do Consumidor, inciso I e VI, são direitos básicos do consumidor a "proteção de riscos contra sua saúde e segurança, a informação sobre todos os aspectos dos produtos e serviços inseridos no mercado de consumo" e "efetiva prevenção e reparação de danos patrimoniais e morais, individuais, coletivos e difusos".

Referidos dispositivos elencam diversas obrigações aos fornecedores que colocam o produto ou serviço no mercado de consumo, relacionadas, justamente, à prevenção, com a finalidade de mitigar os riscos que envolvem suas relações com o consumidor, trazendo segurança jurídica ao mercado de consumo.

Observa-se que o dispositivo traz diversas responsabilidades que podem gerar riscos às atividades dos produtores e fornecedores de produtos e serviços no mercado brasileiro, o que torna o *compliance* uma importante ferramenta de atenuação de riscos e despesas, tanto aos consumidores quanto às próprias empresas envolvidas.

Mas não é só da observação das diversas imposições legais estabelecidas no artigo 6º do dispositivo que se conclui a necessidade de um conjunto de regras de integridade voltadas ao mercado de consumo. A crescente concorrência enfrentada pelo setor na economia traz uma necessidade constante de se obter uma imagem íntegra e de valores sólidos perante a sociedade.

Alguns casos de corrupção conhecidos pela mídia tocaram diversos aspectos da relação de empresas com o Estado e o consumidor. A dinâmica dos negócios envolvendo essas empresas combinado com a falta de um programa de conformidade eficiente levam a diversas fraudes internas e crimes de corrupção, prejudicando não só o Estado, como também os consumidores e a sociedade em geral.

Vejamos, pois, alguns escândalos conhecidos pelos consumidores, que envolveram problemas ligados à fraudes e corrupção e afetaram não só cofres públicos e balanços patrimoniais, como também o consumidor final.

4.1 A Operação Carne Fraca

Um dos escândalos de corrupção mais conhecidos no Brasil foi deflagrado pela Polícia Federal em março de 2017. Conhecida como Operação Carne Fraca, o suposto esquema de fraude envolveu o Ministério da Agricultura, Pecuária e Abastecimento (MAPA) e os famosos frigoríficos da JBS e BRF, os maiores do Brasil na atualidade. A investigação apurou o envolvimento de ambos num esquema de adulteração de carnes para venda ao mercado interno e externo, sendo certo que a operação já levou à prisão de importantes executivos dos frigoríficos envolvidos, bem como de diversos funcionários do MAPA, além de causar fortes quedas nas ações de ambas as empresas.

O escândalo levou ainda à diversos prejuízos de ordem econômica, não só aos frigoríficos, como também ao próprio país. Diante das alegadas "deficiências no controle brasileiro oficial", a União Europeia, o México e outros países chegaram a suspender a importação de carne de frango do Brasil, trazendo um prejuízo de bilhões ao setor econômico mais importante do Brasil.

Nesse sentido, as empresas JBS, BRF, Peccin, Larissa, Mastercarnes e Souza Ramos citadas pela Polícia Federal na operação, foram também notificadas pela Secretaria Nacional do Consumidor do Ministério da Justiça e Segurança Pública. De acordo com as notícias vinculadas à época[17], a Senacon divulgou nota pedindo o recall de

17. Disponível em Senacon determina *recall* de produtos de três frigoríficos investigados pela PF – Ministério da Justiça e Segurança Pública (justica.gov.br).

produtos de três frigoríficos envolvidos, além de determinar o recolhimento de diversos produtos em uma unidade[18].

Em nota, o órgão ainda destacou que a realização do recall era uma reponsabilidade dos fornecedores, salientando para a necessidade de um procedimento com publicidade dos fatos, indicação das medidas necessárias a serem tomadas pelo consumidor e o fornecimento de um canal de comunicação funcional para que recebessem todas as orientações cabíveis relacionadas à devolução de produtos.

Nota-se que o caso é um grande exemplo da necessidade do *compliance* no setor alimentício e da repercussão que pode gerar sua falta, tanto à economia quanto aos consumidores finais de uma atividade empresarial. Isso porque antes da Polícia Federal deflagrar um dos maiores casos de corrupção do país, não existia um investimento significativo no setor.

De acordo com Emir Calluf Filho, diretor de compliance da J&F, holding de Joesley Batista que detém o frigorífico JBS, antes do escândalo o investimento no setor de *compliance* da empresa era precário: Em 2014, a JBS gastava menos de R$ 1 milhão de reais em *compliance*, e empregava apenas 3 pessoas na área[19].

Os números contrastam bastante quando comparados aos gastos atuais: hoje, o executivo chefia um departamento com 40 pessoas e administra um orçamento de R$ 50 milhões, além do orçamento destinado às investigações internas que comandou em 2018[20].

4.2 A fraude do leite – Operação Leite Compensado

Outra fraude bastante conhecida pela empresa e consumidores ocorreu no Rio Grande do Sul. O escândalo deflagrado pela Polícia Federal ficou conhecido como "Operação Leite Compensado" e desarticulou um esquema de adulteração de leite em natura, por empresas responsáveis pelo transporte do produto[21]. O esquema foi deflagrado entre 2013 e 2014, em diversas operações em cidades como Condor, Iburipá, Horizontina, Rondinha e Guaraporé, e tinha como objetivo aumentar o volume[22] e prazo de validade do alimento[23].

Foram diversas as etapas da operação. Algumas delas encontraram problemas de validade do produto, outros apontaram para adição de substâncias nocivas à saúde no leite. Uma das primeiras fraudes foi revelada através de testes químicos realizados por diversas amostras de leite cru, e as análises apontavam para presença de ureia,

18. Disponível em Senacon determina que frigorífico retire carne do mercado | Agência Brasil (ebc.com.br).
19. Veja: https://www.conjur.com.br/2019-jan-05/investimento-compliance-exige-regras-rigidas-diretor-jf.
20. Disponível em Executivo já perde bônus por meta de compliance – Economia – Estadão (estadao.com.br).
21. Disponível em MP denuncia dois suspeitos de fraudar leite no RS – Geral – Estadão (estadao.com.br).
22. Os criminosos tinham ainda a intenção de mascarar a adição de água, compensando assim, os déficits nutricionais.
23. Disponível em Leite Compensado: operação revela leite com formol e soda cáustica – Namu.

substância rica em formol, considerado cancerígeno pela Organização Mundial da Saúde, e proibida em diversos setores, inclusive farmacêuticos.

Além da ureia, foram encontras doses de soda cáustica, elemento altamente corrosivo e prejudicial à saúde humana, que, embora possua altos níveis de nocividade, tem seus efeitos revelados a médio e longo prazo.

Na quinta etapa da Operação Leite Compensado foram denunciados Sérgio Seewald, proprietário da Industria Hollmann, Jonatas William Kronbauer, funcionário da mesma companhia e Ércio Vanor Klein, dono da Pavlat, que, de acordo com o Ministério Público "davam ordens para que os subordinados adicionassem produtos como citrato, soda cáustica, bicabornato de sódio e água oxigenada para corrigir a acidez de leite que estava se deteriorando"[24].

Os testes demonstraram, dessa forma, que os elementos encontrados nos produtos variavam, bem como se dava o desempenho da alteração. Ainda assim, todos os testes apontaram para uma gama de malefícios diante de consumo daquelas substâncias, tornando o consumo do produto extremamente nocivo ao mercado de consumo.

Nesse sentido, ainda em relação à dimensão dos prejuízos causados ao consumidor nesse esquema, notícias sobre uma das etapas da operação apontam que o Ministério Público tinha indícios de que a adulteração ocorria a pelo menos quatro anos[25]: "As evidências de fraude apareceram em um levantamento da Receita Estadual, que revelou que as aquisições de ureia por empresas de transporte de leite se intensificaram a partir de 2009".

Durante as etapas da operação, alguns recalls foram realizados, além da celebração de alguns Termos de Ajustamento de Conduta (TAC) entre a Promotoria de Justiça e Defesa do Consumidor e algumas empresas, como a Parmalat, Líder e Mu-Mu[26]. A ação, porém, não garantiu que todos os consumidores fossem alertados e protegidos do consumo do leite adulterado, e não se sabe os prejuízos causados pelo seu consumo.

5. *COMPLIANCE* E ATENDIMENTO AOS CONSUMIDORES: EXEMPLO A PARTIR DAS NORMAS DO BACEN

Por todo o ora exposto, fica evidente os impactos da implantação de uma política de *compliance* adequada para o efetivo cumprimento das normas estabelecidas pelo Código de Defesa do Consumidor, trazendo efetiva harmonia das relações de consumo.

24. Ministério Público denuncia 14 envolvidos em adulteração de leite no RS – Brasil – Estadão (estadao.com.br).
25. Disponível em MP denuncia dois suspeitos de fraudar leite no RS – Geral – Estadão (estadao.com.br).
26. Disponível em Fabricantes dos leites Parmalat e Líder farão recall do produto adulterado | GZH (clicrbs.com.br) e G1 – Indústria faz recall de 990 mil litros de leite; confira a lista de lotes vetados – notícias em Rio Grande do Sul (globo.com).

O setor bancário foi um dos primeiros a ser impactados pelas regras de *compliance* especialmente por razões relacionadas à lavagem de dinheiro, fraude e anticorrupção. No entanto, podemos citar pelo menos três resoluções do Banco Central do Brasil relacionadas à proteção e defesa do consumidor.

A resolução 3.694/2009 do BACEN, utilizando-se do mencionado pilar de "análise de riscos", trata da prevenção de riscos na contratação de operações e na prestação de serviços por parte de instituições financeiras.

Nela, além de proibir as instituições financeiras de recusar ou dificultar o atendimento através dos guichês de caixa, mesmo que o fornecedor, ainda determina que as instituições financeiras e demais entes autorizados, assegurem aos consumidores (clientes e usuários):

- Prestação de informações necessárias à livre escolha e à tomada de decisões por parte dos consumidores, explicitando, inclusive, cláusulas contratuais ou práticas que impliquem deveres, fornecendo tempestivamente cópia dos contratos, recibos, extratos, comprovantes e outros documentos relativos à operação;
- Confecção de contratos redigidos de forma clara e objetiva para compreensão dos consumidores de forma a permitir a efetiva compreensão pelos consumidores, especialmente em relação aos prazos, valores, encargos, multas, datas, locais e demais condições.
- Adequação do serviço oferecido com as necessidades, interesses e objetivo dos consumidores;
- Possibilidade de tempestivo cancelamento do contrato;
- Formalização de título adequado estipulando direitos e obrigações para fins de fornecimento de cartão de crédito;
- Encaminhamento de cartão de crédito ao domicílio do consumidor somente mediante expresso requerimento deste.
- Manutenção, em local visível, de informações claras relativas a situações que impliquem recusa de realização de pagamentos ou recepção de cheques, fichas de compensação, documentos, contas e outros.

Já a Resolução 4.539/2016, mais robusta que a primeira, o Banco Central do Brasil estabeleceu normas relativas à elaboração e implementação de *política institucional de relacionamento* com os clientes e usuários.

Nela, o órgão estabelece princípios e parâmetros para a política de relacionamento com o cliente que devem conduzir "suas atividades com observância dos princípios de ética, responsabilidade, transparência e diligência, propiciando a convergência de interesses e a consolidação de imagem institucional de credibilidade, segurança e competência".

Neste sentido, são providências que devem ser tomadas pelo fornecedor de serviços bancários:

- Promover cultura organizacional que incentive relacionamento cooperativo e equilibrado entre clientes e usuários;
- Dispensar tratamento justo e equitativo entre clientes e usuários, com prestação de informações a clientes e usuários de forma clara e precisa, a respeito de produtos e serviços, além do atendimento a demanda dos consumidores de forma tempestiva e inexistência de barreiras, critérios ou processos desarrazoados para extinção da relação contratual;
- Assegurar a conformidade e a legitimidade de produtos e serviços.

Além disso, as instituições financeiras devem elaborar e implementar a política de relacionamento de modo a consolidar as diretrizes, objetivos estratégicos e valores organizacionais, devendo ser aprovada pelo conselho de administração ou pela diretoria da instituição; ter avaliação periódica; definir papeis e responsabilidades no âmbito da instituição; ser compatível com a natureza da instituição e com o perfil dos consumidores; deve prever programas de treinamento aos empregados e prestadores de serviço; devem prever a disseminação interna de suas disposições e ser formalizada em documento específico.

Por fim, quanto ao gerenciamento da política de relacionamento com o consumidor, as instituições financeiras devem assegurar a consistência de rotinas e de procedimentos operacionais, em especial em relação à concepção de produtos e serviços, bem como em relação à oferta, recomendação, contratação ou distribuição de produtos. Deve também observar os requisitos de segurança em afetos aos produtos, o que deve ser cumprido, inclusive, em relação à proteção dos dados do consumidor.

As rotinas e procedimentos também devem estar atentas à cobrança de tarifas em decorrência da prestação de serviços; a divulgação e publicidade de produtos e serviços; a coleta, tratamento e manutenção dos dados dos consumidores; a gestão do atendimento prestado aos clientes e usuários, inclusive com o registro e tratamento das demandas; a mediação de conflitos; a sistemática de cobrança em casos de inadimplemento; a extinção da relação contratual; a liquidação antecipada de dívidas; a portabilidade para outra instituição e eventuais sistemas de metas e incentivos de desempenho aos funcionários.

Avançando ainda mais no sentido de efetivação e aplicação dos princípios e normas definidos pelo Código de Defesa do Consumidor, o Banco Central do Brasil editou a Resolução 4.595/2017 para dispor sobre a política de conformidade das instituições financeiras.

Nela, o órgão regulador obriga as instituições financeiras a implementar e manter política de conformidade compatível com a natureza, o porte, a complexidade, a estrutura e o perfil de risco da instituição.

O art. 5º da Resolução determina que a política de conformidade defina, no mínimo, os seguintes parâmetros:

- Objetivo e escopo da função de conformidade;
- Divisão clara das responsabilidades das pessoas envolvidas na função de conformidade, de modo a evitar conflitos de interesse entre as áreas e negócios das instituições;
- Alocação de pessoal em quantidade suficiente, adequadamente treinado e com experiência necessária para exercer a função;
- A posição, na estrutura organizacional da instituição, da unidade específica responsável pela função de conformidade;
- As medidas necessárias para garantir a independência e adequada autoridade aos responsáveis por atividades relacionadas à função de conformidade;
- Alocação de recursos suficientes para o desempenho das funções;
- Livre acesso aos responsáveis por atividades relacionadas ao programa de integridade;
- Canais de comunicação com a diretoria, com o conselho de administração e com o comitê de auditoria;
- Procedimentos para a coordenação das atividades relativas à função de conformidade com funções de gerenciamento de risco e com a auditoria interna.

Além disso, o art. 7º da norma traz as obrigações dos responsáveis pela política de conformidade, tais como testar e avaliar a aderência da instituição ao arcabouço legal, à regulação infralegal e a regulamentação dos órgãos fiscalizadores, entre outras obrigações.

Por fim, o art. 9º traz obrigações relativas ao conselho de administração, tais como assegurar a adequada gestão política de conformidade da instituição, a efetividade e a continuidade da aplicação da política de conformidade, a comunicação da política a todos os funcionários e terceirizados, a disseminação de padrões de integridade e conduta ética como parte da cultura da instituição, entre outras obrigações.

Fácil notar que as normas do Banco Central têm por finalidade instituir uma verdadeira política de cumprimento efetivo das regras do Código de Consumidor, utilizando-se da estrutura e dos processos do sistema de conformidade para tanto. De fato, a observação dos pilares e do mecanismo do *compliance* podem ser importantes ferramentas para a harmonia das relações de consumo.

6. NOTAS CONCLUSIVAS

É de se concluir que o programa de *compliance* pode contribuir, e muito, para auxiliar o atendimento das regras de proteção e defesa do consumidor, trazendo, em especial, a transparência e harmonia nas relações e a prevenção de danos aos consumidores.

7. REFERÊNCIAS

FRANCO, Isabel (Org.). *Guia prático de compliance*. Rio de Janeiro: Forense, 2020.

MAGALHÃES JÚNIOR, Danilo Brum. Gerenciamento de risco, compliance e geração de valor: os *compliance* programs como ferramenta para mitigação de riscos reputacionais nas empresas. *Revista dos tribunais*, v. 997. p. 575-594, nov. 2018.

MARTINEZ, André Almeida Rodrigues; LIMA, Carlos Fernando dos Santos Lima. *Compliance bancário*: um manual descomplicado. São Paulo: Quartier Latin, 2018.

MARTINS, Juliana e SILVA, Raphael. Mecanismos de autorregulação do mercado de capitais: características e papel na proteção dos investidores. *Revista de direito bancário e do mercado de capitais*. v. 88. p. 127-156, abr./jun. 2020.

NASCIMENTO, Victor Hugo Alcade do. Os desafios do compliance contemporâneo. *Revista do Tribunais*, v. 1003. p. 51-75, maio 2019.

OLIVA, Milena Donato; SILVA, Rodrigo da Guia. Origem e evolução histórica do *compliance* no direito brasileiro. In: FRAZÃO, Ana; CUEVA, Ricardo Villas Bôas. *Perspectivas e desafios dos programas de conformidade*. Belo Horizonte: Fórum, 2019. Edição do Kindle.

SAAD-DINIZ, Eduardo; ADACHI, Pedro Podboi; DOMINGUES, Juliana Oliveira (Org.). *Tendências em governança coorporativa e compliance*. São Paulo: LiberArs, 2016.

COMO A TEORIA GERAL DO DIREITO PODE EXPLICAR A FUNÇÃO DO *COMPLIANCE* NO DIREITO DO CONSUMIDOR? A NATUREZA DAS REGRAS DE *COMPLIANCE* À LUZ DA TEORIA DA NORMA JURÍDICA E A RELAÇÃO JURÍDICA TRILATERAL DE CONSUMO[1]

Marcel Edvar Simões

Doutor e Mestre em Direito Civil pela Faculdade de Direito da Universidade de São Paulo – Largo de São Francisco. Professor de Direito Civil e Direito Digital na Universidade Paulista. Coordenador-Adjunto do Grupo de Estudos Avançados em Direito Agrário – GEAGRO junto à Fundação Arcadas, de apoio à Faculdade de Direito da Universidade de São Paulo. Professor e Coordenador do Curso de Pós-Graduação em Direito Registral e Notarial no Instituto de Direito Público de São Paulo – IDP/SP. Membro do Instituto dos Advogados de São Paulo (IASP) e do Instituto Brasileiro de Estudos de Responsabilidade Civil (IBERC). Procurador Federal junto à Advocacia-Geral da União. Procurador-Regional Substituto do INCRA em São Paulo. Ex-Procurador Chefe do IBAMA em São Paulo. Ex-Diretor de Desafios Sociais no Âmbito Familiar do Ministério dos Direitos Humanos.

Sumário: 1. Teoria geral do direito, *compliance* e direito do consumidor – 2. A natureza jurídica das chamadas *regras de compliance* à luz da teoria da norma jurídica – 3. *Compliance* e relação jurídica de consumo. A relação jurídica de consumo na dicotomia entre direito privado e direito público – 4. Conclusão – 5. Referências.

1. TEORIA GERAL DO DIREITO, *COMPLIANCE* E DIREITO DO CONSUMIDOR

A Teoria Geral do Direito se ocupa, classicamente, de um conjunto de problemas cuja delimitação se firmou, na tradição jurídica ocidental, no século XIX. No cerne desse conjunto, como é cediço, está a dicotomia entre Direito objetivo e direito subjetivo[2], a partir da qual as diversas questões e conceitos da Teoria do Direito são

1. O autor elabora o presente trabalho com o coração enternecido, ao se recordar – exatos vinte anos depois – de sua primeira atividade profissional, como estagiário junto à Promotoria de Justiça do Consumidor da Capital – São Paulo/SP.
2. Aqui, há um paradoxo: trata-se de dicotomia apresentada ao estudante logo no início do curso de Graduação em Direito (em disciplinas de Introdução ao Estudo do Direito ou Teoria Geral do Direito), mas cuja abstração inerente e problemas derivados demandariam uma retomada também em momento posterior, para uma compreensão mais profunda e crítica. Veja-se, no decorrer deste artigo, o que se afirma sobre as dificuldades em distinguir as normas jurídicas (Direito objetivo) do regulamento de interesses trazido no bojo das relações jurídicas (direito subjetivo) derivadas, por exemplo, de *atos-regra* (como os denomina Fábio Konder Comparato. Cf. A natureza da sociedade anônima e a questão da derrogabilidade das regras legais de quorum nas assembléias gerais e reuniões do conselho de admnistração. *Novos ensaios e pareceres*

encadeados: norma, sistema jurídico, validade, fato jurídico, relação jurídica, poderes e deveres jurídicos, fontes do Direito, interpretação, dentre outros. Embora as grandes linhas desse arcabouço conceitual tenham sido traçadas, conforme já mencionado, no século XIX, elas continuam a ser utilizadas de modo mais ou menos eficiente, isto é, ainda com bom grau de operacionalidade, tanto pelos teóricos – para descrever o fenômeno jurídico –, como pelos sujeitos que atuam profissionalmente com o Direito (por vezes chamados, de modo criticável, de *operadores do Direito*) – para interpretar e aplicar as normas jurídicas, almejando a resolução dos casos concretos. Contudo, é preciso reconhecer que, em pleno século XXI, se essas figuras próprias da Teoria Geral do Direito permanecem em boa medida relevantes, não estão imunes a críticas, revisões, atualizações e aprofundamentos evolutivos. O presente trabalho se propõe a explorar esse cenário, a partir de um exemplo particular: a compreensão das denominadas *regras de compliance*, especificamente do papel que desempenham no âmbito setorial do Direito do Consumidor.

De início, duas observações precisam ser feitas. Como primeira observação, cumpre assinalar que as regras de *compliance* internas a uma organização empresarial se inserem, precisamente, no bojo de um grupo de figuras que desafiam os termos mais tradicionais da teoria das *fontes do Direito* (em especial, sua divisão em fontes estatais e fontes privadas como duas classes de separação relativamente simples[3]),

de direito empresarial. Rio de Janeiro: Forense, 1981, p. 121). Naturalmente, há críticas de diversos matizes acerca da dicotomia em apreço, desde as críticas kelsenianas ao conceito de direito subjetivo e sua utilidade (vendo-o apenas como um reflexo ilusório do Direito objetivo – cf. *Reine Rechtslehre*. Trad. port. de João Baptista Machado. *Teoria pura do direito*. 6. ed. Arménio Amado: Coimbra, 1984, p. 264-265) até a perspectiva baseada no método de Michel Foucault, no sentido de que o próprio Direito objetivo não existe, a não ser como um *nome* que designa não uma substância ou essência, mas sim certas *práticas sociais jurídicas* que, ocorrendo concretamente em determinado espaço e em certa época, seriam sempre particulares (cf. interessante exposição sobre a perspectiva de Foucault feita por Marcelo Gomes Sodré – com suporte em lição de François Ewald – constante de *A construção do direito do consumidor* – Um estudo sobre as origens das leis principiológicas de defesa do consumidor. São Paulo: Atlas, 2009, p. 60-64. Com relação especificamente à utilidade instrumental da noção de direito subjetivo, acompanhamos a observação de Georges Abboud, Henrique Carnio e Rafael Tomaz de Oliveira no sentido de que a manutenção desse conceito no discurso jurídico cumpre a importante função de evitar o deslocamento do Estado para o centro de todo o modelo (em substituição às pessoas), procurando prevenir, com isso, o risco de se tornar um sistema autoritário e auxiliando na manutenção do regime democrático (cf. *Introdução ao direito* – Teoria, filosofia e sociologia do direito. 5. ed. São Paulo: Ed. RT, 2020, p. 436). Acompanhamos essa observação, mas lembrando também da afirmação de E. B. Pashukanis, no sentido de ser evidente para a perspectiva marxista que "o sujeito jurídico das teorias do direito se encontra numa relação muito íntima com o proprietário das mercadorias" (cf. Общая теория права и марксизм. Опыт критики основных юридических понятий. Trad. port. de Paulo Bessa. *A teoria geral do direito e o marxismo*. Rio de Janeiro: Renovar, 1989, p. 3). Essa afirmação – que E. B. Pashukanis faz como uma descrição necessária da forma jurídica – trazemos à baila como uma *advertência*, no sentido que a atribuição de direitos a sujeitos não pode se fazer em condições de apenas *suposta* igualdade, mas na realidade mascarando uma real concentração de poderes, benefícios e prerrogativa nas mãos de poucos membros da sociedade.

3. Segundo uma visão doutrinária tradicional, são reconhecidas como fontes formais do Direito (*rectius*, de revelação de normas jurídicas) a *lei*, o *costume* a *jurisprudência* e a *doutrina* (esta última, de modo controvertido e, embora tida como fonte pela visão de Savigny, atualmente predomina o entendimento que não tem esse caráter – embora tenha tido em outros momentos da história da humanidade, como foi o caso, por exemplo, da *communis opinio doctorum* em Roma, com a força obrigatória conferida sob o Imperador Adriano). Cf., expondo (criticamente) essa visão doutrinária tradicional quadripartite sobre a teoria das fontes: Georges

ao mesmo tempo em que tornam nebulosas as fronteiras no que concerne à já citada grande dicotomia *Direito objetivo/direito subjetivo*[4].

Assim, é lícito indagar: seria o conteúdo de um programa de *compliance* erigível à categoria de autêntica norma jurídica para os seus destinatários, ou tratar-se-ia, apenas, de deveres e poderes jurídicos atribuídos aos sujeitos por meio de negócios jurídicos empresariais internos com base na autonomia privada? Ainda: o programa de *compliance* resulta fundamentalmente do exercício da autonomia privada, ou existe em simbiose com uma regulação indutiva de padrões gerada por órgãos estatais e paraestatais que diminui a margem da *escolha de categoria jurídica* a cargo dos particulares? São duas questões – dentre várias outras possíveis – que surgem desde perspectivas caras à Teoria Geral do Direito (a primeira dessas questões desde

---

Abboud, Henrique Carnio e Rafael Tomaz de Oliveira. *Introdução ao direito – Teoria, filosofia e sociologia do direito*. 5. ed. São Paulo: Ed. RT, 2020, p. 360 e ss.; A. Franco Montoro. *Introdução à ciência do direito*. 24. ed. São Paulo: Ed. RT, 1997, p. 322 e ss. A esse rol de quatro fontes clássicas, outras vão sendo incorporadas (sem total uniformidade entre os autores), cabendo aqui sublinhar, de modo especial, para os fins deste trabalho, a *fonte negocial* (como a denomina Miguel Reale. *Lições preliminares de direito*. 27. ed. São Paulo: Saraiva, 2002, p. 179-181). Nessa esteira, as fontes do Direito são agrupadas em fontes estatais, como a lei e a jurisprudência, e fontes não estatais (algumas vez chamadas *privadas*; outras, *sociais*), como o costume e a doutrina (cf. Vitor Kümpel e Giselle Viana. *Introdução ao estudo do direito*. São Paulo: YK, 2018, p. 93). Onde, nesse quadro amplo, se insere o regramento de condutas derivado do *compliance* é, precisamente, uma das questões centrais que o presente estudo se propõe a enfrentar.

4. A essa altura, é preciso esclarecer que N. Bobbio faz uso da expressão *grandes dicotomias* para designar o produto de uma operação de divisão/classificação do universo de entes de um campo de pesquisa em duas subclasses, que são reciprocamente excludentes e conjuntamente exaustivas. *Grande* aparece, aí, no sentido de *total*, uma vez que todos os entes do campo de pesquisa de determinada disciplina estão abrangidos em uma das duas subclasses de uma grande dicotomia, bem como no sentido de *principal* (dando margem ao surgimento de dicotomias secundárias dela derivadas). É desse modo que, para o referido autor, a distinção entre Direito Público e Direito Privado é aquela que mais marcadamente se apresenta com o caráter de grande dicotomia (tendo também esse caráter a distinção entre Direito consuetudinário e Direito constituído); mas para N. Bobbio as dualidades Direito natural/Direito positivo e Direito objetivo/direito subjetivo não constituem verdadeiramente *grandes dicotomias*. Cf. *Dalla struttura alla funzione – Nuovi studi di teoria del diritto*. Trad. port. de Daniela Beccacia Versiani. *Da estrutura à função – Novos estudos de teoria do direito*. Barueri: Manole, 2007, p. 139 e 143. No entanto, embora os textos de N. Bobbio reunidos nesse volume sejam extraordinários (e um marco na trajetória do autor, representando um momento de reflexão crítica sobre o positivismo kelseniano, enriquecida pela análise da função no Direito), é bem verdade que alguns aspectos por eles abordados encontram-se datados (quanto a um estado de debates típico dos anos 1970). Assim, a própria ascensão posterior do Direito do Consumidor como microssistema jurídico e como campo de estudo científico (ao menos relativamente) autônomo coloca em xeque a contraposição entre Direito Público e Direito Privado como uma autêntica *grande dicotomia* no sentido empregado por N. Bobbio, visto que o universo de elementos considerados se complexifica, podendo-se sustentar que não seria mais redutível a *apenas* essas duas subclasses. Logo, se se pretender conservar o sentido *exaustivo* em que Bobbio emprega para o termo *dicotomia*, talvez seja preferível falar-se em *dualidades*, ou *díades* (e não em dicotomias) para tratar da contraposição entre Direito Público e Direito Privado (bem como entre Direito objetivo e direito subjetivo). Por outro lado, sob pontos de partida um pouco distintos (levando em consideração, por exemplo, os lugares comuns do *método tópico*, úteis à organização da dogmática – mas sem o mesmo viés de abrangência exaustiva dos elementos de um universo, como se vê em N. Bobbio), Tercio Sampaio Ferraz Jr. designa como *grandes dicotomias* as contraposições entre Direito Público e Direito Privado, entre Direito objetivo e direito subjetivo, e entre Direito natural e Direito positivo (cf. *Introdução ao Estudo do Direito* – Técnica, Decisão, Dominação. 2. ed. São Paulo: Atlas, 1994, p. 133 e ss.).

a perspectiva da díade Direito objetivo/direito subjetivo; a segunda, desde a perspectiva da teoria das fontes)[5].

Como segunda observação, é preciso reconhecer que nem sempre se dá a devida atenção ao papel que a Teoria Geral do Direito desempenha para a construção da dogmática jurídica. Os subsídios trazidos pela Teoria do Direito em processos intelectuais como a classificação de certas matérias em determinados ramos do Direito, ou a indicação dos dados necessários para a identificação/construção de microssistemas jurídicos contribuem não apenas para uma melhor descrição de fenômenos e compreensão didática da matéria jurídica, mas também trazem, efetivamente, critérios para a decisão de conflitos de interesses reais, concretos.

Veja-se, por exemplo, que em matéria de Direito do Consumidor, por intermédio do tema do *compliance*, a Teoria Geral do Direito permitirá explicar de modo especial como convivem e interagem as disciplinas jurídicas trazidas pelo Direito Privado e pelo Direito Público no bojo do microssistema consumerista. Em outras palavras: a perspectiva da Teoria Geral do Direito, ao se debruçar sobre a natureza das *regras/práticas/estruturas* de *compliance*, permitirá entender como o Direito Público (Direito Administrativo, Direito Econômico) e o Direito Privado (Direito Civil, Direito de Empresa) se combinam no interior do Direito do Consumidor para dar forma e função a esse microssistema jurídico[6].

Por outro lado, a compreensão que a Teoria do Direito possibilita quanto à regulamentação de interesses derivada do *compliance* auxiliará a responder se é adequado

5. A seguinte explicação de J. Lamego é bastante útil a um objetivo de se apartar os campos temáticos próprios da Teoria Geral do Direito, da Filosofia do Direito, da Metodologia Jurídica e da Dogmática (ainda que, a nosso ver, não seja uma explicação integralmente exata): "O programa da Teoria do Direito consiste na explicitação das estruturas conceptuais que tornam possível a descrição analítica do Direito positivo, entendido como sistema de normas válidas. O perfil disciplinar da Teoria do Direito foi sedimentado por autores como Adolf Merkel (1836-1896), Karl Bergbohm (1849-1927), Ernst Rudolf Bierling (1841-1919) e Felix Somló (1873-1920) e encontrou na Teoria Pura do Direito de Hans Kelsen (1881-1973) a sua expressão mais consistentemente fundamentada. Desde o início da sua investigação, Kelsen propõe-se desenvolver o que em *General Theory of Law and State* (Cambridge Mass., 1945) refere como '*a general theory of positive law*', cujo objecto define como sendo '(...) *the legal norms, their elements, their interrelation, the legal order as whole, its structure, the relationship between diferente* [sic] *legal orders, and, finally, the unity of the law in the plurality of positive of positive legal orders*' (cf. op. cit., p. XIII). E acrescenta que '*the orientation of the pure theory of law is in principle the same as the so-called analytical jurisprudence. Like John Austin in his famous* Lectures on Jurisprudence, *the pure theory of law seeks to attain its results exclusively by an analysis of positive law*' (cf. op. cit., p. XV). (...) Esse tipo de investigação debruça-se sobre os aspectos mais gerais da 'experiência' jurídica, como: *i)* o conceito de norma, tipos e funções de normas, validade e eficácia das normas; *ii)* o conceito de sistema jurídico: os problemas de existência, identidade, estrutura e conteúdo do sistema jurídico; *iii)* a análise dos conceitos jurídicos fundamentais (v.g.: 'direito', 'dever', 'sanção', 'ilícito', 'responsabilidade' etc.)" (*Elementos de metodologia jurídica*. Coimbra: Almedina, 2016, p. 238 e 244).

6. E essa compreensão ou entendimento não terá seus efeitos limitados ao campo especulativo da Teoria do Direito: repercutirá, também sobre a dogmática enquanto técnica (ou tecnologia) voltada à decisão de conflitos de interesses. Basta lembrar que o regime de Direito Público apresenta uma série de traços típicos (como a presença maciça de normas cogentes e a finalidade central de atendimento ao interesse público), ao passo que o regime de Direito Privado apresenta, por seu turno, suas próprias características – saber a qual regime recorrer, isoladamente ou de modo combinado, no contexto do Direito do Consumidor, é fundamental do ponto de vista da dogmática.

ou não se falar em um verdadeiro *microssistema jurídico autônomo centrado na figura do compliance*, ou se se trata, apenas, de uma figura sobre a qual incidem normas pertencentes a diversos setores do ordenamento jurídico (já sendo possível antecipar, preliminarmente, que esta segunda hipótese nos parece a correta).

2. A NATUREZA JURÍDICA DAS CHAMADAS *REGRAS DE COMPLIANCE* À LUZ DA TEORIA DA NORMA JURÍDICA

O interesse prático e teórico pelo tema do *compliance* teve uma enorme expansão internacionalmente na passagem do século XX para o século XXI (especialmente na fase pós-Enron[7]); pouco tempo depois, essa expansão também se deu no Brasil[8], encontrando-se o assunto ainda em um momento de forte ascensão no princípio da década de 2020. Parece, contudo, que essa disseminação do tema se fez acompanhada de uma certa vagueza conceitual, uma certa ausência de delimitação adequada do *compliance* nos quadrantes do sistema jurídico – e dos modelos e teorias que procuram descrevê-lo.

Veja-se, nesse passo, alguns conceitos de *compliance* correntes na doutrina brasileira.

Eduardo Saad-Diniz afirma que, do ponto de vista técnico, *compliance* diz respeito às *estruturas* implementadas em uma organização empresarial para detecção, apuração e reação relacionadas ao incremento da prevenção e redução das infrações econômicas na atividade empresarial[9]. Referido autor ainda cita o conceito (um pouco mais dinâmico do que o convencional) de Eugene Soltes, para quem os programas de *compliance* podem ser definidos a partir de três objetivos fundamentais, quais sejam:

---

7. Como notícia histórica, cabe rememorar que o caso Enron foi um escândalo financeiro-contábil que eclodiu em 2001, envolvendo a companhia texana de mesmo nome – à época, uma das líderes mundiais no mercado de energia. Através de práticas corporativas pouco transparentes e brechas contábeis, executivos da Enron conseguiram ocultar bilhões de dólares em prejuízos por dois anos consecutivos, simulando artificialmente lucros mais elevados do que os que de fato haviam sido obtidos; quando a realidade financeira da empresa finalmente tornou-se conhecida e a companhia não teve outra opção a não ser pedir concordata, seus acionistas e empregados acabaram lesados. A derrocada da Enron foi também a causa da dissolução da Arthur Andersen, uma das cinco gigantes mundiais na área de auditoria e contabilidade, e que era responsável pela gestão fiscal e auditoria da Enron. A lei Sarbanes-Oxley (SOX) foi aprovada em 2002 em parte como uma resposta aos fatos ligados ao caso Enron e a outros casos semelhantes; referida legislação prevê uma série de medidas voltadas a prevenir fraudes contábeis nas empresas, adensar a responsabilidade dos administradores e estimular práticas transparentes e com adequada divulgação das informações pertinentes nas organizações empresariais. Nesse sentido, a lei Sarbanes-Oxley constitui, efetivamente, um marco no estímulo à consolidação de uma cultura ética no ambiente corporativo.
8. No Direito brasileiro, um grande marco na expansão do *compliance* foi o advento da Lei 12.846/2013 (Lei Brasileira Anticorrupção), na esteira de movimentos de rua difusos que tomaram o país naquele mesmo ano.
9. Cf. *Ética negocial e compliance* – Entre a educação executiva e a interpretação judicial. São Paulo: Ed. RT, 2019, p. 131. Ainda nas palavras do autor: "Engelhart prefere diferenciar *compliance* (adesão ao parâmetro regulatório) e programa de *compliance*, que seria o método empregado para implementação dessa adesão" (*Ética negocial e compliance* cit., p. 131).

(i) o programa de *compliance* é voltado para a prevenção da infração econômica; (ii) detecção; e (iii) alinhamento à política regulatória[10].

Para Rodrigo Bertoccelli, o *compliance* integra um sistema complexo e organizado de *procedimentos* de controle de riscos e de preservação de valores intangíveis que deve guardar coerência com a estrutura societária, o compromisso efetivo da sua liderança e a estratégia da empresa, como elemento cuja adoção resulta na criação de um ambiente de segurança jurídica e de confiança imprescindível para a boa tomada de decisão[11].

De modo similar, Mauro Negruni assevera que o *compliance* abrange o estabelecimento de *mecanismos* de autovigilância e autorresponsabilidade pelas pessoas jurídicas. Trata-se da adoção de *sistemas* para assegurar o bom funcionamento do ambiente corporativo à luz não apenas das *políticas internas* de cada sociedade, como também das normas legais em vigor. Assim, *compliance* é o conjunto de *medidas* adotadas pela pessoa jurídica para prevenir e minimizar os riscos de violação às leis decorrentes das atividades que pratica[12].

Roberta Densa e Cecília Dantas lembram que o termo *compliance* provém do inglês e pode ser traduzido como *conformidade*. E sublinham que essa conformidade deve ser compreendida não apenas com o ordenamento jurídico, mas também com os anseios de *boas práticas* advindos da empresa, do consumidor, da *autorregulação do setor* e da sociedade como um todo[13]. Ressaltam também que o guia elaborado pelo CADE define *compliance* como sendo "um conjunto de *medidas internas* que permite prevenir ou minimizar os riscos de violação às leis decorrentes de atividade praticada por um agente econômico e de qualquer um de seus sócios ou colaboradores"[14]. Na mesma linha, Marilza Benevides e Tatiana Regiani, citando um diploma norte-americano de 1991, o *Federal Sentencing Guidelines for Organizations* (FSGO), destaca que, de acordo com as diretrizes desse diploma, um programa de *compliance* deve ser composto por um conjunto de *medidas* com o escopo de prevenir e detectar condutas ilícitas e de promover uma *cultura organizacional* que incentive *condutas éticas* e o compromisso com o cumprimento legal[15].

10. Cf. *Ética negocial e compliance – Entre a educação executiva e a interpretação judicial* cit., p. 126.
11. Cf. *Compliance*. In: CARVALHO, André Castro; BERTOCCELLI, Rodrigo de Pinho; ALVIM, Tiago Cripa; VENTURINI, Otavio (Coord.). *Manual de compliance*. 3. ed. Rio de Janeiro: Forense, 2021, p. 65.
12. Cf. *Repercussões do compliance no direito privado*. Disponível em: https://mauronegruni.com.br/2018/05/02/repercussoes-do-compliance-no-direito-privado/ . Publicado em 02.05.2018. Acesso em: 16 jan. 2021.
13. Aqui as autoras já evidenciam como a ideia do *compliance*, que surge fortemente ligada ao tema do combate a infrações corporativas e ao combate à corrupção, se expande para abarcar a *conformidade* também com outros conjuntos de regras legais e regulamentares heterônomas (isto é, produzidas no exterior da empresa), como aquelas ligadas à proteção e defesa do consumidor (e também conformidade com as chamadas *boas práticas* nas relações de consumo, termo que remete para a fonte jurídica do *costume*).
14. Cf. *Compliance, um valioso instrumento em defesa do consumidor*. Disponível em: https://www.conjur.com.br/2021-jan-13/garantias-consumo-compliance-valioso-instrumento-defesa-consumidor#_ftn1 . Publicado em 13.01.2021. Acesso em: 16 jan. 2021.
15. Cf. Programas de *compliance* – Origem, conceito e abrangência. In: SOUZA, Fernanda Nunes Coelho Lana e; TOMAGNINI, Flávia Neves; UCHOA, Maria Raquel de Sousa Lima; ANDRADE, Renato Campos. *Compliance em perspectiva* – Abrangência, especificidades, mecanismos de atuação e a salvaguarda das organizações. Belo Horizonte: D'Plácido, 2019, p. 17.

É importante destacar que, para além desses conceitos doutrinários, o tema do *compliance* conta com previsão expressa no âmbito do ordenamento legal brasileiro. Essa disciplina legal eleva a noção (mesmo com toda a sua fluidez) ao *status* de uma verdadeira figura jurídica, que deve ser, inescapavelmente, compreendida pelo intérprete. Com efeito, a Lei 12.846/2013 (Lei Brasileira Anticorrupção) adotou, em seu art. 7º, inciso VIII, o termo *integridade*, no cerne da expressão "mecanismos e processos internos de integridade"[16]; já a Lei 13.303/2016 (Estatuto Jurídico das Empresas Estatais) internalizou no sistema legal pátrio o próprio termo *compliance* (de uso, aliás, já consolidado na prática empresarial e jurídica no Brasil), em seu art. 9º, § 4º[17]. Por outro lado, o Decreto 8.420/2015, que regulamenta a Lei 12.846/2015, oferece em seu art. 41 o seguinte conceito normativo de programa de *compliance*:

> "Art. 41. Para fins do disposto neste Decreto, programa de integridade consiste, no âmbito de uma pessoa jurídica, no conjunto de *mecanismos* e *procedimentos* internos de integridade, auditoria e incentivo à denúncia de irregularidades e na aplicação efetiva de códigos de ética e de conduta, políticas e diretrizes com objetivo de detectar e sanar desvios, fraudes, irregularidades e atos ilícitos praticados contra a administração pública, nacional ou estrangeira.
>
> Parágrafo Único. O programa de integridade deve ser estruturado, aplicado e atualizado de acordo com as características e riscos atuais das atividades de cada pessoa jurídica, a qual por sua vez deve garantir o constante aprimoramento e adaptação do referido programa, visando garantir sua *efetividade*." (sem destaques no original).

Nota-se, em todas essas aproximações conceituais e em diversas outras similares, a utilização de termos como *estruturas*, *medidas*, *sistema*, *processos*, *procedimentos*, *mecanismos*, *práticas*, *padrões*, *políticas internas*, *guidelines*, *estratégias*, *cultura corporativa de integridade* etc. Contudo, raramente são utilizados os termos *regras* (de *compliance*) ou *normas* (de *compliance*) para se fazer referência à disciplina de comportamentos que brota de um programa de *compliance* – ainda que a postura entre os destinatários do programa seja, efetivamente, comparável àquela de respeito a normas jurídicas[18].

---

16. "Art. 7º Serão levados em consideração na aplicação das sanções:

    (...)

    VIII – a existência de mecanismos e procedimentos internos de integridade, auditoria e incentivo à denúncia de irregularidades e a aplicação efetiva de códigos de ética e de conduta no âmbito da pessoa jurídica".

17. "Art. 9º A empresa pública e a sociedade de economia mista adotarão regras de estruturas e práticas de gestão de riscos e controle interno que abranjam:

    (...)

    § 4º O estatuto social deverá prever, ainda, a possibilidade de que a área de *compliance* se reporte diretamente ao Conselho de Administração em situações em que se suspeite do envolvimento do diretor-presidente em irregularidades ou quando este se furtar à obrigação de adotar medidas necessárias em relação à situação a ele relatada."

18. Uma exceção à refração da doutrina ao uso dos termos *regras* e *normas de compliance* pode ser encontrada no artigo já citado de Rodrigo Bertoccelli, em que o autor expressamente afirma, a certa altura, que chama de programas de *compliance* o conjunto de mecanismos e controles internos que se prestam a assegurar cumprimento das *normas e regras de conduta de uma determinada organização* (cf. *Compliance*. In: CARVALHO, André Castro; BERTOCCELLI, Rodrigo de Pinho; ALVIM, Tiago Cripa; VENTURINI, Otavio (Coord.). *Manual de compliance*. 3. ed. Rio de Janeiro: Forense, 2021, p. 63). E, em outra passagem, reafirma, com base em definição do Instituto Brasileiro de Direito e Ética Empresarial, que um programa de *compliance*

Parte dessa significativa hesitação no uso de termos como *regras* e *normas de compliance* se explica pelo entendimento de que o fenômeno a que se chama *compliance* tem uma abrangência mais ampla do que a de simples colocação de normas de conduta aos agentes no ambiente corporativo[19], envolvendo, também, aspectos como o funcionamento de práticas, estruturas e processos na organização empresarial cuja efetividade precisa, inclusive, ser mensurada, para que se possa falar na *existência*[20] de um *verdadeiro* programa de integridade. Com efeito, não se nega esse fato; mas é preciso sublinhar, aqui, que a realidade *normativa* (em termos de *autorregulação* e *autonomia*) também está presente – e constitui, mesmo, um dado central – no conceito de *compliance*.

Neste ponto, é crucial ressaltar que há uma série de fenômenos observados na realidade social que dão margem a figuras que são, por vezes, comparadas ou mesmo equiparadas à categoria da norma jurídica (tendo em mira a sua modalidade paradigmática na Teoria Geral do Direito contemporânea, que é dada pela norma jurídica *legal*). Podem ser citados os seguintes exemplos, em rol meramente exemplificativo:

(i) regulação de interesses e comportamentos derivada de negócios jurídicos em geral (mormente contratos);

(ii) sentenças e decisões judiciais em geral;

(iii) estatuto das sociedades anônimas (destacadamente, das companhias abertas);

(iv) estatutos de universidades[21];

---

deve ser formado, no mínimo, por um *conjunto de regras de conduta* – além de um plano de treinamento a associados e colaboradores em geral, de controles e processos internos que evitem desvios de conduta e de diretrizes em sintonia com os princípios do *UK Bribery Act* (cf. *Compliance*. In: CARVALHO, André Castro; BERTOCCELLI, Rodrigo de Pinho; ALVIM, Tiago Cripa; VENTURINI, Otavio (Coord.). *Manual de compliance*. 3. ed. Rio de Janeiro: Forense, 2021, p. 65).

19. "Sobre os programas de *compliance*, o primeiro registro que merece destaque é que ele [*sic*] não se limita à mera existência de regras, tais como um 'Código de Conduta', e nem mesmo a treinamentos anticorrupção realizados para os funcionários. Conforme orientação do Instituto Brasileiro de Direito e Ética Empresarial (IBDEE), para que seja efetivo, além desses elementos básicos (elaboração de regras e realização de treinamentos), há diversos outros a serem considerados, tais como desenvolvimento de controles e processos internos, mecanismos de identificação de desvios de conduta, a exemplo de canal de denúncias, monitoramentos e auditorias internas e externas" (cf. *Compliance*. In: CARVALHO, André Castro; BERTOCCELLI, Rodrigo de Pinho; ALVIM, Tiago Cripa; VENTURINI, Otavio (Coord.). *Manual de compliance*. 3. ed. Rio de Janeiro: Forense, 2021, p. 52).

20. Pode-se sustentar, inclusive, que essa *existência* a que nos referimos aqui é existência jurídica, encarada em termos *ponteanos* (vale dizer, diz respeito ao plano da existência do mundo jurídico). Ou seja: no suporte fático da figura do *programa de compliance* seria elemento completante do núcleo (para existência jurídica da figura) a eficácia fático-social dentro da organização (= efetividade – que não pode ser confundida com *eficácia jurídica*), de modo que o programa que não atinja ao menos certo grau mínimo de efetividade sequer existe juridicamente enquanto programa de *compliance* (veja-se, para uma explicação resumida das noções de Teoria Geral do Direito baseadas no pensamento de F. C. Pontes de Miranda subjacentes a essa tese: Marcos Bernardes de Mello. *Teoria do fato jurídico* – Plano da existência. 22. ed. São Paulo: Saraiva, 2019, p. 97 e ss.). Parecem corroborar essa visão as seguintes palavras de Rodrigo Bertoccelli: "Assim, concluímos que *compliance* é um sistema materializado por um Programa de *Compliance*, sobre o qual não há sequer que diferenciar a importância de um Programa de *Compliance* e um Programa de *Compliance* 'efetivo'. Sem efetividade, não há que se falar Programa – e, sim, mera simulação ou ficção jurídica, o que pode proporcionar danos reputacionais ainda mais graves para quem buscar se valer de tal artifício" (*Compliance*. In: CARVALHO, André Castro; BERTOCCELLI, Rodrigo de Pinho; ALVIM, Tiago Cripa; VENTURINI, Otavio (Coord.). *Manual de compliance*. 3. ed. Rio de Janeiro: Forense, 2021, p. 53).

21. No que tange aos estatutos de companhias e de universidades, essas duas figuras se inserem no bojo de um gênero mais amplo, a que se pode denominar Direito estatutário. Sobre o Direito estatutário, sobre o Direito

(v) acordos e convenções coletivas de trabalho (o chamado *Direito social nas relações de trabalho*);

(vi) o denominado *soft law* no Direito Internacional;

(vii) decisões do Tribunal de Contas da União (especialmente quando consideradas as formas pelas quais se comportam os agentes da Administração Pública em face do teor dessas decisões – tomadas habitualmente como tendo o peso de verdadeiras normas de conduta a orientar a atuação administrativa);

(viii) Direito Esportivo (ou Desportivo)[22];

(ix) Direito Canônico, e Direito Religioso em geral (elaborado não pelo Estado, mas pelas diferentes comunidades religiosas).

Em todas essas hipóteses, encontramos figuras em relação aos quais a doutrina brasileira e estrangeira oscila, hesita em reconhecer o caráter de produção de autênticas normas jurídicas – mas, a despeito dessa hesitação, o caráter normativo de alguma forma sempre regressa, por um lado ou por outro das discussões. O *compliance*, em nosso ponto de vista, é mais uma figura que pertence a esse rol.

Fábio Konder Comparato, utiliza o termo *ato-regra* (resgatando expressão utilizada também por Léon Duguit) para se referir aos estatutos das companhias abertas[23][24]. Entendemos que o uso desse termo é bastante expressivo, e que poderia

---

social e sobre a tese do pluralismo jurídico ou das fontes jurídicas, cf. GURVITCH, Georges. Théorie pluraliste des sources du droit positif. *Annuaire de l'Institut international de philosophie du droit et de sociologie juridique*, 1934-1935, p. 114-131.

22. "É o conjunto das normas que regulam a atividade esportiva, elaboradas pelas próprias organizações do esporte" (A. Franco Montoro. *Introdução à ciência do direito*. 24. ed. São Paulo: Ed. RT, 1997, p. 359).

23. "Assim é que, nas companhias abertas, os estatutos se apresentam, incontestavelmente, como um *ato-regra* (para retomarmos a expressão consagrada dos institucionalistas franceses), com as características de um direito objetivo ou *ius positum* no âmbito corporativo. Já nas companhias fechadas, dificilmente poder-se-ão desligar as regras estatutárias do acordo de vontades entre os acionistas, que lhes serviu de fundamento e inspiração. Por isso mesmo, enquanto na companhia aberta a latitude de criação normativa dos estatutos é estreitamente limitada, preponderando sempre o ditado legal, nas companhias fechadas a fronteira entre estatutos e acordo de acionistas se esbate consideravelmente. O acordo estatutário aparece, aqui, muito mais como negócio jurídico privado, entre partes determinadas, do que como regulamento objetivo e impessoal" (A natureza da sociedade anônima e a questão da derrogabilidade das regras legais de quorum nas assembléias gerais e reuniões do conselho de administração. *Novos ensaios e pareceres de direito empresarial*. Rio de Janeiro: Forense, 1981, p. 121). Por outro lado, Paulo Nader se refere ao sentido mais amplo em que Duguit emprega a expressão *ato-regra*, para designar uma série de atos que teriam a aptidão de efetivamente criar regras de Direito: "A doutrina moderna tem admitido que os atos jurídicos que não se limitam à aplicação das normas jurídicas e criam efetivamente regras de Direito objetivo constituem fontes formais. Duguit denominou *atos-regras* às diferentes espécies de atos jurídicos que, apesar de não possuírem generalidade, atingem a um contingente de indivíduos, de que são exemplos os *estatutos de entidade*, *consórcios*, *contratos particulares* e *públicos*. A doutrina tradicional, contudo, não admite essa categoria de fonte formal sob o fundamento de que suas normas não possuem generalidade. O argumento é falho, de vez que há leis que não são gerais; por outro lado, há *atos-regra* que possuem amplo alcance, como ocorre, por exemplo, com os contratos coletivos de trabalho firmados por sindicatos" (*Introdução ao estudo do direito*. 25. ed. Rio de Janeiro: Forense, 2005, p. 143).

24. Ainda sobre a natureza normativa dos estatutos, é aguda a seguinte observação de Marcelo von Adamek: "Os estudiosos debatem se as normas estatutárias seriam normas jurídicas ou atos jurídicos. A resposta a tal questão deve ser feita, segundo preconiza Herbert Wiedemann, pela análise do problema à luz dos prismas de conteúdo, eficácia e fundamento de validade. Pelo prisma de conteúdo, não há distinção entre a norma legal e a estatutária, ou seja, as regras são duradouras e abstratas, com consequências

ser empregado para se referir de um modo geral a várias dentre as nove hipóteses acima indicadas (ainda que não todas), bem como, igualmente, ao *compliance*. Vale dizer: o programa de *compliance* pode ser compreendido como um ato-regra (ou conjunto de atos-regra): com base no poder privado para autorregulação de interesses e condutas (admitido pelo ordenamento legal), a organização empresarial produz atos cuja eficácia não se limita à constituição, regulação ou extinção de relações jurídicas, mas alcança, também, a colocação de comandos dotados de suficiente grau de generalidade (quanto a seus destinatários), abstração (quanto ao comportamento regulado), e aptidão à repetição e à incidência, de modo que tais comandos funcionam no sistema jurídico como *verdadeiras* normas jurídicas.

Naturalmente, a essa altura, precisamos esclarecer o que entendemos por *norma jurídica*, dentre as múltiplas concepções possíveis que se apresentam no quadrante da Teoria do Direito denominado teoria da norma. Filiamo-nos, decididamente, à denominada *corrente não sancionista*, a qual sustenta que a norma jurídica (ao menos a norma do tipo *regra jurídica*[25]) tem uma estrutura completa *dúplice*, formada pela descrição de uma *hipótese* (primeira parte da norma) e pela previsão de uma *consequência* atrelada a essa hipótese (segunda parte da norma) – independentemente de essa consequência se caracterizar ou não como uma sanção[26]. Em termos simbólicos, a estrutura completa de uma norma jurídica do tipo regra jurídica pode ser assim descrita:

---

jurídicas concretas. Por outro lado, pelo prisma da eficácia, a estatutária tem a mesma eficácia da jurídica, atingindo um número determinado ou indeterminado de pessoas. No entanto, pelo prisma do fundamento de validade é que se vê a distinção entre normas estatutárias e jurídicas; tal distinção está entre o ordenamento autônomo (lei que a pessoa mesmo se dá) e o ordenamento heterônomo (norma que é imposta à pessoa), ou seja, o ordenamento de uma sociedade é autônomo (foram os fundadores e os sócios que o autoimpuseram), ao passo que a norma jurídica é heterônoma (imposta a todos). Herbert Wiedemann conclui que o estatuto é negócio jurídico, embora tenha eficácia de norma jurídica (Gesellschaftsrecht, Band I: Grundlagen, München: C. H. Beck, 1980, § 3 II 1, p. 160-163" (*Abuso de minoria em direito societário (abuso das posições subjetivas minoritárias)*. Tese de doutorado – Faculdade de Direito da Universidade de São Paulo. São Paulo, 2010, p. 27-28). A nós nos parece que a *eficácia de norma jurídica* é o critério realmente relevante para definir algo como norma jurídica, e não a origem heterônoma ou autônoma.

25. Para alguns autores, também o princípio jurídico pode ser reconduzido à estrutura dúplice descrita no texto; ainda que possamos concordar com essa posição, ela parece ter uma utilidade apenas restrita, na medida em que a aplicação de um princípio a um caso concreto não se baseia *meramente* no fenômeno da incidência-subsunção, mas sim em uma técnica que envolve sucessivas concretizações por meio de categorias ou subprincípios, ao longo das quais se dá o preenchimento valorativo do princípio.

26. É o entendimento adotado por F. C. Pontes de Miranda, A. von Tuhr e Karl Larenz, dentre outros autores. Acerca do tema, cf. Marcos Bernardes de Mello. *Teoria do fato jurídico* – Plano da existência. 22. ed. São Paulo: Saraiva, 2019, p. 79-80. Uma regra jurídica completa precisa conter, logicamente, uma hipótese e uma consequência, mas essa consequência não precisa ser, necessariamente, do tipo *sanção*. O que caracteriza uma norma como jurídica (e não norma de outro tipo) é o atributo da *incidência infalível*, e não a presença necessária de sanção na sua estrutura. É o ordenamento jurídico como um todo (e não cada norma jurídica individualizada) que se apresenta com uma marca característica de coercitividade (na linha defendida por Norberto Bobbio).

$$H \rightarrow C = NJ$$ [27]

Contudo, essa é uma descrição apenas estrutural e, enquanto, tal, limitada. Sob o ponto de vista funcional, a norma jurídica se caracteriza pela *incidência infalível*, isto é, pela sua aptidão para transformar em fato jurídico a parte do seu suporte fático considerado relevante para o mundo jurídico e, atendidos certos fatores, com isso ter a possibilidade de irradiar categorias eficaciais como relação jurídico, direito subjetivo, dever jurídico, pretensão, obrigação, dentre outras.

Ora, se o critério para a caracterização de uma norma como norma jurídica for a incidência, então nos parece que se deve admitir que o *regramento* de interesses e condutas que exsurge de um programa de *compliance* efetivamente exprime verdadeiras normas jurídicas, na linha de um *ato-regra* (conforme acima referido): ocorrendo determinadas condutas na organização empresarial, as normas de *compliance* colocadas pelo próprio programa incidem para qualificar aquelas condutas como adequadas ou como infrações.

Por outro lado, no contexto da teoria da norma, é frequente a indicação dos atributos da *generalidade* e da *abstração* como indispensáveis para que se possa falar em uma autêntica norma jurídica, em senso próprio – atributos que, para alguns, estariam ausentes em sede do regulamento derivado de um programa de *compliance*, bem como dos *atos-regras* em geral e, também, das várias modalidades de negócio jurídico. Entendemos que, aqui, que há que se fazer uma distinção na análise, considerando-se, de um lado, os atos-regras (e, entre eles, o programa de *compliance*), e do outro lado os negócios jurídicos que não se apresentam como verdadeiros atos-regra (a exemplo de diversos tipos contratuais).

No que concerne aos atos-regras e, especialmente, ao programa de *compliance*, parece-nos que, em verdade, os atributos da generalidade e da abstração não estão ausentes, uma vez que se compreenda corretamente no que consistem. Com efeito, generalidade é característica da norma jurídica ligada à sua abrangência subjetiva: diz-se que uma norma apresenta generalidade quando se refere a *categorias*[28] – e não, necessariamente, à universalidade dos sujeitos. Entendido que a categoria de destinatários pode ser mais ampla ou menos ampla, impõe-se o reconhecimento de que o programa de *compliance*, ao disciplinar condutas dos membros e/ou colaboradores

---

27. Onde "H" significa hipótese, "C" significa consequência, " " representa um conectivo implicacional descritivo de dever-ser e "NJ" significa norma jurídica. Para uma análise mais detalhada da estrutura lógica da norma jurídica, sob a perspectiva da teoria comunicacional do direito e do construtivismo lógico semântico (análise com a qual concordamos em grande medida, ainda que não em sua integralidade), cf. Aurora Tomazini de Carvalho. *Curso de teoria geral do direito* – O construtivismo lógico-semântico. 5. ed. São Paulo: Noeses, 2016, p. 304-320.

28. "Por exemplo, é geral a norma que tem a seguinte configuração: 'Todos que dispõem de renda pagam impostos'. Quando se emprega categorias, todos os que se encontrarem em seu marco de previsão são alcançados, evitando-se preferências pessoais" (SGARBI, Adrian. *Curso de teoria do direito*. Rio de Janeiro: Lumen Juris, 2020, p. 44).

de uma organização empresarial, ou de uma *classe* em especial de membros e/ou colaboradores (e.g., ocupantes de certos *cargos* na organização), está se referindo a categorias de destinatários (cujos membros, aliás, podem se alterar ao longo do tempo), de modo que as normas do programa de *compliance* são dotadas de generalidade.

Por outro lado, abstração é característica da norma jurídica ligada à descrição da *conduta* na hipótese normativa. Conforme expõe Adrian Sgarbi, a característica da abstração está presente justamente quando a composição da norma é *hipotética* (no sentido de admitir padrão de repetição e não se referir exclusivamente a uma única conduta pontual delimitada no tempo)[29]. Assim, fala-se, por oposição, em uma *norma concreta* em dois sentidos possíveis: (i) quando se trata de uma ordem direta a alguém; (ii) quando o antecedente normativo (a hipótese da norma) se prende a algo já ocorrido[30]. Pois bem, quando certo programa de *compliance* veicula regra aos integrantes de uma organização no sentido de que não adotem determinadas práticas de trocas patrimoniais com agentes da Administração Pública, ou que diretores tenham determinados comportamentos no sentido de viabilizar o mais amplo *disclosure*, a mais ampla transparência informacional em face dos acionistas de uma companhia, trata-se aí de previsões abstratas (*para o futuro*, e não presas a um único caso concreto). Em suma: o regulamento que deriva do ato-regra do programa de *compliance* exprime regras dotados de suficiente grau de generalidade e abstração para viabilizar o seu enquadramento como regras jurídicas semelhantes em eficácia ao paradigma da chamada lei em sentido material (só que não derivadas de produção estatal).

Já no que concerne à crítica de parte da doutrina quanto a se estabelecer um vínculo entre os negócios jurídicos (em especial os contratos) e a ideia de normas jurídicas individuais e concretas, apenas para não deixarmos de endereçar o problema brevemente nos limites deste trabalho, entendemos que a melhor solução continua a ser dada pela teoria preceptiva e pela teoria da recepção de Emilio Betti, para quem, através de um processo de recepção, o *conteúdo* do negócio é elevado a preceito jurídico, coisa que o próprio negócio, por si mesmo, não é[31].

---

29. "Quando se dispõe que 'se p então S' não se está tratando de nenhuma situação em particular, mas de todas as situações que se encaixem na ocorrência destacada" (SGARBI, Adrian. *Curso de teoria do direito*. Rio de Janeiro: Lumen Juris, 2020, p. 44).
30. Cf. Adrian Sgarbi. *Curso de teoria do direito* cit., p. 44.
31. Cf. *Teoria generale del negozio giuridico*. Trad. port. de Fernando de Miranda. *Teoria geral do negócio jurídico*, v. 1. Coimbra: Coimbra, 1969, p. 169. Não é à toa que técnicas de interpretação da norma legal são também aplicáveis em sede de negócios jurídicos. Vale referir, sobre o assunto da *recezione*, o importante estudo de Natalino Irti. *Letture bettiane sul negozio giuridico*. Milano: Giuffrè, 1991 – em especial a seguinte passagem, constante da p. 25: "Il diritto non rinuncia a regulare date materie o cerchie di interessi, ma preferisce a tal fine incorporare la disciplina dettata dal negozio sul piano economico-sociale. Il negozio non viene ridotto a fattispecie, nè inserito nel ritmo delle 'sintese normative', ma *conservato* ed accolto come precetto dell'autonomia privata. La 'recezione' si configura qui come *uno dei rapporti possibili fra due ordinamenti*: l'ordinamento statale e l'ordinamento costruito dall'autonomia privata". Parece-nos que essa linha de pensamento auxilia a responder a crítica no sentido de que não se pode ligar ao negócio jurídico a ideia de norma individual e concreta como verdadeira forma de norma jurídica. Primeiramente, é preciso afirmar (como já visto supra) que a norma individual e concreta também é norma jurídica (há mesmo normas legais, por exemplo, que ostentam esses atributos), pois o fenômeno incidência/subsunção se relaciona com a

3. *COMPLIANCE* E RELAÇÃO JURÍDICA DE CONSUMO. A RELAÇÃO JURÍDICA DE CONSUMO NA DICOTOMIA ENTRE DIREITO PRIVADO E DIREITO PÚBLICO

No item anterior, foi possível examinar a natureza de um programa de *compliance* como *ato-regra*, isto é, ao menos em parte como ato jurídico (ou melhor, complexo de atos jurídicos) que gera uma regulação de interesses e condutas dentro de uma organização com natureza de autênticas normas jurídicas (normas jurídicas produzidas com base em ordenamento *autônomo*) O conceito de *compliance*, contudo, não se esgota no campo da autorregulação de uma organização corporativa. Envolve, como bem observa Eduardo Saad-Diniz, a adesão a parâmetros regulatórios[32].

Com efeito, para além das normas da autorregulação que é dada pelo programa de *compliance*, há que se olhar, também, para regras-modelo de *compliance* elaboradas sob a forma de guias, manuais, cartilhas, *guidelines*, orientações e mesmo regulamentos e outros atos administrativos por órgãos e entidades estatais como a Controladoria-Geral da União (CGU)[33] e o Conselho Administrativo de Defesa Econômica (CADE)[34].

---

ligação categoria lógica (normativa) realidade, e não necessariamente com a possibilidade da norma incidir sobre múltiplos casos ou com relação a diversos sujeitos. A isso se poderia objetar que se o negócio (por exemplo, um contrato) cria norma jurídica, então a relação jurídica contratual seria como que a *eficácia da eficácia* (irradiando do fato jurídico que decorre da incidência da norma contratual, e não da incidência da norma legal). Essa objeção afirmaria, então, que o chamado "regramento contratual" é apenas a amplitude eficacial da relação jurídica, e que conceber que o contrato faça norma jurídica (individual e concreta) é dizer que qualquer pessoa possa definir os fatos jurídicos que entram no mundo jurídico. A essa objeção respondemos que (i) haveria que se distinguir entre a eficácia que é direta da norma legal (o conteúdo de poderes e deveres jurídicos na relação jurídica que advém diretamente das descrições constantes das normas legais supletivas em matéria contratual) e aquilo que as partes criam (com base na autonomia privada) ao elaborar um contrato específico (pode-se dizer que mediatamente também essa parte do conteúdo da relação é eficácia derivada de uma norma legal e contratual que consagra a autonomia privada... mas não se pode negar que, imediatamente, quem deu forma e feição a textos com estrutura de proposição prescritiva (*cláusulas contratuais acidentais*) – ainda que de forma individual e concreta – foram as partes; e (ii) hoje, em pleno século XXI, limitar a atividade de produção normativa às fontes estatais, negando-se a produção social de verdadeiras normas jurídicas, afigura-se como um exacerbado e inaceitável estatismo na concepção de Direito. Assim, não aceitamos o critério que coloca o traço definidor da norma jurídica em seu fundamento heterônomo, isso é, na colocação por um poder externo e superior (negando que o contrato possa exprimir regra jurídica verdadeira porque essa regra seria meramente autônoma). Afirma-se, por vezes, que uma norma só é verdadeira norma jurídica quando tem como característica uma relação de autoridade entre emissor (o Estado, por exemplo) e receptor da norma. Igualmente não o aceitamos: a tônica não parece estar na autoridade em si, mas no comportamento social de *respeito* à fonte normativa, que pode ser de origem heterônoma estatal, ou de origem social (costume, atividade negocial – nessa última havendo o respeito social à palavra dada, aos acordos firmados).

32. Cf. *Ética negocial e compliance* – Entre a educação executiva e a interpretação judicial. São Paulo: Ed. RT, 2019, p. 131.
33. Cf. Controladoria-Geral da União (CGU). *Programa de integridade* – Diretrizes para empresas privadas, 2016. Disponível em: https://www.gov.br/cgu/pt-br/centrais-de-conteudo/publicacoes/integridade/arquivos/programa-de-integridade-diretrizes-para-empresas-privadas.pdf . Acesso em: 16 jan. 2021.
34. Cf. Conselho Administrativo de Defesa Econômica (CADE). *Guia* – Programas de *compliance* – Orientações sobre estruturação e benefícios da adoção dos programas de *compliance* concorrencial. Disponível em: http://antigo.cade.gov.br/acesso-a-informacao/publicacoes-institucionais/guias_do_Cade/guia-compliance-versao-oficial.pdf . Acesso em: 16 jan. 2021.

Essa característica da adesão a parâmetros regulatórios adquire especial realce no âmbito do Direito do Consumidor, no qual há uma intensa produção de orientações, diretrizes, regras e (para usar uma expressão propositalmente vaga) *práticas estimuladas ou induzidas* por diversos órgãos governamentais federais, estaduais e municipais, e também por organizações não governamentais, podendo ser mencionados, a título meramente exemplificativo, a Secretaria Nacional do Consumidor (SENACON) junto ao Ministério da Justiça, os PROCONs, institutos de defesa do consumidor (a exemplo do IDEC), as Promotorias de Justiça do Consumidor, dentre outros.

Regulação autônoma e regulação heterônoma convivem de um modo muito *sui generis*, portanto, em sede da figura do *compliance*: a autorregulação (programa de *compliance*) como que *olha para cima* ao ser elaborada, isto é, tem em mira padrões de conduta *induzidos* por órgãos e entidades terceiras que desempenham função regulatória quanto a determinado tipo de organização, setor, atividade ou mercado. A conformidade esperada da empresa, não há dúvida, não é apenas às normas legais, mas também a essas outras previsões.

Pode-se afirmar, assim, que o *compliance* se insere no âmbito de um modelo estratégico de Direito pós-regulatório a que Gunther Teubner designa como *modelo do controle de autorregulação* (*control of self regulation*)[35]. Por meio da estipulação de *sanções premiais* atreladas ao desenvolvimento de programas de *compliance*, por exemplo, o Estado estimula a autorregulação privada de modo tendencialmente bastante eficaz. Basta que se observe uma previsão *premial* desse tipo no âmbito do art. 7º, VIII, da Lei 12.846/2013[36], e dos arts. 18, V e 41 e ss. do Decreto 8.420/2015.

E essa convivência entre regulação autônoma e regulação heterônoma ocorre de modo ainda mais *sui generis* no bojo do Direito do Consumidor, em que a *conformidade* (= *compliance*) transborda do campo das práticas anticorrupção e dos ilícitos empresariais puros para ser uma conformidade com boas práticas em relação aos direitos do consumidor[37]. Tal simbiose entre autorregulação e heterorregulação –

---

35. "As alternative solutions transcending the distinction between formal and substantive law, strategies are discussed that amount to a more abstract, more indirect control through the law. The law is relieved of the burden of direct regulation of social areas, and instead given the task of the active control of self-regulatory processes (*e.g.* Bohnert and Klitzsch, 1980). Empirically, the crisis of regulatory law is identified as an incompatibility of the internal logics of different social systems. It has been demonstrated that regulatory law programs obey a functional logic and follow criteria of rationality and patterns of organization which are poorly suited to the internal social structure of the regulated spheres of life (Reidegeld, 1980:281; Pitschas, 1980:150)" (After legal instrumentalism? Strategic models of post-regulatory law. In: TEUBNER, Gunther (Ed.). *Dilemmas of law in the welfare state*. Berlin: De Gruyter, 1986, p. 311).

36. "Art. 7º Serão levados em consideração na aplicação das sanções:

    (...)

    VIII – a existência de mecanismos e procedimentos internos de integridade, auditoria e incentivo à denúncia de irregularidades e a aplicação efetiva de códigos de ética e de conduta no âmbito da pessoa jurídica;"

37. "Da estrutura inicialmente pensada para as questões relacionadas à anticorrupção, o compliance evoluiu e passou a ser pauta no mundo corporativo como um todo, trazendo eficácia às normas, tanto jurídicas quanto éticas, em virtude da crescente necessidade de se encontrar o seu efetivo cumprimento. (...) é possível afirmar que *compliance* envolvendo as relações empresa-cliente consubstancia-se na formação da política de boas práticas para o fim de implemento de efetivas melhorias no atendimento ao cliente, política corporativa

que se dá na forma de um processo de duplo *feedback* ou retroalimentação – acaba por revelar, com invulgar clareza, a maneira pela qual o Direito Privado e o Direito Público informam o Direito do Consumidor. Não se trata, apenas, de ter o Direito do Consumidor um repertório que reúne regras com atributos próprios de Direito Privado e de Direito Público, mas mais do que isso: a *interação* entre o público e o privado no microssistema consumerista faz parte da sua peculiar estrutura – e influi no desenho da relação jurídica de Direito do Consumidor como uma verdadeira relação jurídica trilateral, tendo por sujeitos participantes não apenas o fornecedor e o consumidor, mas também o Estado regulador (que atua fortemente por meio do Direito Econômico)[38].

Alcides Tomasetti Jr. colocou em evidência, nos anos 1990, a força expansiva da relação jurídica de consumo, apta a abarcar uma gama de situações mais ampla do que à primeira vista poderia se depreender do vínculo interssubjetivo entre um fornecedor e um consumidor[39]. Os múltiplos conceitos de consumidor presentes no CDC já seriam prova disso, mas o referido autor, através do desenvolvimento do conceito que denominou *relação jurídica de consumo em sentido amplo*, demonstrou a aptidão da relação de consumo para internalizar uma série de problemas que em um primeiro momento não seriam por ela abrangidos – mas que acabam sendo, uma vez que o pano de fundo que se apresenta é o da chamada *sociedade de consumo*[40]. Assim se dá, também, com a internalização que o Direito do Consumidor faz com a temática do *compliance*.

Quando determinada empresa fornecedora de gêneros alimentícios, por exemplo, elabora, no âmbito de sua autorregulação, um código de conduta interno que prevê regras para viabilizar a mais ampla informação aos consumidores sobre os pro-

---

para a garantia dos direitos do consumidor, redução de riscos e conflitos na relação de consumo. Assim, o fornecedor não apenas revela a consumidores, mercado, órgãos de proteção e defesa do consumidor, Poder Judiciário e demais integrantes do Sistema Nacional de Defesa do Consumidor o efetivo respeito e conformidade da empresa ao Código de Defesa do Consumidor, mas, principalmente, faz difundir e cumprir uma cultura empresarial de respeito regulatório no que se refere ao relacionamento com o consumidor." (Roberta Densa e Cecília Dantas. *Compliance, um valioso instrumento em defesa do consumidor*. Disponível em: https://www.conjur.com.br/2021-jan-13/garantias-consumo-compliance-valioso-instrumento-defesa-consumidor#_ftn1 . Publicado em 13.01.2021. Acesso em: 16 jan. 2021).

38. É bem verdade que o Estado é sempre uma espécie de sujeito pressuposto ou subjacente nas relações jurídicas de Direito Privado (cf. TOMASETTI JR, Alcides. *Compilação de aulas da disciplina* Tipos Contratuais Gerais, ministradas no Curso de Pós-Graduação da Faculdade de Direito da Universidade de São Paulo no ano de 2004, mimeo). Mas na relação jurídica de consumo, conforme se pode notar, o papel estatal vai muito além disso: não se limitando à mera expedição de normas cogentes e de ordem pública ou à regulação em termos clássicos, atua de modo a efetivamente contribuir na modelagem dos direitos e deveres que compõem o conteúdo intraeficacial da relação de consumo. Nesse sentido, é forçoso reconhecer que as regras sobre *compliance* expedidas pelos órgãos públicos reguladores acabam por se inserir na própria relação de consumo, sendo que, ao que nos parece, a única forma de compatibilizar tecnicamente a convivência do Direito Econômico com o Direito Privado no seio do Direito do Consumidor é através das lentes da Teoria Geral do Direito.
39. Cf. As relações de consumo em sentido amplo na dogmática das obrigações e dos contratos. *Revista de Direito do Consumidor*, v. 13, 1995, p. 12-17.
40. Cf. Jean Baudrillard. *La société de consummation*. Trad. port. Artur Morão. *A sociedade de consumo*. Lisboa: Edições 70, 2007.

dutos comercializados, ou para viabilizar uma política de pós-venda extremamente bem estruturada, não se trata apenas do *compliance* (conformidade) da empresa em relação a normas jurídicas legais; na atualidade, trata-se também da conformidade com regras, padrões e *guidelines* elaboradas por órgãos que atuam (direta ou indiretamente) na regulação setorial, como a Anvisa ou o Procon – conformidade essa que é almejada pelo fornecedor não apenas para estar em situação vantajosa em caso de eventual aplicação de sanção administrativa por irregularidades praticadas, mas também para evitar danos reputacionais[41].

Embora pelos termos clássicos da *teoria dos sujeitos*[42] o Direito do Consumidor possa ser enquadrado (majoritariamente) dentro do grande tronco do Direito Privado (afinal, em linha de princípio, a parte *fornecedora* e a parte *consumidora* são particulares, ou entes públicos atuando sem o poder de império que caracteriza o regime de Direito Público aplicável ao Estado), a presença do Estado-regulador interferindo com a modelagem do conteúdo da relação de consumo faz com que avulte a importância da disciplina jurídica do Direito Econômico para o Direito do Consumidor ou, em outras palavras, que avulte a importância do papel que o Direito do Consumidor desempenha na ordenação jurídica do mercado[43].

Por outro lado, o tópico do *compliance* em si não parece ter a dignidade temática suficiente para caracterizar, ele próprio, um setor autônomo do ordenamento jurídico sob a forma de microssistema jurídico. Trata-se, antes, de uma figura regulada por normas jurídicas componentes de diversos quadrantes do ordenamento, mas sem dar causa ao surgimento de um setor jurídico com identidade própria separada de outros setores.

---

41. Sobre esse aspecto – e trazendo interessantes estudos de casos de *compliance* no Direito do Consumidor, cf. Fabíola Breseghello. *Compliance nas relações de consumo*. In: CARVALHO, André Castro; BERTOCCELLI, Rodrigo de Pinho; ALVIM, Tiago Cripa; VENTURINI, Otavio (Coord.). *Manual de compliance*. 3. ed. Rio de Janeiro: Forense, 2021, p. 475 e ss.

42. Pela *teoria dos sujeitos*, o critério para separar o campo do Direito Privado do campo do Direito Público assenta na qualidade dos sujeitos das relações jurídicas disciplinadas pelas normas a serem qualificadas como de Direito Privado ou de Direito Público. Consoante essa teoria, o Direito Privado regula as relações jurídicas estabelecidas entre particulares ou entre particulares e o Estado ou outros entes públicos, mas intervindo o Estado ou esses entes públicos em veste de particular, vale dizer, despidos de *imperium* um poder soberano. Já o Direito Público regula relações jurídicas estabelecidas entre Estados ou entre o Estado ou outros entes públicos e particulares, atuando o Estado com poder de império, isto é, com prerrogativas especiais e em posição de superioridade (nesse sentido, cf. PINTO, Carlos Alberto da Mota. *Teoria geral do direito civil*. 3. ed. Coimbra: Coimbra, 1999, p. 28-29).

43. "Um aspecto pouco explorado do estudo do direito do consumidor diz respeito a sua repercussão como ordenador do mercado de consumo e, consequentemente, sua repercussão no domínio econômico em geral. (...) O que se deixa de perceber, contudo, nestas análises, é a repercussão que a aplicação das normas de direito do consumidor tem na ordenação do próprio mercado de consumo. Ao regular a relação de consumo, impondo deveres aos fornecedores, as normas de direito do consumidor influenciam/determinam comportamentos dos agentes econômicos em geral, seja determinando (intervenção por direção) seja induzindo e promovendo (intervenção por indução) a conduta dos agentes econômicos no mercado" (Bruno Miragem. *Curso de direito do consumidor*. 6. ed. São Paulo: Ed. RT, 2016, p. 89). E, ousaríamos acrescentar: dentro dessa atuação do Direito do Consumidor *por indução*, encontra-se também, com grande importância, o papel das regras, padrões e orientações produzidas por órgãos reguladores na seara consumerista, em relação aos quais os fornecedores buscam se adequar em termos de *compliance*.

Em linhas gerais, um microssistema se caracteriza (i) pela sua principiologia específica; (ii) pela sua historicidade; (iii) pela preocupação com determinados grupos de sujeitos carecedores de proteção diferenciada em virtude de sua vulnerabilidade (consumidores, crianças e adolescentes, pessoas com deficiência, idosos) ou com toda a sociedade em virtude de sua vulnerabilidade coletiva à luz de uma situação objetiva comum (*e.g.*, microssistema de Direito Ambiental); (iv) pela interface entre diversos ramos do Direito (em especial aqueles mais *tradicionais* ou *consolidados*) que alimentam o microssistema; e (v) por algum grau de diferenciação estrutural e funcional no interior do microssistema, no que tange à articulação dos seus elementos (= normas jurídicas, sobretudo).

À luz dessas características, se compreende por que o Direito do Consumidor pode ser considerado um microssistema jurídico, e o *compliance* não, permanecendo meramente como um instituto ou uma figura jurídica.

É notório que o Direito do Consumidor é um microssistema que articula normas com características próprias de diversos ramos do Direito, como o Direito Civil, o Direito Empresarial, o Direito Administrativo e o Direito Econômico, o Direito Processual Civil (com destaque para o chamado processo coletivo) e o Direito Penal. Mas a perspectiva privilegiada que a teoria da norma e a teoria das fontes do Direito traz a essa matéria permite concluir que não se trata apenas de *somar* ou *aglutinar*, no Direito do Consumidor, regras com características próprias de cada um desses ramos mais tradicionais do Direito. Há processos mais complexos em curso no interior do Direito do Consumidor, que se apresenta, assim, com uma estrutura própria e relativamente diferenciada de outros ramos do Direito[44], o que traz identidade própria a esse microssistema.

4. CONCLUSÃO

Os programas de *compliance*, dentro e fora do contexto do Direito do Consumidor, são verdadeiros *atos-regras* (na expressão de Léon Duguit e Fábio Konder Comparato): embora o *compliance* não envolva *apenas* a edição de um conduto de regras de conduta, o fato é que esse aspecto também está presente no fenômeno, e de modo central, sendo que referidas regras de conduta apresentam a eficácia de verdadeiras *normas jurídicas* produzidas em caráter de *autonomia* ou *autorregulação*.

As regulamentações constantes dos programas de *compliance* diferem de outras figuras de autorregulamentação derivadas dos chamados atos-regras em virtude da característica da adesão a parâmetros regulatórios, que faz com que haja uma verdadeira simbiose, nessa matéria, entre a produção de regras privadas e a de regras públicas no que tange à conformação do conteúdo das relações jurídicas pertinentes.

44. Estrutura = forma de articulação dos elementos componentes do sistema (o que, no microssistema de Direito do Consumidor, engloba também a interação entre normas de autorregulação – *compliance* consumerista – e regras e padrões impostos ou induzidos por órgãos de regulação).

Os manuais, padrões, *guidelines*, orientações de *compliance*, entre outros, produzidos *fora* da organização empresarial por órgãos públicos reguladores pautam, delineiam, a autorregulação por meios muito específicos (frequentemente por indução), de modo que a esta autorregulação não aparece ou opera isoladamente no sistema.

Os programas de *compliance* desempenham, assim, também, a função de verdadeira ponte entre a normatividade de Direito Privado e a normatividade de Direito Público (essa grande dicotomia própria da Teoria Geral do Direito, em crise, ou talvez em transformação, mas que permanece presente) no âmbito setorial do Direito do Consumidor.

Assim, por meio da adequada compreensão do instituto do *compliance*, realizada sob a perspectiva da Teoria Geral do Direito (notadamente, a perspectiva da teoria da norma jurídica e das fontes do Direito), torna-se possível delinear melhor de que forma o Direito do Consumidor se estrutura como um autêntico *microssistema jurídico* com traços estruturais, funcionais e processuais dotados de identidade própria, em que a integração entre o Direito Público e o Direito Privado (mormente o Direito Econômico e o Direito Administrativo) se faz por meio de um processo de duplo *feedback* ou retroalimentação: a heteronormatividade dos órgãos regulatórios *impõe* (e, por meio de figuras como o *compliance*, *induz*) práticas desejadas nas relações de consumo; essas práticas impostas ou induzidas são colhidas, absorvidas e retrabalhadas no bojo da autorregulação pelas organizações empresariais e, então, captadas novamente pelos órgãos de regulação para disseminação, em um suposto ciclo virtuoso (pressupondo-se que o modelo funcione adequadamente, com o cumprimento dos papéis cabíveis atribuídos a cada um dos seus atores).

5. REFERÊNCIAS

ABBOUD, Georges; CARNIO, Henrique Garbellini; OLIVEIRA, Rafael Tomaz. *Introdução ao direito* – Teoria, filosofia e sociologia do direito. 5. ed. São Paulo: Ed. RT, 2020.

ADAMEK, Marcelo Vieira von. *Abuso de minoria em direito societário (abuso das posições subjetivas minoritárias)*. Tese de doutorado – Faculdade de Direito da Universidade de São Paulo. São Paulo, 2010.

BAUDRILLARD, Jean. *La société de consummation*. Trad. port. Artur Morão. *A sociedade de consumo*. Lisboa: Edições 70, 2007.

BENEVIDES, Marilza; REGIANI, Tatiana. Programas de *compliance* – Origem, conceito e abrangência. In: SOUZA, Fernanda Nunes Coelho Lana e; TOMAGNINI, Flávia Neves; UCHOA, Maria Raquel de Sousa Lima; ANDRADE, Renato Campos. *Compliance em perspectiva* – Abrangência, especificidades, mecanismos de atuação e a salvaguarda das organizações. Belo Horizonte: D'Plácido, 2019.

BERNARDES DE MELLO, Marcos. *Teoria do fato jurídico* – Plano da existência. 22. ed. São Paulo: Saraiva, 2019.

BERTOCCELLI, Rodrigo de Pinho. *Compliance*. In: CARVALHO, André Castro; BERTOCCELLI, Rodrigo de Pinho; ALVIM, Tiago Cripa; VENTURINI, Otavio (Coord.). *Manual de compliance*. 3. ed. Rio de Janeiro: Forense, 2021.

BETTI, Emilio. *Teoria generale del negozio giuridico*. Trad. port. de Fernando de Miranda. *Teoria geral do negócio jurídico*, v. 1. Coimbra: Coimbra, 1969.

BRESEGHELLO, Fabíola Meira de Almeida. *Compliance* nas relações de consumo. In: CARVALHO, André Castro; BERTOCCELLI, Rodrigo de Pinho; ALVIM, Tiago Cripa; VENTURINI, Otavio (coord.). *Manual de compliance*. 3. ed. Rio de Janeiro: Forense, 2021.

BOBBIO, Norberto. *Dalla struttura alla funzione* – Nuovi studi di teoria del diritto. Trad. port. de Daniela Beccacia Versiani. *Da estrutura à função* – Novos estudos de teoria do direito. Barueri: Manole, 2007.

COMPARATO, Fábio Konder. A natureza da sociedade anônima e a questão da derrogabilidade das regras legais de quorum nas assembléias gerais e reuniões do conselho de administração. *Novos ensaios e pareceres de direito empresarial*. Rio de Janeiro: Forense, 1981.

DENSA, Roberta; DANTAS, Cecília. *Compliance, um valioso instrumento em defesa do consumidor*. Disponível em: https://www.conjur.com.br/2021-jan-13/garantias-consumo-compliance-valioso-instrumento-defesa-consumidor#_ftn1 . Publicado em 13.01.2021. Acesso em: 16 jan. 2021.

FERRAZ JR., Tercio Sampaio. *Introdução ao Estudo do Direito* – Técnica, Decisão, Dominação. 2. ed. São Paulo: Atlas, 1994.

FRANCO MONTORO, André. *Introdução à ciência do direito*. 24. ed. São Paulo: Ed. RT, 1997.

GURVITCH, Georges. Théorie pluraliste des sources du droit positif. *Annuaire de l'Institut international de philosophie du droit et de sociologie juridique*, 1934-1935.

IRTI, Natalino. *Letture bettiane sul negozio giuridico*. Milano: Giuffrè, 1991.

KELSEN, Hans. *Reine Rechtslehre*. Trad. port. de João Baptista Machado. *Teoria pura do direito*. 6. ed. Arménio Amado: Coimbra, 1984.

KÜMPEL, Vitor Frederico; VIANA, Giselle de Menezes. *Introdução ao estudo do direito*. São Paulo: YK, 2018.

LAMEGO, José. *Elementos de metodologia jurídica*. Coimbra: Almedina, 2016.

MIRAGEM, Bruno. *Curso de direito do consumidor*. 6. ed. São Paulo: Ed. RT, 2016.

MOTA PINTO, Carlos Alberto. *Teoria geral do direito civil*. 3. ed. Coimbra: Coimbra, 1999.

NADER, Paulo. *Introdução ao estudo do direito*. 25. ed. Rio de Janeiro: Forense, 2005.

NEGRUNI, Mauro. *Repercussões do compliance no direito privado*. Disponível em: https://mauronegruni.com.br/2018/05/02/repercussoes-do-compliance-no-direito-privado/ . Publicado em 02.05.2018. Acesso em: 10 jan. 2021.

PASHUKANIS, Evgeny Bronislavovich. Общая теория права и марксизм. Опыт критики основных юридических понятий. Trad. port. de Paulo Bessa. *A teoria geral do direito e o marxismo*. Rio de Janeiro: Renovar, 1989.

REALE, Miguel. *Lições preliminares de direito*. 27. ed. São Paulo: Saraiva, 2002.

SAAD-DINIZ, Eduardo. *Ética negocial e compliance* – Entre a educação executiva e a interpretação judicial. São Paulo: Ed. RT, 2019.

SGARBI, Adrian. *Curso de teoria do direito*. Rio de Janeiro: Lumen Juris, 2020.

SODRÉ, Marcelo Gomes. *A construção do direito do consumidor* – Um estudo sobre as origens das leis principiológicas de defesa do consumidor. São Paulo: Atlas, 2009.

TEUBNER, Gunther. After legal instrumentalism? Strategic models of post-regulatory law. In: TEUBNER, Gunther (Ed.). *Dilemmas of law in the welfare state*. Berlin: De Gruyter, 1986.

TOMAZINI DE CARVALHO, Aurora. *Curso de teoria geral do direito* – O construtivismo lógico-semântico. 5. ed. São Paulo: Noeses, 2016.

TOMASETTI Jr., Alcides. As relações de consumo em sentido amplo na dogmática das obrigações e dos contratos. *Revista de Direito do Consumidor*, v. 13, 1995.

TOMASETTI Jr., Alcides. *Compilação de aulas da disciplina* Tipos Contratuais Gerais, ministradas no Curso de Pós-Graduação da Faculdade de Direito da Universidade de São Paulo no ano de 2004 (mimeo).

CONFORMIDADE DAS RELAÇÕES COM O MERCADO E SEUS EFEITOS NAS RELAÇÕES DE CONSUMO

Rodrigo Brandão Fontoura

Mestre e Doutorando em Energia pela Universidade de São Paulo. Diretor Executivo da Associação Brasileira de Integridade, Ética e *Compliance* – ABRAECOM.

Sumário: 1. Considerações iniciais – 2. Os pilares de valor da empresa – 3. O foco nas relações de consumo – 4. O processo de *compliance* das relações com o mercado.

1. CONSIDERAÇÕES INICIAIS

Como é de conhecimento público, a expressão *compliance* vem do verbo em inglês *to comply*, que significa cumprir, obedecer. Em seu conceito mais abrangente, *compliance* significa conformidade. Estar em *compliance*, portanto, significa estar em conformidade com leis, diretrizes, valores, princípios e políticas. Assim, quando falamos que alguém, alguma empresa ou entidade está em *compliance*, significa dizer que ela está em conformidade com todo esse conjunto de obrigações, seja de que tipo for, em qualquer circunstância. Como consequência, a palavra *compliance* deve ser considerada como gênero de várias espécies, já que existem vários tipos de conformidade.

Por exemplo: a conformidade às leis, diretrizes, valores, princípios e políticas de integridade, ou seja, a tudo aquilo que seja relacionado ao comportamento ético de pessoas, empresas e entidades, às formas de combate à corrupção, fraudes e lavagem de dinheiro e, ainda e principalmente, à criação de uma cultura de integridade, é considerada como representativa do chamado *compliance* de integridade. Estar em conformidade com o mesmo conjunto de obrigações em âmbito fiscal, por outro lado, significa estar em *compliance fiscal*. Em âmbito de obrigações trabalhistas, significa estar em *compliance* trabalhista. Para a seara da proteção de dados e segurança da informação, *compliance* de privacidade. E assim por diante, conforme amplamente detalhado na Figura 1, versão revisitada da "régua do compliance" originalmente por mim elaborada em 2019.

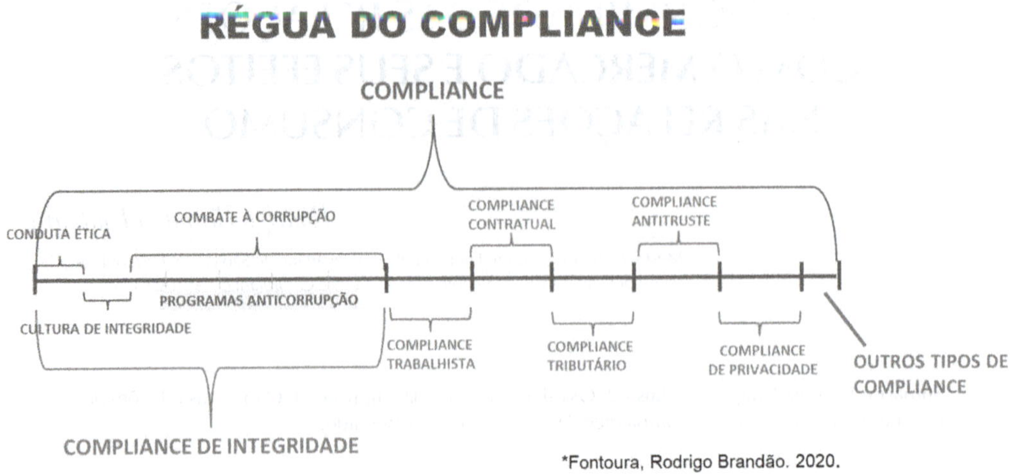

Figura 1 – "Régua do Compliance"

Fonte: Elaboração Própria; 2020.

Embora o *compliance* de integridade seja a vertente mais conhecida, existe uma outra modalidade que, embora não tão difundida, possui extrema relevância para as empresas: a do *compliance* de relações com o mercado. Ela traz a necessidade da empresa adaptar seus processos e políticas internas em relação às leis, normas e diretrizes voltadas para o relacionamento com seus *stakeholders*. Para todos os fins, são considerados como *stakeholders* todos aqueles que possuam relações ou interesses com uma determinada empresa, entidade ou organização. Estes, por sua vez, podem ser classificados em diretos ou indiretos, dependendo exatamente do tipo de relação ou interesse.

No tocante aos *stakeholders* internos, poder-se-ia englobar nessa categoria os sócios, administradores e empregados da empresa, ou seja, todos aqueles que possuem interesses oriundos de uma relação *interna corporis* com a organização. Os externos, contrariamente, incluiriam todos aqueles que possuem esses interesses oriundos de uma relação *externa corporis*, incluindo, portanto, os parceiros, representantes, fornecedores, sindicatos, poder público, consumidores e a própria comunidade como um todo. É claro que existem momentos em que o *stakeholder* interno pode acabar se confundindo com o externo, já que interessados de fora da empresa podem acabar se tornando seus sócios, como acontece o tempo todo no mercado de capitais.

Para a empresa, todos os seus *stakeholders* são importantes, sejam internos ou externos. E isso ocorre por um simples motivo: sua perpetuidade depende do atendimento e conciliação dos interesses internos e externos. Toda empresa, por princípio, é criada e desenvolve suas atividades com o condão precípuo de trazer aos seus sócios a maximização de lucros. Esse é o seu objetivo principal e a razão de sua existência, também chamada de função econômica da empresa. Tanto é que a não obtenção de lucros caracteriza o não atingimento de seu objeto e, por consequência, motivo legal para sua liquidação.

Não se pode olvidar, porém, que não há meio de uma empresa subsistir apenas exercitando a sua função econômica. O principal contraponto à função econômica da empresa é aquilo que denominamos como função social da empresa. A função social traz a concepção de que a empresa não deve visar apenas o lucro, mas também, e principalmente, preocupar-se com os efeitos que suas decisões podem causar perante terceiros, agindo com responsabilidade social. Além disso, busca fomentar a ideia de que o sócio – principal beneficiado pela função econômica da empresa – deve retornar à sociedade uma parcela dos lucros que auferiu, através das ações socioambientais.

Neste sentido, agir levando-se em conta apenas a função econômica da empresa pode trazer inúmeros problemas. Tome-se como exemplo a empresa cuja atividade econômica é a construção de usinas hidrelétricas. Caso essa empresa fosse construir uma usina levando-se em consideração apenas a sua função econômica, ou seja, a maximização de lucros para os seus sócios, faria uma construção no local que fosse mais fácil e que demandasse a menor quantidade de gastos. Ao fazer isso, no entanto, ela não estaria considerando os efeitos que sua decisão poderia causar a terceiros, nesse caso, à população ribeirinha, à fauna e à flora do local.

Assim, caso efetivamente houvesse efeitos, ela seria demandada pelo poder público e pela sociedade – *notórios stakeholders* externos – a corrigir suas ações, remediando seus erros e sofrendo penalizações. Ao final, muito provavelmente suas ações, sem a contrabalança da função social, trariam efeitos muito mais nocivos à empresa do que se houvesse uma ação coordenada para conciliação prévia de todos os interesses. No final do dia, fica bastante claro que não só os interesses dos *stakeholders* internos devem ser priorizados, mas também, e com bastante atenção, os pertencentes aos *stakeholders* externos, pois são eles os balizadores dos pilares de valor de uma empresa.

2. OS PILARES DE VALOR DA EMPRESA

Todas as empresas têm, em sua existência econômica, valor de mercado. Referido valor pode ser maior ou menor, dependendo da percepção que o mercado venha a possuir em relação à capacidade dessas empresas para atender aos interesses dos seus *stakeholders*[1]. Ele equivaleria, em princípio, a uma medida atribuída como parâmetro para eventual alienação de ativos. No final do dia, no entanto, passa a funcionar mais como uma forma de se medir o quanto as empresas são influentes e podem gerar ganhos. E não pela sua venda, mas pela sua perpetuidade. Sendo assim, e exatamente por ser uma referência atribuída externamente, o valor de mercado das empresas está sujeito às intempéries e volatilidade da sociedade na qual estão inseridas.

1. Interesses internos e externos, de forma a atender não só a função econômica da empresa (com a maximização de seus lucros), mas também e principalmente a função social da empresa (de retribuição social e preocupação com terceiros, principalmente com a sociedade e o meio ambiente).

Há de se notar que existe uma relação intrínseca entre a percepção do mercado para com a empresa e o valor que lhe é atribuído. Neste sentido, quanto mais a empresa é percebida como uma organização preocupada em atender aos interesses de todos os seus *stakeholders*, maior é o seu valor. Como consequência, as empresas passaram a focar seus esforços exatamente na construção de pilares que deixassem claro, ao mercado, o quanto elas efetivamente estão engajadas em construir seus valores.

Existem, basicamente, três pilares conceituais que dão base ao valor de uma empresa: o pilar da governança corporativa, que abrange as diretrizes de gestão eficiente, transparência e de governança propriamente dita, essa última abarcando os princípios da prestação de contas, equidade e responsabilidade; o pilar do *compliance*, que traz a obrigatoriedade de conformidade às leis, normas e políticas de todos os tipos, principalmente aquelas ligadas à ética, integridade e combate à corrupção; e o pilar da sustentabilidade, que ampara as diretrizes da empresa em relação à sua perpetuidade, à legitimidade de suas ações sociais e à preservação do meio ambiente, conforme depreende-se da Figura 2.

Figura 2 – "Pilares de Valor de uma Empresa"

Fonte: Elaboração Própria; 2020.

Como mencionado, a função econômica da empresa será responsável pelo exercício regular e motivado da sua atividade econômica. Neste sentido, para angariar resultados, maximizando lucros, a empresa necessita exercitar sua função econômica. Todavia, isso não deve ser feito sem o exercício da função social, sob pena não só de haver penalização, mas também em razão de um motivo bem mais grave: a perda de reputação por agir em contrariedade à opinião pública. E isso faz com que ela perca uma parcela significativa de seu valor de mercado, já que se aflora um claro conflito entre os interesses internos e externos, função econômica *versus* função social.

Por outro lado, ao se analisar os impactos negativos que a perda de reputação, decorrente da opinião do mercado, traz para as empresas, deve ser levado em consideração um outro fator que traz como consequência um efeito totalmente inverso: o da valorização da empresa pela percepção dos interesses dos *stakeholders* externos. Assim, da mesma forma que os *stakeholders* podem avaliar negativamente a postura de uma empresa, retirando-lhe valor de mercado; podem também, caso se inverta essa percepção, conceder-lhe o mesmo valor.

Isso tudo, obviamente, sem se considerar a terceira função da empresa, denominada função ética, que é muito falada, mas pouco difundida. Apenas para esclarecer, é cediço que toda empresa deve ter como base de suas ações o cumprimento de três funções primordiais, conforme demonstrado na Figura 3: a função econômica, responsável pela maximização dos lucros dos sócios e em primeira instância, também pela perpetuidade da empresa; a função social, responsável pelo retorno daquilo que é justo, à sociedade, bem como pelo planejamento sustentável das ações da empresa; e a função ética, responsável por garantir que a sociedade reflita em todas as suas ações aquilo que é certo, independente de ser obrigatório pela lei e sujeito à penalização, buscando sempre a construção de uma cultura de integridade.

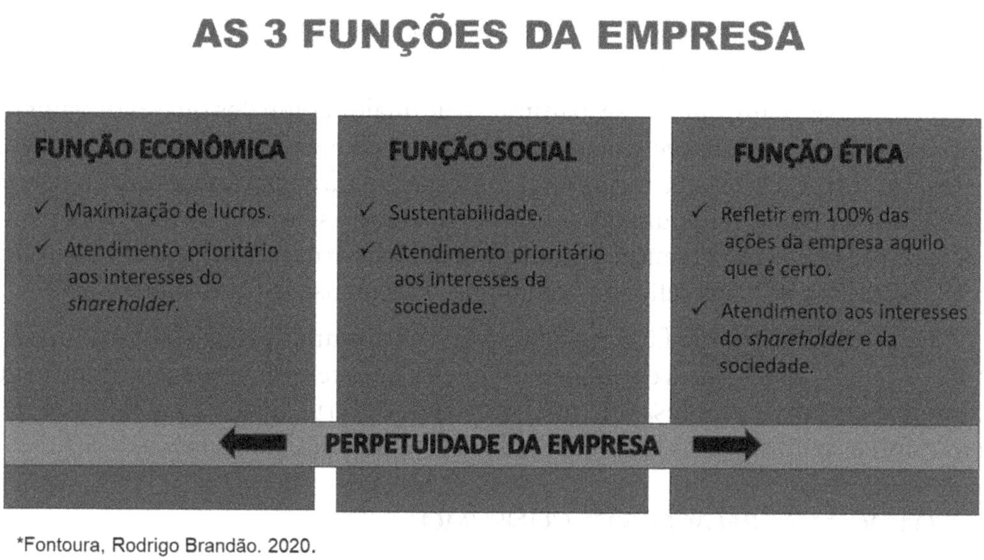

Figura 3 – "As 3 Funções da Empresa"
Fonte: Elaboração Própria; 2020.

Tome-se como exemplo, agora, o caso da Petrobras. A Petrobras, desde sua criação, galgou um caminho virtuoso ao posto de uma das maiores empresas petrolíferas do mundo. No auge de sua notoriedade, chegou a atingir a máxima histórica – registrada na Bovespa, no dia 21 de maio de 2008 – de ser precificada, a valor de mercado, no montante equivalente a R$ 510,3 bilhões, muito em função da imagem que possuía de empresa forte e ilibada, cujo controle pelas mãos do governo nunca foi considerado como sinônimo de corrupção, e sim de credibilidade.

Isso durou até março de 2014, quando as investigações realizadas pelos agentes da Polícia Federal, através da Operação Lava Jato, trouxeram à tona os holofotes do segundo maior esquema de corrupção documentada ocorrido na história[2], com pagamento de propinas e desvio de dinheiro nunca vistos ou imaginados. Após 63 fases operacionais deflagradas e dezenas de pessoas presas ou indiciadas, incluindo altos executivos da empresa e políticos, a Operação Lava Jato trouxe inúmeras benesses à sociedade brasileira, mas também trouxe, como efeito colateral, a derrocada do valor monetário da Petrobras, que sucumbiu ante ao escândalo perdendo cerca de R$ 150 bilhões em valor de mercado.

Como reação imediata, a Petrobras lançou, em dezembro de 2014, o Programa Petrobras de Prevenção à Corrupção (PPPC), construído com o intuito de reforçar a prevenção, detecção e correção de atos de fraude e de corrupção, por meio da gestão integrada e de ações e controles da estrutura de governança corporativa, além de promover uma reestruturação administrativa, com fusão de diretorias e aprovação de uma nova política de gestão interna, responsável por fixar novas regras que evitavam indicações políticas para cargos da alta administração. Referido programa, pioneiro no Brasil, foi responsável por restaurar a confiança do mercado em relação à Petrobras, fazendo com que alguns anos depois, ela já tivesse recuperado em torno de R$ 130 bilhões em valor de mercado.

Percebe-se assim, que a desestruturação de qualquer um dos pilares de valor da empresa pode ser responsável por perdas significativas e até, em último caso, pela sua descontinuidade. Da mesma forma e em contrapartida, a construção ou a otimização dos pilares funciona como um potente alavancador do seu valor de mercado, o que por si só já é um excelente motivo para efetivar sua estruturação, seja em qualquer nível, desde que isso seja refletido como uma clara mensagem aos *stakeholders*.

E é nesse ponto que se faz necessário trazer à baila uma questão bastante importante: já que os *stakeholders* externos são aqueles mais relevantes para atribuição do valor de mercado da empresa, quem, dentre eles, deveria deter a concentração dos seus esforços para angariar bons resultados ou, ainda, mitigar os maus?

3. O FOCO NAS RELAÇÕES DE CONSUMO

Como é sabido, parceiros, representantes, fornecedores, poder público, consumidores e a própria comunidade como um todo, representam os principais *stakeholders* externos de uma empresa. Como tais, eles também carregam consigo o poder-dever

2. Perdendo apenas para a "Operação Mãos Limpas", ocorrida na Itália, nos anos 90, que foi deflagrada após descobrir-se licitações irregulares e o uso do poder público em benefício de particulares e de partidos políticos italianos, com suborno de políticos pelas empresas em troca de vantagens ilícitas, principalmente em licitações e concorrências públicas.

de refletir o seu respectivo valor de mercado, dependendo do engajamento da empresa quanto ao cumprimento de suas três funções corporativas, conforme aqui já explanado anteriormente. Assim, ao pensar não somente em sua perpetuidade, mas também em agregar valor corporativo, a empresa deve sempre se dedicar ao amparo e atendimento aos interesses de seus *stakeholders* externos, principalmente aqueles que podem influenciar mais diretamente em seu valor de mercado.

Tratando primeiramente dos parceiros, representantes e fornecedores, verifica-se que todos eles estão no mesmo patamar de relacionamento, ou seja, daqueles que vinculam suas respectivas atividades econômicas à perpetuidade da empresa. Neste sentido, embora o relacionamento com estes *stakeholders* deva ser alçado à uma categoria de grande importância, a tendência é que suas respectivas influências ao valor de mercado da empresa sejam sempre positivas, na medida em que eles, em tese, estão organicamente ligados ao sucesso do negócio. Neste sentido, o objetivo aqui passa a ser o fomento do relacionamento, com a preocupação em exponenciar o que está dando certo, e não o que pode dar errado, cuja gestão de riscos pode ser feita em níveis normais.

Em relação ao Poder Público, o foco é mitigar os riscos de eventuais não conformidades, decorrentes do descumprimento de leis e normas administrativas. O descumprimento de obrigações para com o Poder Público, pela empresa, tem um efeito imediato e bastante nocivo, que é a aplicação de sanções.

Essas sanções podem contemplar "apenas" multas pecuniárias, mas também sanções administrativas e reputacionais. As multas pecuniárias, em um primeiro momento, podem até não parecer um problema tão grande assim, considerando apenas o prisma do valor de mercado da empresa. Todavia, multas tributárias, ambientais e principalmente as multas de legislações mais recentes, como a da Lei Geral de Proteção de Dados (LGPD), tendem a ser bastante significativas e podem, inclusive, comprometer a perpetuidade da empresa.

Se considerarmos as sanções aplicadas pela Lei Anticorrupção Brasileira, por exemplo, temos o pacote completo: na esfera administrativa, existem três penalidades contundentes, sendo a previsão da aplicação de multa de 0,1% a 20% do faturamento bruto do último exercício social da empresa (ou de até R$ 60 milhões, caso não seja possível apurar); a publicação da decisão condenatória em veículos de mídia de grande circulação; e, ainda, a aplicação de restrições para participação em licitações e contratação com o poder público.

Na esfera judicial, por outro lado, existe a previsão de pena de perdimento de bens, direitos e valores; de suspensão ou interdição parcial de atividades; e de proibição do recebimento de incentivos, subsídios, subvenções, doações ou empréstimos de órgãos ou entidades públicas e de instituições financeiras públicas ou controladas pelo poder público, pelo prazo de 1 a 5 anos.

Embora as multas pecuniárias representem um problema bastante relevante, são as sanções que divulgam a situação de não conformidade da empresa, à sociedade, que mais impactam no seu valor de mercado. Como verificamos, um dano reputacional muitas vezes pode ser muito mais efetivo do que um dano patrimonial. No caso do Poder Público como *stakeholder* externo, portanto, deve ser feito um plano de gestão de riscos bastante detalhado, pragmático e que seja amplamente monitorado, mitigando-se assim os riscos que podem levar à diminuição do valor de mercado.

Quando o foco passa a ser o consumidor, porém, dada a sua condição de representante da sociedade na qual a empresa está inserida, o cuidado tem que ser muito maior. Neste sentido, uma ação simples de mitigação de riscos passa a não ser mais a solução ideal, devendo existir toda uma estrutura própria de gestão desses riscos para evitar que a empresa seja vista da forma errada pela sociedade e perca valor de mercado.

Os consumidores, para a grande maioria das empresas, são aqueles que ditam as regras de sua perpetuidade, na condição de destinatários finais das suas respectivas atividades econômicas. Para as empresas que estão inseridas no cenário das relações de consumo – e que, diga-se de passagem, são a maioria – os consumidores fazem parte de um contexto de relacionamento que os alça à condição de *stakeholders* externos mais importantes. Isso se dá, basicamente, porque são eles que vão dizer se uma empresa, seu produto ou serviço, irão subsistir ao mercado. Como consequência, essa posição lhes outorga um papel crucial no ecossistema do mercado: o de viabilizadores ou não de determinada empresa, produto ou serviço.

É claro que não é somente isso que vai ditar a perpetuidade de uma empresa. Contudo, esse é um fator de alta relevância e que realmente deve ser considerado. Neste diapasão, é correto afirmar que o consumidor e todas as relações decorrentes dessa condição devem ser minuciosamente tutelados pela empresa. E nesse passo, a grande questão que se aventa é: qual seria então a melhor forma de se efetivar essa tutela, já que as relações de consumo dizem respeito aos principais *stakeholders* externos de empresa?

4. O PROCESSO DE *COMPLIANCE* DAS RELAÇÕES COM O MERCADO

É nesse ponto que devemos retornar ao início desse artigo, que traz uma potencial solução a ser pensada: a da tutela das relações de consumo pela conformidade das relações com o mercado, ou seja, pela implementação de um *compliance* específico de relações com o mercado.

Nas empresas, as relações com o mercado podem se dar de várias maneiras e estruturas diferentes. Dependendo do tamanho da empresa e da sua compleição societária, as empresas podem ter departamentos inteiros de relações com o mercado, inclusive voltados para o atendimento ao mercado de capitais, caso se trate de uma empresa de capital aberto.

Em outras, existe uma figura central de um gerente de relacionamento com os clientes, chamado de CRM (*Customer Relationship Manager*), ou até mesmo de uma plataforma inteira, customizada, construída para fazer o trabalho de gerenciamento das relações com o consumidor.

De toda forma e independente da estrutura originária planejada pela empresa para tutelar suas relações com o mercado, e considerando que elas abrangem tanto o relacionamento com o investidor externo quanto o relacionamento com os clientes da empresa, é nessa intersecção que o *compliance* de relações com o mercado deve interagir com as relações de consumo. Mas como fazer isso? E a resposta é: implementando um programa de *compliance* efetivo.

A implementação de um programa de *compliance* efetivo possui basicamente quatro fases distintas e subsequentes, conforme pode ser visto na Figura 4: a fase de mapeamento ou diagnóstico; a fase de construção das diretrizes e plano de ação; a fase de implementação efetiva; e a fase de monitoramento. Todas as fases necessitam um planejamento prévio e, de preferência, devem ser documentadas. Ressalte-se que a referida documentação do processo como um todo tem um objetivo bastante claro: criar meios de se comprovar a efetividade do programa implementado. Isso deve ser feito pensando-se em eventual processo de certificação que a empresa possa vir a atravessar, cuja necessidade de comprovação é mandatória.

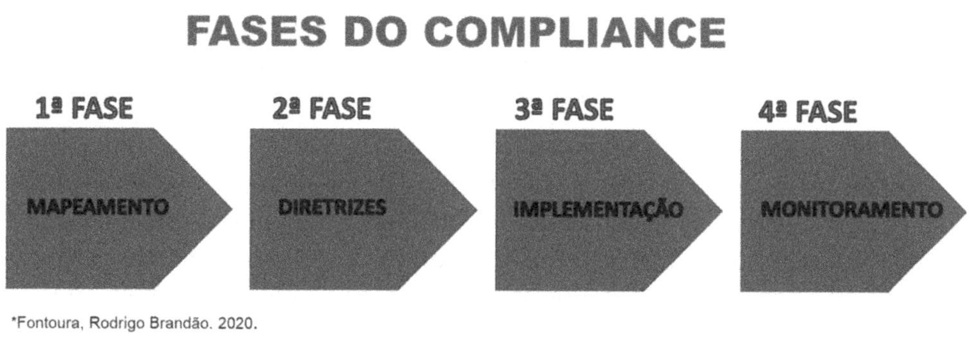

Figura 4 – "Fases do Compliance"
Fonte: Elaboração Própria; 2020.

Na prática, o programa de *compliance* é implementado da seguinte forma: na primeira fase, realiza-se um diagnóstico do atual grau de maturidade da empresa em relação ao seu programa de relações com o mercado. Neste sentido, deve ser feito o mapeamento não só da empresa, suas características, produtos ou serviços, capacidade produtiva e de atendimento, políticas de comunicação, entre outros. Mas também um mapeamento do mercado no qual a empresa está inserida, principalmente em relação às características, anseios, dificuldades e principais pontos de expectativa dos seus consumidores. Isso tudo para que possam ser identificados os principais *gaps* existentes – se existentes – nesse processo específico de gestão.

Uma vez identificados os *gaps*, deve ser construída uma matriz de riscos que traga não somente o apontamento dos dados levantados, mas principalmente as ações necessárias para mitigar os riscos identificados, ponto a ponto. Quando se fala em relações com o consumidor, os principais riscos levantados, para fins de relações com o mercado, estão exatamente na forma de atendimento desse público. Deste modo, o foco nessa etapa é verificar todo o sistema de gestão de relações com o mercado existente na empresa, e testar as suas principais funcionalidades, constatando e registrando eventuais falhas.

Na segunda fase, por sua vez, são construídas as diretrizes do programa de *compliance*, elaborando-se um plano de ação que busque consignar, dentro de um cronograma, todas as ações que serão efetivadas para estruturação do respectivo programa, com foco nas relações com o mercado. Nessa etapa, deve-se construir um passo a passo das ações que serão realizadas. Considerando tratar-se de um projeto que envolve áreas estratégicas, como a diretoria executiva, o departamento comercial, o departamento de comunicação e, se houver, o departamento de relações com o mercado, deve-se buscar o envolvimento de todos através da designação de pessoas específicas, indicadas e respaldadas pela alta direção.

Obviamente que a própria alta direção deverá participar ativamente do projeto, não só aprovando a implementação do *compliance* e a destinação de recursos, mas participando efetivamente, seja através de reuniões, participações em treinamentos ou mensagens de comunicação, ainda mais por tratar-se de um programa voltado ao mercado, que espera identificar a empresa através dos seus proprietários ou principais executivos, criando uma relação de identidade entre os *stakeholders* internos e os externos.

Saliente-se que essa relação de identidade é fundamental para que haja um engajamento, inclusive dos demais *stakeholders* internos, como os funcionários, por exemplo. Afinal, eles também são consumidores e muito provavelmente enxergam com bons olhos os esforços da empresa para se tornar disponível ao mercado.

Além disso, nessa fase também deve ser construído o principal documento que dará amparo ao programa de *compliance* pretendido: a política corporativa de relações com o mercado. Referido documento disporá sobre o funcionamento do sistema de gestão de relações com o mercado, e será elaborado de acordo com o grau de maturidade do atual sistema existente na empresa.

Na hipótese de a empresa já ter um, deverá sugerir medidas contínuas de aperfeiçoamento e otimização. Caso a empresa ainda esteja estruturando, deverá sugerir metas e medidas de monitoramento. Outrossim, disporá sobre as diretrizes do programa, fluxograma, processos internos, comunicação com o mercado e consumidores, atendimento, convênios, metas e indicadores de conformidade.

Na terceira fase, de outra feita, é realizada a implementação efetiva do programa de *compliance*, ou seja, a materialização de todas as diretrizes, processos e controles preconizados na política de relações com o mercado. É nessa etapa que a empresa irá fazer, na prática, tudo aquilo que foi planejado.

A implementação se inicia com a construção do sistema de gestão; passando por campanhas de comunicação (que devem abranger o público interno, mas também o externo) e de treinamento das pessoas envolvidas; e culminando com a realização de testes para checar se todos os processos internos estão funcionando.

Finalmente, após a implementação efetiva, vem a quarta fase do programa, onde é criado um processo de monitoramento do *compliance* de relações com o mercado. Lembrando que monitoramento, para fins de conformidade, faz sempre referência a um procedimento de auditoria. Essa etapa é fundamental para se verificar a efetividade do programa, já que com a checagem contínua, podem ser constatadas e corrigidas eventuais não conformidades.

Deste modo e através de um processo efetivo de *compliance*, podemos tutelar de forma eficiente como é realizado o processo de relações com o mercado, tendo-se como foco as relações de consumo. O processo de aprimoramento desse tipo de projeto, no entanto, nunca termina, até porque se trata de um sistema de gestão que, em tese, sempre pode ser aperfeiçoado.

De qualquer maneira, a adoção dessa metodologia possibilita realizar a tutela das relações de consumo através da gestão das relações com o consumidor, fato esse que vem sendo cada dia mais percebido e utilizado pelas empresas. Como resultado, consegue-se a obtenção da conformidade de dois processos fundamentais, com apenas um movimento. Pode-se aventar, como consequência, que talvez tenhamos alcançado a evolução da cadeia de valor corporativo, coadunando-se as três funções da empresa em benefício não somente de parte, mas de todos os seus *stakeholders*.

COMPLIANCE E PROTEÇÃO DO CONSUMIDOR NA CONCESSÃO DE SERVIÇOS PÚBLICOS

José dos Santos Carvalho Filho

Mestre em Direito pela UFRJ. Ex-Professor da UERJ-Universidade do Estado do Rio de Janeiro, UFF – Universidade Federal Fluminense (pós-graduação), UCAM – Universidade Cândido Mendes e UNESA – Universidade Estácio de Sá. Procurador de Justiça do Ministério Público do RJ (aposentado). Consultor Jurídico do MP-RJ (2009-2012). Consultor Jurídico e Advogado.

Sumário: 1. Introdução – 2. Concessões de serviços públicos – 3. Programa de *compliance* – 4. Proteção dos usuários; 4.1 A Lei 8.987/1995; 4.2 A Lei 8.078/1990; 4.3 A Lei 13.460/2017 – 5. Governança nas concessões – 6. Conclusões – 7. Referências.

1. INTRODUÇÃO

A concessão de serviços públicos é uma forma clássica de delegação feita por ente estatal a pessoa do setor privado com o objetivo primordial de prestar serviços públicos. Na verdade, e em tese, todos os serviços públicos, vale dizer, aqueles destinados à fruição pelas populações, deveriam estar a cargo do Estado, cuja missão básica é exatamente essa. Mas como isso é impossível, o Estado passou a admitir a delegação de certos serviços a pessoas privadas, cabendo a estas, então, executá-los em prol da sociedade.

Muito já se escreveu sobre as concessões e, ainda assim, muitas dúvidas persistem e atormentam os estudiosos e intérpretes. De fato, a própria relação jurídica que as constitui apresenta-se revestida de singularidades, a começar pelo fato de que três personagens estão presentes em tal cenário – o Estado, que delega o serviço, o concessionário, que o executa, e o usuário, a quem cabe a sua fruição e o pagamento pelo serviço prestado.

Sendo assim, torna-se pertinente proceder à análise, conquanto sucinta, de dois aspectos que nunca podem ser relegados ao esquecimento quando se examinam as concessões de serviço público.

Numa primeira vertente, urge verificar os fatores de governança das empresas concessionárias de serviços públicos, ou seja, como funciona o *compliance* em sua estrutura e em seus métodos, sem esquecer os padrões éticos que inspiram os métodos e as metas dessas empresas. Por outro lado, é necessário atentar para a observância das várias normas que regulam as concessões, às quais devem vincular-se pelo princípio da legalidade e por sua condição de prestadoras de serviços públicos.

Numa segunda vertente, cumpre apurar a forma pela qual a concessionária tem se relacionado com os usuários do serviço. Tendo em vista que estes são os beneficiários diretos da atividade delegada ao concessionário, mais do que importante é que lhes seja dispensada a devida proteção, na forma do que a legislação determina, não somente porque são os consumidores do serviço, mas também porque constituem a parte mais vulnerável nessa relação jurídica.

Considerando as linhas da concessão de serviços públicos, serão analisados brevemente esses dois aspectos do instituto, fazendo-se as abordagens que, segundo parece, tem maior relevância para sua melhor compreensão.

2. CONCESSÕES DE SERVIÇOS PÚBLICOS

Apenas à guisa de uma metodologia mais didática, é imperioso situar as concessões de serviços público no amplo espectro das *concessões* em geral. O termo "*concessão*" é plurissignificativo e, por envolver vários institutos diferentes, causa algumas dúvidas habitualmente. Este espaço não é apropriado para o aprofundamento de todas as concessões, mas será oferecida, em síntese, classificação que decerto ajudará no desenho da real posição das concessões de serviços públicos.

É possível catalogar as concessões de serviços públicos em duas grandes categorias: 1ª) concessões comuns; 2ª) concessões especiais. A primeira, por sua vez, pode ser dividida em dois grupos: 1º) concessões de serviços públicos; 2º) concessões de serviços públicos precedidas da execução de obra pública. Nas primeiras, a delegação cinge-se ao serviço em si, ao passo que nas segundas há um duplo objeto: uma obra antes e o serviço depois. Ambas são previstas na Lei 8.987, de 13.2.1995 – a Lei Geral das Concessões.

Já a segunda grande categoria – concessões especiais – é mais recente e suas linhas diferem em alguns pontos das concessões clássicas, sendo conhecidas como *parcerias público-privadas*. Elas também comportam uma dupla subdivisão: 1ª) concessões patrocinadas, quando há parte do pagamento por tarifas a cargo dos usuários; e 2ª) concessões administrativas, quando o pagamento integral é efetuado pelo concedente. Regem-se pela Lei 11.079, de 30.12.2004.

Enfim, embora haja várias figuras assemelhadas, essa classificação parece abarcar as mais conhecidas, com a vantagem de serem disciplinadas por legislação própria. Ao menos, foi a classificação que adotamos no capítulo da matéria em obra de nossa autoria[1]. E não custa acrescentar que o foco deste pequeno trabalho serão as concessões de serviços públicos, ou seja, a mais antiga e conhecida das concessões.

A Constituição Federal faz expressa referência às concessões de serviços públicos no art. 175, segundo o qual incumbe ao Poder Público, na forma da lei, a prestação indireta de serviços públicos, seja sob o regime da concessão, seja sob o da permissão, sempre exigida a licitação. A Constituição, contudo, silenciou sobre a diferença entre

1. CARVALHO FILHO, José dos Santos. *Manual de direito administrativo*. 34. ed. São Paulo: Gen/Atlas, 2020. p. 396.

concessões e permissões. A Lei 8.987/1995 tentou fazê-lo, mas não logrou êxito. A rigor, nem deveriam existir esses institutos em conjunto, pois que pequenos detalhes que poderiam distingui-los são irrelevantes e não justificam a manutenção da dicotomia no sistema. Para o presente trabalho, no entanto, dispensável será tratar desse tema.

Em virtude das particularidades desse tipo de delegação, não há integral unanimidade quanto à natureza jurídica das concessões de serviços públicos. Para alguns, por exemplo, a concessão pode ser contrato ou ato unilateral. [2] Domina, porém, o entendimento de que se trata de uma espécie de contrato administrativo, sujeito, em sua maior parte, às normas de direito público e cujo objeto se destina diretamente à coletividade[3]. Esse é também a posição que adotamos por estar mais consonante com a fisionomia do ajuste concessional[4].

A relação contratual nas concessões de serviços públicos oferece singularidade que os demais contratos administrativos, em regra, não possuem, conforme já antecipamos. É que nas concessões participam ativamente do contrato três personagens – o Estado (concedente), a empresa prestadora do serviço (concessionário) e o beneficiário e pagador do serviço (usuário). Esse aspecto específico demanda que o tratamento jurídico do contrato incida sobre as relações jurídicas entre os citados personagens, sinalizando para os direitos e obrigações atribuídos a cada um deles.

Nessas breves linhas sobre as concessões de serviços públicos, não custa avivar que o Estado, como poder concedente e titular do serviço delegado, tem inevitável supremacia sobre o concessionário na relação contratual. E nem poderia ser diferente, visto que o objeto do ajuste consiste na prestação de um serviço público – o qual, obviamente, não poderia ficar em seu todo à mercê da pessoa privada. Por isso mesmo, a Lei 8.987 é clara ao atribuir ao concedente o poder de "*regulamentar o serviço concedido e fiscalizar permanentemente a sua prestação*" (art. 29, I), além de lhe permitir "*intervir na prestação do serviço, nos casos e condições previstos em lei*" (art. 29, III).

3. PROGRAMA DE *COMPLIANCE*

Desconhecido em tempos pretéritos, o *compliance* representa o compromisso da pessoa jurídica privada de adotar comportamento calcado em parâmetros de observância aos princípios éticos e às normas legais, como já tivemos a oportunidade de assinalar em trabalho que publicamos[5]. Em outras palavras, essa nova postura busca mudar a arraigada inobservância de normas e extinguir ou amenizar os índices de corrupção que têm assolado as instituições pátrias.

2. FERREIRA, Sérgio de Andréa. *Direito administrativo didático*. Rio de Janeiro: Forense, 1985. p. 240.
3. DI PIETRO, Maria Sylvia Zanella. *Direito administrativo*. 29. ed. São Paulo: Gen/Forense, 2016. p. 337.
4. CARVALHO FILHO, José dos Santos. *Manual de direito administrativo*. 34. ed. São Paulo: Gen/Atlas, 2020. p. 403.
5. CARVALHO FILHO, José dos Santos. Compliance *no setor privado*: compromisso com a ética e a lei. Disponível em: http://genjuridico.com.br/2016/03/17/compliance-no-setor-privado-compromisso-com-a-etica-e-a-lei/.

Na verdade, os tempos modernos reclamam que as empresas assumam postura de transparência e de honestidade não apenas com o Poder Público, mas da mesma forma com fornecedores, clientes e prestadores de serviços. Significa guindar a ética comportamental como elemento preponderante em relação à voracidade com a qual está caracterizada usualmente a busca desenfreada pelo lucro. Enfim, aponta-se para a necessidade de seguir novos valores morais, mesmo diante de uma sociedade historicamente marcada pela "lei da vantagem".

Foi a Lei 12.846, de 1.8.2013 (Lei Anticorrupção), que instituiu o programa de *compliance*, qualificando-o como requisito para a celebração de acordo de leniência por pessoas jurídicas responsáveis pela prática de atos contra a Administração, inclusive e principalmente condutas de corrupção como atrativo para alguns agentes públicos. O referido acordo tem o propósito de, mediante determinadas condições, mitigar ou extinguir sanções aplicáveis a pessoas privadas em decorrência de seus atos ilícitos contra o Poder Público. O ajuste, no entanto, não é unilateral, e obviamente demanda contrapartidas por parte da entidade infratora.

Embora o acordo de leniência tenha sido previsto antecedentemente pela Lei 12.529, de 30.11.2011, responsável pela estruturação do sistema brasileiro de defesa da concorrência, o legislador não incluiu a criação de programa de *compliance* como condição para a celebração do ajuste. O silêncio do legislador, nesse caso, deixou um vácuo no sistema ao permitir um descompromisso da empresa signatária do acordo de leniência no que respeita à desejada reverência aos preceitos éticos e legais. Não se conseguiria, assim, mudar a médio e longo prazo os conceitos que precisam imperar nessas empresas.

Contrariamente, a Lei 12.846 considerou inafastáveis certas condições para que a empresa pudesse receber os benefícios oriundos do acordo de leniência. Duas delas se destacam. Primeiramente, só admitiu a celebração do acordo se a empresa interessada emprestar efetiva colaboração relativamente às investigações e processos administrativos em curso (art. 16, IV). Depois, exigiu da empresa o compromisso de implementação ou melhora dos mecanismos internos de integridade, auditoria, incentivo às denúncias de irregularidades e aplicação real de código de ética e de conduta (art. 16, § 1º, IV).

Nunca é demais lembrar que o programa de *compliance* integra o sistema geral da governança corporativa, que abrange não somente a observância de preceitos éticos, como também a transparência, urbanidade, lógica, estrutura, tudo isso como componentes da própria empresa.

Governança corporativa é o sistema pelo qual as empresas e demais organizações são conduzidas, fiscalizadas e estimuladas, abraçando os relacionamentos entre sócios, conselho de administração, diretoria, órgãos de controle e demais partes interessadas. Partes interessadas, no caso, são todas aquelas que mantêm com a empresa relação profissional, como clientes, fornecedores e prestadores de serviços, e aqueles terceirizados, que, embora não integrem a estrutura da empresa, desempenham funções que são próprias desta.

Diante de tal cenário, é digna de aplausos a tentativa de instar as empresas à implementação de seus programas de *compliance,* e será positivo se isso ocorrer. A expectativa é de que não sejam inócuas as tentativas, pressionadas pelos baixos padrões éticos sob os quais adoece a nossa sociedade.

Nesse tópico, culminamos por lembrar as corretas observações de Eduardo Lamy, para quem o *compliance* "é um caminho sem volta para as empresas, sejam elas de médio ou grande porte, e tenham ou não negócios com o Poder Público. Trata-se de uma evolução na cultura das organizações, pode-se dizer que já enraizada na Europa e EUA, e hoje há empresas privadas que exigem um programa semelhante dos seus fornecedores". [6]

4. PROTEÇÃO DOS USUÁRIOS

Muito se tem discutido sobre a proteção dos usuários dos serviços concedidos, a começar pela investigação sobre qual ou quais normas devem ser aplicadas com esse objetivo. Independente de semelhante dúvida, é praticamente unívoco o entendimento de que o usuário dos serviços públicos deve merecer a mais ampla proteção possível, o que é de imediato compreensível em função de sua condição de vulnerabilidade jurídica e econômica em comparação com o Estado e o concessionário – estes os outros protagonistas da concessão.

De fato, não é muito fácil identificar a legislação que incide ou que não incide sobre a relação jurídica entre o usuário e o concessionário. O motivo, como se verá adiante, é o conjunto de leis que, de um modo ou de outro, tangenciam essa relação, dando a impressão de que, em certos momentos, há superposição normativa sobre o assunto. Assim, irradiaremos nosso foco sobre três diplomas básicos atinentes à matéria.

4.1 A Lei 8.987/1995

A busca pelo microssistema normativo de proteção aos usuários de serviços públicos não pode deixar de se iniciar pela Lei 8.987, de 13.2.1995 – a Lei das Concessões. No Capítulo III, arts. 7º e 7º-A, a lei trata dos direitos e obrigações dos usuários, e na parte dos direitos encontra-se implícito o intuito protetivo do legislador em relação aos beneficiários do serviço.

A proteção inicial consiste no recebimento de *serviço adequado* por parte do prestador do serviço, como consta do art. 7º, I, da Lei 8.987, repetindo, aliás, a exigência contida no art. 175, parágrafo único, inciso IV, da Constituição Federal.

6. LAMY, Eduardo, *Compliance. Aspectos polêmicos e atuais* (obra coletiva organizada pelo autor). Belo Horizonte: Ed. Letramento, 2018, p. 7.

Serviço adequado não é serviço perfeito, mas também não pode ser aquele que não permita a sua fruição normal. Segundo o art. 6º da lei, é aquele executado em conformidade com os requisitos fixados na lei reguladora e nos contratos de concessão. Como bem averba Letícia Queiroz de Andrade, tal requisito sinaliza para a *prestação adequada* do serviço, ou seja, para a real execução do serviço conforme as linhas da lei e do contrato[7].

Noutro giro, o usuário tem proteção especial quanto a informações para a defesa de interesses individuais ou coletivos (art. 7º, II, Lei 8.987). Tais informações devem ser fornecidas pelo concedente e pelo concessionário, sendo inteiramente ilegal sonegá-las sob qualquer pretexto. A gama de interesses, nesse caso, é extensa e alcança aspectos variados da execução do serviço delegado, como o modo de prestação, o aumento de tarifas, o descumprimento do contrato etc. São corretas, pois, as observações de que deve reinar sobre as concessões o princípio da boa-fé, refletindo relação de confiança entre as partes na concessão e os usuários. [8]

Outra faceta da proteção é a da livre escolha pelo usuário da utilização do serviço. Reza o art. 7º, III, da Lei 8.987, que o usuário tem o direito de obter e utilizar o serviço com liberdade de escolha entre vários prestadores de serviços, quando houver, naturalmente com observância das normas fixadas pelo concedente. Não pode ser imposto ao usuário o uso deste ou daquele serviço, no caso de pluralidade de prestadores. Na verdade, trata-se de opção a ser feita pelo consumidor.

Posteriormente à edição da Lei 8.987, veio a lume a Lei 9.791/1999, que inseriu o art. 7º-A na Lei Geral, alinhando nova proteção ao usuário. Diz a norma que as concessionárias de serviços públicos nos Estados e no Distrito Federal devem oferecer ao consumidor e ao usuário, dentro do mês de vencimento, o mínimo de seis datas opcionais visando à escolha dos dias de vencimento de seus débitos. Realmente, sempre se ouviram críticas quanto às datas de vencimentos de certos serviços públicos, desalinhadas das datas da remuneração dos usuários. Com a alteração, possibilitou-se ao consumidor escolher a data do vencimento de seu débito de acordo com a sua conveniência, evitando a natural pressão oriunda do descompasso entre salários e vencimentos de débitos.

Na vertente econômica, a grande proteção dos consumidores do serviço decorre do sistema tarifário. Sendo a tarifa o meio de pagamento feito pelo usuário pela fruição do serviço, ou seja, a contraprestação pelo serviço prestado, é imperioso que seja caracterizada pela *modicidade*, de modo que a expressão de seu valor seja compatível com o poder aquisitivo dos usuários, evitando indesejável sobrecarga para estes, muitos deles premidos por dificuldades financeiras. Deverá haver justa política tarifária e uma tarifa com o máximo de adequação para o usuário. Por isso,

7. ANDRADE, Letícia Queiroz de. *Prestação de serviço público sob regime de concessão*. São Paulo: Malheiros, 2015. p. 216.
8. ROCHA, Cármen Lúcia Antunes. *Estudo sobre a concessão e permissão de serviço público no direito* brasileiro. São Paulo: Saraiva, 1996. p. 65.

valemo-nos aqui do ensinamento de Egon Bockmann Moreira, que se refere à *tarifa ótima*, como sendo "aquela que simultaneamente maximiza o bem-estar social e mantém o equilíbrio econômico-financeiro do contrato"[9].

4.2 A Lei 8.078/1990

Em dois momentos fundamentais a Constituição Federal aludiu à proteção aos direitos do consumidor. Primeiramente, o art. 5º, XXXII, assinala: "*o* Estado promoverá, na forma da lei, a defesa do consumidor". Depois, no capítulo relativo aos princípios gerais da atividade econômica ficou incluído entre os princípios da ordem econômica o princípio da defesa do consumidor (art. 170, V, CF).

Com fundamento nas garantias constitucionais, foi editada a Lei 8.078, de 11.9.1990, hoje conhecida como Código de Defesa do Consumidor – CDC. Tendo em vista o foco da proteção do CDC, muita polêmica se instaurou para saber se o usuário de serviços públicos concedidos poderia ser enquadrado como consumidor para os efeitos dessa lei. O motivo principal dessas divergências consistiu na natureza especial do contrato de concessão, pelo qual, diferentemente do que ocorre no setor inteiramente privado, o Estado é quem delegava o serviço ao concessionário privado. Portanto, não haveria típica relação de consumo a ser examinada pelo Código.

Não obstante, essa interpretação não prosperou diante da evidente similaridade entre as relações de usuário e concessionário de um lado e de fornecedor e consumidor de outro. Em mais de uma passagem, o CDC faz referência à relação concessional, como se pode ver nesses exemplos: 1º) art. 6º, X: a adequada e eficaz prestação dos serviços públicos em geral está incluída como direito básico do consumidor; 2º) art. 4º, VII: a racionalização e melhoria dos serviços públicos constitui princípio da Política Nacional de Relações de Consumo; 3º) art. 59, § 1º: prevê a pena de cassação da concessão a ser aplicada ao concessionário quando houver violação de obrigação legal ou contratual. [10]

Embora se trate de relações jurídicas com delineamento próprio, o certo é que as relações do direito concessional e consumerista passaram a ter idêntico tratamento na doutrina e na jurisprudência. O ponto de identificação entre tais relações residiu na remuneração pelo serviço prestado na concessão, representada pela tarifa paga pelo usuário. O mesmo, contudo, não ocorre com os serviços gratuitos, como saúde e educação, normalmente mantidos e custeados por impostos gerais; aqui inexiste relação de consumo.

Uma vez aplicável o CDC nos casos de concessão de serviços públicos, vários direitos e garantias atribuídos aos consumidores estenderam-se aos usuários, o que

9. MOREIRA, Egon Bockmann, *Direito das concessões de serviço público*. São Paulo: Malheiros, 2010. p. 331.
10. Vide a respeito o trabalho de André Castro Carvalho e Otavio Venturini. A função do Código de Defesa do Usuário de Serviços Públicos (Lei 13.460/2017) no modelo brasileiro de controle dos serviços públicos. *RDA – Revista de Direito Administrativo* n. 278, 1, p. 149, jan./abr. 2019.

nesse aspecto ampliou a proteção dispensada a esses beneficiários do serviço. Um dos pontos mais importantes foi o da possibilidade da defesa coletiva dos usuários por meio da ação civil pública (ou ação coletiva) com invocação de interesses coletivos ou individuais homogêneos (art. 81, CDC).

De outro lado, a proteção jurídica se consubstanciou em vários outros aspectos: a) inversão do ônus da prova; b) repetição do indébito; c) prazo mais longo de prescrição; d) previsão da teoria do risco; e) responsabilidade objetiva do fornecedor do serviço; f) responsabilidade por vício no serviço e restituição da importância paga ou abatimento proporcional.

É claro que até hoje ainda há um ou outro questionamento sobre a aplicabilidade integral do CDC às concessões de serviços públicos. Apesar disso, no entanto, há notória tendência doutrinária e jurisprudencial em favor dos usuários do serviço, considerando-se principalmente sua vulnerabilidade diante do poderio das empresas concedentes. É esse caráter de hipossuficiência que se consolida como fundamento para que sempre que possível seja ampliada a tutela aos consumidores do serviço.

4.3 A Lei 13.460/2017

A vigente Constituição, no art. 37, § 3º, previu que lei viesse a disciplinar as formas de participação do usuário na administração pública direta e indireta, regulando ainda: a) as reclamações sobre a prestação de serviços, o atendimento ao usuário e a avalição periódica dos serviços; b) o acesso dos usuários a registros administrativos e a informações sobre atos de governo; c) a representação contra o desempenho negligente ou abusivo de cargo, emprego ou função na administração pública (incisos I a III).

Para regulamentar especificamente a hipótese *sub* "a" (inciso I), foi editada a Lei 13.460, de 26.6.2017 (Código de Defesa do Usuário de Serviços Públicos), que dispõe sobre participação, proteção e defesa dos direitos do usuário dos serviços públicos da administração pública. Assim dispondo, o referido diploma se insere na relação daqueles que, de algum modo ou sob alguma ótica específica, têm o escopo de proteção aos usuários de serviços públicos.

Chama a atenção na referida lei a admissibilidade de incidência do CDC quando caracterizada relação de consumo. De fato, diz o art. 1º, § 2º, que a aplicação da lei não afasta o cumprimento de normas regulamentadoras específicas e da Lei 8.078 na hipótese de relação consumerista, ou seja, ficou admitida expressamente a aplicação do CDC às concessões em que o usuário é consumidor do serviço prestado pelo concessionário.

Entretanto, cabem aqui algumas observações pertinentes à aplicabilidade da Lei 13.460, já levadas a efeito por estudiosos da matéria e que merecem ser repetidas neste trabalho. É inegável que a lei contempla alguns direitos que retratam fisionomia protetiva para os usuários, podendo citar-se a participação deles no acompanhamento da prestação e na avaliação dos serviços, a liberdade de escolha entre os serviços oferecidos, o acesso e obtenção de informações relativas a sua pessoa, e outros enumerados no art. 6º da norma.

Em que pese serem básicos tais direitos, "eles não se confundem com a natureza e a intensidade das prerrogativas de direito material e processual previstas no CDC, que continuará a reger relevantes aspectos do controle dos serviços públicos, com as modificações já definidas pela jurisprudência"[11]. Na verdade, os direitos relacionados na lei mais guardam aproximação com a prestação do serviço em si, ou seja, realçando a relação entre concedente e concessionário relativamente à relação usuário/concessionário.

Mas, ainda que esse fato seja irretorquível, urge admitir que a possibilidade de o usuário recorrer ao canal específico que liga o concedente ao concessionário configura-se como elemento que integra sua proteção, mesmo que esta se situe em plano diverso. No mínimo, servirá para juntar-se aos demais mecanismos protetivos com o propósito de beneficiar os usuários do serviço.

5. GOVERNANÇA NAS CONCESSÕES

Como já acentuado acima, a Lei 12.846/2013 dispõe sobre a responsabilização administrativa e civil de pessoas jurídicas pela prática de atos contra a Administração Pública, nacional ou estrangeira. O escopo maior da lei, por conseguinte, é a proteção da Administração contra condutas que atentem contra os princípios e normas que garantem ao Poder Público atuação mais eficiente e transparente.

Uma das grandes peculiaridades da lei reside em ter atribuído responsabilidade objetiva às entidades responsáveis pelos referidos atos lesivos contemplados na lei, praticados em seu interesse ou benefício, com vantagem exclusiva ou não (art. 2º). A responsabilização da pessoa jurídica não afeta nem exclui a responsabilidade de dirigentes e administradores, ou de qualquer outra pessoa natural que tenha participado dos atos lesivos (art. 3º).

De acordo com o art. 5º da lei, o que caracteriza os atos lesivos de pessoas jurídicas à administração é o fato de atentarem contra o patrimônio público nacional ou estrangeiro, contra princípios da Administração Pública ou contra os acordos internacionais firmados pelo Brasil.

Verifica-se que os atos lesivos agridem valores fundamentais e éticos que devem ser preservados na Administração Pública, não somente porque a esta compete o desempenho de atividades de interesse público, sendo mesmo a gestora das demandas da sociedade, como também porque as pessoas jurídicas precisam manter relação dotada de higidez para com os órgãos públicos. Quando produzem condutas ilegais

11. CARVALHO, André Castro e VENTURINI, Otávio, op. cit., p. 158.

ou imorais, atraem habitualmente a ocorrência de corrupção e outras condutas de desvalor moral.

Na relação contemplada na Lei Anticorrupção, vários atos lesivos podem, em tese, ser praticados por concessionários de serviços públicos, revelando-se então necessário e conveniente que mantenham programas de *compliance*, apropriados para permitir comportamentos amoldados aos princípios éticos e de legalidade na relação contratual que os vincula ao Poder Público. Aqui deve prevalecer uma governança corporativa voltada a fins lícitos e estruturada com elementos de controle para preventivamente impedir a prática de atos lesivos à Administração.

Não custa acentuar, neste passo, que o *compliance* não se resume à corrupção, mas a todos os aspectos valorativos nas relações entre as pessoas jurídicas privadas e o Estado. Por outro lado, como já se afirmou corretamente, o programa não tem caráter reativo, ideia que muitos alimentam equivocadamente, mas sim preventivo e proativo, isso porque constitui um norteador de ações cujo escopo é exatamente o de evitar o cometimento dos atos lesivos[12]. E isso, como se verá adiante, aplica-se também às concessões.

Examinemos alguns desses possíveis atos lesivos praticados por concessionários, que poderiam ser evitados pela implantação ou execução de programas de *compliance*. Um deles é o de prometer, oferecer ou dar, direta ou indiretamente, vantagem indevida a agente público ou a terceira pessoa a ela relacionada (art. 1º, I, Lei 12.846). Ninguém desconhece, por exemplo, a existência da prática de propinas entre algumas empresas concessionárias de transporte público e agentes públicos de órgãos governamentais, com o intuito de que se fechem os olhos para a má execução do serviço e para as reclamações de usuários. Qualquer fato impeditivo para ocorrência dessa natureza é positivo para os órgãos públicos, que ficam sem os acenos para a corrupção passiva, e para os usuários, que são os reais destinatários do serviço concedido.

Da mesma forma, caracteriza-se como ato lesivo à Administração o financiamento, custeio, patrocínio ou subvenção em favor de outras pessoas com o propósito de serem praticados tais atos (art. 5º, II, Lei 12.846). Nesse aspecto, é vedado que o concessionário ofereça estímulo a terceiros para lesar a Administração, financiando ações ou arcando com seu custeio ou patrocínio. Ser conivente com terceiros implica coautoria pelos atos e consequente responsabilidade cível e administrativa, o que pode ser evitado por programas bem elaborados de *compliance* dentro da estrutura do concessionário.

Atos dissimulados também se enquadram como atos lesivos. É o caso da utilização de interposta pessoa física ou jurídica para o fim de ocultar ou dissimular seus reais interesses ou a identidade dos beneficiários dos atos lesivos (art. 5º, III,

12. JANNIS, Andre Schmidt. *Compliance* público frente aos princípios da administração pública: a necessidade da atuação do advogado no *compliance* público como pressuposto de efetividade. In. LAMY, Eduardo. *Compliance:* aspectos polêmicos e atuais. Belo Horizonte: Letramento, 2018. p. 33.

Lei 12.846). Aqui a lei prevê a possibilidade de ilícitos disfarçados, em que o verdadeiro autor, não desejando aparecer ostensivamente, se socorre de outra pessoa para concretizar seus objetivos. Claramente, o âmago de tais comportamentos tem conotação com a moralidade e honestidade, demonstrando a falta de comprometimento do concessionário com sua situação de delegatário de serviços públicos. Cabível, então, rigorosa fiscalização interna por parte do concessionário dentro de seu programa de *compliance*.

A observância do correto procedimento de licitação também é previsto na lei (art. 5º, IV, "a" a "g"). Vários aspectos desse processo seletivo são abordados na lei e representam situações habituais contra a sua licitude. Primeiro que tudo é a conduta de fraudar ou frustrar o caráter competitivo da licitação, mediante acordos ou ajustes e outros mecanismos (art. 5º, IV, "a"). Essa ofensa é usual e viola frontalmente o princípio da moralidade e da impessoalidade, além do princípio da competitividade que norteia o procedimento. A empresa concessionária, portanto, deve habilitar-se dentro das normas editalícias, sem afastar previamente eventuais concorrentes. Aliás, afastar licitante mediante vantagem configura o ato lesivo previsto no art. 5º, IV, "c".

Outro ato lesivo que merece destaque, sendo inteiramente aplicável às concessões, é a manipulação ou fraude no equilíbrio econômico-financeiro do contrato de concessão (art. 5º, IV, "g"). Essa equação, nas concessões, significa a adequação entre o valor da tarifa paga pelos usuários e a remuneração do concessionário, com a inclusão do custeio na prestação do serviço. Nesse teor, importa lembrar o disposto no art. 9º, º 2º, da Lei 8.987 (Lei Geral das Concessões): "Os contratos poderão prever mecanismos de revisão das tarifas, a fim de manter-se o equilíbrio econômico-financeiro". A tarifa não pode ser nem tão elevada que represente encargo indevido para os usuários, nem tão baixa que não permita a regular execução do serviço.

Como bem registra Rafael Véras de Freitas, esse equilíbrio é que garante a estabilidade da concessão, e por duas razões. Primeiramente, com ele fica assegurada segurança jurídica ao projeto, impedindo que o concessionário seja surpreendido por alterações inesperadas. Em segundo lugar, "ninguém se disporia a contratar com o poder público sob um regime de inferioridade contratual sem uma compensação financeira" [13]. Segue-se, portanto, que um verdadeiro programa de *compliance*, dentro de eficiente governança corporativa, pode blindar o concedente contra o intuito de praticar fraudes ilegais e atos de corrupção por parte do concessionário no que toca ao equilíbrio contratual e, principalmente, à fixação das tarifas, vez que estas – insista-se – são encargos dos usuários.

A propósito, são corretas as observações de que "é senso comum que a corrupção é uma força destrutiva que assola a quase todos os mercados mundiais", somando-se ao fato de que "tal prática envolve tanto a esfera pública quanto o setor privado, e acarreta inúmeros prejuízos para o mercado da livre concorrência, a sociedade civil

13. FREITAS, Rafael Véras de. *Concessão nas* rodovias. Belo Horizonte: Fórum, 2018. p. 117.

e a administração pública"[14]. Aos programas de *compliance* se interpõem fatores de blindagem contra a corrupção, compelindo a empresa a trilhar o caminho da legalidade e moralidade.

Em todo esse cenário, é possível vislumbrar que o programa de *compliance* no âmbito da governança corporativa de empresas concessionárias de serviços públicos irradia-se sobre no mínimo dois vetores básicos. De um lado, permite que essas empresas, em sua relevante função de prestar serviços públicos, persigam diretivas marcadas por transparência, ética, cumprimento correto dos contratos e respeito à legislação aplicável na relação entre concedente e concessionário.

De outro lado, e considerando os efeitos decorrentes de comportamentos éticos e legítimos no que toca à execução do serviço público contratado, o corolário será, sem dúvida, favorável aos usuários, visto que se reduzirão as probabilidades de condutas que lhes sejam gravosas e prejudiciais, sinalizando um movimento na balança em que seu prato esteja desproporcionalmente mais pesado do que o destinado ao concessionário prestador do serviço.

Diante disso, não se pode deixar de reconhecer que a proteção ao usuário nas concessões de serviços públicos está diretamente associada à adequada e legítima governança corporativa implantada dentro das empresas às quais foi atribuída a execução do serviço.

6. CONCLUSÕES

A concessão de serviço público, como visto no início deste trabalho, se formaliza por contrato administrativo cuja particularidade consiste na presença de três atores: o Estado, concedente, que delega o serviço público a pessoa jurídica privada; o concessionário, que tem a incumbência de executar o serviço em prol dos membros da coletividade; e o usuário, que frui o serviço mediante pagamento efetuado através de tarifas.

Como qualquer empresa do setor privado que mantenha contato com órgãos governamentais, os concessionários de serviços públicos não fogem à regra quanto à necessidade de implantar e estimular o *compliance* dentro de sua governança corporativa, alvitrando principalmente a observância de normas jurídicas e o respeito a preceitos morais, incluindo-se aí a transparência e a fuga à doentia corrupção que reina em nossa sociedade.

Relegando a segundo plano polêmica instalada sobre o tema, o certo é que a maioria de estudiosos e tribunais qualificam o usuário de serviços concedidos como *consumidor* para fins de proteção, dada a grande similitude entre as relações de consumo e concessional. Resulta que a incidência normativa sobre a proteção do

14. NERON, Sabrina e PORTELLA, Luiza Cesar. Compliance em empresas públicas: é possível medir o efeito (retorno) econômico-financeiro de programas de integridade? In: LAMY, Eduardo (Org.). *Compliance: aspectos polêmicos e atuais*. Belo Horizonte: Letramento, 2018. p. 215.

usuário passa por três diplomas legais básicos: Lei 8.078/1990 (Código de Defesa do Consumidor), Lei 8.987/1995 (Lei das Concessões) e Lei 13.460/2017 (Código de Defesa do Usuário de Serviços Públicos).

Tendo em vista a natureza das empresas concessionárias, entidades do setor privado que por delegação do Estado prestam serviços públicos, é fundamental que providenciem a implantação ou aprimoramento de programas de *compliance*, como meio de governança corporativa em que se homenageiam a transparência interna e as normas legais aplicáveis – tudo em consonância com a Lei 12.846/2013 (Lei Anticorrupção).

Ao fazê-lo, os concessionários, direta ou indiretamente, podem propiciar a prática de atos protetivos em favor dos usuários – sem dúvida, merecedores da proteção não apenas por serem os consumidores e pagadores do serviço, como também por espelharem a parte mais vulnerável nos contratos de concessão

7. REFERÊNCIAS

ANDRADE, Letícia Queiroz de. *Prestação de serviço público sob regime de concessão*. São Paulo: Malheiros, 2015.

CARVALHO, André Castro e VENTURINI, Otavio. A função do Código de Defesa do Usuário de Serviços Públicos (Lei 13.460/2017) no modelo brasileiro de controle dos serviços públicos. RDA – *Revista de Direito Administrativo* n. 278, 1, jan./abr. 2019.

CARVALHO FILHO, José dos Santos. *Manual de direito administrativo*. 34. ed. São Paulo: Gen/Atlas, 2020.

CARVALHO FILHO, José dos Santos. Compliance *no setor privado*: compromisso com a ética e a lei. Disponível em: http://genjuridico.com.br/2016/03/17/compliance-no-setor-privado-compromisso-com-a-etica-e-a-lei/.

DI PIETRO, Maria Sylvia Zanella. *Direito administrativo*. 2. ed. São Paulo: Gen/Forense, 2016.

FERREIRA, Sérgio de Andréa. *Direito administrativo didático*. Rio de Janeiro: Forense, 1985.

FREITAS, Rafael Véras de. *Concessão nas* rodovias. Belo Horizonte: Fórum, 2018.

JANNIS, Andre Schmidt. *Compliance* público frente aos princípios da administração pública: a necessidade da atuação do advogado no *compliance* público como pressuposto de efetividade. In: LAMY, Eduardo. *Compliance:* aspectos polêmicos e atuais. Belo Horizonte: Letramento, 2018.

MOREIRA, Egon Bockmann, *Direito das concessões de serviço público*. São Paulo: Malheiros, 2010.

NERON, Sabrina e PORTELLA, Luiza Cesar. *Compliance* em empresas públicas: é possível medir o efeito (retorno) econômico-financeiro de programas de integridade? In: LAMY, Eduardo (Org.). *Compliance:* aspectos polêmicos e atuais. Belo Horizonte: Letramento, 2018.

ROCHA, Cármen Lúcia Antunes. *Estudo sobre a concessão e permissão de serviço público no direito* brasileiro. São Paulo: Saraiva, 1996.

COMPLIANCE NAS RELAÇÕES DE CONSUMO: PROGRAMAS DE INTEGRIDADE COMO MECANISMOS DE MITIGAÇÃO DE SANÇÕES ADMINISTRATIVAS

Juliana Oliveira Domingues

Professora Doutora de Direito Econômico da FDRP/USP vinculada ao grupo da pós-graduação *stricto sensu* "Ética e Desenvolvimento". Foi bolsista da American Bar Association e Visiting-Scholar na Georgetown University, EUA (2018). Secretária Nacional do Consumidor do Ministério da Justiça e Segurança Pública (SENACON – MJSP). Ex-Diretora do Departamento de Proteção e Defesa do Consumidor (2019).

Aline Roberta Veloso Rangel

Pós-Graduação em Defesa da Concorrência e Direito Econômico pela Fundação Getúlio Vargas – FGV. Graduada em Direito pela Universidade de São Paulo – FDRP/USP. Coordenadora de Sanções Administrativas no Departamento de Proteção e Defesa do Consumidor da Secretaria Nacional do Consumidor do Ministério da Justiça e Segurança Pública.

Mariana Zilio da Silva Nasaret

Graduada em Direito pela Universidade do Estado de Mato Grosso. Assessora no Departamento de Proteção e Defesa do Consumidor da Secretaria Nacional do Consumidor do Ministério da Justiça e Segurança Pública.

Sumário: 1. Introdução – 2. Comentários sobre condutas típicas e a atuação da Senacon; 2.1 Considerações sobre o setor financeiro; 2.2 Considerações sobre o setor de telecomunicações; 2.3 Considerações sobre a proteção de dados dos consumidores; 2.4 Considerações sobre a qualidade e segurança de produtos e serviços; 2.5 Segmentos demandados: correlação com os desenhos de programas de *compliance* – 3. Evolução tecnológica: efeitos para o *compliance* no direito do consumidor; 3.1 Reconhecimento facial sem autorização do consumidor; 3.2 Coleta e uso indevido de dados pessoais; 3.3 Lei Geral de Proteção de dados e a atuação da Senacon – 4. Confecção e implementação de programas de *compliance* no Brasil alinhadas às políticas públicas da Senacon; 4.1 Medidas desejáveis ou recomendáveis; 4.1.1 Vinculação da efetividade dos programas aos índices do Consumidor.gov.br; 4.1.2 Adequação das campanhas de chamamento (Recall); 4.1.3 Termo de Ajustamento de Conduta como mecanismo de contenção de demandas; 4.2 Medidas não desejáveis ou não recomendadas – 5. Considerações finais – 6. Referências.

1. INTRODUÇÃO

O Código de Defesa do Consumidor completou 30 anos em 2020[1]. Embora tenha sido uma legislação moderna em sua concepção[2], ao longo dos anos vimos mudanças importantes no aprimoramento dos mecanismos de *enforcement* e, também, dos mecanismos sancionatórios.

O Sistema Nacional de Defesa do Consumidor (SNDC) brasileiro é bastante diferente do que vemos ao redor do mundo. O Sistema é formado por mais de 900 Procons e congrega ainda Ministérios Públicos, Defensorias Públicas, Ordem dos Advogados do Brasil e Organizações Civis de Defesa do Consumidor.

Toda essa estrutura atua de forma articulada com a Secretaria Nacional do Consumidor (Senacon): órgão responsável por coordenar a Política Nacional de Defesa do Consumidor, no Ministério da Justiça. A articulação e integração da Senacon com o SNDC faz com que a defesa do consumidor seja alcançada em todas as esferas federativas e que as políticas públicas desenvolvidas em nível federal reflitam, inclusive, as demandas locais da população.

Quando falamos de "*compliance*" estamos falando de integridade e, portanto, da adoção de medidas de prevenção de infrações econômicas, por meio da implementação de uma política de controle interno e canais de comunicação externos, orientados por diretrizes de governança regulatória[3].

Portanto, tratando especificamente de programas de *compliance* e do histórico de aplicação de sanções administrativas consumeristas no Brasil, devemos levar em consideração, especialmente, as particularidades do arcabouço jurídico-normativo do Brasil e considerar as peculiaridades do nosso sistema jurídico.

Do ponto de vista formal, isto é, conforme estruturação de competências jurídicas, a legislação consumerista brasileira permite a aplicação das sanções administrativas não apenas da Senacon, mas, também, dos Procons Estaduais e Municipais, cumulativamente. Isso porque o parágrafo único do artigo 56 do Código de Defesa do Consumidor (CDC) trouxe a possibilidade de aplicação de sanções pela autoridade de defesa do consumidor no âmbito de sua atribuição.

Assim, o modelo brasileiro de proteção do consumidor possui peculiaridades diante da capilaridade de mais de 900 Procons autônomos, oferecendo a possibilidade de múl-

1. DOMINGUES, Juliana Oliveira. "Senacon e os 30 anos do Código de Defesa do Consumidor". *Estadão*, 2020. Disponível em: https://politica.estadao.com.br/blogs/fausto-macedo/senacon-e-os-30-anos-do-codigo-de-defesa-do-consumidor/. Acesso em: 12 fev. 2020.
2. "[U]ma lei visionária, que mudou o mercado brasileiro, estabeleceu um novo patamar de boa-fé e qualidade nas relações privadas no Brasil, especialmente na proteção dos mais vulneráveis nas relações econômicas. Um grande avanço, uma conquista de toda uma sociedade e que merece uma análise em detalhes." MARQUES, Claudia Lima. BENJAMIN, Antonio Herman V. BESSA, Leonardo Roscoe. *Manual de Direito do Consumidor*. 8. ed. São Paulo: Ed. RT, 2017. p. 67.
3. SAAD-DINIZ, Eduardo A criminalidade empresarial e a cultura de *compliance*. *Revista Eletrônica de Direito Penal* AIDP-GB, v. 2, p. 115-116, Rio de Janeiro, dez. 2014.

tiplas análises quando da aplicação de sanções relacionadas ao mesmo fato. A mesma situação – isto é, a aplicação difusa de um mesmo corpo de normas jurídicas por múltiplas autoridades – não ocorre nos Estados Unidos ou na União Europeia, por exemplo.

Em termos de *enforcement* público, a principal autoridade de defesa do consumidor nos Estados Unidos, a *Federal Trade Commission* (FTC), é responsável por aplicar uma variedade de diplomas legais que versam sobre a matéria consumerista em nível federal, e os estados muitas vezes possuem legislação própria cujo *enforcement* está a cargo do *Attorney General* de cada estado. Não se observa no modelo utilizado nos Estados Unidos, portanto, uma concorrência de múltiplos atores com competência para aplicar o mesmo corpo de regras consumeristas.[4]

Outra peculiaridade do modelo brasileiro em relação ao norte-americano diz respeito à *força executória* das decisões das principais autoridades de proteção do consumidor, em nível federal (o FTC) e estadual (os *Attorney General*). Embora o FTC tenha poderes para emitir *cease and desist orders* diante de infrações à legislação consumerista, no caso de descumprimento de tais ordens administrativas a efetivação da sanção (mediante aplicação de multa) depende de uma ação judicial movida pelo próprio FTC. Já em âmbito estadual, os *Attorney General* também precisam buscar medidas constritivas junto ao Poder Judiciário.[5]

Na União Europeia, os Estados-membros têm o dever legal de adotar as diretivas emanadas do Parlamento Europeu, como patamar mínimo de proteção do consumidor. Essas diretivas visam a harmonização da legislação consumerista a nível doméstico, e não impedem que os Estados-membros adotem conformações legais mais protetivas do que o regime preconizado pelo direito comunitário. O *enforcement* público cabe aos próprios Estados-membros, no âmbito dos quais tampouco se verifica a pluralidade de instituições com competência para aplicar o mesmo regime jurídico, como há no Brasil.[6][7]

---

4. Veja-se WALLER, Spencer, BRADY Jillian e ACOSTA, R.J. *Consumer protection in the United States*: an overview. (2011) "The principal, but not the only, consumer protection agency at the federal level is the United States Federal Trade Commission". [..] "Upon completion of an investigation, if the FTC has reason to believe that a violation exists, and that enforcement is in the public interest, it may issue a complaint to the violating person, partnership, or corporation. A hearing will be held in front of an Administrative Law Judge ("ALJ"), and if the actions at issue are deemed a violation, the ALJ may recommend entry of a cease and desist order. Cease and desist orders are the FTC's primary tools to stop anti-consumer practices. If a party violates a cease and desist order, the FTC is authorized to use the courts to seek civil penalties and restitution for consumers who are harmed". Autoridades como a Federal Communications Commission (FCC) e Food and Drugs Administration (FDA) também podem fiscalizar o cumprimento da legislação consumerista, dentro de suas atribuições. Disponível em: https://www.researchgate.net/publication/228208216_Consumer_Protection_in_the_United_States_An_Overview. Acesso em: 31 jan. 2021.
5. Ibidem.
6. O fato é que a peculiaridade brasileira decorre de dois fatores. Em primeiro lugar, do modelo federal brasileiro, que contempla a figura dos municípios. Em segundo, da atribuição de competência para que tais entes criem seus próprios órgãos de proteção e defesa do consumidor no âmbito das respectivas administrações públicas.
7. Nesse sentido, veja-se NESSEL, S. *Consumer policy in 28 EU Member States*: an empirical essessment in four dimensions. J Consum Policy 42, p. 455-482 (2019). Disponível em: https://doi.org/10.1007/s10603-019-09428-x. Acesso em: 31 jan. 2021.

Portanto, nota-se no modelo brasileiro que a força do ato administrativo emitido pelos órgãos de proteção ao consumidor é comparativamente maior a de outros modelos no mundo, dada a autoexecutoriedade dos atos administrativos no Brasil. Somado ao poder de polícia conferido às autoridades de defesa do consumidor, resulta-se não apenas na autonomia dos Procons para aplicação de sanções, como na imediata exigibilidade de seu cumprimento, sem a necessidade de ajuizamento de uma ação.

Já na perspectiva material, isto é, relativa à teoria regulatória e consumerista, o arcabouço normativo brasileiro traz em si uma lógica muito particular que, geralmente, cria para grupos econômicos que queiram investir no Brasil custos consideráveis para empreender em alguns setores.[8]

Na perspectiva de direito processual, tal como se nota ao longo de 20 anos, desde a existência da extinta Secretaria de Direito Econômico – SDE, que comportava o Departamento de Proteção e Defesa do Consumidor – DPDC, e que deu origem à Senacon por meio do Decreto 7.738/2012, o Brasil experimentou um salto significativo no combate às infrações contra a ordem econômica (isto é, de *enforcement*) "[...] com a adoção de institutos do direito premial, como o acordo de leniência da Lei Antitruste: o primeiro do Brasil a lidar com crimes de colarinho branco como cartéis, colusões e afins (incorporado à Lei 8.884/94 em dezembro de 2010, com a entrada em vigor da Lei 10.149/2000"[9].

Apesar de não serem negociados no âmbito das relações de consumo, a partir do momento em que houve a possibilidade de se firmar acordos de leniência no Brasil (notadamente incorporados à Lei 8.884/94 por meio da Lei 10.149/2000 – e ainda antes da criação da Senacon e do "Novo CADE" por meio do Dec. 7.738/12 e Lei 12.529/11 respectivamente) os programas de *compliance* passaram a ser instrumentos amplamente considerados pelas grandes corporações. Ou seja, quando falamos de *compliance*, não estamos tratando de instrumentos relativamente "novos" para empresas multinacionais, uma vez que, fora do Brasil, já existiam empresas diversas com "*compliance officers*" com a missão de adequar os comportamentos das empresas (e de suas subsidiárias), minimizando a abertura de investigações e a aplicação de sanções em todas as esferas materiais afetas às empresas.

Cabe nesse sentido mencionar que, apesar da leniência antitruste incluir e possibilitar a imunidade administrativa e criminal aos beneficiários, ela não garante a imunidade civil. Portanto, desde a sua gênese, o acordo de leniência não garante a

8. Vide debate sobre ingresso de empresas low-cost no Brasil. BRASIL. Seminário realizado pela Senacon, Conselho Administrativo de Defesa Econômica e Agência Nacional da Aviação Civil. "Entrada de Empresas Aéreas Low Cost no Brasil", no Conselho Administrativo de Defesa Econômica, Brasília/DF, realizado em 10 de março de 2020.
9. DOMINGUES, Juliana Oliveira; GABAN, E. M. Comentários ao capítulo XI – programa de cumprimento no direito concorrencial. *Manual de Cumprimento Normativo e Responsabilidade Penal das Pessoas Jurídicas*. v. 1. p. 517-52. Florianópolis: Tirant lo Blanch, 2018.

busca de possível ressarcimento às vítimas que muitas vezes são grandes grupos de consumidores da sociedade brasileira que buscam reparar os danos e os sobrepreços pagos gerados pelas condutas objeto do acordo de leniência.

Dessa forma, a mudança de comportamento das grandes corporações, conforme adequação de programas desses signatários, também considera a possibilidade de responder juridicamente pelos prejuízos causados aos consumidores por meio das ações privadas (ou públicas) de reparação civil.[10] Ou seja, a potencial necessidade de reparação de danos aos consumidores também foi uma das molas propulsoras que popularizaram e disseminaram os benefícios, para os grupos econômicos, dos programas de *compliance*.

Ao longo dos anos, o nível de transparência e governança exigidos às empresas para abertura de capital e recebimento de investimentos estrangeiros – ou internacionalização – foram fatores adicionais que trouxeram mais respeitabilidade ao *enforcement*, isto sem olvidar o rigor na aplicação da lei (especialmente, *in casu*, o Código de Defesa do Consumidor – CDC) que serviram como instrumentos estimulantes aos programas de integridade (*compliance*) no Brasil.

É possível dizer que, para além do alinhamento às normas do CDC e à normas internacionais, o compliance se relaciona ainda com a ordem econômica de livre iniciativa, de forma que é possível considerar o instrumento como uma forma de promover a ética, a eficiência econômica e boas práticas de gestão em empresas"[11].

Portanto, é neste contexto que este artigo buscará explorar como os mecanismos de sanções administrativas reforçaram a elaboração de programas de *compliance* das empresas e de seus respectivos grupos econômicos, com foco na mitigação de custos decorrentes da aplicação de sanções que envolvam as relações de consumo.

2. COMENTÁRIOS SOBRE CONDUTAS TÍPICAS E A ATUAÇÃO DA SENACON

O artigo 56 do Código de Defesa do Consumidor prevê as sanções aplicáveis a fornecedores que atuarem em desconformidade com as normas consumeristas. Ao

---

10. "No início da vigência do Programa de Leniência Antitruste no Brasil, esse aspecto fora levantado como possível óbice à sua efetividade. No entanto, a ausência de uma cultura reparatória cumulada com a lentidão processual, não impediu que o Programa de Leniência Antitruste se consolidasse no Brasil". Nesse sentido, veja-se GABAN, Eduardo Molan; DOMINGUES, Juliana Oliveira. *Direito antitruste*. 4. ed. São Paulo: Saraiva, 2016. Ainda, veja-se FARINA, Fernanda Mercier. Ações coletivas [privadas] como instrumento de efetividade na defesa da concorrência. Breve estudo comparado de uma lacuna na política antitruste brasileira. *Revista do IBRAC*. v. 22, n. 1, 2016. p. 30-55. "A reunião de toda essa rede de atuação, administrativa e judicial, pública e privada, no direito da concorrência é que garante um efetivo combate às práticas anticompetitivas, especialmente no que tange à coibição (*deterrence*) dos atos ilícitos. O conjunto de sanções e condenações-administrativas, criminais e cíveis (públicas e privadas) é que montam um real sistema de desincentivo à prática de atos anticoncorrenciais. (FARINA, 2016, p. 33).
11. TIMM, Luciano Benetti e RAFFOUL, Jacqueline Salmen. *O compliance como meio de proteção dos direitos dos consumidores*. Blog do Fausto Macedo. Estadão. Disponível em: https://politica.estadao.com.br/blogs/fausto-macedo/o-compliance-como-meio-de-protecao-dos-direitos-dos-consumidores/. Acesso em: mar. 21.

abordar algumas das principais práticas passíveis de sanção, este artigo pretende demonstrar como tais sanções poderiam ser evitadas a partir da adoção de um efetivo programa de *compliance*.

A seguir serão abordadas algumas das condutas relativas aos segmentos tradicionalmente mais reclamados pelos consumidores brasileiros, que envolvem instituições financeiras e empresas de telefonia, bem como questões relacionadas à proteção de dados dos consumidores e, por fim, questões que reforçam a necessidade de garantir a qualidade e segurança dos produtos e serviços oferecidos ao mercado, por meio, inclusive, de programas de *recall*.

2.1 Considerações sobre o setor financeiro

Atualmente, as instituições financeiras são responsáveis por grande parte do registro das reclamações no âmbito das plataformas geridas pela Secretaria Nacional do Consumidor: Consumidor.gov.br, melhor explicitado adiante, e Sindec – Sistema Nacional de Informações de Defesa do Consumidor, que considera as reclamações registradas perante os Procons municipais e estaduais.

No campo da Secretaria Nacional do Consumidor, o Departamento de Proteção e Defesa do Consumidor, por meio da Coordenação de Sanções Administrativas, conduz diversas averiguações preliminares e processos administrativos que visam apurar e – se restarem comprovadas a materialidade e a autoria – responsabilizar os infratores no que tange às condutas irregulares de instituições financeiras.

Uma prática recorrente combatida pelos órgãos de defesa do consumidor, por exemplo, é o envio de cartão não solicitado. O artigo 39, III, do CDC é expresso ao vedar o envio ou entrega ao consumidor, sem solicitação prévia, de qualquer produto, ou fornecimento de qualquer serviço. No mesmo sentido, o STJ sumulou o entendimento que "[c]onstitui prática comercial abusiva o envio de cartão de crédito sem prévia e expressa solicitação do consumidor, configurando se ato ilícito indenizável e sujeito à aplicação de multa administrativa" (Súmula STJ 532).

A prática, notadamente ilegal, foi objeto de duas condenações pelo Departamento de Proteção e Defesa do Consumidor em 2020[12].

Ainda a respeito da atuação de instituições financeiras, é possível notar um aumento crescente de reclamações relacionadas à oferta de crédito, conforme tabelas abaixo[13]:

12. Processo Administrativo 08012.000056/2016-11. Representada: Brasil Card Administradora de Cartão de Crédito Ltda. Decisão publicada no DOU em 13 de novembro de 2020; e Processo Administrativo 08012.007738/2007-55. Representada: Banco Bradesco S.A. Decisão publicada no DOU em 27 de novembro de 2020.
13. Dados consolidados em 29 de dezembro de 2020 no documento Pesquisa Sindec e Consumidor.gov.br / Nota à imprensa.

Tabela 1 – Registros de reclamações sobre crédito consignado no Sindec – Janeiro a novembro de 2019 e 2020

Crédito Consignado	Jan	Fev	Mar	Abr	Mai	Jun	Jul	Ago	Set	Out	Nov	Total
2018	1.824	2.342	2.369	2.504	2.610	2.180	2.589	2.576	2.493	2.805	2.493	26.785
2019	3.139	3.384	2.584	391	799	1.125	1.385	1.709	2.384	5.297	6.167	28.364

Fonte: Sindec – (Obs. Dados subdimensionados nos meses de abril até agosto de 2020 em razão de fechamento de muitas unidades de Procons)

Tabela 2 – Registros de reclamações sobre crédito consignado no Consumidor.gov.br – Janeiro a novembro de 2019 e 2020

Crédito Consignado	Jan	Fev	Mar	Abr	Mai	Jun	Jul	Ago	Set	Out	Nov	Total
2019	1.754	2.162	2.465	3.177	2.880	2.601	2.861	3.447	3.514	4.541	4.991	34.385
2020	4.325	4.917	5.460	6.091	6.097	6.532	7.241	6.713	7.325	8.157	12.757	75.615

Fonte: Consumidor.gov.br

Uma das questões identificadas diz respeito à abordagem dos consumidores para oferta de crédito. Para mitigar o problema de maneira preventiva, a Senacon idealizou, em conjunto com a Febraban e a ABBC, plataforma voltada para o bloqueio das ligações não desejadas. O sistema “Não Me Perturbe” já havia sido implementado para impedir ligações indesejadas de empresas de telecomunicação e passou a ser utilizado para evitar abordagens abusivas de bancos. Do ponto de vista sancionatório, foram instaurados dez processos administrativos contra as instituições mais reclamadas.

As medidas adotadas claramente visam endereçar os problemas enfrentados no setor; no entanto, a atuação prévia das próprias instituições ao exigir, por parte de seus prestadores de serviço, que a oferta de crédito ocorra de forma adequada aos direitos do consumidor, por exemplo, seria ainda mais eficaz e tornaria desnecessária a atuação pela via sancionatória.

Nota-se que, em ambos os casos, a conduta prejudicial ao consumidor decorre de políticas da empresa relativas à forma de oferecimento de serviço e angariação de clientes. Os mesmos serviços poderiam ser oferecidos de outras maneiras, respeitando o público ao qual se destinam, dentro de regras e valores instituídos no programa de *compliance* e alinhado aos preceitos do Código de Defesa do Consumidor.

2.2 Considerações sobre o setor de telecomunicações

O segundo setor abordado, telecomunicações, historicamente lidera o ranking de reclamações realizadas por consumidores. No último ano, o segmento foi responsável por cinco das onze condenações a fornecedores aplicadas pelo Departamento de Proteção e Defesa do Consumidor da Senacon[14]. As condenações se deram, em suma, em razão de publicidade enganosa e violação do dever de informar, condutas reiteradamente combatidas pelos órgãos de proteção e defesa do consumidor – o que reforça a não alteração da cultura empresarial do setor e reforça a importância da construção de programas de integridade. Para além das práticas mencionadas, são inúmeras as reclamações que merecem acolhida com amparo no Código de Defesa do Consumidor.

O órgão regulador – a Agência Nacional de Telecomunicações – exerce papel fundamental no bom funcionamento do setor. Entretanto, a existência do regulador não afasta a competência dos órgãos de proteção de defesa do consumidor no que diz respeito à aplicação do CDC.

A natureza essencial dos serviços de telecomunicação, bem como o alto número de reclamações impõem medidas mais efetivas por parte das próprias empresas. Em 2020, as sanções aplicadas pela Senacon somadas atingiram o valor de R$ 6,3 milhões às empresas de telefonia. Para além da atuação da Senacon, as empresas estão sujeitas às multas dos Procons e do órgão regulador (neste caso, ANATEL).

Nesse ponto, o *compliance* bem realizado seria capaz de assegurar a boa prestação de serviço essencial a toda população além de obviamente reduzir a exposição a infrações das instituições públicas com competência para atuação: Senacon, ANATEL e Procons.

2.3 Considerações sobre a proteção de dados dos consumidores

A proteção de dados dos consumidores tornou-se uma das prioridades da Secretaria Nacional do Consumidor, em razão da necessária adequação da conduta de empresas às regras de privacidade e, também, ao crescente número de incidentes de vazamento que envolvem dados de milhares de consumidores. Como será abordado no capítulo seguinte, na Sociedade de Informação, os dados adquirem valor expressivo. Conforme explica Bioni[15] [...] *a inteligência gerada pela ciência mercadológica, especialmente quanto à segmentação dos bens de consumo (marketing) e a sua promoção (publicidade), os dados pessoais dos cidadãos converteram-se em um fator vital para a engrenagem da economia da informação.*".

14. Processo Administrativo 08012.004510/2013-51. Representada: TIM S.A. (sucessora, por incorporação, de Tim Celular S.A.). Decisão publicada no DOU em 24.03.20; Processo Administrativo 08012.000626/2015-83. Representada: Vivo S.A. Decisão publicada no DOU em 02.07.20; Processo Administrativo 08012.000625/2015-39. Representada: Tim S.A. Decisão publicada no DOU em 19.06.20; Processo Administrativo 08012.000624/2015-94. Representada: Claro S.A. Decisão publicada no DOU em 02.07.20; Processo Administrativo 08012.000623/2015-40. Representada: Oi Móvel S.A. Decisão publicada no DOU em 02.10.2020.

15. BIONI, Bruno Ricardo. *Proteção de dados pessoais*: a função e os limites do consentimento. Rio de Janeiro: Editora Forense, 2019, p. 45.

Diante desse novo cenário, a Senacon tem promovido[16] necessárias medidas para garantir a adequação das políticas dos fornecedores às normas previstas no Código de Defesa do Consumidor, à Lei Geral de Proteção de Dados, em vigor desde agosto de 2020, e ao Marco Civil da Internet (Lei 12.965/2014).

Vale mencionar que, em 2021, a Secretaria Nacional do Consumidor inaugurou uma agenda de impacto ao iniciar averiguações preliminares para apurar possíveis megavazamentos de dados, atingindo milhões de brasileiros.[17] Apesar da competência da ANPD para aplicação de sanções baseadas na Lei Geral de Proteção de Dados, o descumprimento do direito do consumidor à proteção de dados infringe o Código de Defesa do Consumidor e pode se qualificar como prática abusiva.[18]

Novamente, a interlocução entre as autoridades[19], cada qual no campo de suas atribuições, é de extrema importância tanto para o consumidor, como para o fornecedor. Entre os normativos aplicáveis à matéria, pode-se dizer que o Código de Defesa do Consumidor, em razão de sua antiguidade em relação ao Marco Civil da Internet ou Lei Geral de Proteção de Dados, encontra-se em estágio de diferente maturidade. No entanto, a necessidade de adequação aos diplomas recentes tem reflexo nas ações consumeristas. Nesse sentido, é essencial a rápida adaptação por parte das empresas, que, em grande medida, pode ser realizada por meio de programas de *compliance*.

2.4 Considerações sobre a qualidade e segurança de produtos e serviços

A qualidade e segurança de produtos e serviços é uma preocupação da Organização para Cooperação e Desenvolvimento Econômico (OCDE) e a Senacon conseguiu, no final de 2020, completar a primeira fase de implementação das melhores práticas internacionais[20] sobre o tema. Dessa forma, a Secretaria concluiu a adesão

16. Há, atualmente, no âmbito da Secretaria Nacional do Consumidor 42 investigações administrativas envolvendo proteção de dados. Nesse sentido, veja-se DOMINGUES, Juliana Oliveira. "A pauta da Senacon em 2021: falamos com a secretária Juliana Domingues" [entrevista concedida a] Ivan Ventura, Consumidor Moderno, 2021. Disponível em: https://www.consumidormoderno.com.br/2021/02/11/pauta-senacon-juliana-domingues/. Acesso em: 12 fev. 2021. Outra medida visando promover a adequação de fornecedores ao Código de Defesa do Consumidor e às regras de privacidade de dados do consumidor foi a criação de núcleo voltado ao tema no recriado Conselho Nacional de Defesa do Consumidor, atualmente regulado pelo Decreto 10.417, de 7 de julho de 2020. A iniciativa no Conselho visa gerar aproximação com a recém instituída Autoridade Nacional de Proteção de Dados (ANPD), regulada pelo Decreto 10.474, de 26 de agosto de 2020, para a atuação coordenada e complementar entre Senacon e ANPD para proteção dos dados dos consumidores. Nesse sentido, veja-se: CAMAROTTO, Murillo. "Conselho de defesa do consumidor cria área para proteção de dados pessoais", Valor Investe, 2021. Disponível em: https://valorinveste.globo.com/mercados/brasil-e-politica/noticia/2021/01/22/conselho-de-defesa-do-consumidor-cria-rea-para-proteo-de-dados-pessoais.ghtml. Acesso em: 12 fev. 2021.
17. Averiguação Preliminar 08012.000166/2021-31, iniciada em 25 de janeiro de 2021.
18. MENDES, Laura Schertel. O diálogo entre o Marco Civil da Internet e o Código de Defesa do Consumidor. In: MARQUES, Claudia Lima (Coord.) *Direito privado e desenvolvimento econômico*. São Paulo: Ed. RT, 2019. p. 274.
19. Vide o exemplo de articulação entre Senacon e ANPD descrito na nota de número 17.
20. MUNIZ, Mariana. Brasil adere a todas as normativas de proteção do consumidor da OCDE. *Revista Veja*. 22 dez. 2020. Disponível em: https://veja.abril.com.br/blog/radar/brasil-adere-a-todas-as-normativas-de-protecao-do-consumidor-da-ocde/. Acesso em: 12 fev. 2021.

ao Acervo Legal (Acquis) do Committee on Consumer Policy da OCDE, sendo que uma das recomendações volta-se à segurança dos produtos.

Nesse sentido, é importante que os agentes econômicos e seus grupos atendam às melhores práticas internacionais em seus Programas de *compliance*. São os programas de integridade que fomentarão o engajamento dos fornecedores.

As regras atuais já requerem que os fornecedores ofereçam seus produtos e serviços com qualidade e segurança para os consumidores. Contudo, caso o produto seja colocado no mercado em desconformidade com os padrões exigidos, a própria empresa deve agir para mitigar riscos à segurança e à saúde do consumidor, por meio de Campanhas de Chamamento (*recall*).

A Senacon, como órgão que executa a Política Nacional de Defesa do Consumidor, possui o dever de fiscalizar a segurança de bens e serviços, conforme as competências atribuídas pelo artigo 106 do CDC. Entretanto, o fornecedor possui o dever de informar à Secretaria quanto à periculosidade de produto ou serviço no momento do lançamento no mercado de consumo, ou posteriormente, caso o risco seja desconhecido anteriormente.

O procedimento de comunicação da nocividade ou periculosidade de produtos e serviços, após sua disponibilização no mercado de consumo, está previsto no artigo 10 do Código de Defesa do Consumidor e é disciplinado pela Portaria 618/2019 do Ministério da Justiça e Segurança Pública. Para os procedimentos relativos a veículos automotores, deve ser observada ainda a Portaria Conjunta 03/2019 MINFRA/MJSP. Trata-se do instituto do *recall ou Campanha de Chamamento*. Uma campanha adequada tende a afastar eventual procedimento sancionatório.

Vale lembrar que o *recall* é uma ação corretiva realizada pelo próprio fornecedor que vai a público informar, de forma clara e precisa, o objeto do chamamento, a descrição dos efeitos e riscos, além das medidas preventivas e corretivas que o consumidor deve tomar. Todas as medidas visam promover a saúde e a segurança do consumidor.

É possível dizer que, em relação à segurança e saúde do consumidor, há dois níveis de atuação das empresas por meio de programas de *compliance*. Inicialmente é necessário concentrar os melhores esforços para disponibilizar o produto ou serviço em perfeitas condições ao consumidor. Todavia, caso algum problema se revele após a disponibilização no mercado, um bom programa de *compliance* pode buscar que os danos sejam minimizados ou completamente evitados por meio do mecanismo de *recall*.

2.5 Segmentos demandados: correlação com os desenhos de programas de *compliance*

Nas quatro situações exemplificativas, abordadas no presente capítulo, é possível notar que os possíveis danos ao consumidor e as respectivas sanções aplicáveis podem ser evitadas por força de um comprometimento adequado às políticas estabelecidas pelas empresas quando em consonância com as normas consumeristas.

O desenho de programas de *compliance*, especialmente na área do direito do consumidor, ainda tem a facilidade de poder ser devidamente estruturado em atenção aos dados registrados nas plataformas do governo federal como o consumidor.gov.br e o Sindec. Ambas as plataformas geridas pela Senacon trazem fotografias das principais reclamações e demandas dos consumidores que motivam, geralmente, a abertura de processos administrativos sancionatórios.

A transparência das reclamações por segmento, somadas à identificação do crescimento (ou da diminuição) dessas reclamações, diante dos registros dessas informações, promove facilidades na confecção de um trabalho preventivo.

O levantamento dos dados e o mapeamento dessas questões passam a ser essenciais como bases de referência, e devem, preferencialmente, anteceder o desenho de programas de integridade que busquem, efetivamente, a contenção de danos e o alinhamento da cultura da empresa às melhores práticas.

3. EVOLUÇÃO TECNOLÓGICA: EFEITOS PARA O *COMPLIANCE* NO DIREITO DO CONSUMIDOR

No contexto da evolução tecnológica, em vários momentos já foi possível verificar a necessidade de aplicação de políticas de integridade relacionadas à privacidade de dados. Em 2020, a plataforma oficial de resolução alternativa de conflitos do governo federal, Consumidor.gov.br, registrou 57.802 reclamações relacionadas ao uso de dados dos consumidores, sendo que a maior parcela de reclamações correspondia ao uso, coleta ou publicação dos dados sem a devida autorização.[21]

Em razão do aumento do número de operações realizadas virtualmente, observamos o compartilhamento de muitos dados de consumidores. A Lei Geral de Proteção de Dados (Lei 13.709/18) reconheceu alguns dados como mais sensíveis do que outros, em razão do caráter de pessoalidade. E essa distinção não se dá à toa. Os dados pessoais disponibilizados nas redes para executar um simples cadastro ou navegar por um site podem proporcionar um verdadeiro mapeamento dos hábitos de vida e de consumo de uma pessoa, o que na perspectiva econômica, adquire muito valor.[22]

Considerando que grande parte dos dados processados virtualmente destina-se a viabilizar mecanismos como a publicidade direcionada[23], fica mais do que evidente o interesse do consumidor em conhecer, ao máximo, quais dados estão sendo fornecidos durante a sua navegação na internet e qual é a destinação final dessas informações.

Nas relações de consumo, os dados são elementos importantes para análise de conceitos caros ao consumidor, a exemplo da privacidade, da liberdade de escolha e da

21. Dados consolidados em 29 de dezembro de 2020 no documento Pesquisa Sindec e Consumidor.gov.br. Nota à imprensa.
22. MIRAGEM, Bruno. A lei geral de proteção de dados (Lei 13.709/2018) e o direito do consumidor. *Revista dos Tribunais*, v. 1009, p. 173-222, São Paulo, nov. 2019.
23. Ibidem, p. 175.

igualdade nas contratações. Trata-se de um fenômeno que toca muitas competências e que possui a barreira da assimetria informacional a ser superada.

Apesar de haver no nosso ordenamento jurídico um conceito de autodeterminação informativa no controle do indivíduo sobre os seus dados trazido pela Lei Geral de Proteção de Dados, há de se considerar que ainda é desconhecido em que medida o consumidor considera as formas de coleta e tratamento de suas informações pessoais ao utilizar a internet. É nessa circunstância de vulnerabilidade informacional do consumidor frente à matéria dos dados pessoais que se dá o alerta para a transversalidade da temática.

Sabe-se que o descumprimento do direito básico do consumidor à proteção de dados viola o Código de Defesa do Consumidor e enseja, portanto, a atuação dos órgãos de defesa do consumidor.[24] Dessa forma, entende-se o movimento da Senacon – enquanto órgão que coordena a Política Nacional de Defesa do Consumidor – no sentido de trabalhar com a recém instituída Autoridade Nacional de Proteção de Dados (ANPD) para a construção de mecanismos que garantam segurança jurídica em matéria de dados no que tange à defesa dos interesses dos consumidores.

Na perspectiva sancionatória, observa-se que a aplicação de programas de integridade eficientes e alinhados com o dever de informação e transparência do fornecedor em relação ao consumidor poderiam evitar condenações por práticas abusivas relacionadas ao uso indevido de dados, por exemplo.

Para ilustrar a importância de desenhos de programas de *compliance* que visam mitigar eventuais investigações e condenações pela Secretaria Nacional do Consumidor e dos órgãos de proteção ao consumidor em geral, optou-se por destacar dois casos de grande relevância analisados pelo Departamento de Proteção e Defesa do Consumidor que denotam a importância do consentimento do consumidor como mecanismo de mitigação de aplicação de sanções administrativas.

3.1 Reconhecimento facial sem autorização do consumidor

Em 2020, houve a condenação de empresa que se utilizou de tecnologia de reconhecimento facial sem conhecimento prévio e sem consentimento do consumidor[25]. O processo administrativo havia sido instaurado pela Senacon em 2019 e a investigação se lastreou em princípios expressos no Código de Defesa do Consumidor, como reconhecimento da vulnerabilidade do consumidor no mercado de consumo e dever de prestar informação clara e adequada.

A conduta da representada consistiu na utilização de tecnologia de reconhecimento facial para captar as expressões dos consumidores que entravam em uma de

24. MENDES, Laura Schertel. O direito básico do consumidor à proteção de dados pessoais. *Revista de Direito do Consumidor*. v. 95/2014, p. 555-587, São Paulo: Ed. RT, novembro 2018.
25. BRASIL. SENACON/MJSP. Processo Administrativo 08012.001387/2019-11. Representada: Cia Hering. Decisão publicada no DOU em 14 de agosto de 2020.

suas lojas conceito. A partir da captação das expressões faciais, a empresa varejista utilizava inteligência artificial para tratamento dos dados a fim de identificar a idade, gênero e humor dos consumidores da loja em questão.

Apesar da alegação da representada de que a conduta não violava a Lei Geral de Proteção de Dados por supostamente não haver o tratamento de dados, a Senacon concluiu que havia o processamento das expressões faciais para obter informações pessoais dos consumidores.

Em razão da ausência de informação sobre a captação dos dados e a falta de consentimento dos consumidores, em resumo, a Senacon concluiu pela abusividade da prática de captação de expressões faciais[26]. Entretanto, quando da análise da dosimetria da pena, a cessação da prática pela requerida foi motivo para a redução da pena-base pela metade, o que demonstra uma das vantagens no caso concreto em estabelecer programas de integridade empresarial para adequação das condutas.

3.2 Coleta e uso indevido de dados pessoais

Em 2019, em emblemática decisão, o Departamento de Proteção e Defesa do Consumidor condenou o Facebook a pagar multa no valor de R$ 6,6 milhões por violação ao Código de Defesa do Consumidor e ao Marco Civil da Internet, no caso Cambridge Analytica. O processo foi instaurado após veiculação de notícia pela mídia que, também no Brasil, os usuários Facebook poderiam ter sido afetados pelo uso indevido de dados pessoais por parte da empresa de mineração e análise de dados para *marketing* político, a Cambridge Analytica.

Na nota técnica na qual se baseou a decisão de condenação[27], constatou-se que houve falha no dever de fornecimento de informações claras e adequadas quanto a sua política de privacidade pelo Facebook e falha na custódia adequada dos dados fornecidos pelos usuários considerando o modelo de negócios adotado. Teriam sido descumpridos os artigos 4º, caput, I, III e IV; 6º, II, III, IV e VI, art. 18, art. 31; art. 37 e art. 39, todos do Código de Defesa do Consumidor, além das disposições do Marco Civil da Internet, notadamente, os arts. 2º, inc. II e III, e 7º, incs. VI, VII, VIII, IX e XIII.

O caso de violação da Cambridge Analytica teve repercussão mundial e evidenciou a importância e cuidado que devem ser conferidos à proteção de dados pessoais. Conforme destacado ao longo do artigo, ainda que seja possível a adoção de medidas sancionatórias por parte das autoridades competentes, nada mais efetivo que a atuação prévia das próprias empresas, que devem considerar todas as legislações aplicáveis.

26. BRASIL. SENACON/MJSP. Nota Técnica 62/2020/CSA-SENACON/CGCTSA/DPDC/SENACON/MJ, de 13 de agosto de 2020. Processo SEI 08012.001387/2019-11.
27. ASIL. SENACON/MJSP. Nota Técnica n. 32/2019/CGCTSA/DPDC/SENACON/MJ, de 27 de dezembro de 2019. Processo SEI 08012.000723/2018-19.

3.3 Lei Geral de Proteção de Dados e a atuação da Senacon

Apesar de à época das condenações dos dois casos mencionados anteriormente as sanções da LGPD não estarem vigentes, é importante mencionar que esse fato tampouco afeta a atuação da Senacon, já que a condenação de ambas as Representadas (uma importante varejista e uma das líderes de tecnologia do mundo) lastrearam-se na prática abusiva à luz do CDC. Dessa forma, ainda que as condenações fossem proferidas durante a vigência da LGPD, não caberia à Secretaria aplicar as sanções previstas na nova legislação de proteção de dados.

Há de se ressaltar, entretanto, que não há qualquer incompatibilidade da atuação da Senacon enquanto órgão de defesa do consumidor ao aplicar sanções referentes ao uso indevido de dados. Isso porque o reconhecimento da vulnerabilidade do consumidor é princípio expresso no CDC: vulnerabilidade esta que foi explorada pela assimetria de informações de que dispõe o consumidor em comparação ao fornecedor. Da mesma forma, o dever do fornecedor de prestar informações claras e adequadas é também um direito básico do consumidor, que não foi considerado no caso concreto.

Nesse sentido, observa-se que as condenações tiveram como pilares centrais; i) o dever de informar do fornecedor e ii) a ausência de consentimento informado por parte do consumidor. Portanto, a atuação do DPDC/SENACON não se confunde com as competências da Autoridade Nacional de Proteção de Dados (ANPD), o que vem reforçar a necessidade de desenhos de programas de integridade que protejam os dados de consumidores na perspectiva de ambas as legislações (CDC e LGPD).

4. CONFECÇÃO E IMPLEMENTAÇÃO DE PROGRAMAS DE *COMPLIANCE* NO BRASIL ALINHADAS ÀS POLÍTICAS PÚBLICAS DA SENACON

O reconhecimento da vulnerabilidade do consumidor nas relações de consumo é um dos princípios expressos trazidos pelo Código de Defesa do Consumidor (artigo 4º, I). O reconhecimento da condição de vulnerável do consumidor frente ao fornecedor de produtos e serviços deriva, entre outros fatores, da presumida assimetria de informações de que dispõe o primeiro em relação ao último, gerando desequilíbrio que deve ser combatido com a adequação de práticas empresariais.

Na perspectiva de autoridade que coordena a Política Nacional de Defesa do Consumidor, a Senacon entende que há medidas básicas de integridade que as empresas poderiam adotar para melhorar o relacionamento com o consumidor, mitigando as tradicionais vulnerabilidades. Essas medidas podem ser avaliadas pelas empresas não apenas como mecanismos de cumprimento da lei, mas, também, como diferencial competitivo no processo de escolha do fornecedor por parte do consumidor.

Podemos dividir, na perspectiva da autoridade de defesa do consumidor, as possíveis condutas empresariais, em desejáveis e indesejáveis à luz das medidas de integridade. As condutas desejáveis são aquelas que compreendem práticas preventivas de ilícito consumeristas e políticas que visem assegurar os direitos do consumidor; em suma, são as práticas esperadas da atuação empresarial responsável. Como condutas indesejadas, temos as práticas que devem ser evitadas pelos fornecedores, como informações insuficientes ou confusas, omissões e, em último caso, os próprios ilícitos contra o consumidor.

4.1 Medidas desejáveis ou recomendáveis

As sugestões que serão elencadas abaixo tratam de medidas simples que reforçam o compromisso dos agentes econômicos (e dos grupos econômicos) no desenho e na execução de programas de integridade que visem um alinhamento com as políticas públicas da Secretaria Nacional do Consumidor.

4.1.1 Vinculação da efetividade dos programas aos índices do Consumidor.gov.br

Em se tratando de exemplos práticos desejáveis, um exemplo de medida de integridade subsidiado pela Senacon é o Consumidor.gov.br. Trata-se de plataforma oficial de resolução alternativa de conflitos do governo federal.

Cabe destacar que o Consumidor.gov.br está no centro da política pública da Senacon para reduzir a judicialização de demandas e possibilitar a resolução de forma célere e eficiente dos conflitos à distância.

Apesar de todo o valor de ser uma política pública voltada ao diálogo e autocomposição dos conflitos, uma perspectiva pouco apontada é de como a plataforma também pode servir para sustentar três pilares de um bom programa de integridade: i) subsidiar o programa de *compliance*; ii) melhorar a imagem da empresa; iii) acompanhar a efetividade das medidas de *compliance*.

O Consumidor.gov.br possui adesão voluntária, com exceção dos casos que estejam vinculados à Portaria 15/2020 do Ministério da Justiça e Segurança Pública. A Portaria foi publicada em 27 de março de 2020 destinando-se a criar mais um espaço para a autocomposição de conflitos de consumo durante a pandemia de coronavírus, diante do colapso dos sistemas de *call centers* (muitos dos quais fechados em razão da pandemia).

Assim, os seguintes fornecedores passaram a ter a obrigatoriedade de se cadastrar na plataforma Consumidor.gov.br "empresas com atuação nacional ou regional em setores que envolvam serviços públicos e atividades essenciais", conforme definidos pelo Decreto 10.282 de 2020.

Dessa forma, a Portaria 15/2020 desempenhou um importante papel contribuindo para a expansão do número de empresas cadastradas no Consumidor.gov.br. Ficaram obrigados a se cadastrar na plataforma Consumidor.gov.br, nos termos do artigo 2° da Portaria 15/2020: I) empresas com atuação nacional ou regional em setores que envolvam serviços públicos e atividades essenciais, conforme definidos pelo Decreto 10.282 de 20 de março de 2020; II) plataformas digitais de atendimento pela internet dedicadas ao transporte individual ou coletivo de passageiros ou à entrega de alimentos, ou, ainda, à promoção, oferta ou venda de produtos próprios ou de terceiros ao consumidor final; ou III) agente econômicos listados entre as duzentas empresas mais reclamadas no Sistema Nacional de Informações de Defesa do Consumidor da Secretaria Nacional do Consumidor do Ministério da Justiça e Segurança Pública (Sindec), no ano de 2019, nos termos do anexo da Portaria.

Em teoria, todas as empresas precisam possuir algum nível de estrutura interna voltada à garantia das normas de proteção e defesa do consumidor, tal como a adesão ao Consumidor.gov.br. O nível de complexidade dessa estrutura varia de empresa para empresa, a depender de fatores como porte empresarial, riscos do mercado em que opera e o volume de reclamações consumeristas recebidas.

Um dos indicadores que as empresas poderiam tomar como base para estruturar o grau de complexidade de seus programas de *compliance* consumerista é o Sindec, sistema que reúne informações sobre as reclamações registradas perante os Procons municipais e estaduais. No contexto da Portaria 15/2020 do Ministério da Justiça e Segurança Pública, estar inscrita entre as 200 empresas mais reclamadas perante os Procons já seria motivo justo para fomentar o planejamento de um programa de integridade, inclusive com o ingresso no Consumidor.gov.br.

Com efeito, os dados do Consumidor.gov.br indicam que houve a evolução do número de empresas cadastradas, bem como do volume de reclamações finalizadas na plataforma após a edição da Portaria 15/2020, conforme se observa no gráfico abaixo:

Gráfico 1: Evolução da quantidade de empresas participantes e de reclamações finalizadas

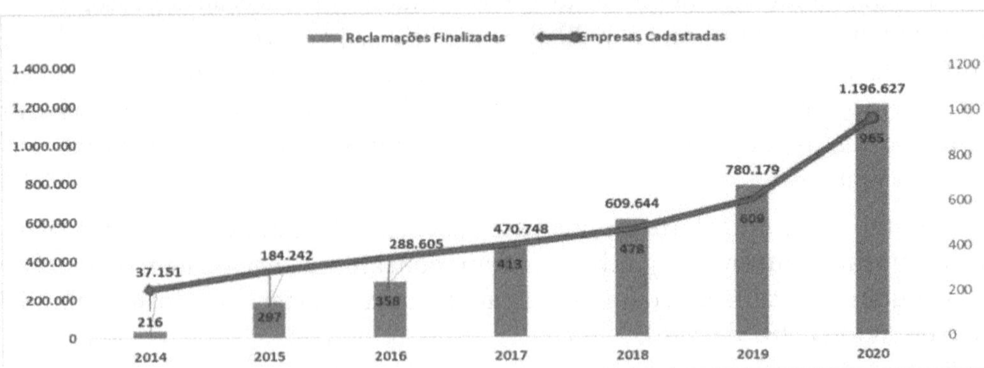

Fonte: Secretaria Nacional do Consumidor

A plataforma Consumidor.gov.br permite a interlocução direta entre consumidores e empresas e fornece ao Estado informações essenciais à elaboração e implementação de políticas públicas de defesa do consumidor de alcance nacional. A plataforma mostrou-se ainda mais importante no contexto da pandemia de coronavírus, por ter permitido que consumidores de todo o país fizessem reclamações sem se deslocar de suas casas, acessando o serviço via internet, inclusive em dispositivos móveis.

O índice de resolutividade do Consumidor.gov.br, na média de 80%[28], indica o empenho das empresas aderentes em atender às solicitações dos consumidores de forma efetiva e em tempo hábil, no prazo médio de 7 dias[29]. Os dados sobre o número de reclamações e a satisfação dos consumidores são públicos e, portanto, atendem à necessidade de transparência de uma medida de integridade, o que faz da plataforma uma política que alcança múltiplos objetivos no atendimento aos interesses do consumidor.

Transparência e efetividade são valores comuns entre Consumidor.gov.br e os programas de integridade empresarial, tornando a plataforma mais que um instrumento de resolução alternativa de conflitos de consumo, mas também um compromisso firmado entre autoridade nacional de proteção ao consumidor e empresas para atendimento das demandas dos cidadãos.

O serviço prestado pelo Consumidor.gov.br, que recebeu mais de 1 milhão de reclamações em 2020[30], insere o consumidor no centro da relação de consumo, com autonomia para conduzir a resolução do conflito e incentivando a mudança da cultura empresarial no Brasil, servindo como um termômetro para a conferência de aumento ou diminuição das demandas que certificam a efetividade de um programa de integridade com foco nas relações de consumo e na redução de litígios (sejam administrativos ou cíveis).

4.1.2 Adequação das campanhas de chamamento (Recall)

No contexto de preservação de princípios, a proteção à vida, à saúde e à segurança do consumidor encontram esteio especial na política de chamamento – ou *recall*. O *recall* desempenha um papel essencial para informação do consumidor e prevenção de riscos decorrentes do uso de um produto ou serviço. A retirada do mercado de produto com vício de qualidade por insegurança é uma das formas mais eficientes de prevenção de acidentes de consumo[31] e deve ser incentivada e imediatamente aplicada quando o fornecedor verificar riscos no produto ou serviço que oferece.

A campanha de chamamento é o procedimento que visa recolher ou reparar os produtos – ou serviços – com vício de qualidade. O *recall* deve ser amplamente

28. BRASIL, Ministério da Justiça e Segurança Pública. Plataforma Consumidor.gov.br. Disponível em: https://consumidor.gov.br/pages/conteudo/sobre-servico. Acesso em: 31 jan. 2021.
29. BRASIL, Ministério da Justiça e Segurança Pública. Plataforma Consumidor.gov.br. Disponível em: https://consumidor.gov.br/pages/conteudo/sobre-servico. Acesso em: 31 jan. 2021.
30. BRASIL, Ministério da Justiça e Segurança Pública. Plataforma Consumidor.gov.br. Disponível em: https://consumidor.gov.br/pages/dadosabertos/externo/. Acesso em 31 jan. 2021.
31. BENJAMIN, Antonio Herman. Crimes de consumo no código de defesa do consumidor. *Doutrinas Essenciais de Direito do Consumidor*. v. 6. São Paulo: Ed. RT, 2011. p. 1215-1251.

divulgado, garantindo que o maior número de pessoas seja informado do possível risco de acidente ao consumidor.

O fornecedor, ao iniciar a campanha de chamamento, deve realizar a descrição pormenorizada do defeito, acompanhada de informações técnicas necessárias ao esclarecimento dos fatos. Dessa forma, busca-se garantir a maior transparência à possível nocividade ou periculosidade que o produto ou serviço possa oferecer trabalhando com a contenção de danos. Consequentemente, reduz-se também, por meio de um programa de *recall* eficiente, as demandas que venham motivar a abertura de processos administrativos sancionatórios.

Portanto, se o *recall* for bem executado e atender aos requisitos da Portaria 618/2019/MJSP, as sanções decorrentes do vício do produto ou serviço poderão ser evitadas. Assim, além de mecanismo para garantir a saúde e a segurança do consumidor em caso de eventuais falhas do fornecedor, o *recall* é uma política a ser incentivada por meio do *compliance*, já que oferece a oportunidade de a empresa identificar e resolver, de forma rápida e eficiente, falhas no fornecimento do produto ou serviço, evitando eventuais sanções administrativas.

4.1.3 Termo de Ajustamento de Conduta como mecanismo de contenção de demandas

Na esteira da mitigação de sanções administrativas, o Termo de Ajustamento de Conduta (TAC) é um dos instrumentos jurídicos que viabilizam uma rápida cessação da prática ilícita contra o consumidor. O TAC encerra o processo administrativo sancionador, desde que o compromissário firme um compromisso legal de adequar suas práticas comerciais à legislação consumerista, podendo ser exigido o pagamento ao erário de valores compatíveis com a gravidade da prática, destinados à reparação de danos individuais ou coletivos.

Com a publicação da Portaria 34/2021 do Ministério da Justiça e Segurança Pública, a celebração de TAC pode se dar de forma repressiva a uma conduta abusiva contra o consumidor, ou para fins de tutela preventiva do direito. Dessa forma, podem ser compromissários de TAC com a Senacon a parte demandada em sede de averiguação preliminar ou em sede de processo administrativo sancionador – em curso ou encerrado –, e também a parte não demandada em processo administrativo sancionador.

Como exemplo de uma política de sucesso de resolução de conflitos por meio de celebração de TAC, em 2020, a Senacon, em parceria com Ministério Público Federal (MPF) e Ministério Público do DF e Territórios (MPDFT) e a Associação das Empresas Aéreas (Abear) firmou o TAC das Aéreas. No período de vigência do acordo (março a junho de 2020), mais de 3 milhões de consumidores foram beneficiados pelas disposições do TAC[32], inclusive pela possibilidade de remarcação gratuita dos

32. Balanço de 2 anos de Governo – Senacon – Processo SEI 08011.000194/2020-88.

bilhetes aéreos, sem que fosse necessário ingressar no poder judiciário ou buscar atendimento nos Procons.

O TAC sinaliza para a autoridade a intenção do compromissário em promover a reparação dos danos decorrentes da infração, além do intuito de ajustar sua conduta à legislação consumerista. Dessa forma, foi previsto pela Portaria 34/2021, a fim de incentivar a célere e efetiva defesa do consumidor, a possibilidade de desconto no valor da pena pecuniária aplicada no TAC, caso o infrator realize o pagamento imediato e comprove a cessação imediata da conduta danosa ao consumidor.

4.2 Medidas não desejáveis ou não recomendadas

Conforme trazido diversas vezes no presente artigo, a transparência, a confiança, o reconhecimento da vulnerabilidade do consumidor, assim como a harmonização de interesses, com base na boa-fé e no equilíbrio nas relações entre consumidores e fornecedores, são princípios que estão expressamente previstos no artigo 4º do Código de Defesa do Consumidor e não devem ser violados.

A ausência de transparência e assimetria nas informações relevantes para as relações comerciais são interpretadas como problemas de corrupção e deslealdade econômica[33] e devem ser combatidas. Dessa forma, são recomendadas as condutas:

- que não violem o dever de boa-fé e confiança nas relações de consumo;
- que respeitem o dever de prestar informações adequadas e claras;
- que não desconsiderem a necessidade de consentimento informado do consumidor;
- que considerem a condição de vulnerabilidade do consumidor nas relações de consumo;
- que ofereçam a devida proteção da vida, saúde e segurança do consumidor;
- que ofereçam a devida proteção às práticas abusivas descritas no CDC.

Observa-se que a política de *compliance* oferece diversas vantagens ao fornecedor, a exemplo do controle da responsabilização no âmbito da empresa, vantagens competitivas, captação de recursos – já que ações preventivas podem gerar aumento da confiança e garantia de proteção patrimonial dos dirigentes e da empresa – atração de *stakeholders*, manutenção de padrões internacionais de respeito aos direitos fundamentais – o que contribui decisivamente na preservação da reputação da empresa – além da melhoria do padrão de gestão organizacional como um todo[34].

Nesse contexto de harmonização do trato com o consumidor, oferecendo maior transparência e respeitando os deveres de lealdade e boa-fé é que a política de integridade empresarial ganha o condão de mitigar sanções administrativas, tanto

33. SAAD-DINIZ, Ibidem, p. 112.
34. SAAD-DINIZ, Ibidem, p. 116.

por evitar condutas abusivas e sinalizando à autoridade de defesa do consumidor o empenho em estabelecer uma prática empresarial responsável.

5. CONSIDERAÇÕES FINAIS

Tratar de mecanismos de *compliance* não é algo novo, mas um programa eficiente deve atentar para a agenda central da Senacon/MJSP e do SNDC. Desde o início das discussões deste tema no Brasil, houve intenso debate sobre as melhores formas – ou a definição de estratégias efetivas – que resultassem na sensibilização e mudança cultural das empresas e de seus respectivos grupos econômicos. Sempre houve o desafio de não apenas customizar programas de conformidade de acordo com a realidade de cada empresa, mas, também, criar meios factíveis de implementação que resultassem na ampliação da cultura do *compliance* in-house.[35]

Apesar de exemplos diferentes do ponto de vista internacional, ainda temos um desafio adicional no Brasil de não termos, na prática, valor normativo atribuído aos programas de *compliance* que pudesse de alguma forma caracterizar agravantes ou atenuantes em sanções que envolvem infrações à ordem econômica (que incluem não apenas práticas anticoncorrenciais, mas também as violações ao Direito do Consumidor[36]).

Toda construção de um programa de integridade deve envolver valores e princípios constantes no Código de Defesa do Consumidor que tem como pilares a saúde e a segurança, informação clara e adequada, além da educação e divulgação sobre o consumo adequado dos produtos e serviços.

A eficácia de todos e qualquer programa de *compliance* consumerista deve ter como base o mercado, ou os mercados, das empresas em questão. Isto significa que todo e qualquer programa de *compliance* corporativo deve partir da estrutura do mercado em que o agente econômico e seu grupo econômico atua para a adoção de medidas comportamentais que cuidem de mecanismos apropriados de precaução e efetiva compreensão e treinamento dos colaboradores nas relações que estabelecem não apenas com clientes, mas também com seus fornecedores e autoridades públicas (Senacon, Procons, Ministério Público, Magistratura etc.).

35. Cf. DOMINGUES, Juliana Oliveira; GABAN, E. M. Comentários ao capítulo XI – programa de cumprimento no direito concorrencial. *Manual de Cumprimento Normativo e Responsabilidade Penal das Pessoas Jurídicas*. Florianópolis: Tirant lo Blanch, 2018. v. 1, p. 519.

36. O artigo 170 da Constituição Federal traz a defesa do consumidor como princípio da ordem econômica, que deve ser balizado em conjunto com valores como a livre concorrência, por exemplo. Nesse sentido, veja-se a consideração de Fabio K. Comparato, ao dizer que o fim último da defesa da concorrência é preservar os interesses do consumidor: "[D]e início, esse conjunto normativo destinava-se a defender o princípio da liberdade dos concorrentes, hoje ele se funda, sobretudo, na proteção do interesse do consumidor, interpretando-se a livre concorrência como simples meio de se atingir este último alvo e, portanto, podendo e devendo ser suprimida quando se mostra, para tanto, ineficiente ou mesmo prejudicial." COMPARATO, Fabio Konder. A proteção do consumidor: importante capítulo do direito econômico. *Doutrinas Essenciais de Direito do Consumidor*. v. 1. p. 185-196. São Paulo: Ed. RT, 2011.

É necessária a adoção de medidas que tornem a cultura da empresa adaptada à realidade e voltadas aos "colaboradores de risco", isto é, todos que estejam à frente de relacionamentos com os consumidores, autoridades públicas. Há de se desenvolver especial atenção e cuidado aos chamados "contextos estruturais desfavoráveis[37]", ou seja, aqueles que envolvem mercados concentrados, com poucos agentes econômicos, e muitas vezes com poder econômico e/ou posição dominante em mercados de produtos e serviços essenciais aos consumidores (casos em que notamos riscos elevados de condutas favorecem os comportamentos que causam maiores danos aos consumidores).

Ainda que os programas de *compliance* no Brasil não sejam considerados como "circunstâncias objetivas atenuantes" na aplicação das multas administrativas (foco deste artigo) devemos considerar que programas bem estruturados seguem com crescente importância na medida em que aqueles reduzem substancialmente a quantidade de infrações mudando a cultura *interna corporis*.

Naturalmente, é imprescindível que sejam acompanhados pelo crescente *enforcement* legal no âmbito público (leia-se administrativo, judicial e civil), vez que nossa sociedade está longe – infelizmente! – de atribuir maior valor à correção espontânea sem o temor da reprimenda jurídica.

Portanto, do ponto de vista administrativo sancionatório, referidos programas conduzem e significam uma verdadeira mola propulsora à revolução cultural de empresas que historicamente sofrem perdas com violações aos princípios que norteiam o Código de Defesa do Consumidor (CDC).

6. REFERÊNCIAS

BENJAMIN, Antônio Herman. Crimes de Consumo no Código de Defesa do Consumidor. *Doutrinas Essenciais de Direito do Consumidor*. v. 6. São Paulo: Ed. RT, 2011.

BIONI, Bruno Ricardo. *Proteção de dados pessoais*: a função e os limites do consentimento. Rio de Janeiro: Forense, 2019.

BRASIL, Dec. 7.738 de 28 de maio de 2012.

BRASIL, Lei 8.078 de 11 de setembro de 1990.

BRASIL, Lei 8.884 de 11 de junho de 1994.

BRASIL, Lei 10.149 de 21 de dezembro de 2000.

BRASIL, Lei 12.529 de 30 de novembro de 2011.

BRASIL, Lei 13.709 de 14 de agosto de 2018.

BRASIL, Ministério da Justiça e Segurança Pública: Consumidor.gov.br. Disponível em: https://consumidor.gov.br/pages/conteudo/sobre-servico.

https://consumidor.gov.br/pages/dadosabertos/externo/.

BRASIL, Portaria 618/2019 do Ministério da Justiça e Segurança Pública.

37. DOMINGUES, Juliana Oliveira; GABAN, E. M. Comentários ao capítulo XI – programa de cumprimento no direito concorrencial. *Manual de Cumprimento Normativo e Responsabilidade Penal das Pessoas Jurídicas*. Florianópolis: Tirant lo Blanch, 2018, v. 1, p. 532.

BRASIL, Portaria Conjunta 03/2019 MINFRA/MJSP.

BRASIL. Conselho Administrativo de Defesa Econômica: "Entrada de Empresas Aéreas Low Cost no Brasil", Brasília/DF, evento realizado em 10 de março de 2020.

CAMAROTTO, Murillo. Conselho de defesa do consumidor cria área para proteção de dados pessoais, Valor Investe, 2021. Disponível em: https://valorinveste.globo.com/mercados/brasil-e-politica/noticia/2021/01/22/conselho-de-defesa-do-consumidor-cria-rea-para-proteo-de-dados-pessoais.ghtml.

COMPARATO, Fabio Konder. A Proteção do Consumidor. Importante Capítulo do Direito Econômico. *Doutrinas Essenciais de Direito do Consumidor*. v. 1. São Paulo: Ed. RT, 2011.

DOMINGUES, Juliana Oliveira; GABAN, Eduardo Molan. *Direito Antitruste*. 4. ed. São Paulo: Saraiva, 2016.

DOMINGUES, Juliana Oliveira; GABAN, E. M. Comentários ao capítulo XI – programa de cumprimento no direito concorrencial *Manual de Cumprimento Normativo e Responsabilidade Penal das Pessoas Jurídicas*. Florianópolis: Tirant lo Blanch, 2018. v. 1.

DOMINGUES, Juliana Oliveira. "Senacon e os 30 anos do Código de Defesa do Consumidor". *Coluna Opinião*. O Estado de S. Paulo, 2020. Disponível em: https://politica.estadao.com.br/blogs/fausto-macedo/senacon-e-os-30-anos-do-codigo-de-defesa-do-consumidor/.

DOMINGUES, Juliana Oliveira. "A pauta da Senacon em 2021: falamos com a secretária Juliana Domingues" [entrevista concedida a] Ivan Ventura, Consumidor Moderno, 2021. Disponível em: https://www.consumidormoderno.com.br/2021/02/11/pauta-senacon-juliana-domingues/.

FARINA, Fernanda Mercier. Ações coletivas [privadas] como instrumento de efetividade na defesa da concorrência. Breve estudo comparado de uma lacuna na política antitruste brasileira. *Revista do IBRAC*. v. 22, n. 1, 2016.

MARQUES, Claudia Lima. BENJAMIN, Antônio Herman V. BESSA, Leonardo Roscoe. *Manual de Direito do Consumidor.* 8. ed. São Paulo: Ed. RT, 2017.

MENDES, Laura Schertel. O direito básico do consumidor à proteção de dados pessoais. *Revista de Direito do Consumidor,* v. 95/2014. São Paulo: Ed. RT, 2018.

MENDES, Laura Schertel. O diálogo entre o Marco Civil da Internet e o Código de Defesa do Consumidor. In: MARQUES, Claudia Lima (Coord.) *Direito privado e desenvolvimento econômico*. São Paulo: Ed. RT, 2019.

MIRAGEM, Bruno. *A Lei Geral de Proteção de Dados (Lei 13.709/2018) e o Direito do Consumidor.* v. 1009. São Paulo: Ed. RT, nov. 2019.

MUNIZ, Mariana. Brasil adere a todas as normativas de proteção do consumidor da OCDE. *Revista Veja*. 22 dez. 2020. Disponível em: https://veja.abril.com.br/blog/radar/brasil-adere-a-todas-as-normativas-de-protecao-do-consumidor-da-ocde/ Acesso em: 12 fev. 2021.

NESSEL, S. *Consumer policy in 28 EU Member States*: an empirical assessment in four dimensions. J Consum Policy 42, (2019). Disponível em: https://doi.org/10.1007/s10603-019-09428-x. Acesso em: 31 jan. 2021.

SAAD-DINIZ, Eduardo.A Criminalidade Empresarial e a Cultura de Compliance. *Revista Eletrônica de Direito Penal* AIDP-GB, Rio de Janeiro, v. 2, dez. 2014.

SILVEIRA, Renato de Mello Jorge, SAAD-DINIZ, Eduardo. *Compliance, direito penal e lei anticorrupção.* São Paulo: Saraiva, 2015.

TIMM, Luciano Benetti e RAFFOUL, Jacqueline Salmen. *O compliance como meio de proteção dos direitos dos consumidores*. Blog do Fausto Macedo. Estadão. Disponível em: https://politica.estadao.com.br/blogs/fausto-macedo/o-compliance-como-meio-de-protecao-dos-direitos-dos-consumidores/. Acesso em: mar. 2021.

WALLER, Spencer, BRADY Jillian e ACOSTA, R.J. Consumer Protection in the United States: An Overview. Disponível em: https://www.researchgate.net/publication/228208216_Consumer_Protection_in_the_United_States_An_Overview. Acesso em: 31 jan. 2021.

COMPLIANCE ANTITRUSTE NO BRASIL

Amanda Flávio de Oliveira

Doutora, Mestre e Especialista em Direito Econômico pela Universidade Federal de Minas Gerais (UFMG). Professora-associada na graduação, mestrado e doutorado em Direito na Universidade de Brasília (UnB). Advogada militante, sócia fundadora do escritório Advocacia Amanda Flávio de Oliveira (AAFO), com experiência no desenvolvimento de programas de *compliance* antitruste. Membro Fundadora da Rede Acadêmica Democracia e Liberdade.

Uinie Caminha

Professora Titular do Programa de Pós-graduação *Stricto Sensu* da Universidade de Fortaleza. Professora Adjunta da Universidade Federal do Ceará. Doutora e Pós-doutora em Direito Comercial pela Universidade de São Paulo. Advogada, sócia fundadora de Bezerra de Menezes e Caminha Advogados Associados. Membro Fundadora da Rede Acadêmica Democracia e Liberdade.

Sumário: 1. Introdução – 2. Repressão a condutas antitruste no Brasil e sua expansão – 3. Controle de condutas antitruste no Brasil e programas de *compliance*: nem autorregulação, nem corregulação – 4. Programas de *compliance* antitruste e adesão pelas empresas: apesar de tudo, há razões concretas para se investir neles – 5. Considerações finais – 6. Referências.

1. INTRODUÇÃO

Sabe-se que a política pública de defesa da concorrência[1], no Brasil, é desempenhada por meio de três funções: i) a *preventiva*, ou análise dos atos de concentração de empresas, com o fito de autorizar sua ocorrência no caso concreto, reprovar a iniciativa ou aprová-la com restrições; ii) a *repressiva*, por meio da qual são instaurados processos administrativos para averiguar a possibilidade de existência de condutas empresariais anticoncorrenciais, e que podem culminar com a imposição de pesadas sanções; e a iii) a *educativa*, em que os entes incumbidos da atuação administrativa em direito da concorrência, no Brasil, trabalham pela difusão da cultura pró-competitividade, especialmente entre órgãos e entidades da própria administração pública.

O *compliance* antitruste está mais diretamente relacionado às funções repressiva e educativa mencionadas. Ele, sobretudo, representa uma forma adicional do Estado buscar atingir a plena eficácia do sistema normativo de defesa da concorrência bra-

1. Neste texto, usa-se de forma indistinta as expressões "direito da concorrência" e "direito antitruste", embora a precisão terminológica oriente a referência à existência, no Brasil, apenas de uma política de defesa da concorrência e não exatamente de um direito antitruste. Sobre a história do direito da concorrência brasileiro, especificamente em sua primeira fase, até o advento da Lei n. 8.884/1994, indica-se: VAZ, Isabel. *Direito econômico da concorrência*. Rio de Janeiro: Forense, 1993 e OLIVEIRA, Amanda Flávio de. *Direito da Concorrência e Poder Judiciário*. Rio de Janeiro: Editora Forense, 2002.

sileiro. O presente texto pretende apresentar uma abordagem crítica do significado e das justificativas para se estimular ou implementar esses programas no Brasil. E, ao final, pretende demonstrar porque a adoção desses programas por parte das empresas ainda vale a pena, apesar de seu custo e de seus riscos.

2. REPRESSÃO A CONDUTAS ANTITRUSTE NO BRASIL E SUA EXPANSÃO

Entre os anos de 2016 e 2019, o Conselho Administrativo de Defesa Econômica (CADE) aplicou, a título de multa, em processos administrativos para repressão de condutas anticoncorrenciais, nada menos que R$ 1.712.379.655,70 (hum bilhão, setecentos e doze milhões, trezentos e setenta e nove mil, seiscentos e cinquenta e cinco reais e setenta centavos). Desse valor, uma maior parte representa a condenação das empresas consideradas envolvidas no ilícito. Mas esse número também inclui parcela de condenação de pessoas físicas participantes da conduta empresarial punida. No ano de 2020, até o mês de agosto, no âmbito dos 12 (doze) processos administrativos até então julgados, o total de multas aplicadas já atingia R$ 33.444.148,29 (trinta e três milhões, quatrocentos e quarenta e quatro mil, cento e quarenta e oito reais e vinte e nove centavos). Os processos administrativos em questão incluem condenações pela prática de cartel, conduta comercial uniforme e conduta unilateral[2].

Se se adiciona a esse cenário o valor arrecadado pelo CADE a título de contribuição pecuniária em Termos de Compromisso de Cessação (TCC) – acordos firmados com as empresas investigadas que têm o condão de encerrar o processo mediante o compromisso de elas não mais praticarem a conduta sob investigação e de recolher valores ao Fundo de Direitos Difusos do Ministério da Justiça – os dados tornam-se ainda mais impactantes: entre os anos de 2016 e 2019, esses valores alcançaram a cifra de mais de três bilhões de reais.

As condenações ou investigações de condutas antitruste não geram impacto apenas pecuniário para as empresas: a lei também autoriza outras sanções muito gravosas, a exemplo da proibição de participar de licitações ou a proibição ao infrator de exercer comércio em nome próprio ou como representante de pessoa jurídica por um período de cinco anos.

Soma-se a tudo isso o crescente êxito do CADE no Poder Judiciário em demandas que questionam suas decisões: no ano de 2019, conforme relatório anual da autarquia, as decisões por ela proferidas foram confirmadas em juízo em 65,25% (sessenta e cinco vírgula vinte e cinco por cento) dos casos.

2. As condutas antitruste consideradas ilícitas encontram-se relacionadas em uma norma de tipo aberto (exemplificativa, portanto), constante do art. 36 da Lei n. 12.529/2011. Os números utilizados neste texto foram extraídos das seguintes publicações oficiais: BRASIL. Conselho Administrativo de Defesa Econômica. *CADE em Números*. Disponível em: http://cadenumeros.cade.gov.br/QvAJAXZfc/opendoc.htm?document=Painel%2FCADE%20em%20Números.qvw&host=QVS%40srv004q6774&anonymous=true. Acesso em: 28 out. 2020 e BRASIL. Conselho Administrativo de Defesa Econômica. Anuário do CADE 2019. Link: http://www.cade.gov.br/acesso-a-informacao/publicacoes-institucionais/anuario-cade-2019.pdf. Acesso em: 28 out. 2020.

Por fim, e não menos relevante, é de se considerar que investigações e condenações antitruste na esfera administrativa podem ensejar processos de reparação de danos na esfera cível, conforme autoriza o art. 47 da Lei n. 12.529/2011. Também na esfera criminal, a Lei n. 8.137/1990 considera crimes contra a ordem econômica alguns dos ilícitos igualmente tipificados na lei antitruste.

Se os dados acima são suficientes para preocupar qualquer agente econômico que atue no mercado brasileiro, deve-se alertar para o fato de que o CADE está ainda longe do seu potencial de atuação repressiva. E o Conselho sabe disso: é que sua atuação para punir condutas anticompetitivas apenas passou a ser desempenhada com maior vigor a partir da entrada em vigor da Lei n. 12.529/2011 e ainda há espaço de ampliação. Essa legislação, que constitui a lei antitruste atualmente em vigor, ao reestruturar o sistema institucional brasileiro de defesa da concorrência, viabilizou instrumentos hábeis a tornarem mais eficientes as ações da autarquia, além de ter liberado esforços para o controle repressivo.

O foco na *expansão* da atividade repressiva constitui clara meta da autarquia, inclusive incentivada pela Organização para Cooperação e Desenvolvimento Econômico (OCDE). Um *Peer Review*, produzido pela OCDE e publicado em 2019, analisando amplamente a adequação da política e da legislação antitruste brasileiras, destacou o aperfeiçoamento da ação de combate a cartéis nos últimos tempos, a partir, sobretudo, do desenvolvimento do programa de leniência, da celebração de cooperações institucionais exitosas e do desenvolvimento da técnica[3]. Mas identificou, como ponto de melhoria, o fato de existirem relativamente poucas investigações envolvendo abuso de posição dominante no CADE desde a lei de 2011, com ainda menores condenações[4].

Um aspecto singular do controle repressivo do CADE, em relação ao controle de atos de concentração, consiste no fato de que naquele o poder de instrução é pautado pela forte oficialidade[5]. Em outras palavras: como o que está em jogo é o interesse da coletividade e não de eventual agente que tenha feito a representação da conduta junto à autarquia, como se autoriza a abertura de investigação de ofício, e como, igualmente, não se espera grande cooperação do agente econômico investigado, a lei autoriza e o CADE, por seus órgãos internos, pode atuar proativamente no impulsionamento do procedimento ou processo. Nesse cenário, e considerando haver condições favoráveis em termos de recursos, instrumental adequado e vontade

3. OCDE (2019), Revisão por Pares da OCDE sobre Legislação e Política de Concorrência: Brasil. Disponível em: http://www.cade.gov.br/noticias/cade-lanca-relatorio-da-ocde-com-analise-sobre-politica-concorrencial-brasileira/revisoes-por-pares-da-ocde-sobre-legislacao-e-politica-de-concorrencia_-brasil.pdf.
4. A expansão do *enforcement* antitruste em todo o mundo é tratado com precisão em: LIPSKY JR, Abbott B. Managing antitrust compliance through the continuing surge in global enforcement. *Antitrust Law Journal*, v. 75, 2009, p. 965-995.
5. Nesse sentido, MARRARA, Thiago. *Sistema Brasileiro de Defesa da Concorrência*. São Paulo: Atlas, 2015, p. 71.

política, consolidar definitivamente o controle repressivo de condutas antitruste é questão de tempo no País.

3. CONTROLE DE CONDUTAS ANTITRUSTE NO BRASIL E PROGRAMAS DE *COMPLIANCE*: NEM AUTORREGULAÇÃO, NEM CORREGULAÇÃO

No ano de 2016, o CADE publicou um "Guia para programas de *compliance*", institucionalizando um certo incentivo oficial para adoção desses programas no País[6]. O documento essencialmente indica elementos indispensáveis a um programa robusto e menciona possíveis benefícios decorrentes de sua implementação para os agentes econômicos.

A primeira iniciativa estatal nesse sentido no Brasil data, na verdade, do ano de 2004. Àquela ocasião, a extinta Secretaria de Direito Econômico do Ministério da Justiça (SDE/MJ), órgão então responsável pela instauração e instrução de processos de controle de condutas, editou a Portaria n. 14, definindo diretrizes gerais para a elaboração de Programas de Prevenção de Infrações à Ordem Econômica (PPI), o que incluía a emissão de Certificado de Depósito dessas iniciativas[7]. Seu texto chegava a autorizar a SDE a recomendar ao CADE a redução de penalidades para empresas cujos programas de *compliance* fossem por ela reconhecidos. A Portaria não chegou a produzir efeitos concretos relevantes. Mas pode-se considerar que a agenda já estava na mira das autoridades brasileiras há algum tempo, em sintonia com autoridades de outros países[8].

Por outro lado, a abrangente reformulação normativa e institucional promovida pela nova lei, em 2011, não cuidou de contemplar expressamente esses programas em seu texto. Não há, na lei antitruste em vigor, referência expressa a programas de *compliance* como causa de redução de penalidades, por exemplo.

Nem por isso, entretanto, o CADE descuidou do tema e a produção de um guia sobre ele é o indicativo preciso disso. Embora associe, em suas páginas iniciais, uma crescente implementação de programas de *compliance* antitruste como a manifestação de que "*cada vez mais os agentes econômicos se dão conta da necessidade de estabelecer praticas que não violem a LDC*" (lei de defesa da concorrência), ele assume a concepção de que o principal incentivo para disseminação desses programas reside exatamente no acirramento do *enforcement* da lei.

---

6. BRASIL. Ministério da Justiça. Conselho Administrativo de Defesa Econômica. *Guia para programas de compliance*. 2016. Disponível em: http://www.cade.gov.br/acesso-a-informacao/publicacoes-institucionais/guias_do_Cade/guia-compliance-versao-oficial.pdf. Acesso em: 28 out. 2020.
7. Saiba mais sobre o tema em: CUEVA, Ricardo V. B. *Compliance* e defesa da concorrência. In: CAMPILONGO, Celso; PFEIFFER, Roberto. *Evolução do antitruste no Brasil*. São Paulo: Singular, 2018, p. 539-548.
8. Na realidade, ainda hoje, não há uma linha comum adotada pelas leis ou autoridades antitruste ao longo de todo o globo sobre como contemplar ou incentivar essas iniciativas. Sobre isso: PARCU, Pier Luigi, STASI, Maria Luisa. Antitrust Compliance Programs in Europe: Status Quo and Challenges Ahead. *European University Institute. Robert Schuman Centre for Advanced Studies*. Issue 2016/1. March 2016, p. 1-7.

Essa constatação é relevante e conduz a uma importante compreensão: *ao contrário do que afirma a imensa maioria dos estudiosos do tema*[9], *programas de* compliance *não constituem forma de autorregulação das empresas, tampouco de autorregulação regulada ou corregulação*. Eles nada mais representam que um instrumento adicional que o Estado utiliza para assegurar o cumprimento das normas que ele próprio cria e aplica[10]. Ao estimular esses programas, reconhecendo-os ou autorizando reduções de pena a partir de suas comprovadas existências, o ente estatal se vale de mais um ferramental para garantir a eficácia das normas. Relembre-se que o próprio termo deriva do verbo "*to comply*", da língua inglesa, que nada mais significa do que "agir de acordo com".

Na *autorregulação*, bem como na *corregulação*, a regulação realiza-se pela participação ativa dos agentes privados na disciplina da atividade. Denomina-se *autorregulação* a circunstância em que as regras são definidas pelo(s) agente(s) privado(s), sem a participação do Estado. Ela pode-se constituir em *autorregulação unilateral* (em que um agente econômico define suas próprias regras de atuação) ou *autorregulação de um setor* (em que o conjunto dos agentes econômicos atuantes naquele setor, ou parte representativa deles, define regras para suas atuações).

Na *autorregulação regulada* ou *corregulação*, os agentes privados e o Estado atuam conjuntamente na tarefa de disciplinar o mercado. Essa modalidade pode comportar variados modos de trabalho: as normas podem ser definidas pelo agente privado, com a exigência de ratificação por parte do Estado, por exemplo[11]. Ela se situa entre a forma coercitiva/centralizada de disciplina da atividade econômica e a forma que requer cooperação voluntária entre agentes privados.

Julia Black, professora da *London School of Economics*, identifica, na contemporaneidade, uma fase que denomina de "Estado Pós-Regulatório"[12], em que a regulação se dá de forma policêntrica, emanada de múltiplos agentes, e em que se resgata a participação privada no encaminhamento da economia e de sua própria disciplina.

---

9. Nesse sentido, diversos autores da obra CUEVA, Ricardo Villas Boas, FRAZÃO, Ana. Compliance. *Perspectivas e desafios dos programas de conformidade*. Belo Horizonte: Editora Fórum, 2018.

10. Luis Roberto Barroso assinala que "*em sua essência,* compliance *significa a observância das normas legais e regulamentares aplicáveis, bem como dos valores éticos gerais, dos códigos de conduta específicos de determinado ramo de atividade e das expectativas legítimas da sociedade*". BARROSO, Luis Roberto. *Compliance* e a refundação do Brasil. In: CUEVA, Ricardo Villas Boas, FRAZÃO, Ana. Compliance. *Perspectivas e desafios dos programas de conformidade*. Belo Horizonte: Editora Fórum, 2018, p. 15-21.

11. Na concepção de Márcio Iorio Aranha, a autorregulação regulada somente poderia ser utilizada se obedecidas algumas variáveis. Na concepção do autor: "a estratégia da autorregulação regulada exige, do regulador, que: a) somente ratifique regras de conduta empresarial que satisfaçam as políticas públicas governamentais; b) garanta que o departamento ou grupo de *compliance* da empresa tenha independência na estrutura hierárquica societária; c) realize a averiguação dos livros de registro da atuação desse grupo; d) implemente fiscalizações pontuais para avaliar se o grupo está cumprindo sua finalidade de detecção de violações as normas; e e) abra processos administrativos contra empresas que tenham subvertido a atuação do grupo de *compliance*." ARANHA, Marcio Iorio. *Manual de Direito Regulatório: Fundamentos de Direito Regulatório*. 5. ed. rev. ampl. London: Laccademia Publishing, 2019.

12. BLACK, Julia. Decentring Regulation: Understanding the Role of Regulation and Self-Regulation in a 'Post-Regulatory'. ***World. Current Legal Problems***, v. 54, Issue 1, 2001, p. 103-146.

Reacender-se-ia, nesse contexto, a proposta de *autorregulação* como solução mais eficiente ou, ao menos, em um cenário de cooperação com o Estado, a *corregulação*[13].

Não é esse, entretanto, o caso da situação em que o Estado reconhece a existência de programas de programas de *compliance* efetivos e, consequentemente "premia" o agente econômico, por exemplo, com redução de penalidades. Tampouco é o caso na situação em que, entre as sanções aplicadas à empresa, após um processo administrativo, ou na celebração de um acordo para suspender a investigação em curso, consta a determinação de implantação de um programa desses.

No primeiro caso, o Estado apenas está admitindo o esforço do agente econômico *em observar as normas por ele impostas* para exercício de atividade econômica. E está se valendo de uma dessas normas – aquela que autoriza a redução da pena – no bojo de sua atuação em forma de comando e sanção. No segundo, o Estado, no pleno exercício de sua autoridade, inclui a implantação desses programas entre os deveres a serem acatados pela empresa, como resultado de uma condenação ou investigação.

E menos ainda se pode caracterizar como autorregulação ou corregulação a situação dos programas de *compliance* antitruste no Brasil: é que, nessa hipótese, sequer há previsão legal expressa desse reconhecimento como apto a produzir efeitos positivos em uma possível investigação ou condenação de empresa no âmbito concorrencial. No máximo, pode-se interpretar sua implementação (de um programa efetivo, em que o ônus da prova dessa sua qualidade compete ao agente econômico), como manifestação de boa-fé do infrator, esta, sim, considerada uma das causas de redução da penalidade a ser aplicada, conforme estabelece o art. 45, II, da Lei n. 12.529/2011.

Nesse cenário, contudo, pode-se inferir que o estímulo à adoção de programas de *compliance,* por parte do Estado e, pontualmente, por parte de entidades antitruste, tende a ganhar espaço. A racionalidade por detrás dessa opção inclui: a) o reconhecimento de que o *enforcement* tradicional é muitas vezes ineficiente, além de insuficiente para assegurar o comportamento desejado por parte das empresas; ii) o reconhecimento de que as empresas e seus dirigentes, como qualquer agente econômico, respondem a incentivos. Fornecer os estímulos certos pode ampliar consideravelmente o espectro da eficácia da lei.

4. PROGRAMAS DE *COMPLIANCE* ANTITRUSTE E ADESÃO PELAS EMPRESAS: APESAR DE TUDO, HÁ RAZÕES CONCRETAS PARA SE INVESTIR NELES

Se são claramente identificáveis as razões pelas quais o Estado tem buscado estimular a implementação de programas de *compliance* antitruste por parte dos

13. Um maior desenvolvimento do tema pode ser encontrado em: OLIVEIRA, Amanda Flávio de. 25 anos de regulação no Brasil. In: MATTOS, César. *A revolução regulatória na nova lei das agências*. São Paulo: Singular, 2020 (no prelo).

agentes econômicos, resta saber se vale a pena para as empresas e seus dirigentes investir neles, especialmente no Brasil.

Como exige abertamente o Guia do CADE respectivo, programas de *compliance* precisam ser robustos para serem levados em consideração pela autoridade. Para tanto, o Conselho estabelece *standards*, ou requisitos mínimos que ele precisa conter. Atender a essas exigências inclui investimento de diversos recursos por parte dos agentes econômicos, como financeiros, de estrutura e pessoal.

É bem verdade que seu custo variará conforme o tamanho da empresa – embora não se deva restringir esses programas a grandes empreendimentos, uma vez que pequenas e médias empresas também estão sujeitas a serem investigadas e punidas pelo CADE.

Empresas menores podem e devem criar programas menos dispendiosos, condizentes com seu porte. Deve-se, sobretudo, atentar para o fato de que não existe um modelo-padrão, um formulário com *check list*, que sirva a todas as empresas, nem ao menos para as integrantes de um mesmo mercado. Aí reside uma primeira característica inafastável dessas iniciativas: para cada agente econômico, há que se desenhar um programa específico, ainda que ele sempre precise, para ser considerado pelo CADE, atender às suas recomendações de padrão mínimo[14].

Esse programa específico, de alguma forma, reflete-se no seu custo, para o bem e para o mal: quanto maiores e mais complexas forem as atividades e a estrutura da empresa, mais dispendioso o programa. Por outro lado, empresas menores requerem investimentos proporcionais ao seu tamanho e complexidade, o que torna o investimento compatível com seu porte.

Note-se que ao decidir sobre a implantação de programas de *compliance* outros fatores devem ser levados em conta, além do custo: é de se considerar também os próprios riscos de sua adoção. Se forem desenvolvidos por pessoas sem expertise adequada, e, portanto, contendo erros ou inadequações em relação ao seu conteúdo, os integrantes da empresa serão mal treinados e disso podem decorrer condutas indesejadas por parte deles. Da mesma forma, programas identificados como de fachada (ou *sham programs*) podem repercutir negativamente no momento da investigação e condenação da conduta por parte das autoridades.

Se para o Estado há manifesta vantagem em estimular a prática de implementação desses programas e, para os agentes econômicos, há custo e riscos envolvidos, ainda assim pode-se dizer que são vantajosos? Em outras palavras: *vale a pena para uma empresa implantar programas de* compliance *antitruste no Brasil, mesmo diante de um cenário de pouca segurança em relação a uma futura redução de penalidade, mesmo que*

14. Os padrões mínimos exigidos, conforme o Guia do CADE, referem-se a itens como garantia de comprometimento genuíno da entidade, o que inclui envolvimento da alta direção, recursos adequados, autonomia e independência da equipe responsável, além de análise de riscos da atividade da empresa, treinamentos e comunicação interna eficazes, monitoramento do programa, documentação, previsão de eventuais punições, revisão do programa, entre outros.

importem em custos e riscos e que, ao fim e ao cabo, eles sejam estimulados exatamente pelo seu potencial de dotar de maior eficácia as normas antitruste e suas sanções? A resposta para essa pergunta é positiva. Sim, vale muito a pena.

Estudiosos do tema em geral costumam indicar uma série de razões pelas quais adotar um programa de *compliance* é vantajoso. Entre essas razões, algum romantismo aponta para a consciência de se instituir e celebrar um padrão ético como cultura empresarial. Essa concepção revela-se superficial e apresenta, subliminarmente, uma concepção obsoleta e um tanto ideológica que alia empreendedorismo a exploração, egoísmo e agressividade inconsequente. Ela também desconsidera todo o conhecimento já produzido por ciências comportamentais, tais como a Economia e a Psicologia, e que descrevem o processo de tomada de decisão das pessoas.

Nesse sentido, é de se reafirmar que as decisões humanas – as decisões econômicas – respondem a incentivos. Os incentivos e suas consequências conduzem a dinâmica da atividade econômica exercida por cada agente econômico, assim como a dinâmica do próprio mercado, este entendido como o fenômeno que congrega os agentes econômicos e suas decisões.

Se partir de uma concepção de que o empreendedor e a empresa são intrinsecamente – ou foram historicamente – antiéticos revela-se injustificadamente preconceituoso, por outro lado, propugnar por uma nova mentalidade, em que o "capitalismo selvagem" seria substituído por um modelo mais "consciente" e "humano" pela via do *compliance* representa mera construção retórica tão bonita quanto equivocada e superficial.

É a liberdade econômica o principal motor de promoção de bem-estar às sociedades e contemplá-la técnica, sóbria e adequadamente, por parte do ordenamento jurídico e das autoridades, é condição inescapável para todos aqueles que seriamente se propõem a estudar e enfrentar o tema da regulação econômica.

Há, entretanto, racionalidade suficiente para justificar a adoção de programas de *compliance* antitruste no Brasil, e que levam em consideração o mecanismo amplamente descrito pela Ciência de tomada de decisão pelos agentes econômicos.

Uma primeira vantagem, mais óbvia, decorre da redução dos gastos com o acompanhamento de processos administrativos e judiciais e com pagamento de multas e do afastamento do dever de obediência a outras sanções, que também podem impactar negativamente a saúde financeira da empresa.

Embora essa vantagem constitua uma consequência desejável e necessária de um programa de *compliance* efetivo, a dificuldade de mensuração dos valores economizados a esse título a tornam um tanto etérea para os dirigentes da empresa, aqueles com poder de decidir pela implantação de um programa dessa ordem. Mas nem por isso essa utilidade deve ser desconsiderada. Em alguns casos, a mera investigação de conduta pode ser suficiente para impactar na boa imagem da empresa perante consumidores, parceiros, fornecedores, investidores, com uma indesejada mudança de postura desses em relação a ela, que repercute no seu progresso, nas suas contas e na sua estabilidade no mercado.

A experiência na implantação de programas antitruste em empresas dos mais variados portes aponta para a constatação inevitável que, talvez diante da falta de cultura pró-competitividade, ainda identificável no país, muitas práticas são comum e abertamente decididas em confronto claro com o texto da lei, que as consideram ilícitas. Condutas reiteradamente praticadas, especialmente por pessoas com poder decisório dentro das empresas, podem ser consideradas ilegais e passíveis de pesadas sanções e seus praticantes sequer desconfiam disso. Como desconhecer a lei não representa modalidade de excludente de responsabilidade, empresas e pessoas físicas correm o risco de serem condenados inadvertidamente, sem que tivessem conhecimento da ilegalidade do que fizeram.

Importante reiterar que não apenas as pessoas jurídicas respondem no caso de aplicação de sanção por infração à ordem econômica. Também os administradores das sociedades, sejam limitadas ou companhias, podem ter sanções impostas a si, nos termos do artigo 32 da Lei n. 12.529/2011. De fato, o dispositivo determina tanto a responsabilidade da empresa infratora, quanto a responsabilidade individual de seus dirigentes e administradores, solidária com aquela. Apesar de menores que as multas impostas às empresas, os valores impostos às pessoas físicas podem atingir quantias vultosas, especialmente considerando que a capacidade econômica desses é, via de regra, consideravelmente menor.

E há duas vantagens adicionais pouco ou nada conhecidas dos agentes econômicos em geral e que são especialmente valiosas.

A primeira delas consiste na educação dos integrantes de uma empresa para a identificação de práticas anticompetitivas de que a empresa é vítima e não sabe disso[15]. Exatamente em razão da pouca disseminação da cultura concorrencial no Brasil, não raro a empresa está sendo prejudicada por uma conduta de concorrente seu, ou de fornecedor, ou de comprador, caracterizada na lei como ilícita, e não identifica essa circunstância.

A prática profissional igualmente revela muitos exemplos dessa ordem: citem-se casos de ações cíveis propostas no Judiciário, sem êxito, quando, na realidade, o conflito seria enfrentado mais adequadamente no CADE. Um exemplo de conduta em que isso ocorre com alguma frequência é a prática tipificada no inciso XII, do art. 36, da Lei n. 12.529/2011: "dificultar ou romper a continuidade ou desenvolvimento de relações comerciais de prazo indeterminado em razão de recusa da outra parte em submeter-se a cláusulas e condições comerciais injustificáveis ou anticoncorrenciais".

15. Gesner Oliveira classifica essa ordem de vantagem como integrante de uma agenda proativa. OLIVEIRA, Gesner. A tríplice agenda do programa de *compliance* concorrencial: avanços recentes e aprimoramentos. In: CARVALHO, Vinicius Marques (Org.). *A Lei 12.529/2011 e a nova política de defesa da concorrência*. São Paulo: Singular, 2015, p. 459-467.

No Poder Judiciário, julgadores enfrentam o problema sob a ótica privada e não raro afastam alegações de ilegalidade por parte de empresas que tiveram relações comerciais de longa data injustificadamente rompidas, ao passo que, no campo administrativo, uma conduta dessa ordem, praticada por empresa detentora de posição dominante, pode constituir situação lesiva aos interesses da coletividade e, por isso, condenável.

Conhecer a lei possibilita aos integrantes de uma empresa identificar situações em que ela esteja sendo prejudicada e propicia a possibilidade de levar ao CADE essa informação. Frise-se que aquele que faz chegar ao conhecimento da autoridade uma certa conduta possivelmente ilícita – denominado "representante" – não integra o processo administrativo que possa vir a ser instaurado e não tem, exatamente, o ônus de condução dele, ou de auxiliar na fase instrutória, podendo vir a fazê-lo apenas se o interessar e nos limites autorizados pelo CADE[16].

A segunda delas consiste na vantagem que aproxima a adoção de programas de *compliance* por parte das empresas à função educativa, desempenhada pelas autoridades antitruste, mencionada logo na introdução do presente texto. Em um país ainda muito apegado – injustificadamente – à regulação tradicional produzida pelo Estado, pululam exemplos de intervenção estatal na economia produzidos em todas as esferas da administração pública e que geram efeitos anticompetitivos sendo, portanto, contrários à lei e ao comando constitucional que indica a defesa da concorrência como princípio informador da Ordem Econômica (art. 170, IV, CR/88).

A função educativa (também conhecida como *advocacia da concorrência*) é atribuída por lei a dois entes antitruste distintos, no Brasil: a SEAE/ME, órgão sem personalidade jurídica, integrante da estrutura do Ministério da Economia, e atualmente denominado Secretaria de Advocacia da Concorrência e Competitividade; e ao próprio CADE. Neste ponto, o advento da Lei n. 13.874/2019, conhecida como Lei de Liberdade Econômica, instituiu um ambiente para plena expansão da atuação das autoridades. O artigo 4º da lei passou a considerar abuso de poder regulatório a

16. O Guia do CADE também aponta para a existência de benefícios outros, que podem advir da capacidade de identificar prática indesejada dentro da própria empresa: é o caso, por exemplo, da possibilidade de se firmar um acordo de leniência, em situações em que a empresa e seus integrantes tenham se envolvido em um cartel e desejam cooperar com a elucidação do ilícito em troca de redução de um a dois terços das penalidades administrativas aplicáveis. Esse benefício somente é atribuível *ao primeiro agente* a se apresentar à autoridade para reportar a infração e confessar sua participação. Conseguir identificar prontamente um possível ilícito do qual se participou e conhecer as alternativas à minimização dos efeitos indesejados corresponderia a uma vantagem, no entender do Conselho. Essa vantagem, descrita pelo CADE, pode revelar uma visão idealizada da autoridade: se a cultura concorrencial não é exatamente muito difundida ainda no Brasil, por outro lado, em práticas de cartel, a experiência revela estar já suficientemente disseminada a compreensão de sua ilicitude, o que pode ser explicado talvez pelo fato de que a conduta também se encontra tipificada como crime no ordenamento jurídico brasileiro. Conhecer a lei, nesse caso, e a possibilidade de se firmar acordo de leniência com a autoridade, em sendo o primeiro a reportar o fato, talvez represente uma vantagem apenas no sentido de que ela se alinha ao interesse do próprio CADE em cultivar o caráter sempre instável dessas espécies de ajustes entre agentes econômicos.

atuação estatal que crie reservas de mercado, aumente custos de transação injustificadamente, entre outras.

Fazer chegar ao conhecimento dessas autoridades, sobretudo à SEAE/ME, a existência de normas e regulações aptas a gerarem efeitos anticompetitivos é uma possibilidade ainda pouco conhecida pelas empresas. E uma tal representação pode ser hábil a promover revisões, atualizações ou até revogações dessas normas e regulações. Um determinado comando ter sido instituído por lei em sentido formal ou em decorrência do exercício de poder normativo da administração não implica em que ele não possa ser questionado – e que se evidencie sua contradição ao princípio constitucional da livre concorrência[17]. E essas questões não precisam ser resolvidas exclusivamente pela via restrita do questionamento judicial da constitucionalidade de leis e normas: elas também podem ser revistas a partir da atuação das entidades responsáveis pela "advocacia da concorrência", que são a SEAE e o CADE.

A esse respeito, é de se destacar a positiva ampliação da atuação dessas duas autoridades nos últimos anos. No âmbito do CADE, seu Departamento de Estudos Econômicos – DEE – tem investido substancialmente na produção de bons documentos a esse título, aos quais é dada ampla publicidade. Nesse sentido, o DEE manifestou-se, por exemplo, sobre a relevância de se fomentar a economia disruptiva, especificamente produzindo nota técnica e Documento de Trabalho sobre os impactos dos aplicativos de transporte no mercado de mobilidade urbana[18]. Também produziu excelentes documentos sobre propostas legislativas e de políticas públicas de enfrentamento de problemas surgidos em razão da pandemia de Covid-19, que contribuíram sensivelmente para evitar que a crise sanitária se convertesse em uma crise econômica ainda mais trágica do que o necessário: é que soluções simplistas são capazes de gerar danos graves e o Departamento cuidou de evidenciá-los[19].

Quanto à SEAE, que possui na advocacia da concorrência sua mais importante atribuição, os mesmos esforços de aprimoramento de métodos e estratégia vêm sendo identificados nos últimos anos. Em 05 de outubro de 2020, a Secretaria publicou

---

17. Curiosamente, a própria lei de defesa da concorrência brasileira possui dispositivos considerados questionáveis do ponto de vista da promoção da competitividade. Joao Accioly faz críticas ao art. 36, III, da lei, que considera infração da ordem econômica o "aumento arbitrário de lucros". ACCIOLY, João. Preços altos ou prateleiras vazias? Efeitos positivos da alta de preços da pandemia. In: CUNHA FILHO, Alexandre Jorge Carneiro da e outros (Coord.). *Direito em tempos de crise* – Covid 19. São Paulo: Quartier Latin, 2020, v. 2. p. 351-362.
18. Confira em : https://sei.cade.gov.br/sei/modulos/pesquisa/md_pesq_documento_consulta_externa.php?-DZ2uWeaYicbuRZEFhBt-n3BfPLlu9u7akQAh8mpB9yOga6sYPx-zVdZE9mniP_nGN9ZYEOAjLUQraO-13nEdXPegV54qhH9WdPt2xe1DgYIwoJc5h7mBbQioCCvAyDWHy e em http://www.cade.gov.br/acesso--a-informacao/publicacoes-institucionais/dee-publicacoes-anexos/documento-de-trabalho-001-2018-uber.pdf.
19. Temas como controle de preços de medicamentos, moratórias em geral, foram enfrentados com técnica e sobriedade em diversos documentos, acessíveis no seguinte link: http://www.cade.gov.br/acesso-a-informacao/publicacoes-institucionais/dee-publicacoes-anexos/pareceres-do-dee-em-atos-de-concentracao-e--condutas-2020.

Instrução Normativa[20] que cria a FIARC – Frente Intensiva de Avaliação Regulatória e Concorrencial – um programa capaz de dotar de mais ritmo e eficiência a sua atuação no encaminhamento de representações de agentes econômicos em relação a abusos regulatórios. A FIARC representa uma regulamentação do art. 4º da Lei de Liberdade Econômica e pretende contribuir para assegurar a sua plena eficácia.

Mas para fazer chegar ao conhecimento das autoridades a existência de óbices regulatórios injustificáveis ao pleno exercício da atividade econômica, é preciso, em primeiro lugar, que se identifique essa qualidade da norma ou do ato administrativo. O programa de *compliance* é uma maneira de se ter acesso a informações que evidenciam essas circunstâncias – assim como o que pode ser feito a partir de então.

Por fim, e não menos importante, a disseminação da prática de se implementar programas de *compliance* pode ser uma forma de se dissuadir reguladores da ânsia de criar mais regras, e assim prosseguirem no movimento em espiral que informa a necessidade de se regular mais – ou melhor – para corrigir uma identificada ausência de eficácia da regulação. Há quem diga que essa teria sido uma das razões da propagação desses programas entre empreendedores americanos: conter a produção de novas regulações[21]. No caso do Brasil, em que os níveis de acervo regulatório atingem um volume excessivo, sem a correspondente proporção de acesso ao consumo e bem-estar social, contribuir para refrear novas iniciativas regulatórias pode ser um bom motivo para optar por um programa de *compliance*.

5. CONSIDERAÇÕES FINAIS

Existem suficientes motivos para se adotar um programa de *compliance* antitruste no Brasil, mesmo por pequenas e médias empresas, mesmo que eles tenham custos e riscos e ainda que a empresa nunca tenha sido investigada em processo administrativo no CADE. O claro intuito e as condições favoráveis existentes ao reforço da atuação do Conselho em sua função repressiva é um dado a ser considerado, e seus resultados expressivos serão uma questão de tempo.

Adotar um programa de *compliance* não representa, como querem alguns, uma "mudança de cultura empresarial rumo a uma maior ética", porque admitir essa concepção importaria em entender que o exercício da atividade econômica tenha sido – ou venha sendo – praticado de forma antiética. Mas adotar um programa de *compliance* justifica-se porque há consistentes razões para isso: desconhecimento de ilícitos dos quais a empresa venha sendo vítima é apenas uma delas.

Entretanto, se agentes econômicos e empresas respondem a incentivos – e o presente texto evidencia incentivos suficientes para que eles adiram a esses programas – o

20. Confira em: https://www.in.gov.br/en/web/dou/-/instrucao-normativa-seae-n-97-de-2-de-outubro-de-2020-281069878.

21. Sobre a propagação de programas de compliance nos EUA, sugere-se: CHEN, Hui; SOLTES, Eugene. Why compliance programs fail and how to fix them. *Harvard Business Review*, [S. L.], mar./abr. 2018.

mesmo pode ser dito em relação aos seus funcionários: é preciso criar estímulos para que se engajem no processo[22]. Como se afirmou, programas de fachada são apenas custosos e deles simplesmente não decorrem qualquer benefício para a empresa.

Para finalizar, uma advertência há de ser feita: é possível que a implementação de programas desta natureza decorra não em razão da vontade espontânea da empresa, mas como consequência de condenações em processos administrativos ou como condição para aprovação de atos de concentração. Já há algum tempo, o CADE tem assim estabelecido em casos a ele submetidos. Daí resulta a moral da estória: a adoção de programas de *compliance* antitruste pode ser uma mera questão de tempo para as empresas.

6. REFERÊNCIAS

ABRANTES-METZ, Rosa M and SOKOL, D. Daniel. Antitrust Corporate Governance and Compliance. University of Minnesota Law School. Legal Studies Research Paper Series Research Paper n. 13-18, p. 1-33.

ACCIOLY, João. Preços altos ou prateleiras vazias? Efeitos positivos da alta de preços da pandemia. In: CUNHA FILHO, Alexandre Jorge Carneiro da e outros (Coord.). *Direito em tempos de crise* – Covid 19. São Paulo: Quartier Latin, 2020. v. 2.

ARANHA, Marcio Iorio. *Manual de Direito Regulatório: Fundamentos de Direito Regulatório*. 5. ed. rev. ampl. London: Laccademia Publishing, 2019.

BARROSO, Luis Roberto. *Compliance* e a refundação do Brasil. In: CUEVA, Ricardo Villas Boas, FRAZÃO, Ana. Compliance. *Perspectivas e desafios dos programas de conformidade*. Belo Horizonte: Editora Fórum, 2018.

BLACK, Julia. Decentring Regulation: Understanding the Role of Regulation and Self-Regulation in a 'Post-Regulatory'. *World Current Legal Problems*, v. 54, Issue 1, 2001, p. 103-146.

BRASIL. Conselho Administrativo de Defesa Econômica. Anuário do CADE 2019. Link: http://www.cade.gov.br/acesso-a-informacao/publicacoes-institucionais/anuario-cade-2019.pdf. Acesso em: 28 out. 2020.

BRASIL. Conselho Administrativo de Defesa Econômica. *CADE em Números*. Disponível em: http://cadenumeros.cade.gov.br/QvAJAXZfc/opendoc.htm?document=Painel%2FCADE%20em%20Números.qvw&host=QVS%40srv004q6774&anonymous=true. Acesso em: 28 out. 2020.

BRASIL. Ministério da Justiça. Conselho Administrativo de Defesa Econômica. *Guia para programas de compliance*. 2016. Disponível em: http://www.cade.gov.br/acesso-a-informacao/publicacoes-institucionais/guias_do_Cade/guia-compliance-versao-oficial.pdf. Acesso em: 28 out. 2020.

CHEN, Hui; SOLTES, Eugene. Why compliance programs fail and how to fix them. *Harvard Business Review*, [S. L.], mar./abr. 2018.

CUEVA, Ricardo V. B. *Compliance* e defesa da concorrência. In: CAMPILONGO, Celso; PFEIFFER, Roberto. *Evolução do antitruste no Brasil*. São Paulo: Singular, 2018.

22. Um bom texto sobre a importância do envolvimento de funcionários em programas de *compliance* das empresas pode ser encontrado em: ABRANTES-METZ, Rosa M and SOKOL, D. Daniel. Antitrust Corporate Governance and Compliance. University of Minnesota Law School. *Legal Studies Research Paper Series Research Paper* n. 13-18, p. 1-33.

CUEVA, Ricardo Villas Boas, FRAZÃO, Ana. Compliance. *Perspectivas e desafios dos programas de conformidade*. Belo Horizonte: Editora Fórum, 2018.

LIPSKY JR., Abbott B. Managing antitrust compliance through the continuing surge in global enforcement. *Antitrust Law Journal*, v. 75, 2009, p. 965- 995.

MARRARA, Thiago. *Sistema Brasileiro de Defesa da Concorrência*. São Paulo: Atlas, 2015.

OCDE (2019), Revisão por Pares da OCDE sobre Legislação e Política de Concorrência: Brasil. Disponível em: http://www.cade.gov.br/noticias/cade-lanca-relatorio-da-ocde-com-analise-sobre-politica--concorrencial-brasileira/revisoes-por-pares-da-ocde-sobre-legislacao-e-politica-de-concorrencia_-brasil.pdf.

OLIVEIRA, Amanda Flávio de. 25 anos de regulação no Brasil. In: MATTOS, César. *A revolução regulatória na nova lei das agências*. São Paulo: Singular, 2020 (no prelo).

OLIVEIRA, Amanda Flávio de. *Direito da Concorrência e Poder Judiciário*. Rio de Janeiro: Forense, 2002.

OLIVEIRA, Gesner. A tríplice agenda do programa de *compliance* concorrencial: avanços recentes e aprimoramentos. In: CARVALHO, Vinicius Marques (Org.). *A Lei 12.529/2011 e a nova política de defesa da concorrência*. São Paulo: Singular, 2015.

PARCU, Pier Luigi, STASI, Maria Luisa. Antitrust Compliance Programs in Europe: Status Quo and Challenges Ahead. European University Institute. *Robert Schuman Centre for Advanced Studies*. Issue 2016/1. March 2016, p. 1-7.

VAZ, Isabel. *Direito econômico da concorrência*. Rio de Janeiro: Forense, 1993.

COMPLIANCE DIGITAL E A PROTEÇÃO DO CONSUMIDOR: *ACCOUNTABILITY* E ABERTURA REGULATÓRIA COMO NOVAS FRONTEIRAS DO COMÉRCIO ELETRÔNICO NOS MERCADOS RICOS EM DADOS

José Luiz de Moura Faleiros Júnior

Doutorando em Direito pela Universidade de São Paulo – USP. Mestre em Direito pela Universidade Federal de Uberlândia – UFU. Especialista em Direito Processual Civil, Direito Civil e Empresarial, Direito Digital e *Compliance*. Participou de curso de extensão em direito digital da *University of Chicago*. Bacharel em Direito pela Universidade Federal de Uberlândia – UFU. Associado Fundador do Instituto Avançado de Proteção de Dados – IAPD. Membro do Instituto Brasileiro de Estudos de Responsabilidade Civil – IBERC. Advogado.

Sumário: 1. Introdução – 2. Novas tecnologias e os mercados ricos em dados – 3. A proteção do consumidor para além dos limites regulatórios: políticas de integridade e governança como estruturas complementares aos deveres de proteção; 3.1 O comércio eletrônico, sua regulação e o alvorecer da *'web 5.0'*; 3.2 Perfilização (*profiling*) e proteção do ciberconsumidor: como conciliar?; 3.3 Práticas comerciais abusivas baseadas em algoritmos preditivos: uma nova fronteira? – 4. *Accountability* e responsabilidade civil nas relações de consumo – 5. Considerações finais – 6. Referências.

1. INTRODUÇÃO

Novos usos e aplicações para a tecnologia disruptiva propiciam modelos inovadores para a exploração de atividades econômicas na Internet, desafiando a dogmática tradicional, que rege as relações de consumo, ao enfrentamento de contingências igualmente inovadoras. Nesse contexto, o fenômeno da 'datificação', identificado em volumes massivos de dados (*Big Data*) que são destinados a finalidades variadas, permitiu, no apogeu da Quarta Revolução Industrial, que fossem desenvolvidas novas estruturas de mercado – os mercados ricos em dados, ou *data-rich markets* – entrelaçadas e potencializadas por algoritmos capazes de apresentar respostas praticamente instantâneas a partir de inferências que desafiam a Ciência do Direito para além da regulação.

O chamado *compliance*, entendido em sentido amplo como a estruturação dessas inovadoras e disruptivas atividades em torno da mais ampla governança corporativa e por programas de integridade aliados à devida diligência, representa um dos caminhos profícuos para o florescimento de estruturas complementares aos deveres de proteção já definidos pela legislação estrita.

A despeito da pretensa facultatividade, identificada pela presença do verbo "poder" (no plural, "poderão), na dicção do *caput* de seu artigo 50, a Lei Geral de Proteção de Dados Pessoais (Lei 13.709, de 14 de agosto de 2018) parece indicar adesão a essa tendência, pois trata expressamente dos programas de governança e integridade no capítulo que, de forma mais ampla, se reporta à segurança de dados.

Trata-se do que a doutrina vem designando *compliance* digital, em reconhecimento à necessidade de tutela das relações jurídicas para além da regulação hermética e dependente do labor legislativo. Para os fins desse breve ensaio, analisar-se-á o papel do assim chamado *compliance* digital para a estruturação de deveres no comércio eletrônico, para a prevenção às práticas abusivas relacionadas à perfilização (*profiling*) e para o controle de abusos relacionados ao implemento de algoritmos preditivos, nem sempre fiscalizáveis e auditáveis.

2. NOVAS TECNOLOGIAS E OS MERCADOS RICOS EM DADOS

Uma lei refletirá as conjunturas sociais de seu tempo, tutelando contingências que correspondam à realidade e aos desafios da época. Entretanto, não há precedentes para o ritmo exponencial da evolução tecnológica que marcou o século XX, acelerando processos de transformação social em todas as áreas e propiciando mudanças no modo de condução da economia, da política, da cultura, das interações, do trabalho, dos negócios e dos mercados[1].

Todo tipo de novo aparato desenvolvido a partir da eletrônica contribuiu para a transformação da sociedade, da ciência, do tempo e dos modos para a difusão de novas culturas, o que ampliou o leque de possibilidades para a reformulação de bases da estrutura social do novo século[2]. O que não se tinha como dimensionar era o impacto que a invenção dos *microchips* teria na formação de uma sociedade "pós-industrial"[3], marcando o início da Terceira Revolução Industrial: a revolução da informática.[4]

O incremento da capacidade computacional dos microprocessadores a cada dois anos, dando origem à hoje intitulada 'Primeira Lei de Moore'[5], se tornou mecanismo

1. Em resumo, pode-se "[a] gênese do direito do consumidor remonta às sociedades capitalistas centrais, visualizadas em países como Estados Unidos da América, Inglaterra, Alemanha e França". ROSA, Luiz Carlos Goiabeira; FALEIROS JÚNIOR, José Luiz de Moura; VERSIANI, Rodrigo Luiz da Silva. A proteção do consumidor diante das práticas publicitárias abusivas do comércio eletrônico. *Revista da Faculdade Mineira de Direito*, Belo Horizonte, v. 23, n. 45, p. 235-255, jan./jun. 2020, p. 238. No entanto, seu recrudescimento se deu em compasso com os anseios por justiça social que simbolizaram o século XX, tendo na mensagem proferida por John F. Kennedy ao Congresso norte-americano, em 15 de março de 1962. MIRAGEM, Bruno. *Curso de direito do consumidor.* 5. ed. São Paulo: Ed. RT, 2014, p. 38.
2. Para maiores detalhes, ver: SERRES, Michel; LATOUR, Bruno. *Conversations on Science, culture, and time*. Tradução do francês para o inglês de Roxanne Lapidus. Ann Arbor: University of Michigan Press, 1995.
3. Cf. BELL, Daniel. *The coming of the post-industrial society*: a venture in social forecasting. Nova York: Basic Books, 1976.
4. VENERIS, Yannis. Modelling the transition from the industrial to the informational revolution. *Environment and Planning A: Economy and Space*, Londres, v. 22, n. 3, p. 399-416, mar. 1990, p. 310.
5. Em 1965, Gordon Moore identificou uma tendência de duplicação do potencial de processamento e armazenamento dos *microchips*, que ocorre até os dias atuais em função da nanotecnologia, a cada dois anos.

de regulação econômica e controle do ritmo da evolução tecnológica[6] e elemento precursor de temas fundamentais da disciplina consumerista hodierna, como a obsolescência programada.

Erik Jayme, por exemplo, destaca a extinção das fronteiras na sociedade da informação, na medida em que "qualquer um pode facilmente se libertar das amarras de sua existência limitada: velocidade, ubiquidade, liberdade; o espaço, para a comunicação, não existe mais."[7]

Essa transformação foi analisada por Pérez Luño, inclusive, quanto a seus impactos sobre o direito, citando os seguintes modelos: (i) a 'informática jurídica documental' (ou 'teledocumentação jurídica'), relativa ao tratamento automatizado das fontes de conhecimento jurídico (legislação, doutrina e jurisprudência); (ii) a 'informática jurídica decisional' (ou 'sistemas de expertise jurídica'), que se refere às fontes de produção jurídica por meio da elaboração informática de fatores lógico-formais que confluem ao processo legislativo e às formação das decisões judiciais; (iii) a 'informática jurídica de gestão' (também 'ofimática' ou 'burótica'), que diz respeito aos processos de organização da infraestrutura ou dos meios instrumentais pelos quais se gerencia o direito.[8] Porém, a mudança de paradigma vislumbrada desde o início deste novo período decorre de outro elemento essencial: a informação.

A constatação de que a informação se tornaria o substrato mais importante (e de maior valor) da sociedade foi resultado de reflexões que a Sociologia e a Economia apontaram muito antes que a evolução disruptiva se materializasse.

Escritos da década de 1960 já apontavam, em um momento no qual a eletrônica se desenvolvia aceleradamente, uma mudança de paradigma que se concretizou no final do século XX. Foram os trabalhos pioneiros de Yoneji Masuda, no Japão, e de Fritz Machlup, nos Estados Unidos da América, que consagraram o conceito sociológico de 'sociedade da informação'[9]. Foram necessárias mais de três décadas, porém, para que

---

Para mais detalhes, consultar seu famoso artigo: MOORE, Gordon E. Cramming more components onto integrated circuits. *Electronics*, Nova York, v. 38, n. 8, p. 1-4, abr. 1965. Porém, cumpre mencionar que uma outra proposta, chamada por muitos de 'Segunda Lei de Moore' ou de 'Lei de Moore/Rock' (em menção a Gordon Moore e Arthur Rock), já indicava que os custos para esse incremento computacional também dobrariam, mas a cada três ou quatro anos. Em algum momento, esses valores haverão de se equivaler, e a previsão é de que isso ocorra em 2023, tornando fundamental a disseminação do processamento descentralizado, viabilizado pela tecnologia 5G. Para mais detalhes, ver ROSS, Philip E. 5 Commandments. *IEEE Spectrum*, 2003. Disponível em: https://spectrum.ieee.org/semiconductors/materials/5-commandments. Acesso em: 20 dez. 2020.

6. KEEN, Andrew. *How to fix the future*. Nova York: Atlantic, 2018, p. 11.
7. JAYME, Erik. O direito internacional privado do novo milênio: a proteção da pessoa humana face à globalização. *Cadernos do Programa de Pós-Graduação em Direito – PPGDir./UFRGS*, Porto Alegre, v. 1, n. 1, p. 133-146, mar. 2003, p. 134.
8. PÉREZ LUÑO, Antonio Enrique. *Manual de informática y derecho*. Barcelona: Ariel, 1996, p. 22.
9. Há certa controvérsia sobre as origens da expressão, havendo quem defenda que autores norte-americanos foram os primeiros a tratar de uma futura "sociedade da informação" em trabalhos dos anos 1960 e 1970, especialmente Fritz Machlup, em sua obra *The production and distribution of knowledge in the United States*, de 1962. Porém, há quem sustente que a expressão foi primeiramente utilizada pelos doutrinadores japoneses Kisho Kurokawa e Tudao Umesao, na década de 1960, mas com efetiva conceituação a partir dos

a verdadeira disrupção tomasse corpo, com o advento da Internet, moldando novas estruturas comunicacionais e, em essência, a própria (nova) sociedade. A superação do paradigma industrial e a evolução comunicacional, sempre presente na retórica de Marshall McLuhan[10], consubstanciaram uma nova revolução da indústria, marcada pela nêmese da criatividade humana em estruturas agora virtualizadas.

Foi a partir desse momento que autores como van Dijk[11] e Castells[12] passaram a estudar, com profundidade, o que chamaram de 'sociedade em rede'. E, a partir do momento em que o consumo se introjetou de forma definitiva nas relações humanas, começaram a surgir grupos organizados de consumidores com pleitos que, no decurso do tempo, moldaram a necessidade de tratamento jurídico específico para tais contingências[13]. Segundo Luiz Otávio Amaral, "consumidores, por definição, somos todos nós, (...) são o maior grupo econômico, e influenciam e são influenciados por quase toda decisão econômica pública ou privada. Apesar disso, eles são o único grupo importante, cujos pontos de vista, muitas vezes, não são considerados"[14].

Exatamente em 11 de setembro de 1990, quando o conceito de 'sociedade em rede' germinava nas ciências humanas, o Brasil editou sua Lei 8.078, uma norma de vanguarda, que se tornou conhecida por sua *nomen juris*: Código de Defesa do Consumidor. O que se tem, desde o advento da referida lei, é a instituição de um microssistema[15], que dá ensejo à delimitação da nomenclatura 'código', ao invés de simplesmente 'lei'.[16] Seus dispositivos revelam uma estrutura normativa muito avançada para aquele ano, adotando modelos de proteção que inspiraram diversos outros países a trilharem os mesmos passos rumo à regulação de suas políticas de defesa do

---

trabalhos de Yujiro Hayashi e Yoneji Masuda, com sugestões que se traduzem nas expressões "sociedade de base informacional" ou "sociedade baseada na informação". DUFF, Alistair A. *Information Society Studies*. Londres: Routledge, 2000, p. 3-4.

10. McLUHAN, H. Marshall. *Os meios de comunicação como extensões do homem*. Trad. Décio Pignatari. São Paulo: Cultrix, 2007, p. 84. Com efeito: "Os novos meios e tecnologias pelos quais nos ampliamos e prolongamos constituem vastas cirurgias coletivas levadas a efeito no corpo social com o mais completo desdém pelos anestésicos. Se as intervenções se impõem, a inevitabilidade de contaminar todo o sistema tem de ser levada em conta. Ao se operar uma sociedade com uma nova tecnologia, a área que sofre a incisão não é a mais afetada. A área da incisão e do impacto fica entorpecida. O sistema inteiro é que muda. O efeito do rádio é auditivo, o efeito da fotografia é visual. Qualquer impacto altera as *ratios* de todos os sentidos. O que procuramos hoje é controlar esses deslocamentos das proporções sensoriais da visão social e psíquica (...)."
11. VAN DIJK, Jan. *The network society*. 2. ed. Londres: Sage Publications, 2006, p. 6.
12. CASTELLS, Manuel. *The rise of the network society*. The information age: economy, society, and culture. 2. ed. Oxford: Wiley-Blackwell, 2010, v. 1, p. 138.
13. RAMSAY, Iain. Consumer protection in the era of informational capitalism. In: WILHELMSSON, Thomas; TUOMINEM, Salla; TUOMOLA, Heli (Ed.). *Consumer law in the information Society.* Haia: Kluwer Law International, 2001, p. 45-65.
14. AMARAL, Luiz Otávio de Oliveira. *Teoria geral do direito do consumidor*. São Paulo: Ed. RT, 2010, p. 19.
15. O chamado fenômeno da 'descodificação' marcou a superação do período em que os grandes códigos, como o *Code Civil* francês, de 1804, e vários outros editados ao longo dos séculos XIX e XX, que previam a universalidade de condutas jurígenas, dando ensejo a uma nova era de atomização normativa. Sobre isso, ver: IRTI, Natalino. *L'età della decodificazione*. 2. ed. Milão: Giuffrè, 1986.
16. DE LUCCA, Newton. *Direito do consumidor*: aspectos práticos – perguntas e respostas. São Paulo: Ed. RT, 1995, p. 36-36.

consumidor e ao reconhecimento de deveres de proteção lastreados em conceitos jurídicos plasmados nessa nova realidade já vislumbrada pelas outras ciências.

Hoje, porém, o analógico se tornou digital[17]. Para Luciano Floridi, o período hodierno seria de transição; uma "virada informacional", ou, ainda, uma "quarta revolução"[18], marcada pela ampla conectividade estudada por Schwab[19]. Segundo Floridi, os seres humanos deverão ser considerados, ao fim desta etapa transitória, 'organismos incorporados informacionalmente' ("*inforgs*") e inseridos em um ecossistema informacional, a "infosfera", na qual os limites entre os ambientes *online* e *offline* efetivamente se fundem, dando ensejo à verdadeira "ontologia digital"[20], que propicia a reinvenção de modelos democráticos e da própria noção de "vida" em sociedade.[21]

Lembremo-nos de que toda a preocupação do legislador constituinte originário tem supedâneo em um aspecto preponderante do consumidor: a vulnerabilidade[22]. E, nesse novíssimo ecossistema, tudo é funcionalizado a partir de uma nova *commodity*: a atenção[23]. Empresas se valem de complexos algoritmos de Inteligência Artificial para disputar o interesse do público, obtendo *clicks*, gerando visualizações, adesões (seguidores, *likes* etc.)[24] e, enfim, alterando as maneiras pelas quais os indivíduos

17. SAX, David. *A vingança dos analógicos*: por que os objetos de verdade ainda são importantes. Tradução de Alexandre Matias. Rio de Janeiro: Anfiteatro, 2017, p. 14. Anota: "Digital é a linguagem dos computadores, códigos binários de zeros e uns que, em combinações infinitas, permitem que os *hardwares* e *softwares* possam se comunicar e calcular. Se algo está conectado à Internet, se funciona com o auxílio de um *software* ou é acessado por um computador, é digital. O analógico é o *yin* do *yang* digital, o dia daquela noite. O analógico não precisa de um computador para funcionar e quase sempre existe no mundo físico (em oposição ao mundo virtual)."
18. FLORIDI, Luciano. *The 4th Revolution*: how the infosphere is reshaping human reality. Oxford: Oxford University Press, 2014, p. 1-24; 87 *et seq*.
19. SCHWAB, Klaus. *A quarta revolução industrial*. Trad. Daniel Moreira Miranda. São Paulo: Edipro, 2016, p. 115.
20. FLORIDI, Luciano. *The philosophy of information*. Oxford: Oxford University Press, 2011, p. 320. O autor comenta: "When discussing digital ontology, two separate questions arise: a. Whether the physical universe might be adequately modelled digitally and computationally, independently of whether it is actually digital and computational in itself; and b. Whether the ultimate nature of the physical universe might be actually digital and computational in itself, independently of how it can be effectively or adequately modelled."
21. LAOURIS, Yiannis. Reengineering and reinventing both democracy and the concept of life in the digital era. In: FLORIDI, Luciano (Ed.). *The onlife manifesto*: being human in a hyperconnected era. Cham/Londres: Springer OpenAccess, 2015, p. 125 *et seq*.
22. Fernando Noronha aduz que: "Na caracterização do consumidor, é preciso combinar a ideia básica de 'destinatário final', contida no art. 2º, com a da 'vulnerabilidade do consumidor no mercado de consumo', que está no art. 4º., I. Verdadeiramente merecedor de tutela será o destinatário final do produto ou serviço oferecido no mercado de consumo, que esteja em posição de vulnerabilidade". NORONHA, Fernando. *Direito das obrigações*. 3. ed. São Paulo: Saraiva, 2010, p. 354.
23. WU, Tim. *The attention merchants*: the epic scramble to get inside our heads. Nova York: Vintage, 2016. p. 5. Comenta o autor: "Since its inception, the attention industry, in its many forms, has asked and gained more and more of our waking moments, albeit always, in exchange for new conveniences and diversions, creating a grand bargain that has transformed our lives."
24. Sobre o tema, conferir, por todos, SUMPTER, David. *Outnumbered*: from Facebook and Google to fake news and filter-bubbles – the algorithms that control our lives. Londres: Bloomsbury Sigma, 2018; VAIDHYANATHAN, Siva. *The Googlization of Everything*: (and why we should worry). Berkeley: University of California Press, 2012.

interagem e se relacionam, tudo propulsionado pela inovação e pela busca incessante por algoritmos mais eficazes.

Tem-se, atualmente, verdadeira vulnerabilidade digital[25]!

Em linhas gerais, pode-se dizer que o século XXI é o epítome de um vetusto fenômeno que irradia efeitos em ritmo acelerado e desafiador à Ciência do Direito: a inovação disruptiva. O labor regulatório, historicamente delegado ao Estado pelo exercício de sua função legislativa – em especial na tradição romano-germânica (*civil law*) – não tem se mostrado capaz de trazer respostas às contingências geradas pela inovação galopante[26], mesmo com um avançado Código de Defesa do Consumidor – como é o brasileiro.

Trata-se de um 'descompasso anunciado' entre inovação e regulação, que fixa as balizas de uma disputa na qual não há vencedores: de um lado, prima-se pela liberdade econômica e pela busca de estruturas abertas (desreguladas ou pouco reguladas) para que se leve a efeito a desejada pivotagem (a ponto de se falar, por exemplo, em *Sandbox* regulatório[27] e *Open Banking*[28]) e, de outro lado, almeja-se a realização de

25. EUBANKS, Virginia. *Digital dead end*: fighting for social justice in the information age. Cambridge: The MIT Press, 2011, p. 23. Destaca a autora: "The relationship between inequality and information technology (IT) is far more complex than any picture portraying "haves" and "have-nots" can represent. Working toward an information age that protects human rights and acknowledges human dignity is far more difficult than strategies centered on access and technology distribution allow. One piece of the high-tech equity puzzle that is generally overlooked when we try to imagine "technology for people" is the relationship among technology, citizenship, and social justice. This is unfortunate, as our notions of governance, identity, and political demand making are deeply influenced by IT in a wide variety of institutions, including social service agencies, training programs, schools and colleges, government institutions, community organizations, the workplace, and the home."

26. FALEIROS JÚNIOR, José Luiz de Moura. *Administração Pública Digital*: proposições para o aperfeiçoamento do Regime Jurídico Administrativo na sociedade da informação. Indaiatuba: Foco, 2020, p. 79.

27. Com efeito: "Tratando-se da implementação de *Sandbox* Regulatório no Brasil, cabe analisar as potenciais respostas para a seguinte questão: É necessário o estabelecimento de novas leis, em sentido estrito, para a implementação da modelagem? Em outras palavras, é possível que autarquias brasileiras passem a adotar o *Sandbox* Regulatório sem a necessidade de mudanças legais? As escolhas administrativas conduzem-nos à produção de efeitos de natureza multilateral e multipolar, levando-nos ao contrassenso de que cada resolução de problemas pode gerar novos problemas." FEIGELSON, Bruno; SILVA, Luiza Caldeira Leite. Regulação 4.0: Sandbox Regulatório e o futuro da regulação. In: BECKER, Daniel; FERRARI, Isabela (Coord.). *Regulação 4.0*: novas tecnologias sob a perspectiva regulatória. São Paulo: Thomson Reuters Brasil, 2019, p. 84.

28. Nas FinTechs, o conceito de *Open Banking* está, por esse motivo, diretamente atrelado a fatores como a hipertransparência, a integração sistêmica, as parcerias interempresariais e o implemento de algoritmos para a monetização refinada de conteúdos que circulam entre plataformas estruturadas de modo adaptável e concebido em função do valor econômico dos dados pessoais (que produzem perfis). Conferir, por todos, LEAL, Ana Alves. Aspetos jurídicos da análise de dados na internet (*Big Data Analytics*) nos setores bancário e financeiro: proteção de dados pessoais e deveres de informação. In: CORDEIRO, António Menezes, OLIVEIRA, Ana Perestrelo de; DUARTE, Diogo Pereira (Org.). *FinTech*: desafios da tecnologia financeira. Coimbra: Almedina, 2017, p. 75-202. O projeto brasileiro inaugurado pela Res. Conj. CMN/BC 01/2020 possui cronograma de implementação subdividido em fases, com previsão de conclusão no último trimestre de 2021. Inquietações quanto às disputas – e ao corolário reforço das estruturas de controle de algumas corporações em detrimento de outras – fizeram surgir intensos debates acerca da relevância das estruturas de governança para a viabilização de um Sistema Financeiro Aberto. Sobre o tema, comenta Régis Bouyala: "Dans les pays développés, la généralisation de la bancarisation a engendré un développement sans précédent de la monnaie scripturale sur des supports – les moyens de paiement – économiques, dématérialisés

reformas ao arcabouço existente para que se possa reforçar normas consagradoras de deveres de proteção (por exemplo, quanto à tutela do comércio eletrônico ou à criação de um marco legal para a Inteligência Artificial).

As dificuldades inerentes ao exercício da função legislativa do Estado tornam esse contraste intrincado. Certamente, embora não possa ser desconsiderado o festejado empenho de parlamentares que buscam identificar ambientes merecedores de intervenção regulatória para a apresentação de projetos de lei, já se tornou evidente que o ritmo galopante da inovação impõe reformulações aos modelos tradicionais de regulação pela lei e de engessamento das estruturas econômicas.

Esse foi um dos motes para a promulgação, no país, da "Declaração de Direitos de Liberdade Econômica" (Lei 13.874, de 20 de setembro de 2019), escorada em postulados como a liberdade (art. 2º, I) e a intervenção subsidiária e excepcional do Estado sobre o exercício de atividades econômicas (art. 2º, III). Nesse contexto, abriu-se largo campo à estruturação de modelos de negócio baseados (e até dependentes) de algoritmos capazes de processar grandes acervos de dados, inclusive no setor financeiro e de pagamentos[29], no tradicional comércio eletrônico, nas estruturas negociais baseadas em dados e na identificação de perfis e tendências para a potencialização de lucros a partir da oferta de produtos e serviços mais personalizados ao consumidor final.

Como alerta Yuval Noah Harari, "[a] ciência moderna não tem dogma. Mas tem um conjunto de métodos de pesquisa em comum, todos baseados em coletar observações empíricas (...) e reuni-las com a ajuda de ferramentas matemáticas."[30] Por essa razão, tanto se fala em *compliance* digital, envolvendo "análise jurídica e técnica que transcende o Direito, impondo um diálogo transversal e interdisciplinar"[31].

O termo *compliance* é sabidamente oriundo da Língua Inglesa e sua *ratio* pode ser extraída da etimologia do verbo "*to comply*", que carece de tradução exata, mas revela a expectativa de conformidade e adesão a parâmetros regulatórios. Sua origem doutrinária advém de pesquisas relacionadas à governança corporativa de meados do século XX[32] e tem como pressuposto a constatação de que a natureza humana –

---

et conviviaux (cartes bancaires, virements et prélèvements). Pour en faciliter l'utilisation et l'échange, les banques et les banques centrales ont, pendant la deuxième moitié du XXe siècle, progressivement élaboré et établi des systèmes de paiement performants et sécurisés." BOUYALA, Régis. *La révolution FinTech*. Paris: RB Édition, 2016, p. 19-20.

29. KING, Brett. *Bank 4.0*: banking everywhere, never at a bank. Nova Jersey: John Wiley & Sons, 2019, p. 104, tradução livre. No original: "Behaviour is switching to mobile and digital payments globally, and will be almost exclusively digital by 2030. Voice-based commerce and mixed reality technologies will speed up the shift away from physical artifacts."
30. HARARI, Yuval Noah. *Sapiens*: uma breve história da humanidade. Trad. Janaína Marcoantonio. 38. ed. Porto Alegre: L&PM, 2018, p. 264.
31. FALEIROS JÚNIOR, José Luiz de Moura. Notas introdutórias ao *compliance* digital. In: CAMARGO, Coriolano Almeida; CRESPO, Marcelo; CUNHA, Liana; SANTOS; Cleórbete (Coord.). *Direito digital*: novas teses jurídicas. 2. ed. Rio de Janeiro: Lumen Juris, 2019, p. 123.
32. Partindo da ideia de que a cúpula estratégica da corporação está sujeita a erros, Michael Jensen e William Meckling escreveram seu emblemático artigo "*Theory of the firm*" ("Teoria da firma", no português), pu-

utilitarista e racional – conduz os indivíduos a maximizarem sua "função-utilidade", voltada muito mais a preferências e objetivos próprios do que aos da corporação.[33] O axioma de Jensen-Meckling e todos os contornos da chamada "Teoria da Firma" ("*Theory of the Firm*") revelam a inexistência do agente perfeito, que seria indiferente ao buscar maximizar seus próprios objetivos em conjugação paritária com os de terceiros.

Transporte-se essa lógica ao período atual e a dinâmica que se tem é completamente nova e desafiadora. A integração de sistemas entre vários operadores algorítmicos é condicionante fundamental dessa expansão dos negócios, e o desafio que se apresenta é justamente o controle do compartilhamento excessivo e abstruso de dados mantidos em bases antes isoladas e controladas por um único agente com vários outros, em estruturas de compartilhamento destinadas à ampliação do escopo negocial e à maximização de lucros.

Seu funcionamento está fundamentalmente conectado aos modelos negociais que Viktor Mayer-Schönberger e Thomas Ramge denominam de 'mercados ricos em dados' (*data-rich markets*)[34]. Tais estruturas são, hoje, utilizadas para a operacionalização de plataformas multilaterais, em remissão ao conceito que rendeu o Prêmio Nobel de Economia ao francês Jean Tirole (*two-sided markets*,

blicado em 1976, no qual declararam a inexistência do "agente perfeito" em qualquer organização. Esta constatação ficou conhecida na doutrina especializada como o "Axioma de Jensen-Meckling": "While the literature of economics is replete with references to the "theory of the firm," the material generally subsumed under that heading is not actually a theory of the firm but rather a theory of markets in which firms are important actors. The firm is a "black box" operated so as to meet the relevant marginal conditions with respect to inputs and outputs, thereby maximizing profits, or more accurately, present value. Except for a few recent and tentative steps, however, we have no theory which explains how the conflicting objectives of the individual participants are brought into equilibrium so as to yield this result. The limitations of this black box view of the firm have been cited by Adam Smith and Alfred Marshall, among others. More recently, popular and professional debates over the "social responsibility" of corporations, the separation of ownership and control, and the rash of reviews of the literature on the "theory of the firm" have evidenced continuing concern with these issues." JENSEN, Michael; MECKLING, William H. Theory of the firm: managerial behavior, agency costs and ownership structure. *Journal of Financial Economics*, Nova York, v. 3, n. 4, p. 305-360, out. 1976, p. 308.

33. MÄNTYSAARI, Petri. *Organising the firm*: theories of commercial law, corporate governance and corporate law. Berlim/Heidelberg: Springer-Verlag, 2012, p. 152-153. O autor anota o seguinte: "Corporate law can contain various norms that reflect the state's particular public policy preferences. These norms do not have to be designed to foster "economic efficiency" or the "joint welfare of all stakeholders". The state can use corporate law as a means to achieve a wide range of social goals. Depending on the state, they could include: equality (prohibition of discrimination, gender-based board quotas, other quotas); discrimination (on the basis of gender, race, religion, ethnic origin, nationality, or political views); rent-seeking by the ruling class (business activities, share ownership, or board membership totally or partly reserved for members of a certain class); national security (restrictions on who may control companies in certain sectors); governance of risk in general; management of systemic risk (financial industry); or other goals."

34. MAYER-SCHÖNBERGER, Viktor; RAMGE, Thomas. *Reinventing capitalism in the age of big data*. Nova York: Basic Books, 2018, p. 7. Comentam: "The key difference between conventional markets and data-rich ones is the role of information flowing through them, and how it gets translated into decisions. In data-rich markets, we no longer have to condense our preferences into price and can abandon the oversimplification that was necessary because of communicative and cognitive limits."

ou mercados bilaterais)[35], em 2014, viáveis em razão da pujança e da popularização da Internet.

Por sua vez, o estado da técnica, sempre mutável, tende a propiciar evolução ainda mais acentuada com a implementação da tecnologia 5G[36] e com a migração para o que Karan Patel já designa como '*web 5.0*'[37], além da popularização de *gadgets* interconectados pela rede e que consubstanciam o que a doutrina há tempos já designa de Internet das Coisas (*Internet of Things*, ou *IoT*)[38]. Como reagir a tudo isso?

3. A PROTEÇÃO DO CONSUMIDOR PARA ALÉM DOS LIMITES REGULATÓRIOS: POLÍTICAS DE INTEGRIDADE E GOVERNANÇA COMO ESTRUTURAS COMPLEMENTARES AOS DEVERES DE PROTEÇÃO

A atuação do legislador constituinte, ao inserir a proteção do consumidor no rol de direitos e garantias fundamentais, não somente almejou à criação normativa capaz de atender às necessidades dos consumidores, como também tutelou novas formas de contratação, o que se mostrou crucial devido ao advento da Internet, à democratização do crédito e outras variáveis que não foram previamente contempladas por ocasião da criação do Código de Defesa do Consumidor. Há alguns anos, todavia, já se iniciaram os trabalhos de importante comissão de juristas para o delineamento de propostas de atualização do CDC. Sobre o tema:

> A despeito dos avanços na disciplina consumerista brasileira, sendo inequívoca a necessidade de atualização da referida norma, o Senado Federal instituiu uma Comissão de Juristas para atualizar o CDC, e sua composição traz nomes consagrados, como Antonio Herman Benjamim (Presidente), Claudia Lima Marques (Relatora Geral), Ada Pellegrini Grinover, Kazuo Watanabe, Leonardo Roscoe Bessa e Roberto Augusto Castellanos Pfeiffer.
>
> Em meio aos vários temas contidos na norma, pode-se elencar alguns preponderantes, como os relativos às práticas de crédito, ao superendividamento e a normas instrumentais (PLS 283/2012) e ações coletivas (PLS 282/2012), além, é claro, do comércio eletrônico (originalmente, o PLS 281/2012, e, atualmente, o PL 3514/2015, que tramita na Câmara dos Deputados). Para o presente estudo, importa salientar que a justificativa para o último decorre da necessidade de aperfeiçoamento do Código no que guarda pertinência com situações da atualidade e que merecem total

35. Conferir, sobre o tema, TIROLE, Jean. *Financial crises, liquidity and the International Monetary System*. Nova Jersey: Princeton University Press, 2002; TIROLE, Jean. *The Theory of Corporate Finance*. Nova Jersey: Princeton University Press, 2006; ROCHET, Jean-Charles; TIROLE, Jean. Platform Competition in Two-Sided Markets. *Journal of the European Economic Association*, Londres, v. 1, n. 3, p. 990-1029, jun. 2003.
36. BADIC, Biljana; DREWES, Christian; KARLS, Ingolf; MUECK, Markus. *Rolling out 5G*: use cases, applications, and technology solutions. Nova York: Apress, 2016, p. 39 b
37. PATEL, Karan. Incremental journey for World Wide Web, introduced with web 1.0 to recent web 5.0: a survey paper. *International Journal of Advanced Research in Computer Science and Software Engineering*, Jaunpur, v. 3, n. 10, p. 410-417, out. 2013, p. 416.
38. AAGAARD, Annabeth. The concept and framework of digital business models. In: AAGAARD, Annabeth (Ed.). *Digital business models*: driving transformation and innovation. Cham: Palgrave Macmillan, 2019, p. 8. Anota: "Digital technologies and IoT play key roles as enablers of communication and in the exchange of quality and timely information, the sharing, storing and protection of knowledge, and provide new platforms for developing existing businesses and totally new DBMs [digital business models]."

atenção para se evitar que esse microssistema perca a força protetiva que lhe é típica, cedendo espaço para práticas abusivas que esvaziem o amparo da lei.[39]

A busca pela inovação, como se disse, envolve a necessidade de testagem das aplicações desenvolvidas, especialmente com aportes tecnológicos e busca contínua pela viabilização de novos modelos de negócio que se almeja ofertar ao mercado, independentemente de seu estado de regulação[40].

Dados são o substrato essencial desses mercados e 'datificação' é o termo empregado por Harari para explicar o fenômeno que, em sua visão, se resume a um debate sobre vigilância e controle[41]. A autodeterminação informativa é vista com festejo e a Ciência do Direito busca consagrá-la[42], mas seu exercício é definido, em caráter normativo, pela construção do conceito jurídico de 'consentimento'[43] (que deve ser livre, informado e inequívoco, segundo consta do art. 5º, XII, da LGPD).

---

39. TEIXEIRA NETO, Felipe; FALEIROS JÚNIOR, José Luiz de Moura. Contratos eletrônicos de consumo nos 30 anos do Código de Defesa do Consumidor: reflexões à luz das experiências brasileira e portuguesa. *Revista Eletrônica de Direito do Centro Universitário Newton Paiva*, Belo Horizonte, n. 41, p. 145-171, maio/ago. 2020, p. 152.
40. WU, Tim. Taking innovation seriously: antitrust enforcement if innovation mattered most. *Antitrust Law Journal*, Connecticut, v. 78, p. 313-328, 2012, p. 328. Comenta: "The most serious challenge is that the merits of the conduct challenged in exclusionary cases can often be debated, making the venture inherently more daunting. Moreover, the effects of a successful challenge are felt over the long term and are hard, if not impossible, to measure. There is no denying that protecting innovation is a murkier and vaguer goal. But it also happens to be much more important. It is the job of the enforcement agencies and their economists to exercise judgment – to make the effort to sort the wheat from the chaff, and not just retreat out of fear of making mistakes."
41. HARARI, Yuval Noah. *21 lições para o século 21*. Trad. Paulo Geiger. São Paulo: Cia. das Letras, 2018, p. 83. Comenta: "Quando a autoridade passa de humanos para algoritmos, não podemos mais ver o mundo como o campo de ação de indivíduos autônomos esforçando-se por fazer as escolhas certas. Em vez disso, vamos perceber o universo inteiro como um fluxo de dados, considerar organismos pouco mais que algoritmos bioquímicos e acreditar que a vocação cósmica da humanidade é criar um sistema universal de processamento de dados – e depois fundir-se a ele. Já estamos nos tornando, hoje em dia, minúsculos chips dentro de um gigantesco sistema de processamento de dados que ninguém compreende a fundo."
42. O tema é de tamanha relevância que, além desta sinalização da Excelsa Corte, também a doutrina já sinaliza a consagração da proteção de dados pessoais como direito fundamental. DONEDA, Danilo. O direito fundamental à proteção de dados pessoais. In: MARTINS, Guilherme Magalhães; LONGHI, João Victor Rozatti (Coord.). *Direito digital*: direito privado e Internet. 3. ed. Indaiatuba: Foco, 2020, p. 34 et seq. Ainda que reconhecido como direito implícito, o tema já provocou movimentações no Legislativo, uma vez que tramita perante o Congresso Nacional a Proposta de Emenda à Constituição 17/2019, que visa incluí-lo entre os direitos e garantias fundamentais do cidadão, inserindo o inciso XII-A ao rol do artigo 5º da Constituição. Fundamental mencionar, ademais, que o Supremo Tribunal Federal reconheceu, em maio de 2020, o direito fundamental à proteção de dados ao reconhecer proteção constitucional à autodeterminação informativa e suspender a Medida Provisória 954, que determinava o compartilhamento dos dados pessoais dos usuários de telefonia pelas empresas telefônicas ao IBGE (STF, ADIs 6.387, 6.388, 6.389, 6.390 e 6.393. Relatora Min. Rosa Weber. Julgado em 07.05.2020. Publicado em 14.11.2020).
43. DRESCH, Rafael de Freitas Valle; FALEIROS JÚNIOR, José Luiz de Moura. Reflexões sobre a responsabilidade civil na Lei Geral de Proteção de Dados (Lei 13.709/2018). In: ROSENVALD, Nelson; DRESCH, Rafael de Freitas Valle; WESENDONCK, Tula (Coord.). *Responsabilidade civil*: novos riscos. Indaiatuba: Foco, 2019, p. 74. Anotam: "O consentimento se torna a estrutura basilar do tratamento dos dados pessoais. Para traçar um comparativo, o RGPD europeu cita 72 vezes a palavra "consentimento". No art. 4º sobre as definições, define consentimento como "uma manifestação de vontade, livre, específica, informada e explícita, pela qual o titular dos dados aceita, mediante declaração ou ato positivo inequívoco, que os dados pessoais que lhe dizem respeito sejam objeto de tratamento; (...)." Não foi diferente o tratamento conferido ao tema pelo

Sem que se tenha adequação das políticas de gestão na sociedade da informação[44], em um universo dominado por análises preditivas aplicadas aos fluxos incessantes e massivos de dados – denotados pela expressão *Big Data Analytics*[45] – não haverá alternativa capaz de sustentar um modelo de atuação mercadológica consentâneo com os desafios que se apresentam nesta nova realidade informacional.

Não há dúvida alguma de que, ao primar pelo consentimento, a lei procurou atribuir ao titular de dados o efetivo poder sobre seus dados. Essa realidade, contudo, seria mais perceptível em um mundo ideal, não em um contexto marcado por mercados ricos em dados, conforme se explicou.

Sendo nula a coleta do consentimento, quando realizada através de métodos que não demonstrem sua inequívoca manifestação[46], novas técnicas de interação virtual passam a ser necessárias para que agentes e titulares de dados realizem trocas informacionais. É nesse aspecto que a lei passa a impor elementos fundamentais para a efetiva prevenção de ilícitos e para a mitigação de danos. A transparência (*disclosure*)[47], por exemplo, aparece como princípio (art. 6º, VI) do tratamento de dados pessoais, com o seguinte conceito: "garantia, aos titulares, de informações claras, precisas e facilmente acessíveis sobre a realização do tratamento e os respectivos agentes de tratamento, observados os segredos comercial e industrial".

legislador brasileiro, que, no art. 7º da Lei 13.709/2018, atribuiu ao consentimento do titular a natureza de requisito essencial para o tratamento dos dados pessoais: não sendo o consentimento livre, informado e inequívoco (art. 5º, XII), a medida se torna ilegal."

44. POLIZELLI, Demerval L.; OZAKI, Adalton M. *Sociedade da informação*: os desafios na era da colaboração e da gestão do conhecimento. São Paulo: Saraiva, 2008, p. 177.

45. LEAL, Ana Alves. Aspetos jurídicos da análise de dados na internet (*Big Data Analytics*) nos setores bancário e financeiro: proteção de dados pessoais e deveres de informação. In: CORDEIRO, António Menezes, OLIVEIRA, Ana Perestrelo de; DUARTE, Diogo Pereira (Ed.). *FinTech*: desafios da tecnologia financeira. Coimbra: Almedina, 2017, p. 75-202.

46. Quanto à forma de obtenção do consentimento, o artigo 8º da lei assim prevê: "Art. 8º O consentimento previsto no inciso I do art. 7º desta Lei deverá ser fornecido por escrito ou por outro meio que demonstre a manifestação de vontade do titular. § 1º Caso o consentimento seja fornecido por escrito, esse deverá constar de cláusula destacada das demais cláusulas contratuais. § 2º Cabe ao controlador o ônus da prova de que o consentimento foi obtido em conformidade com o disposto nesta Lei. § 3º É vedado o tratamento de dados pessoais mediante vício de consentimento. § 4º O consentimento deverá referir-se a finalidades determinadas, e as autorizações genéricas para o tratamento de dados pessoais serão nulas. § 5º O consentimento pode ser revogado a qualquer momento mediante manifestação expressa do titular, por procedimento gratuito e facilitado, ratificados os tratamentos realizados sob amparo do consentimento anteriormente manifestado enquanto não houver requerimento de eliminação, nos termos do inciso VI do caput do art. 18 desta Lei. § 6º Em caso de alteração de informação referida nos incisos I, II, III ou V do art. 9º desta Lei, o controlador deverá informar ao titular, com destaque de forma específica do teor das alterações, podendo o titular, nos casos em que o seu consentimento é exigido, revogá-lo caso discorde da alteração."

47. KLOUS, Sander; WIELAARD, Nart. *We are Big Data*: the future of the information society. Amsterdã: Atlantis Press, 2016, p. 21-22. Segundo os autores: "This lack of transparency generates an enormous imbalance in society's information flows: businesses and governments are getting to know us better and better, but we have to continue to guess how they operate. The question is for how long society will be willing to accept this lack of balance."

O acesso à informação tornou-se tão amplo que já se analisa as consequências jurídicas do 'excesso informacional'[48]. Não obstante, a doutrina há tempos também reafirma que a informação não é um fim em si mesma[49]. Em outras palavras, deve-se trabalhar com linguagem simples, ilustrações intuitivas, explicações que permitam ao usuário-médio (*average or typical consumer*)[50] saber quais dados serão coletados, como serão tratados, para qual finalidade e qual é o grau de segurança que razoavelmente poderá esperar.

Se reacende, nesse contexto, a discussão em torno da *accountability*:

> A discussão sobre *accountability* (...) reflete a complexidade da governança e a necessidade de envolver várias instituições no processo de governar. A *accountability* reflete a necessidade de coordenação e interação horizontal entre instituições em um único nível de governo. As questões de *accountability* mencionadas enfatizam as possibilidades de projetar interações entre instituições como mecanismos de controle – o argumento familiar de freios e contrapesos [*checks and balances*] dos governos presidenciais. A *accountability* é a mais importante das interações entre instituições de uma perspectiva democrática, mas existem várias outras interações importantes que afetam a governança[51].

Não se nega a importância de superação da exclusão digital e da propagação da educação digital na sociedade do século XXI.[52] Porém, para a efetivação dos de-

---

48. Daniel J. Solove aborda esse tema reportando-se à expressão "acúmulo de informações". SOLOVE, Daniel J. *Understanding privacy*. Cambridge: Harvard University Press, 2008, p. 4. Sobre o tema, citando exemplos pitorescos como o desestímulo ao consumo de certos alimentos pelo detalhamento excessivo de informações nutricionais, além de inúmeros outros que contextualizam essa preocupação, confira-se: SUNSTEIN, Cass R. *Too much information*. Cambridge: The MIT Press, 2020, p. 4-8. Importante, também nesse contexto, o comentário de João Pedro Leite Barros: "[o] fornecedor pode distorcer o comportamento do consumidor através de determinadas práticas, mesmo que inconscientes. Trata-se, muitas vezes, de condutas ardilosas do fornecedor ou simplesmente do cumprimento equivocado da legislação vigente que, em última análise, prejudicam o consumidor levando-o a contratar instantaneamente e de forma impensada. É dizer, não são cumpridos os requisitos da *suitability* (adequabilidade) da informação, cujos parâmetros fundamentais são especialmente a exatidão, dimensão sucinta, compreensibilidade, clareza e fácil acesso". BARROS, João Pedro Leite, O excesso de informação como abuso do direito (dever). *Revista Luso-Brasileira de Direito do Consumo*, Curitiba, v. VII, n. 25, 2017, p. 28 et seq.
49. BOURGOIGNIE, Thierry. *Éléments pour une théorie du droit de la consommation*. Bruxelas: E. Story-Scientia, 1988, p. 136.
50. STRAETMANS, Gert. Information obligations and disinformation of consumers. In: STRAETMANS, Gert (Ed.). *Information obligations and disinformation of consumers*. Cham: Springer, 2019, p. 13. Explica: "The idea of an average or typical consumer has been used by most of the European member states' courts as a benchmark even in cases where it is not specifically referred to in legislation. It follows that the 'average consumer' is also used by national courts in the member states of the EU as the general benchmark to assess the unfair character of contract terms. In Ireland for instance the average consumer is referred to as a benchmark in relation to the transparency requirement for unfair terms or in cases of passing off."
51. PIERRE, Jon; PETERS, B. Guy. *Governing complex societies*: trajectories and scenarios. Londres: Palgrave Macmillan, 2005, p. 138, tradução livre. No original: "The discussion of accountability (...) reflects the complexity of governance and the need to involve a number of institutions in the process of governing. Accountability reflects the need for horizontal coordination and interaction among institutions within a single level of government. The accountability issues mentioned emphasize the possibilities of designing interactions among institutions as mechanisms for control – the familiar checks and balances argument of presidential governments. Accountability is the most important of the interactions among institutions from a democratic perspective, but there are a number of other important interactions that affect governance."
52. VAN DEURSEN, Alexander; HELSPER, Ellen J.; EYNON, Rebecca. *Measuring digital skills*: from digital skills to tangible outcomes project report. Oxford Internet Institute, 2014. Disponível em: http://www.oii.ox.ac.uk/research/projects/?id=112. Acesso em: 12 dez. 2020.

veres de proteção – especialmente nas relações de consumo – impõe-se necessária coordenação vertical, interinstitucional, consensual e responsiva lastreada na governança; trata-se, essencialmente, de uma nova proposta contextual para a organização de deveres neste novo ambiente, menos regulado (ou até desregulado, como nas estruturas de *Sandbox*) e parametrizado a partir de aspectos definidos para cada espécie de atividade econômica. A seguir, serão analisados brevemente o comércio eletrônico, as práticas relacionadas à perfilização e aquelas relacionadas à utilização de estruturas preditivas.

3.1 O comércio eletrônico, sua regulação e o alvorecer da '*web 5.0*'

Já se anotou anteriormente que o limiar de transição para a chamada *web 5.0* está próximo e será marcado pela hiperconectividade e pela potencialização de atividades desenvolvidas na Internet. Tecnologias descentralizadas permitirão o florescimento e a propagação comercial de redes neurais (e o gigantesco potencial do aprendizado algorítmico profundo, ou *deep learning*), com processamento computacional interligado a partir da comunicação 5G e funcionalizado pela Internet das Coisas[53]. O comércio eletrônico sofrerá influências notáveis[54], sendo otimizado para produzir resultados ainda mais vultosos em novos mercados baseados em estruturas multilaterais datificadas (os já citados mercados ricos em dados), que produzirão resultados hiperlucrativos em um ecossistema governado pela coleta de informações sobre hábitos, preferências, histórico de consumo e outras sutilezas que serão interligadas a fontes variadas para a realização de inferências que otimizem a oferta.

Em verdade, o uso dessas tecnologias abre novas possibilidades para a exploração de práticas abusivas exatamente porque surgem nexos de centralização do poder (pela arquitetura, como sempre anteviu Lessig[55]); porém, ainda que careçam de clareza absoluta ou de previsões mais específicas e atualizadas em relação a esse novo cenário (e às suas consequências), os dispositivos do CDC brasileiro são capazes de tutelar tais contingências, mesmo que seja uma lei datada de 1990 e que acaba de completar trinta anos.

---

53. GREENGARD, Samuel. *The Internet of Things*. Cambridge: The MIT Press, 2015, p. 188-189.
54. MARQUES, Claudia Lima, *Confiança no comércio eletrônico e a proteção do consumidor*: um estudo dos negócios jurídicos de consumo no comércio eletrônico. São Paulo: Ed. RT, 2004, p. 71-72.
55. Lawrence Lessig descrevia uma extrapolação regulatória decorrente do "poder pela arquitetura". Essa visão é sintetizada por Andrew Murray: "An attempt to extend the traditional model of regulatory analysis into Cyberspace was made by Lawrence Lessig in his monograph Code and Other Laws of Cyberspace. In this Lessig seeks to identify four 'modalities of regulation': (1) law, (2) market, (3) architecture, and (4) norms which may be used individually or collectively either directly or indirectly by regulators. Each modality thus has a role to play in regulating your decision. Lessig suggests that the true regulatory picture is one in which all four modalities are considered together. Regulators will design hybrid regulatory models choosing the best mix of the four to achieve the desired outcome." MURRAY, Andrew. Conceptualising the post--regulatory (cyber)state. In: BROWNSWORD, Roger; YEUNG, Karen (Ed.). *Regulating technologies*: legal futures, regulatory frames and technological fixes. Oxford: Hart Publishing, 2008, p. 291-292. Sugere-se a leitura, ademais, da obra original: LESSIG, Lawrence. *Code, and other laws of cyberspace 2.0*. 2. ed. Nova York: Basic Books, 2006, p. 123.

Sem dúvidas, "a Internet configura um novo meio, permitindo a conexão de pessoas nas mais diversas situações, com os mais diversos propósitos. A inter-relação é de tal modo facilitada que se costuma falar em desterritorialização das relações celebradas por meio eletrônico".[56] Os contratos eletrônicos de consumo são tidos como contratos atípicos e de forma livre, embora determinados conteúdos obrigacionais possuam previsão na legislação, como os pactos de compra e venda e de prestação de serviços.[57] No entanto, admitida a forma livre, o contrato eletrônico adquire existência a partir de *clicks* efetuados pelo *mouse* do computador, que são registrados e configuram a aceitação.

Em essência, "se antes o produto ou serviço era fornecido, em regra, apenas pelo fornecedor imediato, a Internet possibilitou aos sujeitos da cadeia de fornecimento novas formas de atuar em relação aos consumidores".[58] Noutros dizeres, a proteção do consumidor poderá ser dividida em momentos díspares: antes e depois da aparição do comércio eletrônico, tornando necessárias novas soluções para problemas que surgem[59] e que, agora, são desafiados por novas fronteiras do implemento de algoritmos que podem gerar discriminação e consequente ilegalidade.

Veja-se o exemplo das práticas denominadas *geo-pricing* e *geo-blocking*: estruturas algorítmicas podem ser desenvolvidas para apresentar precificação diversa a consumidores interessados em contratar determinado serviço, ou mesmo impedi-los de ter acesso à contratação, em razão de dados de localização geográfica coletados a partir do *Internet Protocol* (IP) e entrelaçados a dados de navegação (*cookies*)[60].

Em verdade, é necessário deixar claro que o comércio eletrônico está conectado à ideia de economia digital e de economia da informação, de modo que é possível pensar que se está diante de um 'mundo novo', além do alcance regulatório do direito tradicionalmente concebido, porquanto permeável por ações preditivas inovadoras, tais como a precificação baseada em análise comportamental, o *framing* e o *anchoring*[61],

---

56. KLEE, Antonia Espíndola Longoni. *Comércio eletrônico*. São Paulo: Ed. RT, 2014, p. 227.
57. LEAL, Sheila do Rocio Cercal Santos. *Contratos eletrônicos*: validade jurídica dos contratos via Internet. São Paulo: Atlas, 2007, p. 82.
58. MARTINS, Guilherme Magalhães. *Contratos eletrônicos de consumo*. 3. ed. São Paulo: Atlas, 2016, p. 140-141. E o autor prossegue: "A conexidade contratual nasce da autonomia da vontade, de modo que as novas necessidades econômicas exigem a busca de formas contratuais distintas dos tipos legais, como expressão da autorregulação dos particulares, sempre que a operação for dotada de unidade e ordem, configurando verdadeiro sistema".
59. LORENZETTI, Ricardo Luís. *Comércio eletrônico*. Trad. Fabiano Menke. São Paulo: Ed. RT, 2004, p. 354.
60. Conferir, sobre o tema, FALEIROS JÚNIOR, José Luiz de Moura; BASAN, Arthur Pinheiro. Desafios da predição algorítmica na tutela jurídica dos contratos eletrônicos de consumo. *Revista da Faculdade de Direito da UFRGS*, Porto Alegre, n. 44, p. 131-153, dez. 2020; MORASSUTTI, Bruno Schimitt. Responsabilidade civil, discriminação ilícita e algoritmos computacionais: breve estudo sobre as práticas de geoblocking e geopricing. *Revista de Direito do Consumidor*, São Paulo, v. 124, p. 213-234, jul./ago. 2019, p. 216-219; MARTINS, Guilherme Magalhães. O geopricing e geoblocking e seus efeitos nas relações de consumo. In: FRAZÃO, Ana; MULHOLLAND, Caitlin (Coord.). *Inteligência artificial e direito*: ética, regulação e responsabilidade. São Paulo: Thomson Reuters Brasil, 2019, p. 635-647.
61. Analisando tais práticas no curioso mercado de *games*, conferir FALEIROS JÚNIOR, José Luiz de Moura; DENSA, Roberta. Para além das 'loot boxes': responsabilidade civil e novas práticas abusivas no mercado de games. In: FALEIROS JÚNIOR, José Luiz de Moura; LONGHI, João Victor Rozatti; GUGLIARA, Rodrigo

a adição de itens como presentes ou bônus, a venda de itens em pacotes (*bundling*), o fatiamento de preços etc.[62] Fala-se até mesmo nos *nudges* publicitários e na intervenção sutil que coordena a atenção do ciber-consumidor e, em decorrência disso, o leva a firmar contratações na Internet.[63]

3.2 Perfilização (*profiling*) e proteção do ciberconsumidor: como conciliar?

No intuito de prevenir a criação indiscriminada de perfis comportamentais a partir do malfadado *profiling* (traduzido como 'perfilização'[64]), a LGPD cuidou de tutelar tais práticas nos artigos 12, §2°, e 20, não as reputando ilícitas, mas deixando claro que, quando implementadas, tornarão a atividade suscetível aos rigores da lei. Entretanto, sabe-se que o escopo de incidência da LGPD é restrito, somente se dirigindo à proteção da pessoa natural, designada na lei como 'titular de dados' (art. 5°, V, e art. 17, *caput*). Pessoas jurídicas não recebem igual proteção, embora participem dos mesmos mercados ricos em dados, às vezes como consumidoras (destinatárias finais de produtos e serviços). Segundo Tal Zarsky:

> Para superar os desafios da criação de perfis, eu praticamente convoco a construção de várias pontes conceituais entre institutos estrangeiros; apelo para que as noções americanas de proteção da privacidade (ou a falta dela) entrem em contato com o entendimento europeu de proteção de dados (e seus limites). Proponho também a ligação dos temas e conceitos americanos de soluções de mercado com as ideias europeias de intervenção regulatória, protegendo simultaneamente a autonomia do indivíduo. Finalmente, utilizo as leis de proteção ao consumidor para responder aos problemas de agregação de dados[65].

Assim, a perfilização reflete a utilização de uma grande quantidade de dados analisados por algoritmos previamente programados e que propiciam "o delineamento do perfil comportamental do indivíduo, que passa a ser analisado e objetificado a partir dessas projeções".[66] Através do *profiling*, leciona Danilo Doneda, empresas que possuem

---

(Coord.). *Proteção de dados pessoais na sociedade da informação*: entre dados e danos. Indaiatuba: Foco, 2020, p. 333-356.

62. VAN BOOM, Willem H. Price intransparency, consumer decision making and European Consumer Law. *Journal of Consumer Policy*, Cham: Springer, v. 34, p. 359-376, 2011, p. 362-265.
63. THALER, Richard H.; SUNSTEIN, Cass R. *Nudge*: improving decisions about health, wealth, and happiness. New Haven: Yale University Press, 2008, p. 229-235.
64. ZANATTA, Rafael. Perfilização, Discriminação e Direitos: do Código de Defesa do Consumidor à Lei Geral de Proteção de Dados. *ResearchGate*. fev. 2019. Disponível em: https://bit.ly/3hQe5wM. Acesso em: 1° dez. 2020.
65. ZARSKY, Tal. Responding to the inevitable outcomes of profiling: recent lessons from consumer financial markets, and beyond. In: GUTWIRTH, Serge; POULLET, Yves; DE HERT, Paul (Ed.). *Data protection in a profiled world*. Cham: Springer, 2010, p. 73, tradução livre. No original: "To overcome the challenges of profiling, I practically call for the erection of several conceptual bridges among almost foreign concepts; I call for the meshing of the American notions of privacy protection (or lack thereof) with the European understanding of Data Protection (and its limits). I also call for connecting the American themes and concepts of market solutions with the European ideas of regulatory intervention, while protecting the individual's autonomy. Finally, I draw upon the laws of consumer protection to answer for the troubles of data aggregation."
66. MARTINS, Guilherme Magalhães; LONGHI, João Victor Rozatti; FALEIROS JÚNIOR, José Luiz de Moura. A pandemia da covid-19, o "profiling" e a Lei Geral de Proteção de Dados. *Migalhas*, 28 abr. 2020. Disponível em: https://bit.ly/3lcN34E. Acesso em: 21 dez. 2020.

muitos dados os tratam com técnicas que se dedicam a obter "uma 'metainformação', que consistiria numa síntese dos hábitos, preferências pessoais e outros registros da vida desta pessoa", sendo que "o resultado pode ser utilizado para traçar um quadro das tendências de futuras decisões, comportamentos e destino de uma pessoa ou grupo".[67]

De acordo com Aurelia Tamò-Larrieux:

> O tratamento de dados pessoais tornou-se um aspecto integrante da atividade social e econômica na esfera digital. Por meio do desenvolvimento de novos produtos e serviços, os mercados estimulam a demanda e atendem ao apelo social por eficiência e conveniência. Esses serviços antecipam o que os clientes desejam e oferecem essas opções. (...) Além disso, as empresas podem classificar as preferências do consumidor por meio do uso de algoritmos de criação de perfil. Esses algoritmos extraem conjuntos de dados grandes e díspares em busca de padrões e correlações e classificam os assuntos em grupos e categorias. Esses bancos de dados digitais permitem a construção de registros inclusivos e persistentes de hábitos individuais, informações demográficas, crenças, preferências ou comportamento psicológico[68].

Segundo Zanatta, o processo de perfilização envolve, pelo menos, as etapas de (a) registro dos dados, (b) agregação e monitoramento de dados, (c) identificação de padrões nos dados, (d) interpretação de resultados, (e) monitoramento dos dados para checar resultados e (f) aplicação de perfis.[69] Se não é possível vislumbrar, antecipadamente, todas as consequências do implemento dessa técnica, ao menos é possível compreender alguns de seus problemas – já existentes – para que eventual mapeamento de riscos propicie a parametrização de estruturas de proteção que congreguem inovação e regulação em esperada harmonia, mesmo que o CDC, a LGPD e outras fontes que compõem o microssistema de proteção do consumidor não tratem de forma detalhada desse tema e de outros correlatos.

3.3 Práticas comerciais abusivas baseadas em algoritmos preditivos: uma nova fronteira?

Há, como já se destacou, várias práticas levadas a efeito em razão do implemento de técnicas voltadas ao mapeamento de interesses (a partir dos chamados *cookies*[70]),

67. DONEDA, Danilo. *Da privacidade à proteção dos dados pessoais*: elementos da formação da Lei Geral de Proteção de Dados. 2. ed. São Paulo: Thomson Reuters Brasil, 2019, p. 151.
68. TAMÒ-LARRIEUX, Aurelia. *Designing for privacy and its legal framework*: data protection by design and default for the Internet of Things. Basileia: Springer, 2018, p. 3, tradução livre. No original: "The processing of personal data has become an integral aspect of social and economic activity in the digital sphere. Through development of new products and services, markets spur the demand for and respond to the societal call for efficiency and convenience. Such services anticipate what customers want in advance and provide them with those options. (...). Additionally, companies can classify consumer preferences through the use of profiling algorithms. These algorithms mine large, disparate datasets for patterns and correlations and sort subjects into groups and categories. Such digital databases allow for the construction of inclusive and persistent records of individual habits, demographic information, beliefs, preferences, or psychological behavior."
69. ZANATTA, Rafael. Perfilização, Discriminação e Direitos: do Código de Defesa do Consumidor à Lei Geral de Proteção de Dados. *ResearchGate*. fev. 2019. Disponível em: https://bit.ly/3hQe5wM. Acesso em: 01 set. 2020, p. 6.
70. Sobre os *cookies* e seus impactos quanto ao direito à privacidade, conferir: ZIMMERMAN, Rachel K. The way "cookies" crumble: Internet privacy and data protection in the Twenty-First Century. *NYU Journal on Legislation and Public Policy*, Nova York, v. 4, p. 439-464, 2000.

em conjugação com outros dados, para o fim de, traçando o perfil do potencial consumidor, viabilizar a elevação ou redução do preço final do produto ou serviço que lhe é apresentado, maximizando lucros.[71] O potencial de discriminação de preços, condições negociais, qualidade e quantidade e outras informações relevantes, nessas práticas, depende de variáveis dinâmicas e dos substratos valorados (com maior ou menor 'peso') nos algoritmos que operacionalizam a mineração e o processamento de dados. E, além da violação flagrante às relações de consumo e à boa-fé que deve reger as contratações eletrônicas, tem-se em pauta uma questão fundamentalmente ética[72], pois seria possível programar o algoritmo para indicar preços mais elevados para usuários perfilados como 'pessoas com maior poder aquisitivo'.

Enfim, nesses casos, o consumidor é exposto a um algoritmo sofisticado, que é capaz de adaptar os termos contratuais para melhorar ou piorar as condições apresentadas, maculando a transparência da transação.[73] Tudo se reconfigura e ocorre verdadeira manipulação na formalização do contrato eletrônico de consumo, violando uma série de deveres consagrados na principiologia que rege a Política Nacional das Relações de Consumo e até mesmo parâmetros éticos concernentes ao desenvolvimento dessas aplicações. Ocorre a 'quebra' do dever de informação, corolário do princípio da transparência[74] e da boa-fé objetiva. Pratica-se, ao fim e ao cabo, violação fatal ao princípio da neutralidade da rede (art. 9º do Marco Civil da Internet[75]), que impõe justamente a não-discriminação.[76-77]

Infelizmente, não se tem grande proeminência de iniciativas de *compliance* para o direito do consumidor no Brasil. Estudo de Claudia Lima Marques e Patricia Galindo da Fonseca, escorado em relatório de 2016 à International Academy of Consumer Law, indica que ainda são comuns infrações publicitárias, a despeito dos esforços do Conselho Nacional de Autorregulamentação Publicitária – CONAR. O trabalho

---

71. CUMMINGS, Rachel; DEVANUR, Nikhil R.; HUANG, Zhiyi; WANG, Xiangning. Algorithmic Price Discrimination. *Proceedings of the Thirty-First Annual ACM-SIAM Symposium on Discrete Algorithms*, Nova York, p. 2432-2451, jan. 2020.
72. SCHOLZ, Lauren H. Algorithmic contracts. *Stanford Technology Law Review*, Stanford, v. 20, n. 2, p. 128-168, set./dez. 2017, p. 144.
73. VAN OOIJEN, Iris; VRABEC, Helena U. Does the GDPR enhance consumers' control over personal data? An analysis from a behavioural perspective. *Journal of Consumer Policy*, Berlin/Heidelberg: Springer-Verlag, v. 42, p. 91-107, 2019, p. 92 et seq.
74. Sobre o tema, confira-se: KRETZMANN, Renata Pozzi. *Informação nas relações de consumo*: o dever de informar do fornecedor e suas repercussões jurídicas. Belo Horizonte: Casa do Direito, 2019, item 1.3; BARROS, João Pedro Leite. Os contratos de consumo celebrados pela Internet. Um estudo de direito comparado luso-brasileiro. In: ATAÍDE, Rui Paulo Coutinho de Mascarenhas; BARATA, Carlos Lacerda (Coord.). *Estudos de direito do consumo*. Lisboa: AAFDL, 2017, v. 5, p. 509-512.
75. "Art. 9º. O responsável pela transmissão, comutação ou roteamento tem o dever de tratar de forma isonômica quaisquer pacotes de dados, sem distinção por conteúdo, origem e destino, serviço, terminal ou aplicação."
76. PARENTONI, Leonardo. Network neutrality: what is internet made of, how is it changing and how does it affect your life? *Revista da Faculdade de Direito da UFMG*, Belo Horizonte, número Especial, 2nd Conference Brazil-Italy, p. 195-243, 2017.
77. BELLI, Luca; DE FILIPPI, Primavera. General introduction: towards a multistakeholder approach to network neutrality. In: BELLI, Luca; DE FILIPPI, Primavera (Ed.). *Net neutrality compendium*: human rights, free competition and the future of the Internet. Cham: Springer, 2016, p. 11-12.

ainda menciona a existência de iniciativas autorregulatórias, como o Código de Autorregulação Bancária, de 28 de agosto de 2008, mas alerta para seu baixíssimo impacto prático[78].

Os clássicos institutos do CDC exercem brilhante papel na tutela das relações de consumo levadas a efeito na Internet, a sua coordenação estratégica ainda é dependente do *enforcement* levado a efeito pelos diversos atores da esfera administrativa (como os Procon's) e pelo Judiciário. Porém, uma reforma já é fortemente aguardada e, com a evolução ainda mais acentuada que se passará a notar em anos vindouros, mesmo os louváveis esforços regulatórios poderão não bastar. Para o comércio eletrônico, como anota João Pedro Leite Barros, "um programa de *compliance* bem instruído deve contemplar ações conjuntas dos mais variados setores de uma empresa, notadamente o setor de vendas com o *marketing* digital. (...) De nada adianta fazer uma publicidade "diferenciada", com diversos artifícios de *marketing*, se o dever de informação prestado pelo fornecedor for deficiente."[79]

Com a ascensão da economia da atenção e o surgimento de atividades econômicas baseadas em *data analytics*, engajamento, números de inscritos e seguidores, influenciadores digitais e, em linhas mais amplas, *marketing* digital, novas nuances regulatórias serão fundamentais. A LGPD talvez represente o 'primeiro passo'.

O legislador brasileiro, agindo em sintonia com modelos que vêm ganhando espaço noutras legislações[80], previu a governança de dados como uma *faculdade* do agente, dela cuidando especificamente em seus artigos 50 e 51:

---

78. MARQUES, Claudia Lima; FONSECA, Patricia Galindo da. Consumer protection in Brazil: the 2016 Report for the International Academy of Consumer Law. In: MICKLITZ, Hans-W.; SAUMIER, Geneviève (Ed.). *Enforcement and effectiveness of consumer law*. Cham: Springer, 2018, p. 113. Anotam: "The private regulation has almost none relevance in Brazil. There are some autoregulation council of ethic that work in many cases each year, with some interesting regulation for children advertising and environmental impacts. For example in advertising, the Conselho de Autoregulamentação Publicitária (CONAR) was created in 1977 and since 1978 has decided more than 8000 cases. Despite this effort, many illicit advertising remain in Brazil and have no important impact at the web advertising. There are also some autoregulation Code, like the Brazilian Bank Federation Conduct of Conduct (Código de Autoregulação Bancária, de 28 de Agosto de 2008), but the impact in the bank praxis with consumers is almost null. Article 7 of the Brazilian Consumer Code allows the consumer to use the deontological rules of the professionals and providers to establish the standard of good faith of the conduct. So some international and intern Rules of the Central Bank are used in consumer cases. The consumers may claim direct to the CONAR (in 2015, from the 241 cases solved, 128 came from consumers), and in 56% of the cases the professional have same fine as sanction. CONAR makes also conciliations between the advertising providers and their clients."
79. BARROS, João Pedro Leite. Programas de compliance no comércio eletrônico de consumo. *Consultor Jurídico*, 20 jun. 2019. Disponível em: https://www.conjur.com.br/2019-jun-20/joao-leite-barros-compliance-comercio-eletronico-consumo. Acesso em: 20 dez. 2020.
80. É o caso do regulamento europeu: "The GDPR [Art. 32(2) GDPR; Art. 7(1) Directive 95/46/EC] forces data controllers to mitigate the risk of a potential privacy breach by establishing internal procedures to assess data protection risks of their products and services. Risk assessment provisions encourage data controllers to weigh technical data protection measures against risks faced by data processing activities. These measures must be proportionate to the envisaged risks." TAMÒ-LARRIEUX, Aurelia. *Designing for privacy and its legal framework*: data protection by design and default for the Internet of Things. Basileia: Springer, 2018, p. 96.

Art. 50. Os controladores e operadores, no âmbito de suas competências, pelo tratamento de dados pessoais, individualmente ou por meio de associações, poderão formular regras de boas práticas e de governança que estabeleçam as condições de organização, o regime de funcionamento, os procedimentos, incluindo reclamações e petições de titulares, as normas de segurança, os padrões técnicos, as obrigações específicas para os diversos envolvidos no tratamento, as ações educativas, os mecanismos internos de supervisão e de mitigação de riscos e outros aspectos relacionados ao tratamento de dados pessoais.

§ 1º Ao estabelecer regras de boas práticas, o controlador e o operador levarão em consideração, em relação ao tratamento e aos dados, a natureza, o escopo, a finalidade e a probabilidade e a gravidade dos riscos e dos benefícios decorrentes de tratamento de dados do titular.

§ 2º Na aplicação dos princípios indicados nos incisos VII e VIII do caput do art. 6º desta Lei, o controlador, observados a estrutura, a escala e o volume de suas operações, bem como a sensibilidade dos dados tratados e a probabilidade e a gravidade dos danos para os titulares dos dados, poderá:

I - Implementar programa de governança em privacidade que, no mínimo:

a) demonstre o comprometimento do controlador em adotar processos e políticas internas que assegurem o cumprimento, de forma abrangente, de normas e boas práticas relativas à proteção de dados pessoais;

b) seja aplicável a todo o conjunto de dados pessoais que estejam sob seu controle, independentemente do modo como se realizou sua coleta;

c) seja adaptado à estrutura, à escala e ao volume de suas operações, bem como à sensibilidade dos dados tratados;

d) estabeleça políticas e salvaguardas adequadas com base em processo de avaliação sistemática de impactos e riscos à privacidade;

e) tenha o objetivo de estabelecer relação de confiança com o titular, por meio de atuação transparente e que assegure mecanismos de participação do titular;

f) esteja integrado a sua estrutura geral de governança e estabeleça e aplique mecanismos de supervisão internos e externos;

g) conte com planos de resposta a incidentes e remediação; e

h) seja atualizado constantemente com base em informações obtidas a partir de monitoramento contínuo e avaliações periódicas;

II - Demonstrar a efetividade de seu programa de governança em privacidade quando apropriado e, em especial, a pedido da autoridade nacional ou de outra entidade responsável por promover o cumprimento de boas práticas ou códigos de conduta, os quais, de forma independente, promovam o cumprimento desta Lei.

§ 3º As regras de boas práticas e de governança deverão ser publicadas e atualizadas periodicamente e poderão ser reconhecidas e divulgadas pela autoridade nacional.

Art. 51. A autoridade nacional estimulará a adoção de padrões técnicos que facilitem o controle pelos titulares dos seus dados pessoais.

Sendo certo que a LGPD incide sobre as operações de tratamento de dados realizadas pelo Poder Público (artigos 23 a 30), outro não poderia ser o desfecho desta tendência, senão a edição, pela União[81], de uma normativa especificamente voltada à

81. Trata-se do Decreto 10.046, de 07 de outubro de 2019. O artigo 2º, inciso XV, do decreto conceitua como 'governança de dados' o "exercício de autoridade e controle que permite o gerenciamento de dados sob as perspectivas do compartilhamento, da arquitetura, da segurança, da qualidade, da operação e de outros

regência de sua política de governança para o compartilhamento de dados, que passa a se apresentar em sintonia exata com os propósitos de *compliance* digital.

Embora não se tenha estruturas consolidadas de regulação de atividades privadas a partir do *compliance*, o ordenamento brasileiro não desconsidera essas estruturas. Em verdade, notícia de 22 de dezembro de 2020 informa que a Secretaria Nacional do Consumidor (Senacon) aderiu[82] a todas as normativas de proteção ao consumidor da Organização para a Cooperação e Desenvolvimento Econômico – OCDE[83].

Em verdade, espera-se que tais estruturas floresçam cada vez mais, especialmente em equilíbrio com a recente tendência à maior liberdade econômica. Se, de um lado, o artigo 4º do CDC define a Política Nacional das Relações de Consumo e indica a propensão axiológica à sua proteção constitucional, de outro, a Declaração de Direitos de Liberdade Econômica abre margem a espaços não regulados, mas com limitações, a exemplo da ressalva que apresenta no inciso II do § 3º de seu artigo 3º, ao excetuar a aplicação do inciso III do *caput* (que permite ao agente econômico "definir livremente, em mercados não regulados, o preço de produtos e de serviços como consequência de alterações da oferta e da demanda") "à legislação de defesa da concorrência, aos direitos do consumidor e às demais disposições protegidas por lei federal".

Para isso, são fundamentais as discussões, dentre outros temas, sobre o *Sandbox* regulatório[84] para a testagem de mudanças disruptivas, ou quanto às clássicas reflexões sobre a regulação responsiva, que remontam aos escritos de Ayres e Braithwaite[85].

Fato é que, para que se encontre um equilíbrio, diversas propostas já foram apresentadas e, usualmente, partem do pressuposto de que a intervenção regulatória

---

aspectos tecnológicos". No cotejo do compartilhamento, por sua vez, o artigo 4º define três níveis essenciais: (i) amplo; (ii) restrito; (iii) específico.

82. MUNIZ, Mariana. Brasil adere a todas as normativas de proteção do consumidor da OCDE. *Veja*, 22 dez. 2020. Disponível em: https://veja.abril.com.br/blog/radar/brasil-adere-a-todas-as-normativas-de-protecao-do-consumidor-da-ocde/. Acesso em: 23 dez. 2020. Informa a notícia: "Os temas contemplados são: comércio eletrônico; resolução de conflitos e reparação de danos; processos decisórios em políticas públicas de proteção do consumidor; e fraudes de consumo transnacionais. O país conclui, assim, o processo de adesão aos documentos do Acervo Legal do Comitê de Políticas do Consumidor (CCP) da OCDE. São, ao todo, 7 instrumentos jurídicos – 6 Recomendações e 1 Declaração Ministerial – com adesão do Brasil.

83. Organização para a Cooperação e Desenvolvimento Econômico – OCDE. *Consumer Policy*. Disponível em: https://www.oecd.org/digital/consumer/. Acesso em: 23 dez. 2020.

84. Com efeito: "Tratando-se da implementação de *Sandbox* Regulatório no Brasil, cabe analisar as potenciais respostas para a seguinte questão: É necessário o estabelecimento de novas leis, em sentido estrito, para a implementação da modelagem? Em outras palavras, é possível que autarquias brasileiras passem a adotar o *Sandbox* Regulatório sem a necessidade de mudanças legais? As escolhas administrativas conduzem-nos à produção de efeitos de natureza multilateral e multipolar, levando-nos ao contrassenso de que cada resolução de problemas pode gerar novos problemas." FEIGELSON, Bruno; SILVA, Luiza Caldeira Leite. Regulação 4.0: Sandbox Regulatório e o futuro da regulação. In: BECKER, Daniel; FERRARI, Isabela (Coord.). *Regulação 4.0*: novas tecnologias sob a perspectiva regulatória. São Paulo: Thomson Reuters Brasil, 2019, p. 84.

85. AYRES, Ian; BRAITHWAITE, John. *Responsive regulation*: transcending the deregulation debate. Oxford: Oxford University Press, 1992, p. 135.

deve ocorrer e ser, posteriormente, revisitada e reanalisada para que sejam colhidas as impressões necessárias sobre sua mantença ou revogação[86].

Ayres e Braithwaite chegaram a considerar um modelo de 'regulação responsiva parcial' sobre as atividades industriais, baseando-se no argumento de que "as empresas dominantes são maiores e parecem liderar a definição de preços e outras variáveis competitivas, enquanto as menores são seguidoras, correspondendo mais passivamente às decisões competitivas da(s) dominante(s)."[87] Outra proposta apresentada pelos autores é a de uma "*fringe-firm regulation*", que tem seu foco voltado à criação e à mantença de competidores orbitais aos grandes *players* do mercado.[88] A proposta, em si, parece interessante no que diz respeito ao combate aos monopólios e à profusão concorrencial, mas não leva em conta nuances regulatórias que, trasladadas para o mercado tecnológico, teriam que se valer de metodologias tidas, por vezes, como incongruentes.

Fato é que, ao se caminhar no sentido de modelos abertos, marcados pelo primado da governança e pela conjugação dos aspectos centrais da *accountability* dela advindos, o foco deixa de ser essencialmente responsivo e retrospectivo e passa ser direcionado à prevenção: esse é o grande valor que se identifica em estruturas desreguladas ou parcialmente reguladas.

Os mercados ricos em dados propiciam a entrada de uma vastidão de novos *players* no mercado e trazem inegável ânimo quanto ao desejável aumento da disputa concorrencial, à diminuição dos monopólios e oligopólios, e à melhoria geral dos serviços ofertados ao público, mas também transcendem fronteiras territoriais – haja vista a amplitude global da Internet[89] – e impõem desafios ao controle e à preservação de direitos fundamentais que passam a ser escrutinizados de forma descontrolada.

---

86. Para Cary Coglianese, uma dessas possibilidades seria a atuação regulatória revisional pretérita, consistente na constante revisão de atos e processos regulatórios já editados, sempre em caráter retrospectivo: "One way would be to create a new, independent regulatory institution dedicated to retrospective review, (...). Acting entirely on its own, the Administration can still move forward with action that will help institutionalize retrospective review for the next three years and beyond." COGLIANESE, Cary. Moving forward with regulatory lookback. *Revista de Direito Administrativo*, Rio de Janeiro, v. 276, n. 3, p. 13-23, set./dez. 2017, p. 16-17.
87. AYRES, Ian; BRAITHWAITE, John. *Responsive regulation*: transcending the deregulation debate. Oxford: Oxford University Press, 1992, p. 135, tradução livre. No original: "Dominant firms are larger and seem to take the lead in setting price and other competitive variables, whereas the smaller fringe firms are followers, more passively matching the competitive decisions of the dominant firm(s)."
88. AYRES, Ian; BRAITHWAITE, John. *Responsive regulation*: transcending the deregulation debate. Oxford: Oxford University Press, 1992, p. 138-139. Explicam: "An alternative partial-industry regulatory strategy is to focus government attention on fringe producers. To implement a fringe-firm strategy, regulators would leave the dominant firm or firms in the industry unregulated and "intervene" to affect the behavior of fringe firms. Whereas dominant-firm intervention seeks to restrain the behavior of dominant firms, fringe-firm interventions seek to create or maintain the existence of additional competitors. Instead of directly regulating the behavior of firms in an industry (as with the price regulation of dominant-firm intervention), fringe-firm intervention seeks to change the structure of the industry and thereby induce more competitive behavior."
89. WEBER, Rolf H.; STAIGER, Dominic. *Transatlantic data protection in practice*. Berlim/Heidelberg: Springer--Verlag, 2017, p. 135.

O foco, noutros dizeres, deve ser a averiguação preliminar dos impactos que determinada intervenção regulatória poderá vir a ter sobre determinada atividade econômica, e, nesse espírito, a já mencionada Lei 13.874/2019 ("Liberdade Econômica") instituiu – com ineditismo – a chamada Análise de Impacto Regulatório (AIR), em seu artigo 5º[90].

A conciliação dessa e de outras propostas parece ser o caminho necessário à adequada implementação de instrumentos como a AIR para atividades econômicas de natureza informacional. Isso porque, sendo a governança o primado essencial que robustece a legalidade, novas tendências lastreadas na prevenção darão a tônica da atuação estatal.

Significa dizer que, na amplitude da contextualização de Tim Wu sobre os percalços da desregulação do mercado tecnológico, "algum esforço para reviver as leis antitruste pode ser uma inevitabilidade em uma nação fundada em princípios antimonopólio, de igualdade e poder descentralizado. O que deveria ser feito? Não basta exigir mudanças sem fornecer uma agenda que goze de legitimidade jurídica."[91]

Binenbojm destaca que "existem alguns métodos de avaliação de impactos regulatórios praticados mundo afora, tendo destaque a análise de custo-benefício (ACB) e a análise de custo-efetividade (ACE)."[92] Há outras técnicas, mas a AIR instituída pela Lei da Liberdade Econômica brasileira parece demandar regulamentação mais esmiuçada, e foi exatamente isso o que determinou a redação do artigo 5º, parágrafo único, da lei, pelo qual a previsão em regulamento se torna condição inexorável para a exigência da AIR, devendo estar previstos "o conteúdo, a metodologia da análise de impacto regulatório, os quesitos mínimos a serem objeto de exame, as hipóteses em que será obrigatória sua realização e as hipóteses em que poderá ser dispensada."

---

90. BINENBOJM, Gustavo. Art. 5º: Análise de Impacto Regulatório. In: MARQUES NETO, Floriano de Azevedo; RODRIGUES JÚNIOR, Otavio Luiz; LEONARDO, Rodrigo Xavier (Coord.). *Comentários à Lei da Liberdade Econômica (Lei 13.874/2019)*. São Paulo: Thomson Reuters Brasil, 2019, p. 223-224. Anota: "A Análise de Impacto Regulatório (AIR) é um procedimento administrativo preparatório à tomada de decisão baseado na coleta de informações e análise sistemática de possíveis ou efetivos efeitos de uma medida regulatória, já em vigor ou a ser editada, mediante sopesamento de seus custos, benefícios e efeitos colaterais distribuídos pelas empresas, consumidores, Estado e terceiros eventualmente afetados. (...) A adoção da AIR como método decisório no bojo dos processos regulatórios tem como objetivos (i) superar a natural assimetria de informações entre reguladores e agentes econômicos; (ii) dotar tais processos de maior transparência, legitimidade e *accountability* (responsividade e controlabilidade social); bem como (iii) promover eficiência regulatória, com a redução de custos (para a sociedade e o próprio Estado) e a maximização de benefícios sociais. Embora a AIR já viesse sendo adotada como procedimento preparatório à tomada de decisões por alguns entes reguladores setoriais no Brasil, o art. 5º da Lei 13.874/2019 é o pioneiro dispositivo legal que trata da matéria entre nós."
91. WU, Tim. *The curse of bigness*: antitrust in the new Gilded Age. Nova York: Columbia Global Reports, 2018, p. 127, tradução livre. No original: "Some effort to revive the antitrust laws may be an inevitability in a nation founded on principles of anti-monopoly, equality, and decentralized power. What would be done? It's not enough to demand change without providing an agenda that enjoys legal legitimacy."
92. BINENBOJM, Gustavo. Art. 5º: Análise de Impacto Regulatório. In: MARQUES NETO, Floriano de Azevedo; RODRIGUES JÚNIOR, Otavio Luiz; LEONARDO, Rodrigo Xavier (Coord.). *Comentários à Lei da Liberdade Econômica (Lei 13.874/2019)*. São Paulo: Thomson Reuters Brasil, 2019, p. 226-227.

Nos dizeres de Patrícia Baptista e Clara Keller, "quando um determinado arranjo institucional é confrontado com uma nova lógica de organização, uma série de questões passa a incomodar os agentes do Estado, como adequação, momento e forma de regulação do novo contexto."[93] Olhares devem se voltar aos mercados, e não às tecnologias que os propulsionam, em respeito ao princípio da neutralidade da regulação:

> O princípio da neutralidade da regulação significa, em geral, que as medidas de regulação a adoptar pelo regulador não devem ter em conta as características tecnológicas dos serviços, mas, ao invés, o modo como os serviços de comunicações electrónicas são percepcionados pelos consumidores. (...) Com efeito, a regulação é uma *regulação do mercado* e não uma regulação de tecnologias. O princípio é instrumental dos objetivos da promoção da concorrência e da inovação tecnológica (...).[94]

A Constituição da República de 1988 trouxe novo âmbito para a promoção da livre concorrência, agora sob a égide do equilíbrio entre os sujeitos de direito econômico no mercado. Dentre os diversos dispositivos da Lei de Liberdade Econômica, alguns contêm previsões relacionadas aos impactos e reflexos da tecnologia e da inovação nas atividades econômicas: artigo 3º, X, artigo 10, artigo 12 e artigo 18. São diversos os temas abordados, mas todos podem ser decompostos na compreensão do papel interventivo-regulador do Estado quanto às atividades que envolvem a tecnologia.[95]

O efeito essencial dessa mudança de paradigma vem sendo percebido com maior clareza em razão do festejo à inovação, que desperta, no campo dos negócios, adaptações de institutos jurídicos clássicos. Como resultado do desenvolvimento histórico, os princípios de liberdade de forma e formalismo chegaram a um estágio "neoformalista"[96], uma vez que a conveniência por razões de segurança jurídica é mantida.[97]

---

93. BAPTISTA, Patrícia; KELLER, Clara Iglesias. Por que, quando e como regular as novas tecnologias? Os desafios trazidos pelas inovações disruptivas. *Revista de Direito Administrativo*, Rio de Janeiro, v. 273, n. 3, p. 123-163, set./dez. 2016, p. 132.
94. ALVES, Nuno Peres. Direito administrativo das telecomunicações. In: OTERO, Paulo; GONÇALVES, Pedro (Coord.). *Tratado de direito administrativo especial*. Coimbra: Almedina, 2011, v. V, p. 313.
95. HARTMANN, Fabiano. Digitalização e armazenamento eletrônico: a Lei da Liberdade Econômica no viés dos impactos da tecnologia e inovação na atividade econômica. In: MARQUES NETO, Floriano de Azevedo; RODRIGUES JÚNIOR, Otavio Luiz; LEONARDO, Rodrigo Xavier (Coord.). *Comentários à Lei da Liberdade Econômica (Lei 13.874/2019)*. São Paulo: Thomson Reuters Brasil, 2019, p. 159-167.
96. PINOCHET OLAVE, Ruperto. La recepción de la realidad de las nuevas tecnologías de la información por el derecho civil: panorama actual y perspectivas futuras. *Ius et Praxis*, Talca, v. 7, n. 2, p. 469-489, 2001, p. 474.
97. Sobre o tema, leciona Nathan Cortez: "Periodically, regulators are confronted by novel products, technologies, or business practices that fall within their jurisdiction but do not fit comfortably within their regulatory frameworks. Agencies face "regulatory disruption." Many scholars and policymakers intuit that the appropriate response is for regulators to be cautious, not decisive." CORTEZ, Nathan. Regulating disruptive innovation. *Berkeley Technology Law Journal*, Berkeley, n. 29, p. 175-228, 2014, p. 227. Sendo a cautela um elemento importante na abordagem regulatória, Jonathan Wiener sugere a mudança de paradigma para a regulação pragmática: "(...) over the last three decades, there has been a major shift in the debate over the design of social regulation from moralistic to pragmatic terms, with a concomitant rise in the use of incentive-based instruments such as tradable allowances. In the 1970s, much regulation

Para os fins deste breve estudo, importa saber que, em mercados regidos por dados, nos quais a tecnologia assume grande importância material e, por essa razão, se sujeita à rápida evolução dos setores que demandam intervenção regulatória do Estado[98], como telecomunicações, sistema financeiro e outros, a conformação institucional da inovação disruptiva e das diversas atividades que nela são baseadas representa um desafio ainda maior para o Direito.

Nesse cenário, a grande maioria das iniciativas jurídicas voltadas à regulação de novas tecnologias advém do direito público, mas esse fenômeno não é necessariamente explicado por haver alguma forma de "atraso" do direito privado. Ao contrário, tradições jurídicas mais abertas, como os sistemas anglo-saxãos (*common law*) apresentam maior abertura à governança e à parametrização de deveres pela própria iniciativa privada. Para os demais, como o brasileiro, esse fenômeno é decorrência, em verdade, da circunstância de o direito público precisar expressar normas para a incorporação das novas tecnologias, algo que não ocorre na esfera das negociações privadas.

4. *ACCOUNTABILITY* E RESPONSABILIDADE CIVIL NAS RELAÇÕES DE CONSUMO

Fala-se em autorregulação ou na abertura de espaços jurídicos específicos para o fomento à inovação disruptiva e é nesse exato contexto que a responsabilidade civil sofre influências, assumindo nova função – mais detidamente conectada à prevenção –, passando a denotar a importância do que se convencionou chamar de *accountability*. Em inglês, porém, a existência de termos diferentes[99] para se referir às várias dimensões da responsabilidade – *responsibility*, *accountability*, *liability* – permite

required installation of specific technology, and a common objection to tradable allowances was that they amounted to "licensing the right to pollute". Today that debate has ended as environmentalists, industry and the public now focus on whether regulatory instruments effectively achieve risk reduction and at what cost. Ironically, the technology requirement approach turned out to be less effective at stimulating technological change than performance standards and tradable allowances." WIENER, Jonathan B. The regulation of technology, and the technology of regulation. *Technology in Society*, Durham, n. 26, p. 483-500, 2004, p. 485.

98. Para Ana Frazão, o controle de mercados (especialmente os baseados em dados), pode ser realizado pelo Conselho Administrativo de Defesa Econômica – CADE: "No Brasil, enquanto não realizada uma reforma legislativa, o CADE poderia perfeitamente se valer da sua competência prevista no artigo 88, §7°, da Lei 12.529/2011, já que a lei lhe confere considerável discricionariedade para conhecer de operações que não atendam aos requisitos legais. Uma vez sob escrutínio das autoridades antitruste, a análise de operações nos *data-driven markets* deveria priorizar, além de entradas, a concorrência potencial, ou seja, a possibilidade e a probabilidade de rivalidade futura entre as partes. Diante da dinamicidade de tais mercados, as prognoses e cenários futuros não podem ser limitados ao presente." FRAZÃO, Ana. Big Data, plataformas digitais e principais impactos sobre o direito da concorrência. In: FRAZÃO, Ana; CARVALHO, Ângelo Gamba Prata de (Coord.). *Empresa, mercado e tecnologia*. Belo Horizonte: Fórum, 2019, p. 191.

99. O termo 'responsabilidade' não possui significado único. Seu escopo é ainda mais amplo em idiomas como o francês ou o espanhol, nos quais a 'responsabilidade' é usada em relação a um campo muito amplo de relações jurídicas, políticas e econômicas e, dentro delas, às suas respectivas dimensões.

uma aplicação mais precisa do conceito. Nesse brevíssimo estudo, será analisada a mais curiosa delas: *accountability*[100].

A aplicação do conhecimento e da ciência nos assuntos públicos tem sido historicamente relacionada ao advento e ao aumento do profissionalismo no seu exercício. Disposições especiais relacionadas ao recrutamento, à carreira, à disciplina e ao controle das atividades desempenhadas representam a dimensão denominada integridade (*integrity*) da governança.[101] É nesse plano que a tecnologia passa a ser crucial: o rápido intercâmbio informacional propicia imediata submissão de detalhamentos importantes para que haja a desejada *accountability*.

O repertório de programas de governança e integridade e as boas práticas aplicadas às relações de consumo na iniciativa privada, como não poderia deixar de ser, assume funções decorrentes do recrudescimento de funções essenciais para a *accountability* e para a parametrização dos riscos – inclusive nanotecnológicos[102] – que se passa a enfrentar no avanço rumo ao desenvolvimento de produtos, serviços e soluções inovadores e que serão, potencialmente, oferecidos ao mercado.

O princípio da confiança se torna especialmente relevante:

> Não existe nenhuma definição legal de confiança a que possa socorrer-se e escasseiam referências normativas explícitas a propósito. O seu conceito apresenta-se fortemente indeterminado pela pluralidade ou vaguidade de empregos comuns que alberga, tornando difícil traçar com ele as fronteiras de uma investigação jurídica. Tanto mais que transporta uma certa ambiguidade de princípio por se poder referir, tanto à causa, como aos efeitos de uma regulação jurídica. É a falta de consciência desta realidade que está na raiz de uma certa evanescência da confiança no discurso jurídico e se apresenta – antecipe-se – responsável pelas dificuldades de que se não logrou desembaraçar-se a reflexão dogmática a seu respeito.[103]

Um universo no qual as estruturas de mercado são cada vez mais dependentes da atenção, no qual dados são coletados para produzir as mais estratificadas soluções baseadas em preferências dos usuários, é, sem dúvidas, um ecossistema baseado em

---

100. COMANDÉ, Giovanni. Intelligenza Artificiale e responsabilità tra liability e accountability: il carattere trasformativo dell'IA e il problema della responsabilità. In: NUZZO, Antonio; OLIVIERI, Gustavo (Ed.) *Analisi giuridica dell'Economia*. Studi e discussioni sul diritto dell'impresa. Bologna: Il Mulino, 2019, v. 1, p. 185. Com efeito: "Con accountability si allude all'obbligo di chi prenda delle decisioni e operi delle scelte di 1) giustificarle dinanzi a coloro che di tali scelte subiscono gli effetti ed eventualmente 2) debbano, non solo rendere il conto per le scelte fatte, ma debbano anche 3) rispondere nelle sedi opportune (responsabilità politica, civile, penale, amministrativa, deontologica, sociale) per loro eventuali fallimenti e mancanze."

101. David Jackman descreve a integridade como um princípio essencial da governança: "Honesty and integrity: We conduct our business at all times with the utmost honesty and integrity. We will not place ourselves in any situation where our professionalism could be questioned or where our actions, decisions, or omissions may damage the reputation of the firm or the financial services industry as a whole. This may mean declining business." JACKMAN, David. *The compliance revolution*: how compliance needs to change to survive. Nova Jersey: John Wiley & Sons, 2015, p. 38.

102. Conferir, por todos, BORGES, Gustavo Silveira; MARTINS, Patricia Santos. As nanotecnologias, os riscos incertos e a hipervulnerabilidade do nanoconsumidor. *Revista de Direito do Consumidor*, São Paulo, v. 113, ano 26, p. 417-438, set./out. 2017.

103. FRADA, Manuel A. Carneiro da. *Teoria da confiança e responsabilidade civil*. Coimbra: Almedina, 2004, p. 17.

controle[104]. Leis de proteção de dados, como a LGPD brasileira continuarão a manter sua centralidade na autodeterminação informativa e na existência de bases legais expressamente previstas em lei para o tratamento de dados pessoais. A principal base legal é, sem dúvidas, o consentimento. Se existente, poderá lastrear o tratamento de conjuntos de dados que poderão ser explorados no mercado de consumo para o implemento da já mencionada 'perfilização', que não é vedada pela LGPD, mas, se praticada, implicará sujeição do agente aos rigores da lei (art. 12, §2º).

Muitos dados para serem tratados em pouquíssimo tempo por métodos algorítmicos que se convolam em processos decisionais automatizados baseados em perfilização devem garantir o direito à revisão (art. 20, LGPD) e ser regidos pela necessária observância a diversos princípios (art. 6º, LGPD) e requisitos de tratamento (arts. 7º e 11, LGPD), ao menos quanto à pessoa natural. Isso não significa, contudo, que o ordenamento não proteja as pessoas jurídicas, que, sendo destinatárias finais de produtos e serviços, contarão com todas as estruturas protetivas previstas no Código de Defesa do Consumidor e noutras fontes que consolidam verdadeiro microssistema de salvaguarda das relações jurídicas levadas a efeito por meios digitais, tendo em vista o certeiro diálogo de fontes que rege, transversalmente, todas essas normas[105].

Segundo Comandé, "o custo de observar sistematicamente o comportamento perigoso do usuário também pode ser baixo o suficiente para tornar mais eficiente para os fabricantes a adoção de medidas de precaução por meio do reprojeto do produto."[106] Agir imbuído de precaução representaria economia, e não custos. Por esse motivo, a preocupação de todo fornecedor que opere em tais estruturas deverá envolver alguns aspectos fundamentais: a) auditoria de dados viciados (*faulty data*) que, por serem falíveis e catalogáveis a partir de processos de divulgação massiva, possam contaminar a estrutura decisória posterior[107]; b) interlocução estratégica,

---

104. ZUBOFF, Shoshana. *The age of surveillance capitalism*: the fight for a human future at the new frontier of power. Nova York: Public Affairs, 2019. p. 4. Diz: "Entanglements of knowledge, authority and power are no longer confined to workplaces as they were in the 1980s. Now their roots run deep through the necessities of daily life, mediating nearly every form of social participation."

105. MARTINS, Guilherme Magalhães. Responsabilidade civil, acidente de consumo e a proteção do titular de dados na Internet. In: FALEIROS JÚNIOR, José Luiz de Moura; LONGHI, João Victor Rozatti; GUGLIARA, Rodrigo (Coord.). *Proteção de dados pessoais na sociedade da informação*: entre dados e danos. Indaiatuba: Foco, 2020, p. 84-87.

106. COMANDÉ, Giovanni. Intelligenza Artificiale e responsabilità tra liability e accountability: il carattere trasformativo dell'IA e il problema della responsabilità. In: NUZZO, Antonio; OLIVIERI, Gustavo (Ed.) *Analisi giuridica dell'Economia*. Studi e discussioni sul diritto dell'impresa. Bologna: Il Mulino, 2019, v. 1, p. 185, tradução livre. No original: "Il costo dell'osservazione sistematica dei comportamenti pericolosi degli utenti può anche diventare sufficientemente basso da rendere più efficiente per i produttori l'adozione di misure precauzionali attraverso il ridisegno del prodotto."

107. Para esses casos, Frank Pasquale chega a sugerir a imposição da função punitiva: "Firms using faulty data can be required to compensate those harmed by that data use—and should be subject to punitive damages when such faulty data collection, analysis, and use is repeated or willful. Skeptics may worry that judges and juries are ill-equipped to make determinations about appropriate data collection, analysis, and use. However, they need not act alone—regulation of data collection, analysis, and use already exists in other contexts. Such regulation not only provides guidance to industry to help it avoid preventable accidents and other torts. It also assists judges assessing standards of care for the deployment of emerging technologies."

especialmente em estruturas de plataforma, baseadas em interações ou trocas de valor entre produtores e consumidores (o que é típico dos mercados ricos em dados), cujas unidades de câmbio podem ser tão pequenas que pouco ou nenhum dinheiro 'muda de mãos' e o que realmente passa a 'valer' é o número de interações; c) *privacy by design*, que impõe, "para o setor público e para a iniciativa privada, as ações estratégicas para o fortalecimento da governança cibernética e da proteção dos usuários de tecnologia digital"[108]; d) acesso e governança, visando à minimização de falhas e à identificação de pontos sensíveis (*gaps*) dos processos e operações.

Pela literalidade do caput do artigo 42 da LGPD, "O controlador ou o operador que, em razão do exercício de atividade de tratamento de dados pessoais, causar a outrem dano patrimonial, moral, individual ou coletivo, em violação à legislação de proteção de dados pessoais, é obrigado a repará-lo." O dispositivo possui amplitude reparatória semelhante à descrita pelo artigo 82 (1) do RGPD europeu.[109-110] A despeito de dúvidas sobre a natureza do regime de responsabilização nele consagrado, parece certeira a constatação de que a LGPD deve dialogar com outras fontes normativas do risco, seja com o artigo 927, parágrafo único, do Código Civil, seja com os artigos 12 e 14 do Código de Defesa do Consumidor.[111]

PASQUALE, Frank. Data-informed duties in AI development. *Columbia Law Review*, Nova York, v. 119, p. 1917-1940, 2019, p. 1919-1920.

108. MODENESI, Pedro. *Privacy by design* e código digital: a tecnologia a favor de direitos e valores fundamentais. In: FALEIROS JÚNIOR, José Luiz de Moura; LONGHI, João Victor Rozatti; GUGLIARA, Rodrigo (Coord.). *Proteção de dados pessoais na sociedade da informação*: entre dados e danos. Indaiatuba: Foco, 2020, p. 74.

109. "Artigo 82. (1). Qualquer pessoa que tenha sofrido danos materiais ou imateriais devido a uma violação do presente regulamento tem direito a receber uma indemnização do responsável pelo tratamento ou do subcontratante pelos danos sofridos."

110. VOIGT, Paul; VON DEM BUSSCHE, Axel. *The EU General Data Protection Regulation (GDPR)*: a practical guide. Basileia: Springer, 2017, p. 51. Comentam: "'Damage' under Art. 82 Sec. 1 GDPR explicitly includes material and non-material damages as the consequences of data breaches can vary widely and are often of intangible nature, such as social discrimination, psychological stress or barriers to the free personality development. Individuals should receive full and effective compensation for the damage they have suffered. Moreover, the concept of damage should be broadly interpreted in the light of the case-law of the European Court of Justice."

111. Ressaltando este necessário diálogo e fundamentando a natureza objetiva do regime de responsabilidade civil estabelecido na LGPD, confira-se: MIRAGEM, Bruno. A Lei Geral de Proteção de Dados (Lei 13.709/2018) e o direito do consumidor. *Revista dos Tribunais*, São Paulo, v. 1009, nov. 2019, p. 27 *et seq*. Com efeito: "Tratando-se de danos a consumidores decorrentes do tratamento indevido de dados, contudo, o art. 45 da LGPD, ao dispor que "as hipóteses de violação do direito do titular no âmbito das relações de consumo permanecem sujeitas às regras de responsabilidade previstas na legislação pertinente", conduzem tais situações ao regime do fato do serviço (art. 14 do CDC (LGL\1990\40)). Neste caso, controlador e operador de dados respondem solidariamente assim como outros fornecedores que venham intervir ou ter proveito do tratamento de dados do qual resulte o dano. Neste caso, incidem tanto as condições de imputação da responsabilidade pelo fato do serviço (em especial o defeito que se caracteriza pelo tratamento indevido de dados, ou seja, desconforme à disciplina legal incidente para a atividade), quanto as causas que porventura possam excluir eventual responsabilidade do fornecedor (art. 14, § 3º), que estão, porém, em simetria com o disposto no próprio art. 43 da LGPD. Outro efeito prático da remissão do art. 45 da LGPD ao regime de reparação próprio da legislação de proteção do consumidor será a submissão de eventuais pretensões de reparação dos consumidores ao prazo prescricional previsto no seu art. 27 do CDC (LGL\1990\40), de cinco anos contados do conhecimento do dano ou de sua autoria."

A gestão do risco – 'em tempo real', na medida em que os algoritmos se sofisticarem mais e tornarem a fiscalização externa mais dificultosa – implica considerar, portanto, benefícios e riscos de práticas potencialmente danosas. Nesse contexto, a abertura ao *compliance* pode representar benefícios[112]. Quanto aos riscos, embora não sejam totalmente previsíveis, passam a ser estruturados em torno das funções preventiva e precaucional da responsabilidade civil, alterando o cerne de investigação de eventual falha, mesmo quanto ao uso consentido de dados pessoais amplamente divulgados em estruturas financeiras e de pagamento. É nesse contexto que se insere a reflexão de Nelson Rosenvald quanto a uma "polissemia" da responsabilidade civil na LGPD:

> *Responsibility, accountability* e *answerability* executam exemplarmente as funções preventiva e precaucional da responsabilidade civil, eventualmente complementadas pela função compensatória (*liability*). Ao contrário do que propaga a escola clássica da responsabilidade, distancia-se o efeito preventivo de um mero efeito colateral de uma sentença condenatória a um ressarcimento. Aliás, a multifuncionalidade da responsabilidade civil não se resume a uma discussão acadêmica: a perspectiva plural da sua aplicabilidade à LGPD é um bem-acabado exemplo legislativo da necessidade de ampliarmos a percepção sobre a responsabilidade civil. Não se trata tão somente de um mecanismo de contenção de danos, mas também de contenção de comportamentos. Transpusemos o "direito de danos" e alcançamos uma responsabilidade civil para muito além dos danos[113].

Há longo caminho a se percorrer e, talvez, reformas específicas relativas ao comércio eletrônico que conciliem as estruturas mais abertas da Declaração de Direitos da Liberdade Econômica com estruturas de proteção já consagradas pelo CDC sejam um dos pontos de contato mais sensíveis das duas legislações, a demandar intervenções que permitam, de um lado, a almejada abertura a espaços desregulados (ou pouco regulados), desde que coerentemente estruturados a partir de parametrizações de *compliance*. O tempo dirá.

5. CONSIDERAÇÕES FINAIS

A título conclusivo, algumas das questões exploradas no texto podem ser assim sintetizadas:

a) Desde que foi concebido, o Código de Defesa do Consumidor (Lei 8.078, de 11 de setembro de 1990) representou inegáveis avanços, sendo considerado um marco normativo de vanguarda por tutelar temas que permanecem atuais, mesmo

---

112. Sobre o tema: "Uma vez que a indenização é medida pela extensão do dano (artigo 944 do Código Civil), a existência dos programas de integridade e das políticas de governança poderia balizar um sancionamento mais severo do ofensor, em caso de violação mais acentuada dos parâmetros definidos pela lei e pelos programas e políticas advindos do *compliance*, ou mesmo um abrandamento de eventual reparação, se demonstrada sua efetividade, na forma do artigo 50, §2°, inc. II, da LGPD." (MARTINS, Guilherme Magalhães; FALEIROS JÚNIOR, José Luiz de Moura. Compliance digital e responsabilidade civil na Lei Geral de Proteção de Dados. In: MARTINS, Guilherme Magalhães; ROSENVALD, Nelson (Coord.). *Responsabilidade civil e novas tecnologias*. Indaiatuba: Foco, 2020, p. 292.

113. ROSENVALD, Nelson. A polissemia da responsabilidade civil na LGPD. *Migalhas de Proteção de Dados*, 06 nov. 2020. Disponível em: https://s.migalhas.com.br/S/7A81C3. Acesso em: 23 dez. 2020.

em contraste com o ritmo incessante da inovação tecnológica que se sucedeu nas três décadas posteriores à sua promulgação, mas alguns sinais de descompasso regulatório já são notados e existem projetos de lei em tramitação perante o Congresso Nacional que visam reformá-lo;

b) O ritmo da inovação tecnológica é irrefreável e a regulação deve se voltar aos mercados, e não às tecnologias que os regem ou propulsionam, de modo a não manter total dependência com relação ao papel do Estado no exercício de sua função legislativa, mas preferindo-se, ao contrário, o equacionamento dos axiomas já consagrados pelo ordenamento com a gradual – e já existente – abertura à autorregulação e à criação de espaços desregulados (a exemplo do *Sandbox* regulatório) para a testagem de tecnologias disruptivas, mas sem que se permita que tais aberturas propiciem espaços isentos da incidência do CDC;

c) Deveres desdobrados do almejado *compliance*, especialmente para mercados ricos em dados (*data-rich markets*) podem ser colhidos da Lei Geral de Proteção de Dados Pessoais (Lei 13.709, de 14 de agosto de 2018), que se integrou ao preexistente microssistema de proteção do usuário-internauta, mas inovou ao definir, de forma expressa, mas facultativa, a adoção de programas de governança e integridade para o tratamento de dados pessoais;

d) O chamado *compliance* digital envolve a adoção de estratégias de governança baseadas nas funções preventiva e precaucional da responsabilidade civil, e em deveres como a transparência e a responsividade, sendo exigível do fornecedor que explore atividades em mercados ricos em dados e realize auditorias frequentes, por exemplo, quanto aos dados potencialmente viciados (*faulty data*) e que possam macular os processos decisionais dos quais dependem suas atividades econômicas, elevando riscos e impondo, mais do que nunca, a observância à desejada *accountability*;

e) Com estruturas de plataforma e crescente abertura regulatória, particularmente desde o advento da Declaração de Direitos da Liberdade Econômica (Lei 13.874, de 20 de setembro de 2019), em que pese a insuficiência da regulação privada ou da autorregulação de relações de consumo no Brasil, algumas iniciativas já são percebidas, como a recentíssima incorporação, a partir de atuação da Senacon, das normativas de proteção do consumidor definidas pela OCDE;

Por derradeiro, pode-se afirmar que a responsabilidade civil será regida a partir de uma 'polissemia' conceitual, como sugere Rosenvald, que é fruto da estruturação dogmática contida nos artigos 42 e seguintes da LGPD, com destaque, ainda, para o artigo 45, que faz expressa remissão ao CDC e denota o inegável e necessário diálogo de fontes para a regência das relações de consumo nesse novo contexto.

A *accountability*, compreendida a partir da introjeção das funções preventiva e precaucional da responsabilidade civil nas atividades econômicas exploradas em ambientes menos regulados ou totalmente desregulados, impõe maior rigor na análise do cumprimento de deveres extraídos da governança. O tênue limiar de transição, marcado pela iminente consolidação da '*web 5.0*', com a adoção da tecnologia 5G e a proliferação da Internet das Coisas, apenas reforçará essa tendência e cada vez mais as relações de consumo passarão a ser complementadas pelo *compliance*, especialmente no comércio eletrônico.

6. REFERÊNCIAS

AAGAARD, Annabeth. The concept and framework of digital business models. In: AAGAARD, Annabeth (Ed.). *Digital business models*: driving transformation and innovation. Cham: Palgrave Macmillan, 2019.

ALVES, Nuno Peres. Direito administrativo das telecomunicações. In: OTERO, Paulo; GONÇALVES, Pedro (Coord.). *Tratado de direito administrativo especial*. Coimbra: Almedina, 2011. v. V.

AMARAL, Luiz Otávio de Oliveira. *Teoria geral do direito do consumidor*. São Paulo: Ed. RT, 2010.

AYRES, Ian; BRAITHWAITE, John. *Responsive regulation*: transcending the deregulation debate. Oxford: Oxford University Press, 1992.

BADIC, Biljana; DREWES, Christian; KARLS, Ingolf; MUECK, Markus. *Rolling out 5G*: use cases, applications, and technology solutions. Nova York: Apress, 2016.

BAPTISTA, Patrícia; KELLER, Clara Iglesias. Por que, quando e como regular as novas tecnologias? Os desafios trazidos pelas inovações disruptivas. *Revista de Direito Administrativo*, Rio de Janeiro, v. 273, n. 3, p. 123-163, set./dez. 2016.

BARROS, João Pedro Leite, O excesso de informação como abuso do direito (dever). *Revista Luso-Brasileira de Direito do Consumo*, Curitiba, v. VII, n. 25, 2017.

BARROS, João Pedro Leite. Os contratos de consumo celebrados pela Internet. Um estudo de direito comparado luso-brasileiro. In: ATAÍDE, Rui Paulo Coutinho de Mascarenhas; BARATA, Carlos Lacerda (Coord.). *Estudos de direito do consumo*. Lisboa: AAFDL, 2017, v. 5.

BARROS, João Pedro Leite. Programas de compliance no comércio eletrônico de consumo. *Consultor Jurídico*, 20 jun. 2019. Disponível em: https://www.conjur.com.br/2019-jun-20/joao-leite-barros--compliance-comercio-eletronico-consumo. Acesso em: 20 dez. 2020.

BELL, Daniel. *The coming of the post-industrial society*: a venture in social forecasting. Nova York: Basic Books, 1976.

BELLI, Luca; DE FILIPPI, Primavera. General introduction: towards a multistakeholder approach to network neutrality. In: BELLI, Luca; DE FILIPPI, Primavera (Ed.). *Net neutrality compendium*: human rights, free competition and the future of the Internet. Cham: Springer, 2016.

BINENBOJM, Gustavo. Art. 5º: Análise de Impacto Regulatório. In: MARQUES NETO, Floriano de Azevedo; RODRIGUES JÚNIOR, Otavio Luiz; LEONARDO, Rodrigo Xavier (Coord.). *Comentários à Lei da Liberdade Econômica (Lei 13.874/2019)*. São Paulo: Thomson Reuters Brasil, 2019.

BORGES, Gustavo Silveira; MARTINS, Patricia Santos. As nanotecnologias, os riscos incertos e a hipervulnerabilidade do nanoconsumidor. *Revista de Direito do Consumidor*, São Paulo, v. 113, ano 26, p. 417-438, set./out. 2017.

BOURGOIGNIE, Thierry. *Éléments pour une théorie du droit de la consommation*. Bruxelas: E. Story-Scientia, 1988.

BOUYALA, Régis. *La révolution FinTech*. Paris: RB Édition, 2016.

CASTELLS, Manuel. *The rise of the network society*. The information age: economy, society, and culture. 2. ed. Oxford: Wiley-Blackwell, 2010, v. 1.

COGLIANESE, Cary. Moving forward with regulatory lookback. *Revista de Direito Administrativo*, Rio de Janeiro, v. 276, n. 3, p. 13-23, set./dez. 2017.

COMANDÉ, Giovanni. Intelligenza Artificiale e responsabilità tra liability e accountability: il carattere trasformativo dell'IA e il problema della responsabilità. In: NUZZO, Antonio; OLIVIERI, Gustavo (Ed.) *Analisi giuridica dell'Economia*. Studi e discussioni sul diritto dell'impresa. Bologna: Il Mulino, 2019, v. 1.

CORTEZ, Nathan. Regulating disruptive innovation. *Berkeley Technology Law Journal*, Berkeley, n. 29, p. 175-228, 2014.

CUMMINGS, Rachel; DEVANUR, Nikhil R.; HUANG, Zhiyi; WANG, Xiangning. Algorithmic Price Discrimination. *Proceedings of the Thirty-First Annual ACM-SIAM Symposium on Discrete Algorithms*, Nova York, p. 2432-2451, jan. 2020.

DONEDA, Danilo. *Da privacidade à proteção dos dados pessoais*: elementos da formação da Lei Geral de Proteção de Dados. 2. ed. São Paulo: Thomson Reuters Brasil, 2019.

DONEDA, Danilo. O direito fundamental à proteção de dados pessoais. In: MARTINS, Guilherme Magalhães; LONGHI, João Victor Rozatti (Coord.). *Direito digital*: direito privado e Internet. 3. ed. Indaiatuba: Foco, 2020.

DE LUCCA, Newton. *Direito do consumidor*: aspectos práticos – perguntas e respostas. São Paulo: Ed. RT, 1995.

DRESCH, Rafael de Freitas Valle; FALEIROS JÚNIOR, José Luiz de Moura. Reflexões sobre a responsabilidade civil na Lei Geral de Proteção de Dados (Lei 13.709/2018). In: ROSENVALD, Nelson; DRESCH, Rafael de Freitas Valle; WESENDONCK, Tula (Coord.). *Responsabilidade civil*: novos riscos. Indaiatuba: Foco, 2019.

DUFF, Alistair A. *Information Society Studies*. Londres: Routledge, 2000.

EUBANKS, Virginia. *Digital dead end*: fighting for social justice in the information age. Cambridge: The MIT Press, 2011.

FALEIROS JÚNIOR, José Luiz de Moura. *Administração Pública Digital*: proposições para o aperfeiçoamento do Regime Jurídico Administrativo na sociedade da informação. Indaiatuba: Foco, 2020.

FALEIROS JÚNIOR, José Luiz de Moura. Notas introdutórias ao *compliance* digital. In: CAMARGO, Coriolano Almeida; CRESPO, Marcelo; CUNHA, Liana; SANTOS; Cleórbete (Coord.). *Direito digital*: novas teses jurídicas. 2. ed. Rio de Janeiro: Lumen Juris, 2019.

FALEIROS JÚNIOR, José Luiz de Moura; BASAN, Arthur Pinheiro. Desafios da predição algorítmica na tutela jurídica dos contratos eletrônicos de consumo. *Revista da Faculdade de Direito da UFRGS*, Porto Alegre, n. 44, p. 131-153, dez. 2020.

FALEIROS JÚNIOR, José Luiz de Moura; DENSA, Roberta. Para além das 'loot boxes': responsabilidade civil e novas práticas abusivas no mercado de games. In: FALEIROS JÚNIOR, José Luiz de Moura; LONGHI, João Victor Rozatti; GUGLIARA, Rodrigo (Coord.). *Proteção de dados pessoais na sociedade da informação*: entre dados e danos. Indaiatuba: Foco, 2020.

FEIGELSON, Bruno; SILVA, Luiza Caldeira Leite. Regulação 4.0: Sandbox Regulatório e o futuro da regulação. In: BECKER, Daniel; FERRARI, Isabela (Coord.). *Regulação 4.0*: novas tecnologias sob a perspectiva regulatória. São Paulo: Thomson Reuters Brasil, 2019.

FLORIDI, Luciano. *The 4th Revolution*: how the infosphere is reshaping human reality. Oxford: Oxford University Press, 2014.

FLORIDI, Luciano. *The philosophy of information*. Oxford: Oxford University Press, 2011.

FRADA, Manuel A. Carneiro da. *Teoria da confiança e responsabilidade civil*. Coimbra: Almedina, 2004.

FRAZÃO, Ana. Big Data, plataformas digitais e principais impactos sobre o direito da concorrência. In: FRAZÃO, Ana; CARVALHO, Ângelo Gamba Prata de (Coord.). *Empresa, mercado e tecnologia*. Belo Horizonte: Fórum, 2019.

GREENGARD, Samuel. *The Internet of Things*. Cambridge: The MIT Press, 2015.

HARARI, Yuval Noah. *21 lições para o século 21*. Trad. Paulo Geiger. São Paulo: Cia. das Letras, 2018.

HARARI, Yuval Noah. *Sapiens*: uma breve história da humanidade. Trad. Janaína Marcoantonio. 38. ed. Porto Alegre: L&PM, 2018.

HARTMANN, Fabiano. Digitalização e armazenamento eletrônico: a Lei da Liberdade Econômica no viés dos impactos da tecnologia e inovação na atividade econômica. In: MARQUES NETO, Floriano de Azevedo; RODRIGUES JÚNIOR, Otavio Luiz; LEONARDO, Rodrigo Xavier (Coord.). *Comentários à Lei da Liberdade Econômica (Lei 13.874/2019)*. São Paulo: Thomson Reuters Brasil, 2019.

IRTI, Natalino. *L'età della decodificazione*. 2. ed. Milão: Giuffrè, 1986.

JACKMAN, David. *The compliance revolution*: how compliance needs to change to survive. Nova Jersey: John Wiley & Sons, 2015.

JAYME, Erik. O direito internacional privado do novo milênio: a proteção da pessoa humana face à globalização. *Cadernos do Programa de Pós-Graduação em Direito - PPGDir./UFRGS*, Porto Alegre, v. 1, n. 1, p. 133-146, mar. 2003.

KEEN, Andrew. *How to fix the future*. Nova York: Atlantic, 2018.

KING, Brett. *Bank 4.0*: banking everywhere, never at a bank. Nova Jersey: John Wiley & Sons, 2019.

KLEE, Antonia Espíndola Longoni. *Comércio eletrônico*. São Paulo: Ed. RT, 2014.

KLOUS, Sander; WIELAARD, Nart. *We are Big Data*: the future of the information society. Amsterdã: Atlantis Press, 2016.

KRETZMANN, Renata Pozzi. *Informação nas relações de consumo*: o dever de informar do fornecedor e suas repercussões jurídicas. Belo Horizonte: Casa do Direito, 2019.

LAOURIS, Yiannis. Reengineering and reinventing both democracy and the concept of life in the digital era. In: FLORIDI, Luciano (Ed.). *The onlife manifesto*: being human in a hyperconnected era. Cham/Londres: Springer OpenAccess, 2015.

LEAL, Ana Alves. Aspetos jurídicos da análise de dados na internet (*Big Data Analytics*) nos setores bancário e financeiro: proteção de dados pessoais e deveres de informação. In: CORDEIRO, António Menezes, OLIVEIRA, Ana Perestrelo de; DUARTE, Diogo Pereira (Ed.). *FinTech*: desafios da tecnologia financeira. Coimbra: Almedina, 2017.

LEAL, Sheila do Rocio Cercal Santos. *Contratos eletrônicos*: validade jurídica dos contratos via Internet. São Paulo: Atlas, 2007.

LESSIG, Lawrence. *Code, and other laws of cyberspace 2.0*. 2. ed. Nova York: Basic Books, 2006.

LORENZETTI, Ricardo Luís. *Comércio eletrônico*. Trad. Fabiano Menke. São Paulo: Ed. RT, 2004.

MÄNTYSAARI, Petri. *Organising the firm*: theories of commercial law, corporate governance and corporate law. Berlim/Heidelberg: Springer-Verlag, 2012.

MARQUES, Claudia Lima, *Confiança no comércio eletrônico e a proteção do consumidor*: um estudo dos negócios jurídicos de consumo no comércio eletrônico. São Paulo: Ed. RT, 2004.

MARQUES, Claudia Lima; FONSECA, Patricia Galindo da. Consumer protection in Brazil: the 2016 Report for the International Academy of Consumer Law. In: MICKLITZ, Hans-W.; SAUMIER, Geneviève (Ed.). *Enforcement and effectiveness of consumer law*. Cham: Springer, 2018.

MARTINS, Guilherme Magalhães. *Contratos eletrônicos de consumo*. 3. ed. São Paulo: Atlas, 2016.

MARTINS, Guilherme Magalhães. O geopricing e geoblocking e seus efeitos nas relações de consumo. In: FRAZÃO, Ana; MULHOLLAND, Caitlin (Coord.). *Inteligência artificial e direito*: ética, regulação e responsabilidade. São Paulo: Thomson Reuters Brasil, 2019.

MARTINS, Guilherme Magalhães. Responsabilidade civil, acidente de consumo e a proteção do titular de dados na Internet. In: FALEIROS JÚNIOR, José Luiz de Moura; LONGHI, João Victor Rozatti; GUGLIARA, Rodrigo (Coord.). *Proteção de dados pessoais na sociedade da informação*: entre dados e danos. Indaiatuba: Foco, 2020.

MARTINS, Guilherme Magalhães; FALEIROS JÚNIOR, José Luiz de Moura. Compliance digital e responsabilidade civil na Lei Geral de Proteção de Dados. In: MARTINS, Guilherme Magalhães; ROSENVALD, Nelson (Coord.). *Responsabilidade civil e novas tecnologias*. Indaiatuba: Foco, 2020.

MARTINS, Guilherme Magalhães; LONGHI, João Victor Rozatti; FALEIROS JÚNIOR, José Luiz de Moura. A pandemia da covid-19, o "profiling" e a Lei Geral de Proteção de Dados. *Migalhas*, 28 abr. 2020. Disponível em: https://bit.ly/3lcN34E. Acesso em: 21 dez. 2020.

MAYER-SCHÖNBERGER, Viktor; RAMGE, Thomas. *Reinventing capitalism in the age of big data*. Nova York: Basic Books, 2018.

McLUHAN, H. Marshall. *Os meios de comunicação como extensões do homem*. Trad. Décio Pignatari. São Paulo: Cultrix, 2007.

MECKLING, William H. Theory of the firm: managerial behavior, agency costs and ownership structure. *Journal of Financial Economics*, Nova York, v. 3, n. 4, p. 305-360, out. 1976.

MIRAGEM, Bruno. A Lei Geral de Proteção de Dados (Lei 13.709/2018) e o direito do consumidor. *Revista dos Tribunais*, São Paulo, v. 1009, nov. 2019.

MIRAGEM, Bruno. *Curso de direito do consumidor.* 5. ed. São Paulo: Ed. RT, 2014.

MODENESI, Pedro. *Privacy by design* e código digital: a tecnologia a favor de direitos e valores fundamentais. In: FALEIROS JÚNIOR, José Luiz de Moura; LONGHI, João Victor Rozatti; GUGLIARA, Rodrigo (Coord.). *Proteção de dados pessoais na sociedade da informação*: entre dados e danos. Indaiatuba: Foco, 2020.

MOORE, Gordon E. Cramming more components onto integrated circuits. *Electronics*, Nova York, v. 38, n. 8, p. 1-4, abr. 1965.

MORASSUTTI, Bruno Schimitt. Responsabilidade civil, discriminação ilícita e algoritmos computacionais: breve estudo sobre as práticas de geoblocking e geopricing. *Revista de Direito do Consumidor*, São Paulo, v. 124, p. 213-234, jul./ago. 2019.

MUNIZ, Mariana. Brasil adere a todas as normativas de proteção do consumidor da OCDE. *Veja*, 22 dez. 2020. Disponível em: https://veja.abril.com.br/blog/radar/brasil-adere-a-todas-as-normativas-de--protecao-do-consumidor-da-ocde/. Acesso em: 23 dez. 2020.

MURRAY, Andrew. Conceptualising the post-regulatory (cyber)state. In: BROWNSWORD, Roger; YEUNG, Karen (Ed.). *Regulating technologies*: legal futures, regulatory frames and technological fixes. Oxford: Hart Publishing, 2008.

NORONHA, Fernando. *Direito das obrigações*. 3. ed. São Paulo: Saraiva, 2010.

ORGANIZAÇÃO PARA A COOPERAÇÃO E DESENVOLVIMENTO ECONÔMICO – OCDE. *Consumer Policy*. Disponível em: https://www.oecd.org/digital/consumer/. Acesso em: 23 dez. 2020.

PARENTONI, Leonardo. Network neutrality: what is internet made of, how is it changing and how does it affect your life? *Revista da Faculdade de Direito da UFMG*, Belo Horizonte, n. Especial, 2nd Conference Brazil-Italy, p. 195-243, 2017.

PASQUALE, Frank. Data-informed duties in AI development. *Columbia Law Review*, Nova York, v. 119, p. 1917-1940, 2019.

PATEL, Karan. Incremental journey for World Wide Web, introduced with web 1.0 to recent web 5.0: a survey paper. *International Journal of Advanced Research in Computer Science and Software Engineering*, Jaunpur, v. 3, n. 10, p. 410-417, out. 2013.

PÉREZ LUÑO, Antonio Enrique. *Manual de informática y derecho*. Barcelona: Ariel, 1996.

PIERRE, Jon; PETERS, B. Guy. *Governing complex societies*: trajectories and scenarios. Londres: Palgrave Macmillan, 2005.

PINOCHET OLAVE, Ruperto. La recepción de la realidad de las nuevas tecnologías de la información por el derecho civil: panorama actual y perspectivas futuras. *Ius et Praxis*, Talca, v. 7, n. 2, p. 469-489, 2001.

POLIZELLI, Demerval L.; OZAKI, Adalton M. *Sociedade da informação*: os desafios na era da colaboração e da gestão do conhecimento. São Paulo: Saraiva, 2008.

RAMSAY, Iain. Consumer protection in the era of informational capitalism. In: WILHELMSSON, Thomas; TUOMINEM, Salla; TUOMOLA, Heli (Ed.). *Consumer law in the information Society*. Haia: Kluwer Law International, 2001.

ROCHET, Jean-Charles; TIROLE, Jean. Platform Competition in Two-Sided Markets. *Journal of the European Economic Association*, Londres, v. 1, n. 3, pp. 990-1029, jun. 2003.

ROSA, Luiz Carlos Goiabeira; FALEIROS JÚNIOR, José Luiz de Moura; VERSIANI, Rodrigo Luiz da Silva. A proteção do consumidor diante das práticas publicitárias abusivas do comércio eletrônico. *Revista da Faculdade Mineira de Direito*, Belo Horizonte, v. 23, n. 45, p. 235-255, jan./jun. 2020.

ROSENVALD, Nelson. A polissemia da responsabilidade civil na LGPD. *Migalhas de Proteção de Dados*, 06 nov. 2020. Disponível em: https://s.migalhas.com.br/S/7A81C3. Acesso em: 23 dez. 2020.

ROSS, Philip E. 5 Commandments. *IEEE Spectrum*, 2003. Disponível em: https://spectrum.ieee.org/semiconductors/materials/5-commandments. Acesso em: 20 dez. 2020.

SAX, David. *A vingança dos analógicos*: por que os objetos de verdade ainda são importantes. Tradução de Alexandre Matias. Rio de Janeiro: Anfiteatro, 2017.

SCHOLZ, Lauren H. Algorithmic contracts. *Stanford Technology Law Review*, Stanford, v. 20, n. 2, p. 128-168, set./dez. 2017.

SCHWAB, Klaus. *A quarta revolução industrial*. Trad. Daniel Moreira Miranda. São Paulo: Edipro, 2016.

SERRES, Michel; LATOUR, Bruno. *Conversations on Science, culture, and time*. Tradução do francês para o inglês de Roxanne Lapidus. Ann Arbor: University of Michigan Press, 1995.

SOLOVE, Daniel J. *Understanding privacy*. Cambridge: Harvard University Press, 2008.

STRAETMANS, Gert. Information obligations and disinformation of consumers. In: STRAETMANS, Gert (Ed.). *Information obligations and disinformation of consumers*. Cham: Springer, 2019.

SUMPTER, David. *Outnumbered*: from Facebook and Google to fake news and filter-bubbles – the algorithms that control our lives. Londres: Bloomsbury Sigma, 2018.

SUNSTEIN, Cass R. *Too much information*. Cambridge: The MIT Press, 2020.

TAMÒ-LARRIEUX, Aurelia. *Designing for privacy and its legal framework*: data protection by design and default for the Internet of Things. Basileia: Springer, 2018.

TEIXEIRA NETO, Felipe; FALEIROS JÚNIOR, José Luiz de Moura. Contratos eletrônicos de consumo nos 30 anos do Código de Defesa do Consumidor: reflexões à luz das experiências brasileira e portuguesa. *Revista Eletrônica de Direito do Centro Universitário Newton Paiva*, Belo Horizonte, n. 41, p. 145-171, maio/ago. 2020.

THALER, Richard H.; SUNSTEIN, Cass R. *Nudge*: improving decisions about health, wealth, and happiness. New Haven: Yale University Press, 2008.

TIROLE, Jean. *Financial crises, liquidity and the International Monetary System*. Nova Jersey: Princeton University Press, 2002.

TIROLE, Jean. *The Theory of Corporate Finance*. Nova Jersey: Princeton University Press, 2006.

VAIDHYANATHAN, Siva. *The Googlization of Everything*: (and why we should worry). Berkeley: University of California Press, 2012.

VAN BOOM, Willem H. Price intransparency, consumer decision making and European Consumer Law. *Journal of Consumer Policy*, Cham: Springer, v. 34, p. 359-376, 2011.

VAN DEURSEN, Alexander; HELSPER, Ellen J.; EYNON, Rebecca. *Measuring digital skills*: from digital skills to tangible outcomes project report. Oxford Internet Institute, 2014. Disponível em: http://www.oii.ox.ac.uk/research/projects/?id=112. Acesso em: 12 dez. 2020.

VAN DIJK, Jan. *The network society*. 2. ed. Londres: Sage Publications, 2006.

VAN OOIJEN, Iris; VRABEC, Helena U. Does the GDPR enhance consumers' control over personal data? An analysis from a behavioural perspective. *Journal of Consumer Policy*, Berlin/Heidelberg: Springer-Verlag, v. 42, p. 91-107, 2019.

VENERIS, Yannis. Modelling the transition from the industrial to the informational revolution. *Environment and Planning A: Economy and Space*, Londres, v. 22, n. 3, p. 399-416, mar. 1990.

VOIGT, Paul; VON DEM BUSSCHE, Axel. *The EU General Data Protection Regulation (GDPR)*: a practical guide. Basileia: Springer, 2017.

WEBER, Rolf H.; STAIGER, Dominic. *Transatlantic data protection in practice*. Berlim/Heidelberg: Springer-Verlag, 2017.

WIENER, Jonathan B. The regulation of technology, and the technology of regulation. *Technology in Society*, Durham, n. 26, p. 483-500, 2004.

WU, Tim. Taking innovation seriously: antitrust enforcement if innovation mattered most. *Antitrust Law Journal*, Connecticut, v. 78, p. 313-328, 2012.

WU, Tim. *The attention merchants*: the epic scramble to get inside our heads. Nova York: Vintage, 2016.

WU, Tim. *The curse of bigness*: antitrust in the new Gilded Age. Nova York: Columbia Global Reports, 2018.

ZANATTA, Rafael. Perfilização, Discriminação e Direitos: do Código de Defesa do Consumidor à Lei Geral de Proteção de Dados. *ResearchGate*. fev. 2019. Disponível em: https://bit.ly/3hQe5wM. Acesso em: 1º set. 2020.

ZARSKY, Tal. Responding to the inevitable outcomes of profiling: recent lessons from consumer financial markets, and beyond. In: GUTWIRTH, Serge; POULLET, Yves; DE HERT, Paul (Ed.). *Data protection in a profiled world*. Cham: Springer, 2010.

ZIMMERMAN, Rachel K. The way "cookies" crumble: Internet privacy and data protection in the Twenty-First Century. *NYU Journal on Legislation and Public Policy*, Nova York, v. 4, p. 439-464, 2000.

ZUBOFF, Shoshana. *The age of surveillance capitalism*: the fight for a human future at the new frontier of power. Nova York: Public Affairs, 2019.

O *COMPLIANCE* COMO MEIO DE PROTEÇÃO DOS DADOS PESSOAIS DOS CONSUMIDORES NO AMBIENTE DIGITAL

Luciano Benetti Timm

Doutor em Direito pela Universidade Federal do Rio Grande do Sul (2004). Mestre (1997) e Bacharel (1994) em Direito pela PUC-RS. Cursou Master of Laws (LL.M.) na Universidade de Warwick (Inglaterra) e realizou pesquisa de Pós-Doutorado na Universidade da Califórnia, Berkeley (Estados Unidos). Professor do IDP e da FGV-SP. Advogado na área empresarial e foi Secretário Nacional do Consumidor, no Ministério da Justiça e Segurança Pública (2019-2020).

Jacqueline Salmen Raffoul

Doutoranda em Direito pelo Centro Universitário de Brasília (Ceub). Mestra (2019) e Bacharela em Direito (2011) pelo Ceub. Foi bolsista na Academia de Haia de Direito Internacional, no I Curso de Direito Internacional Público e Privado (2019). É advogada e consultora jurídica. Foi servidora da Secretaria Nacional do Consumidor, nas áreas de sanções administrativas e saúde e segurança (2015-2020).

Sumário: 1. Introdução – 2. O alinhamento do *compliance* com os princípios do código de defesa do consumidor como meio de observância dos direitos dos consumidores relacionados a dados pessoais no ambiente digital; 2.1 O *compliance* como meio de alinhamento aos princípios do CDC e normativas internacionais quanto aos dados pessoais dos consumidores; 2.2 O *compliance* como meio de observância dos direitos dos consumidores relacionados a dados pessoais – 3. O *compliance* como mecanismo de cumprimento de preceitos da lei geral de proteção de dados quanto aos dados pessoais dos consumidores no ambiente digital; 3.1 O desenvolvimento do *compliance* como reflexo das boas práticas e da governança previstas na LGPD; 3.2 A observância dos princípios da LGPD por meio do *compliance* – 4. Considerações finais – 5. Referências.

1. INTRODUÇÃO

O volume de dados produzido mundialmente aumenta a cada ano. Segundo a Comissão Europeia[1], estima-se que em 2025 serão produzidos 175 *zettabytes*, o que poderá representar um crescimento equivalente a 142 *zettabytes* em relação ao ano de 2015, que teve a produção de 33 *zettabytes*. Para exemplificar a dimensão dos números em referência, a Organização para a Cooperação e Desenvolvimento

1. COMISSÃO EUROPEIA. *A European strategy for data*. Disponível em: https://ec.europa.eu/info/sites/info/files/communication-european-strategy-data-19feb2020_en.pdf. Acesso em: 31 out. 2020.

Econômico (OCDE)[2] utilizou um estudo[3] que afirma que um *zettabyte* equivale a 250 bilhões de DVDs[4].

No Brasil, segundo dados do Instituo Locomotiva, houve significativo aumento do consumo pela internet durante a pandemia[5], consequentemente elevando o volume de dados produzidos. Estima-se que 10% de novos consumidores pela internet; 45% de consumidores que passaram a comprar mais pela internet; 24% de consumidores que continuaram comprando a mesma quantidade; e apenas 11% que passaram a comprar menos online e 10% que não compram pela internet[6]. Com a elevação do consumo online, as reclamações relacionadas ao comércio eletrônico no Consumidor. Gov, plataforma de resolução de demandas, também cresceu[7].

Em decorrência do aumento do volume de dados, ocorreram mudanças nas dinâmicas nas relações de consumo em âmbito virtual. Como exemplo, sabe-se que algoritmos[8] podem influenciar os conteúdos de redes sociais conforme as preferências dos usuários. Do mesmo modo, publicidades podem ser direcionadas a usuários específicos, adequadas em atenção aos potenciais consumidores[9].

Ao mesmo tempo, a internet acelerou o fluxo de informações acessíveis a consumidores, permitindo reduzir uma falha de mercado denominado de "assimetria informacional" – que acaba por prejudicar a livre iniciativa e livre concorrência por não ensejar decisões suficientemente informadas dos consumidores, que por sua vez, acabam orientando equivocadamente as preferências no ambiente do mercado. A internet permite obtenção de informações e comparações entre empresas a baixo custo, inclusive no aspecto reputacional, podendo-se falar que hoje os consumidores estão mais diversos, exigentes, menos fiéis a marcas e menos tolerantes a erros.

---

2. Trata-se do documento "Consumer Data Rights and Competition – Background note", que apresenta o material para a reunião, de 12 de junho de 2020, do Competition Committee. Portanto, não representa, necessariamente, o posicionamento da OCDE.
3. ARTHUR, C. *What's a zettabyte? By 2015, the internet will know, says Cisco*. Disponível em: https://www.theguardian.com/technology/blog/2011/jun/29/zettabyte-data-internet-cisco. Acesso em: 31 out. 2020.
4. ORGANIZAÇÃO PARA A COOPERAÇÃO E DESENVOLVIMENTO ECONÔMICO. *Consumer Data Rights and Competition – Background note*. Disponível em: https://one.oecd.org/document/DAF/COMP(2020)1/en/pdf. Acesso em: 15 out. 2020.
5. AGÊNCIA BRASIL. *Interesse por compras online deve continuar após pandemia*. Disponível em: https://agenciabrasil.ebc.com.br/economia/noticia/2020-07/interesse-por-compras-online-deve-continuar-apos-pandemia. Acesso em: 31 jan. 2021.
6. Ibidem.
7. Valor Econômico. *Reclamações no comércio eletrônico disparam com alta de vendas na pandemia*. Disponível em: https://valor.globo.com/brasil/noticia/2020/09/24/reclamaes-no-comrcio-eletrnico-disparam-com-alta-de-vendas-na-pandemia.ghtml. Acesso em: 31 jan. 2021.
8. Segundo a OCDE, algoritmos são "sequências de comandos que geram um output de um dado input. Embora o conceito de algoritmo exista há séculos, melhorias no poder computacional e disponibilidade de dados permitiram algoritmos para realizar algumas operações complexas com mais eficiência do que seres humanos, trazendo ganhos substanciais para empresas e consumidores" (tradução livre). OCDE. Executive Summary of the Roundtable on Algorithms and Collusion. Disponível em: https://one.oecd.org/document/DAF/COMP/M(2017)1/ANN3/FINAL/en/pdf. Acesso em: 31 out. 2020.
9. BIONI, Bruno. *Panorama setorial da Internet* – Privacidade e dados pessoais. Disponível em: https://brunobioni.com.br/blog/namidia/panorama-setorial-da-internet-privacidade-e-dados-pessoais/. Acesso em: 31 jan. 2021.

Do lado das empresas, dados representam mais do que informações, tendo em vista que são comercializados (em sentido amplo e restrito) por uma indústria multibilionária. Em 2013, o Financial Times publicou uma reportagem com a disponibilização de uma calculadora para que o leitor descobrisse quanto os seus dados pessoais valiam[10]. As finalidades desta comercialização são as mais variadas, sendo o mencionado direcionamento publicitário, em redes sociais, como apenas um dos exemplos.

Nesse cenário, a observância de leis sobre proteção de dados é fundamental para respeitar os direitos dos consumidores – em adição ao próprio Código de Defesa do Consumidor, quando ele for aplicável[11] –, bem como para evitar responsabilizações decorrentes do uso indevido de dados pessoais. Como ferramenta de prevenção a conflitos e violações legais, o *compliance* é um meio de prezar pela ética e pela eficiência econômica com relação às informações dos consumidores no ambiente digital.

Para melhor compreensão do tema em comento, é relevante estabelecer as principais definições como premissas teóricas ao desenvolvimento do assunto. Entende-se como *compliance* "um conjunto de medidas internas que permite prevenir ou minimizar os riscos de violação às leis decorrentes de atividade praticada por um agente econômico e de qualquer um de seus sócios ou colaboradores"[12].

No que concerne à definição de dado pessoal, o artigo 5º da Lei Geral de Proteção de Dados (LGPD) estabelece que é a "informação relacionada a pessoa natural identificada ou identificável"[13]. Já o consumidor é considerado como "toda pessoa física ou jurídica que adquire ou utiliza produto ou serviço como destinatário final"[14].

Desse modo, o presente artigo busca verificar como o *compliance* pode contribuir para a proteção dos dados pessoais dos consumidores no ambiente digital, pensando-se numa estrutura de incentivos para o cumprimento da legislação. A análise proposta ocorrerá no âmbito do Código de Defesa do Consumidor (CDC) e da Lei Geral de Proteção de Dados (LGPD), bem como das respectivas autoridades, a Secretaria Nacional do Consumidor (Senacon) e a Autoridade Nacional de Proteção de Dados (ANPD).

Para o estudo do tema proposto, este artigo analisará as referidas leis e trabalhará com casos concretos do Brasil e de outras jurisdições. A experiência da Senacon e

10. FINANCIAL TIMES. *How much is your personal data worth?* Disponível em: https://ig.ft.com/how-much--is-your-personal-data-worth/. Acesso em: 31 out. 2020.
11. Para mais informações, ver: FGV. *Webinar | ANPD e as perspectivas para a regulação de dados no Brasil* – Parte 1. Disponível em: https://portal.fgv.br/eventos/webinar-anpd-e-perspectivas-regulacao-dados-brasil-parte-1. Acesso em: 31 jan. 2021.
12. Conselho Administrativo de Defesa Econômica. *Guia Programas de Compliance* – orientações sobre estruturação e benefícios da adoção dos programas de *compliance* concorrencial. Disponível em: https://www.legiscompliance.com.br/images/pdf/cade_guia_compliance_06_2016.pdf. Acesso em: 28 jan. 2021.
13. BRASIL. *Lei Geral de Proteção de Dados*. Disponível em: http://www.planalto.gov.br/ccivil_03/_ato2015-2018/2018/lei/L13709.htm. Acesso em: 15 jan. 2021.
14. BRASIL. *Lei 8.078, de 11 de setembro de 1990*. Disponível em: http://www.planalto.gov.br/ccivil_03/leis/l8078compilado.htm. Acesso em: 15 jan. 2021.

de autoridades estrangeiras será utilizada como meio de ilustrar situações reais de observância (ou não) dos direitos dos consumidores em relação aos dados pessoais. Como alternativa para evitar tais ocorrências, o *compliance* será apresentado como um meio preventivo e de mitigação eficiente de riscos do ponto de vista econômico-jurídico.[15]

A proposta em comento decorre do alinhamento do *compliance* com uma ordem econômica de livre iniciativa e com preceitos do CDC, especialmente quanto aos princípios estabelecidos e aos direitos dos consumidores, conforme será visto no primeiro item. Entende-se que boas práticas corporativas e de autorregulação (como apregoado pela UNCTAD e OCDE) tendem a ser eficazes para evitarem violações a tais preceitos do CDC, sem a necessidade de um custo processo administrativo sancionador.

Ademais, percebe-se que o *compliance* também é um mecanismo eficaz e eficiente para cumprir disposições da LGPD, particularmente quanto aos temas de boas práticas e de princípios norteadores, como apregoado pela própria principiologia da Lei, o que pode ser verificado, por exemplo, no art. 54 da Recomendação do Conselho da OCDE sobre a proteção do consumidor no comércio eletrônico[16]. Por isso, o segundo item foi designado para abordar os referidos pontos.

Por fim, espera-se que este artigo seja útil para demonstrar como mecanismos de mitigação e de prevenção de danos podem contribuir para assegurar direitos de consumidores quanto aos seus dados pessoais, bem como evitar ou restringir a imposição de sanções administrativas decorrentes de violações de direitos estabelecidos no CDC e na LGPD em conformidade com as diretivas internacionais.

2. O ALINHAMENTO DO *COMPLIANCE* COM OS PRINCÍPIOS DO CÓDIGO DE DEFESA DO CONSUMIDOR COMO MEIO DE OBSERVÂNCIA DOS DIREITOS DOS CONSUMIDORES RELACIONADOS A DADOS PESSOAIS NO AMBIENTE DIGITAL

Por ser uma forma de promover a ética[17], a eficiência econômica e boas práticas de gestão em empresas, entende-se que o *compliance* está alinhado com o CDC e com as normativas internacionais aderidas pelo Brasil. Como será abordado nos itens a seguir, os princípios são fontes que norteiam o comportamento dos agentes envolvidos na relação de consumo (1.1.) e, devidamente observados, resultam na

15. Em Análise Econômica do Direito (AED) entende-se que é eficiente do ponto de vista de tomada de decisão, investir em prevenção quando o custo é inferior ao de reparação e outros custos associados a uma condenação (como os custos reputacionais, custos e taxas judiciais e processuais.
16. OECD LEGAL INSTRUMENTS. *Recommendation of the Council on Consumer Protection in E-commerce.* Disponível em: https://legalinstruments.oecd.org/en/instruments/OECD-LEGAL-0422. Acesso em: 31 jan. 2021.
17. LEGAL ETHICS COMPLIANCE. *Comissão de ética e compliance: como funciona e qual sua importância.* Disponível em: https://lec.com.br/blog/comissao-de-etica-e-compliance-como-funciona-e-qual-sua-importancia/. Acesso em: 20 jan. 2021.

promoção dos direitos dos consumidores e da livre iniciativa (1.2.). Para isso, quanto aos dados pessoais dos consumidores no ambiente digital, o *compliance* pode ser utilizado como mecanismo preventivo e mitigatório em atenção às mencionadas disposições do CDC.

2.1 O *compliance* como meio de alinhamento aos princípios do CDC e normativas internacionais quanto aos dados pessoais dos consumidores

O artigo 4º do CDC estabelece os princípios a serem observados nas relações de consumo[18]. Nota-se que há significativo direcionamento para a atuação pautada pela transparência e pela boa-fé, o que demonstra correlação com o *compliance*, que preza especialmente pelo aprimoramento de condutas éticas e alinhadas com soluções que melhor atendam os consumidores em uma economia de mercado (ou de livre iniciativa).

Assim, o inciso I do art. 4º dispõe que o consumidor deve ser reconhecido como vulnerável no mercado de consumo[19]. Ainda que se admita que a internet reduziu assimetrias informais e diminuiu algumas vulnerabilidades no mercado, no âmbito digital, essa vulnerabilidade é evidenciada pelo desconhecimento sobre o modo como os dados pessoais são utilizados. Em que pese a LGPD preceituar que existem limitações de finalidade para o tratamento de dados, os consumidores (e mesmo as autoridades) não possuem os mesmos recursos técnicos ou o conhecimento especializado compatível com as empresas que atuam no segmento em análise como reconhecem as publicações da OCDE sobre tema[20].

Nessa linha, o inciso III do mesmo artigo, em consonância com o artigo 170 da CF, reconhece a relevância do desenvolvimento econômico e tecnológico[21]. Nem poderia ser diferente diante do consenso na literatura que correlaciona desenvolvimento e inovação tecnológica.[22]. No âmbito digital, são notórios os avanços tecnológicos que promovem desenvolvimento econômico em benefício da concorrência e dos consumidores.

Como exemplo, *Autorité de la Concurrence*, instituição francesa de defesa da concorrência, em parecer sobre o setor audiovisual, considerou que a competitividade decorrente do acesso aos dados dos usuários por plataformas digitais, como o

18. BRASIL. *Lei 8.078, de 11 de setembro de 1990*. Disponível em: http://www.planalto.gov.br/ccivil_03/leis/l8078compilado.htm. Acesso em: 15 jan. 2021.
19. Ibidem.
20. Para mais informações sobre o tema, ver: OECD LEGAL INSTRUMENTS. *Recommendation of the Council on Consumer Protection in E-commerce*. Disponível em: https://legalinstruments.oecd.org/en/instruments/OECD-LEGAL-0422. Acesso em: 31 jan. 2021. OECD. *Challenges to consumer policy in the digital age*. Disponível em: https://www.oecd.org/sti/consumer/challenges-to-consumer-policy-in-the-digital-age.pdf. Acesso em: 31 jan. 2021.
21. BRASIL. Lei 8.078, de 11 de setembro de 1990. Disponível em: http://www.planalto.gov.br/ccivil_03/leis/l8078compilado.htm. Acesso em: 15 jan. 2021.
22. Ver por todos: COOTER, Robert et al. O Problema da Desconfiança Recíproca, The Latin American and Caribbean journal of Legal Studies, v. 1, n.1, artigo 8, 2006, p. 2.

Netflix, seria um diferencial, pois viabilizaria a utilização de algoritmos para a melhoria das ofertas conforme as preferências dos consumidores[23]. No caso dos meios mais tradicionais do setor audiovisual, como os canais televisivos, não ocorreria o mesmo acesso aos dados em comento, de um modo geral[24].

O caso acima demonstra o desenvolvimento tecnológico decorrente dos dados pessoais e o consequente impacto aos consumidores. É necessário que os avanços tecnológicos sejam pautados pela boa-fé, o que é um meio de integridade e alinhado ao *compliance*. No entanto, existem situações que demonstram que nem sempre o princípio da boa-fé é observado com o desenvolvimento tecnológico.

O caso do Facebook e da *Cambridge Analytica*, no qual os dados dos consumidores alegadamente foram direcionados para influenciar campanhas eleitorais[25], sugere como dados pessoais de consumidores podem ser utilizados de modo diverso da finalidade especificada, o que revela a inobservância de princípios e a violação de direitos. O mesmo caso foi sancionado no Brasil, pela Secretaria Nacional do Consumidor (Senacon), que aplicou a sanção de multa de R$ 6,6 milhões de reais por prática abusiva[26].

Como se vê, violações aos direitos dos consumidores relacionados aos seus dados pessoais podem ter relação com questões de transparência e mesmo éticas. No caso acima, o uso dos dados pessoais para finalidade diversa sugere que existiam eventuais problemas da empresa com os consumidores titulares a serem resolvidos pela (auto) regulação. Independentemente do mérito do caso, tal situação poderia ter sido evitada com boas práticas implementadas por programas institucionais de *compliance*, o que também estaria alinhado com os princípios do CDC.

Um dos resultados das boas práticas de *compliance* é a educação e a informação de fornecedores e consumidores, refletindo o princípio estabelecido no inciso IV do art. 4º do CDC[27]. Tais medidas viabilizam a transparência nas relações de consumo, decorrente da maior conscientização sobre direitos e deveres, e refletem a integridade no mercado de consumo, sem a necessidade de ser recorrer à punição

23. AUTORITÉ DE LA CONCURRENCE. *The Autorité issues its opinion on the audiovisual sector.* Disponível em: https://www.autoritedelaconcurrence.fr/en/press-release/21-february-2019-audiovisual-sector. Acesso em: 25 out 2020.
24. Ibidem.
25. TORYS LLP. *Canada's Competition Bureau steps into the data and privacy sphere.* Disponível em: https://www.torys.com/insights/publications/2020/05/canadas-competition-bureau-steps-into-the-data-and--privacy-sphere#:~:text=Canada%27s%20Competition%20Bureau%20steps%20into%20the%20data%20and%20privacy%20sphere,-May%2022%2C%202020&text=On%20May%2019%2C%202020%2C%20Canada%27s,of%20Canadian%20users%27%20personal%20information. Acesso em: 17 jan. 2021.
26. O CONSUMERISTA. *Senacon aplica multa de R$ 6,6 milhões contra o Facebook.* Disponível em: https://www.oconsumerista.com.br/2019/12/senacon-multa-facebook/. Acesso em: 28 jan. 2021.
27. BRASIL. *Lei 8.078, de 11 de setembro de 1990.* Disponível em: http://www.planalto.gov.br/ccivil_03/leis/l8078compilado.htm. Acesso em: 15 jan. 2021.

ou mesmo aplicação de multas, muitas vezes ineficiente para estruturar incentivos ao cumprimento estrito da lei[28].

Ademais, a adoção do *compliance* por fornecedores também implica práticas de segurança com as informações dos consumidores, nos termos do inciso V do art. 4º do CDC[29]. Neste caso, a segurança se relaciona com o estabelecimento de princípios e diretrizes institucionais capazes de nortear o tratamento de dados pessoais com a finalidade de assegurar o tratamento adequado e a privacidade dos consumidores.

Por fim, como se trata de forma de prevenção, o *compliance* também possui o potencial de evitar a repressão decorrente de abusos no mercado de consumo e prevista no inciso VI do art. 4º do CDC[30], resultantes de violações a direitos dos consumidores quanto aos seus dados pessoais. Ademais, o princípio de métodos alternativos para solução de disputas de consumo conforme o inciso V art. 4 º do CDC, faz com que autoridades públicas devam apostar em autorregulação e *compliance* corporativo sem a necessidade de sancionar condutas por meio de multas. Considerando a relevância dos direitos em questão, o item a seguir abordará o tema de forma mais aprofundada.

2.2 O *compliance* como meio de observância dos direitos dos consumidores relacionados a dados pessoais

O *compliance* representa, como já explicitado, um modo de promover os direitos dos consumidores por meio da adequação interna com boas práticas e atuação ética de fornecedores. A internalização da cultura de transparência é um reflexo da observância dos direitos dos consumidores.

No Chile, por exemplo, o *Servicio Nacional del Consumidor* (Sernac), órgão responsável pela proteção do consumidor, estimula o *compliance*[31] como meio, dentre outros fatores, de atenuar eventuais sanções[32]. Para isso, o Sernac aprova os planos de cumprimento (*compliance*), que devem atender a requisitos legais voltados à prevenção, correção e identificação de violações da lei[33].

---

28. JOTA. *Foco inicial será criar cultura de dados, diz presidente da ANPD*. Disponível em: https://www.jota.info/paywall?redirect_to=//www.jota.info/tributos-e-empresas/mercado/cultura-de-dados-presidente-anpd-26012021#:~:text=O%20presidente%20da%20Autoridade%20Nacional,-contra%20empresas%20detentoras%20de%20dados. Acesso em: 31 jan. 2021.
29. BRASIL. Lei 8.078, de 11 de setembro de 1990. Disponível em: http://www.planalto.gov.br/ccivil_03/leis/l8078compilado.htm. Acesso em: 15 jan. 2021.
30. Ibidem.
31. SERNAC. *Planes de Cumplimiento (Compliance)*. Disponível em: https://www.sernac.cl/portal/618/w3-propertyvalue-62999.html#:~:text=protecci%C3%B3n%20al%20consumidor%3F-,Los%20planes%20de%20cumplimiento%20son%20instrumentos%20que%20establecen%20pol%C3%ADticas%2C%20procedimientos,e%20infracciones%20a%20la%20ley. Acesso em: 30 jan. 2021.
32. SERNAC. *Circular interpretativa sobre procedimientos de aprobación de planes de cumplimiento del artículo 24 inciso cuarto, letra C, de la ley n. 19.496*. Disponível em: https://www.sernac.cl/portal/618/articles-60215_archivo_01.pdf. Acesso em: 30 jan. 2021.
33. SERNAC. *Planes de Cumplimiento (Compliance)*. Disponível em: https://www.sernac.cl/portal/618/w3-propertyvalue-62999.html#:~:text=protecci%C3%B3n%20al%20consumidor%3F-,Los%20planes%20de%20

Nesse sentido, dentre os principais direitos estabelecidos pelo CDC e relacionados ao *compliance* no âmbito da proteção de dados no ambiente digital, destacam-se os seguintes: (i) a liberdade de escolha e igualdade nas contratações (art. 6º, II); (ii) a informação adequada e clara sobre produtos e serviços (art. 6º, III); (iii) a proteção contra práticas abusivas e enganosas (art. 6º, IV); (iv) e a efetiva prevenção de danos aos consumidores (art. 6º, VI)[34].

A liberdade de escolha e a igualdade nas contratações no ambiente digital devem ser asseguradas por meio da proteção dos dados pessoais dos consumidores, tendo em vista a possibilidade de discriminação de preços decorrente de atividades das plataformas em "*adquirir, recolher, processar e analisar*" dados dos usuários[35]. Eventuais discriminações de preços podem impactar negativamente os direitos em comento. No entanto, programas de *compliance* são ferramentas que reforçam o compromisso de cumprimento da legislação[36], como os preceitos em análise do CDC.

Ademais, informações adequadas e claras sobre serviços, nos termos do inciso III do art. 6º do CDC, são especialmente relevantes no caso de transações não-monetárias em plataformas digitais. Em que pese a "gratuidade" dos serviços prestados aos consumidores, os dados pessoais podem ser utilizados de modo monetizado e, muitas vezes, não há a devida informação sobre os riscos e as implicações de uso dos referidos ambientes digitais aos consumidores[37].

Como exemplo, o Departamento de Justiça (DOJ), órgão do Poder Judiciário Federal dos Estados Unidos, possui ação em face do Google em andamento por abuso de posição dominante em buscas online. Nesse caso, o DOJ abordou expressamente a monetização dos dados pessoais dos consumidores, que utilizam o serviço de busca de forma "gratuita", por meio do aperfeiçoamento dos serviços de busca e de anúncios publicitários[38].

O caso em andamento no DOJ ilustra as possíveis violações de privacidade relacionadas ao tratamento dos dados pessoais dos consumidores, bem como exemplifica os riscos sancionatórios para as empresas, ainda que mais relacionadas ao escopo concorrencial. Tais riscos podem ser mitigados por meio do *compliance*.

---

cumplimiento%20son%20instrumentos%20que%20establecen%20pol%C3%ADticas%2C%20procedimientos,e%20infracciones%20a%20la%20ley. Acesso em: 30 jan. 2021.

34. BRASIL. *Lei 8.078, de 11 de setembro de 1990*. Disponível em: http://www.planalto.gov.br/ccivil_03/leis/l8078compilado.htm. Acesso em: 15 jan. 2021.
35. AUTORIDADE DA CONCORRÊNCIA. *Ecossistemas digitais, Big Data e Algoritmos*. Disponível em: http://www.concorrencia.pt/vPT/Estudos_e_Publicacoes/Estudos_Economicos/Outros/Documents/Ecossistemas%20digitais,%20Big%20Data%20e%20Algoritmos.pdf. Acesso em: 26 nov. 2020.
36. Conselho Administrativo de Defesa Econômica. *Guia Programas de* Compliance – orientações sobre estruturação e benefícios da adoção dos programas de compliance concorrencial. Disponível em: https://www.legiscompliance.com.br/images/pdf/cade_guia_compliance_06_2016.pdf. Acesso em: 28 jan. 2021.
37. CCCS. *Data:* Engine for Growth – Implications for Competition Law, Personal Data Protection, and Intellectual Property Rights. Disponível em: https://www.cccs.gov.sg/resources/publications/occasional-research-papers/data-engine-for-growth. Acesso em: 8 dez 2020.
38. DOJ. *Case 1:20-cv-03010*. Disponível em: https://cdn.arstechnica.net/wp-content/uploads/2020/10/gov.uscourts.dcd_.223205.1.0_1.pdf. Acesso em: 21 jan. 2021.

Nessa linha, o inciso IV do art. 6º do CDC prescreve a "*proteção contra a publicidade enganosa e abusiva, métodos comerciais coercitivos ou desleais, bem como contra práticas e cláusulas abusivas ou impostas no fornecimento de produtos e serviços*". Como visto na ação do DOJ, dados pessoais dos consumidores são utilizados por serviços "gratuitos" de busca para o aprimoramento da publicidade digital.

Considerando que existem limitações de finalidade para o tratamento de tais dados e que nem sempre os consumidores são informados sobre a monetização de seus dados, podem existir violações à luz do artigo em comento. Como alternativa, o *compliance* "*identifica, mitiga e remedia os riscos de violações da lei, logo de suas consequências adversas*"[39].

Percebe-se o alinhamento com a disposição do inciso VI do art. 6º do CDC sobre a efetiva prevenção de danos aos consumidores. Com a observância de direitos por meio de um programa de *compliance*, há a consequente prevenção de danos aos consumidores decorrentes de violações de privacidade quanto aos seus dados pessoais.

Desse modo, nota-se que dados pessoais, direitos dos consumidores e *compliance* estão interligados. Portanto, o item a seguir demonstrará como o *compliance* também é relevante para o cumprimento de preceitos da Lei Geral de Proteção de Dados (LGPD).

3. O *COMPLIANCE* COMO MECANISMO DE CUMPRIMENTO DE PRECEITOS DA LEI GERAL DE PROTEÇÃO DE DADOS QUANTO AOS DADOS PESSOAIS DOS CONSUMIDORES NO AMBIENTE DIGITAL

No âmbito da LGPD, observa-se que o *compliance* contribui para o cumprimento de seus preceitos legais das seguintes formas: (i) com o desenvolvimento do *compliance* como reflexo das boas práticas e da governança previstas na LGPD (3.1) e (ii) com a observância dos princípios da LGPD por meio do *compliance* (3.2).

3.1 O desenvolvimento do *compliance* como reflexo das boas práticas e da governança previstas na LGPD

A LGPD, já concebida mais de 30 anos depois do CDC e em maior conformidade com o direito comparado, possui uma seção específica para tratar sobre as boas práticas de governança a serem adotadas por controladores e operadores. Para fins de esclarecimentos, controladores são pessoas naturais ou jurídicas, "de direito público ou privado, a quem competem as decisões referentes ao tratamento de dados pessoais"[40]. Já os operadores são, do mesmo modo, pessoas naturais ou jurídicas "de

39. CONSELHO ADMINISTRATIVO DE DEFESA ECONÔMICA. *Guia Programas de Compliance – orientações sobre estruturação e benefícios da adoção dos programas de compliance concorrencial*. Disponível em: https://www.legiscompliance.com.br/images/pdf/cade_guia_compliance_06_2016.pdf. Acesso em: 28 jan. 2021.
40. BRASIL. *Lei Geral de Proteção de Dados*. Disponível em: http://www.planalto.gov.br/ccivil_03/_ato2015-2018/2018/lei/L13709.htm. Acesso em: 15 jan. 2021.

direito público ou privado, que realiza o tratamento de dados pessoais em nome do controlador"[41].

Como se vê, controladores e operadores atuam diretamente no tratamento de dados pessoais, que consiste em "toda operação realizada com dados pessoais, como as que se referem a coleta, produção, recepção, classificação, utilização, acesso, reprodução, transmissão, distribuição, processamento, arquivamento, armazenamento, eliminação, avaliação ou controle da informação, modificação, comunicação, transferência, difusão ou extração"[42].

Para assegurar que o tratamento ocorrerá em consonância com preceitos legais, a LGPD estabeleceu que controladores e operadores são responsáveis pela elaboração de regras de boas práticas e de governança, de forma individual ou por meio de associações. Tais regras estão relacionadas às competências dos referidos agentes quanto ao tratamento de dados pessoais[43]. Em que pese governança corporativa e *compliance* serem conceitos distintos, tendo em vista que o *compliance* está mais relacionado aos valores éticos e a governança com questões de adaptação a processos e cultura organizacional, ambos costumam caminhar juntos pela semelhança em seus objetivos[44].

Nesse contexto, o art. 50 da LGPD dispõe sobre o conteúdo das regras em comento. Sabe-se que programas de *compliance* podem abarcar preceitos de outras searas jurídicas, considerando a pertinência temática. Assim, as disposições do CDC também seriam pertinentes para o *compliance* sobre o tratamento de dados pessoais de consumidores[45].

Não há, portanto, apenas uma forma de elaborar um programa de *compliance* ou determinado modelo específico e único[46]. Apesar disso, as regras de boas práticas e de governança estabelecidas na LGPD podem nortear não apenas o mencionado programa, mas também o estabelecimento de uma cultura corporativa[47] de proteção dos dados pessoais dos consumidores.

Desse modo, o artigo 50 da LGPD estabelece que as regras em questão devem conter: (i) condições de organização; (ii) regime de funcionamento; (iii) procedimentos, incluindo reclamações e petições de titulares; (iv) normas de segurança; (v) padrões

41. Ibidem.
42. BRASIL. *Lei Geral de Proteção de Dados*. Disponível em: http://www.planalto.gov.br/ccivil_03/_ato2015-2018/2018/lei/L13709.htm. Acesso em: 15 jan. 2021.
43. Ibidem.
44. LEGAL ETHICS COMPLIANCE. *Governança corporativa e compliance: entenda as diferenças*. Disponível em: https://lec.com.br/blog/governanca-corporativa-e-compliance-entenda-as-diferencas/#:~:text=Muitos%20confundem%20governan%C3%A7a%20corporativa%20e,normas%20e%20com%20valores%20%C3%A9ticos. Acesso em: 16 jan. 2021.
45. CONSELHO ADMINISTRATIVO DE DEFESA ECONÔMICA. Guia Programas de Compliance – orientações sobre estruturação e benefícios da adoção dos programas de *compliance* concorrencial. Disponível em: https://www.legiscompliance.com.br/images/pdf/cade_guia_compliance_06_2016.pdf. Acesso em: 28 jan. 2021.
46. Ibidem, p. 10.
47. Ibidem, p. 9.

técnicos; (vi) obrigações específicas para os diversos envolvidos no tratamento; (vii) ações educativas; (viii) mecanismos internos de supervisão e de mitigação de riscos; (ix) e outros aspectos relacionados ao tratamento de dados pessoais[48].

Além dos critérios acima serem relevantes para direcionarem os programas em comento, percebe-se a ligação com o *compliance*. Tal ligação é especialmente evidente na disposição legal de mecanismos internos de supervisão e de mitigação de riscos[49], bem como de padrões técnicos. A supervisão e a mitigação de riscos estão praticamente relacionadas com a conceituação[50] de *compliance*. Já adoção de padrões técnicos é relevante pelo estabelecimento de padrões de qualidade, aptos a contribuírem com a segurança e a transparência dos serviços prestados[51].

Ademais, a LGPD contribui com o *compliance* por desenvolver critérios de ponderação sobre o tratamento dos dados pessoais na elaboração das regras de boas práticas. Para isso, devem ser consideradas a natureza, o escopo, a finalidade, a probabilidade e a gravidade dos riscos e dos benefícios decorrentes do tratamento de dados do titular[52]. Tais aspectos devem ser avaliados para a promoção da integridade no tratamento dos dados pessoais dos consumidores.

Com isso, é possível o desenvolvimento de relações de confiança com os consumidores, que no presente estudo são os titulares dos dados. Este padrão de relacionamento é estabelecido pela LGPD como uma das características mínimas dos programas de governança em privacidade[53]. Assim, entende-se que os princípios da LGPD também podem contribuir para a eficácia do *compliance* quanto aos dados pessoais dos consumidores.

3.2 A observância dos princípios da LGPD por meio do *compliance*

A LGPD estabelece princípios para as atividades de tratamento dos dados pessoais. Considerando que princípios são meios de direcionamentos[54] e que estão ligados à integridade, entende-se que são referenciais para o desenvolvimento e a implementação de programas de *compliance*. Este item abordará os princípios e em seguida explicará a relação com o *compliance*.

48. BRASIL. *Lei Geral de Proteção de Dados*. Disponível em: http://www.planalto.gov.br/ccivil_03/_ato2015-2018/2018/lei/L13709.htm. Acesso em: 15 jan. 2021.
49. GELLERT, Raphaël. *Understanding the notion of risk in the General Data Protection Regulation*. Disponível em: https://www.sciencedirect.com/science/article/abs/pii/S0267364917302698. Acesso em: 28 jan. 2021.
50. Conselho Administrativo de Defesa Econômica. *Guia Programas de Compliance* – orientações sobre estruturação e benefícios da adoção dos programas de compliance concorrencial. Disponível em: https://www.legiscompliance.com.br/images/pdf/cade_guia_compliance_06_2016.pdf. Acesso em: 28 jan. 2021.
51. Ibidem, p. 34.
52. BRASIL. *Lei Geral de Proteção de Dados*. Disponível em: http://www.planalto.gov.br/ccivil_03/_ato2015-2018/2018/lei/L13709.htm. Acesso em: 15 jan. 2021.
53. Ibidem.
54. MENDES, Laura Schertel. *Privacidade, proteção de dados e defesa do consumidor: linhas gerais de um novo direito fundamental*. São Paulo: Saraiva, 2014. Série IDP. p. 68.

Sendo assim, o tratamento de dados deve estar limitado pelo princípio da finalidade. Os propósitos legítimos, específicos e explícitos devem ser informados ao consumidor titular dos dados pessoais[55]. Portanto, o consentimento do usuário se refere a finalidades específicas de tratamento[56], o que confere mais autonomia aos consumidores e condiz com a minimização dos dados[57].

A compatibilidade do tratamento com as finalidades tem relação com o princípio da adequação[58]. Tal tratamento deve, ainda, ser limitado pelas necessidades decorrentes das finalidades propostas e restrito aos dados pertinentes, como prescreve o princípio da necessidade[59].

A autonomia dos consumidores é assegurada, ainda, pelo princípio do livre acesso. Nesse caso, de acordo com a LGPD, a consulta deve ser facilitada e gratuita sobre a forma e a duração do tratamento, bem como sobre a integralidade dos dados[60]. Tal princípio se relaciona com o princípio da qualidade dos dados, que visa garantir aos titulares a exatidão, a clareza, a relevância e a atualização dos dados, sempre em observância à finalidade estabelecida[61].

Ademais, o princípio da transparência da LGPD espelha a disposição do CDC sobre informações claras, precisas e facilmente acessíveis sobre o tratamento dos dados pessoais[62]. Já o princípio da segurança expressa a necessidade de adoção de medidas técnicas e administrativas que protejam os dados pessoais de acessos não autorizados e de situações que comprometam os dados pessoais dos consumidores. Na mesma linha, o princípio da prevenção trata sobre a adoção de medidas que evitem danos decorrentes do tratamento de dados pessoais[63].

Além disso, conforme o princípio da não discriminação, dados dos consumidores não podem ser utilizados para fins discriminatórios ilícitos ou abusivos[64]. A LGPD apresenta, ainda, o princípio da responsabilização e da prestação de contas. Conforme este princípio, deve ocorrer a comprovação da observância do cumprimento e da eficácia das normas de proteção de dados[65].

---

55. BRASIL. *Lei Geral de Proteção de Dados*. Disponível em: http://www.planalto.gov.br/ccivil_03/_ato2015-2018/2018/lei/L13709.htm. Acesso em: 15 jan. 2021.
56. PELOSO PIURCOSKY, Fabrício; APARECIDO COSTA, Marcelo; FROGERI, Rodrigo Franklin e LEAL CALEGARIO, Cristina Lelis. *A lei geral de proteção de dados pessoais em empresas brasileiras: uma análise de múltiplos casos*. Bogotá, v. 10, n. 23, p. 89-99, Dez. 2019. Disponível em: http://www.scielo.org.co/scielo.php?script=sci_arttext&pid=S2215-910X2019000300089&lng=en&nrm=iso. Acesso em: 04 nov. 2020.
57. BIONI, Bruno Ricardo. *Proteção de dados pessoais: a função e os limites do consentimento*. Rio de Janeiro: Forense, 2019. p. 121.
58. BRASIL. *Lei Geral de Proteção de Dados*. Disponível em: http://www.planalto.gov.br/ccivil_03/_ato2015-2018/2018/lei/L13709.htm. Acesso em: 15 jan. 2021.
59. Ibidem.
60. Ibidem.
61. BRASIL. *Lei Geral de Proteção de Dados*. Disponível em: http://www.planalto.gov.br/ccivil_03/_ato2015-2018/2018/lei/L13709.htm. Acesso em: 15 jan. 2021.
62. Ibidem
63. Ibidem.
64. Ibidem.
65. Ibidem.

Os princípios abordados agregam valor nas relações de consumo e asseguram ao consumidor a confiança de que os seus dados serão tratados sem excessos, desvios de finalidades, propósitos diversos, inadequações, inseguranças ou discriminações abusivas. Percebe-se que para que sejam observados, é fundamental a adoção de posturas éticas por controladores e operadores, o que pode ocorrer por meio do *compliance*.

Além dos benefícios mencionados aos consumidores, o *compliance* é um mecanismo útil para evitar a aplicação de sanções, o que pode ocorrer no âmbito de diferentes autoridades. Como exemplo, a autoridade canadense de proteção do consumidor e defesa da concorrência, a *Competition Bureau Canada* (CBC), aplicou a sanção de multa de U$ 9.000.000,00 (nove milhões de dólares) ao *Facebook* por ter utilizado, coletado e compartilhado, de forma inapropriada e com finalidades diversas, dados pessoais de consumidores. A investigação se refere ao caso *Cambridge Analytica*, no qual houve os dados dos consumidores foram direcionados para influenciar campanhas eleitorais[66].

Segundo a lei de defesa da concorrência canadense, são proibidas práticas enganosas de publicidade, o que inclui afirmações sobre a gratuidade de serviços de plataformas da internet e brechas de privacidade dos usuários[67]. Não obstante a sanção em comento, a autoridade de proteção de dados canadense, o *Office of the Privacy Commissioner of Canada* (OPC), conduziu investigação sobre a privacidade e a proteção de dados dos usuários, de forma paralela e na sua área de atuação[68].

O caso *Cambridge Analytica*, como mencionado, também foi sancionado no Brasil, pela Secretaria Nacional do Consumidor (Senacon), que aplicou a sanção de multa de R$ 6,6 milhões de reais por prática abusiva[69]. Como a decisão ocorreu em 2019 e a ANPD ainda não tinha sido constituída, não se sabe se o mesmo que ocorreu no Canadá teria sido observado no País. No entanto, não existem óbices legais para que as duas autoridades apliquem sanções, nos termos do § 2º do art. 52 da LGPD.

Verifica-se, assim, que o *compliance* é um meio de observância espontâneo ou de autorregulação das leis de proteção do consumidor e de proteção de dados, bem como uma ferramenta relevante para prevenir que violações, e consequentes sanções, ocorram ou, caso ocorram, tenham efeitos mitigados.

---

66. TORYS LLP. *Canada's Competition Bureau steps into the data and privacy sphere*. Disponível em: https://www.torys.com/insights/publications/2020/05/canadas-competition-bureau-steps-into-the-data-and--privacy-sphere#:~:text=Canada%27s%20Competition%20Bureau%20steps%20into%20the%20data%20and%20privacy%20sphere,-May%2022%2C%202020&text=On%20May%2019%2C%202020%2C%20Canada%27s,of%20Canadian%20users%27%20personal%20information. Acesso em: 17 jan. 2021.
67. Ibidem.
68. CANTECH. *Joint federal/BC investigation into Facebook and Cambridge Analytica*. Disponível em: https://www.cantechlaw.ca/news/joint-federalbc-investigation-facebook-and-cambridge-analytica. Acesso em: 17 jan. 2021.
69. O CONSUMERISTA. *Senacon aplica multa de R$ 6,6 milhões contra o Facebook*. Disponível em: https://www.oconsumerista.com.br/2019/12/senacon-multa-facebook/. Acesso em: 28 jan. 2021.

4. CONSIDERAÇÕES FINAIS

O presente artigo abordou como o *compliance* pode ser um relevante mecanismo para a observância de preceitos do Código de Defesa do Consumidor e da Lei Geral de Proteção de Dados. Como meio de prevenção de violações, observou-se o alinhamento a princípios e diretrizes das referidas leis.

Sendo assim, no primeiro tópico, este artigo abordou a relação dos princípios que norteiam as relações de consumo e os direitos dos consumidores com o *compliance*. Por meio de casos concretos, foi demonstrado o potencial de evitar sanções administrativas para aqueles que realizam o tratamento de dados pessoais de consumidores.

No segundo tópico, demonstrou-se como critérios da LGPD podem contribuir para o desenvolvimento e a implementação de programas de *compliance*. Além disso, houve a análise dos princípios da LGPD em consonância com o *compliance*. Com isso, foi mencionada a possibilidade de evitar conflitos, pela prevenção de violações, e consequentes sanções de autoridades de proteção de dados e de proteção do consumidor. Outro benefício tratado foi o estabelecimento de um relacionamento pautado na confiança com consumidores.

Como se vê, *compliance*, proteção de dados e defesa do consumidor estão cada vez mais interligados no ambiente digital. Com avanços tecnológicos e novas leis de proteção de dados, como a LGPD, é fundamental que culturas corporativas sejam adaptadas ao *compliance* como uma medida de prevenir violações e respeitar os direitos dos consumidores em relação aos seus dados pessoais.

5. REFERÊNCIAS

AGÊNCIA BRASIL. *Interesse por compras online deve continuar após pandemia*. Disponível em: https://agenciabrasil.ebc.com.br/economia/noticia/2020-07/interesse-por-compras-online-deve-continuar-apos-pandemia. Acesso em: 31 jan. 2021.

ARTHUR, C. *What's a zettabyte? By 2015, the internet will know, says Cisco*. Disponível em: https://www.theguardian.com/technology/blog/2011/jun/29/zettabyte-data-internet-cisco. Acesso em: 31 out. 2020.

AUTORIDADE DA CONCORRÊNCIA. *Ecossistemas digitais, Big Data e Algoritmos*. Disponível em: http://www.concorrencia.pt/vPT/Estudos_e_Publicacoes/Estudos_Economicos/Outros/Documents/Ecossistemas%20digitais,%20Big%20Data%20e%20Algoritmos.pdf. Acesso em: 26 nov. 2020.

AUTORITÉ DE LA CONCURRENCE. *The Autorité issues its opinion on the audiovisual sector.* Disponível em: https://www.autoritedelaconcurrence.fr/en/press-release/21-february-2019-audiovisual-sector. Acesso em: 25 out. 2020.

BIONI, Bruno. *Panorama setorial da Internet* – Privacidade e dados pessoais. Disponível em: https://brunobioni.com.br/blog/namidia/panorama-setorial-da-internet-privacidade-e-dados-pessoais/. Acesso em: 31 jan. 2021.

BIONI, Bruno Ricardo. *Proteção de dados pessoais*: a função e os limites do consentimento. Rio de Janeiro: Forense, 2019.

BRASIL. *Lei Geral de Proteção de Dados*. Disponível em: http://www.planalto.gov.br/ccivil_03/_ato2015-2018/2018/lei/L13709.htm. Acesso em: 15 jan. 2021.

BRASIL. *Lei 8.078, de 11 de setembro de 1990*. Disponível em: http://www.planalto.gov.br/ccivil_03/leis/l8078compilado.htm. Acesso em: 15 jan. 2021.

CANTECH. *Joint federal/BC investigation into Facebook and Cambridge Analytica*. Disponível em: https://www.cantechlaw.ca/news/joint-federalbc-investigation-facebook-and-cambridge-analytica. Acesso em: 17 jan. 2021.

CCCS. *Data*: Engine for Growth – Implications for Competition Law, Personal Data Protection, and Intellectual Property Rights. Disponível em: https://www.cccs.gov.sg/resources/publications/occasional-research-papers/data-engine-for-growth. Acesso em: 8 dez. 2020.

COMISSÃO EUROPEIA. *A European strategy for data*. Disponível em: https://ec.europa.eu/info/sites/info/files/communication-european-strategy-data-19feb2020_en.pdf. Acesso em: 31 out. 2020.

CONSELHO ADMINISTRATIVO DE DEFESA ECONÔMICA. *Guia Programas de Compliance* – orientações sobre estruturação e benefícios da adoção dos programas de compliance concorrencial. Disponível em: https://www.legiscompliance.com.br/images/pdf/cade_guia_compliance_06_2016.pdf. Acesso em: 28 jan. 2021.

COOTER, Robert et al. O Problema da Desconfiança Recíproca. The *Latin American and Caribbean journal of Legal Studies*, v. 1, n. 1, artigo 8, 2006.

DOJ. *Case 1:20-cv-03010*. Disponível em: https://cdn.arstechnica.net/wp-content/uploads/2020/10/gov.uscourts.dcd_.223205.1.0_1.pdf. Acesso em: 21 jan. 2021.

FINANCIAL TIMES. *How much is your personal data worth?* Disponível em: https://ig.ft.com/how-much-is-your-personal-data-worth/. Acesso em: 31 out. 2020.

FGV. *Webinar* | ANPD e as perspectivas para a regulação de dados no Brasil – Parte 1. Disponível em: https://portal.fgv.br/eventos/webinar-anpd-e-perspectivas-regulacao-dados-brasil-parte-1. Acesso em: 31 jan. 2021.

GELLERT, Raphaël. *Understanding the notion of risk in the General Data Protection Regulation*. Disponível em: https://www.sciencedirect.com/science/article/abs/pii/S0267364917302698. Acesso em: 28 jan. 2021.

JOTA. *Foco inicial será criar cultura de dados, diz presidente da ANPD*. Disponível em: https://www.jota.info/paywall?redirect_to=//www.jota.info/tributos-e-empresas/mercado/cultura-de-dados-presidente-anpd-26012021#:~:text=O%20presidente%20da%20Autoridade%20Nacional,contra%20empresas%20detentoras%20de%20dados. Acesso em: 31 jan. 2021.

LEGAL ETHICS COMPLIANCE. *Comissão de ética e compliance: como funciona e qual sua importância*. Disponível em: https://lec.com.br/blog/comissao-de-etica-e-compliance-como-funciona-e-qual-sua-importancia/. Acesso em: 20 jan. 2021.

LEGAL ETHICS COMPLIANCE. *Governança corporativa e compliance: entenda as diferenças*. Disponível em: https://lec.com.br/blog/governanca-corporativa-e-compliance-entenda-as-diferencas/#:~:text=Muitos%20confundem%20governan%C3%A7a%20corporativa%20e,normas%20e%20com%20valores%20%C3%A9ticos. Acesso em: 16 jan. 2021.

MENDES, Laura Schertel. *Privacidade, proteção de dados e defesa do consumidor*: linhas gerais de um novo direito fundamental. São Paulo: Saraiva, 2014. Série IDP.

O CONSUMERISTA. *Senacon aplica multa de R$ 6,6 milhões contra o Facebook*. Disponível em: https://www.oconsumerista.com.br/2019/12/senacon-multa-facebook/. Acesso em: 28 jan. 2021.

OECD. *Challenges to consumer policy in the digital age*. Disponível em: https://www.oecd.org/sti/consumer/challenges-to-consumer-policy-in-the-digital-age.pdf. Acesso em: 31 jan. 2021.

OECD. *Executive Summary of the Roundtable on Algorithms and Collusion*. Disponível em: https://one.oecd.org/document/DAF/COMP/M(2017)1/ANN3/FINAL/en/pdf. Acesso em: 31 out. 2020.

OECD LEGAL INSTRUMENTS. *Recommendation of the Council on Consumer Protection in E-commerce*. Disponível em: https://legalinstruments.oecd.org/en/instruments/OECD-LEGAL-0422. Acesso em: 31 jan. 2021.

ORGANIZAÇÃO PARA A COOPERAÇÃO E DESENVOLVIMENTO ECONÔMICO. *Consumer Data Rights and Competition* – Background note. Disponível em: https://one.oecd.org/document/DAF/COMP(2020)1/en/pdf. Acesso em: 15 out. 2020.

PELOSO PIURCOSKY, Fabrício; APARECIDO COSTA, Marcelo; FROGERI, Rodrigo Franklin e LEAL CALEGARIO, Cristina Lelis. *A lei geral de proteção de dados pessoais em empresas brasileiras: uma análise de múltiplos casos*. Bogotá, v. 10, n. 23, p. 89-99, Dez. 2019. Disponível em: http://www.scielo.org.co/scielo.php?script=sci_arttext&pid=S2215-910X2019000300089&lng=en&nrm=iso. Acesso em: 04 nov. 2020.

SERNAC. *Planes de Cumplimiento (Compliance)*. Disponível em: https://www.sernac.cl/portal/618/w3-propertyvalue-62999.html#:~:text=protecci%C3%B3n%20al%20consumidor%3F-,Los%20planes%20de%20cumplimiento%20son%20instrumentos%20que%20establecen%20pol%C3%ADticas%2C%20procedimientos,e%20infracciones%20a%20la%20ley. Acesso em: 30 jan. 2021.

SERNAC. *Circular interpretativa sobre procedimientos de aprobación de planes de cumplimento del artículo 24 inciso cuarto, letra C, de la ley n. 19.496*. Disponível em: https://www.sernac.cl/portal/618/articles-60215_archivo_01.pdf. Acesso em: 30 jan. 2021.

TORYS LLP. *Canada's Competition Bureau steps into the data and privacy sphere*. Disponível em: https://www.torys.com/insights/publications/2020/05/canadas-competition-bureau-steps-into-the-data-and-privacy-sphere#:~:text=Canada%27s%20Competition%20Bureau%20steps%20into%20the%20data%20and%20privacy%20sphere,-May%2022%2C%202020&text=On%20May%2019%2C%202020%2C%20Canada%27s,of%20Canadian%20users%27%20personal%20information. Acesso em: 17 jan. 2021.

VALOR ECONÔMICO. *Reclamações no comércio eletrônico disparam com alta de vendas na pandemia*. Disponível em: https://valor.globo.com/brasil/noticia/2020/09/24/reclamaes-no-comrcio-eletrnico-disparam-com-alta-de-vendas-na-pandemia.ghtml. Acesso em: 31 jan. 2021.

COMPLIANCE EM SEGURO E PROTEÇÃO DO CONSUMIDOR

Angelica Lucia Carlini

Pós-Doutorado em Direito Constitucional pela PUC do Rio Grande do Sul. Doutora em Direito Político e Econômico. Doutora em Educação. Mestre em Direito Civil. Mestre em História Contemporânea. Graduada em Direito. Advogada. Professora Colaboradora do Programa de Mestrado e Doutorado em Administração da Universidade Paulista – UNIP. Coordenadora da área de Direito em São Paulo da Escola de Negócios e Seguros – ENS. Docente do MBA em Gestão Jurídica e Inovação da Escola de Negócios e Seguros – ENS. Vice-Presidente do Instituto Brasileiro de Direito Contratual – IBDCONT e Membro do Conselho Científico do Comitê Iberolatino-americano da Associação Internacional de Direito de Seguro – CILA.

Sumário: 1. Introdução – 2. Fundamentos técnico e jurídicos dos contratos de seguro – 3. *Compliance* e regulação da superintendência de seguros privados – 4. *Compliance* e proteção do consumidor – 5. Conclusão – 6. Referências.

1. INTRODUÇÃO

A língua portuguesa é uma das mais ricas e praticadas no mundo. Estima-se que seja a sexta mais falada em todo o planeta. Mas, no Brasil, lamentavelmente, nem sempre ela é tratada com o respeito e carinho que merece. Prova incontestável dessa afirmação é a facilidade com que termos anglo-saxões são adotados na vida empresarial e mesmo nas conversas informais, quando é comum encontrarmos quem está fazendo um *job* ou quem *application* um currículo para vaga de trabalho.

Com a palavra *compliance* ocorreu o mesmo. Utilizada inicialmente apenas no ambiente empresarial acabou por se tornar a expressão mais corriqueira para definir os setores que atuam na organização e implementação de programas de integridade ou de conformidade com a legalidade, como são definidos. Várias empresas do setor privado e público adotam a expressão *integridade* ou *conformidade*, mas, é preciso reconhecer, mesmo que com uma nota de pesar, que a expressão *compliance* continua sendo a mais utilizada e, praticamente foi adotada pela língua portuguesa como mais um anglicismo.

Compliance e suas práticas tornaram-se tema de relevância na vida empresarial e pública em diferentes setores econômicos e administrativos a partir de episódios graves ocorridos, como os escândalos financeiros que envolveram as empresas Enron, WorldCom e a Tyco, no início dos anos 2000. No Brasil, episódios como das Fazendas Reunidas Boi Gordo, Loja Daslu e Parmalat também provocaram forte impacto econômico e, principalmente, desnudaram a fragilidade dos sistemas de adequação legal das empresas, evidenciando de forma inequívoca que era preciso adotar medidas mais objetivas para mensurar o quanto cada organização empresarial priorizava o atendimento à legislação e às normas de regulação próprias de seu setor.

Os *stakeholders* (rendo-me aos anglicismos) exigiam maior transparência, legalidade e ética por parte das empresas e entre eles estão compreendidos todos aqueles que fazem parte do grupo de interesse que gravita em torno da organização, pessoas ou grupos que possam ser afetados pelas práticas da empresa e, principalmente, pela forma como ela administra seus negócios e atividade-fim.

Entre os principais *grupos de interesse* estão os investidores, empregados, prestadores de serviços, fornecedores, o poder público e toda a sociedade. A vida das empresas, sua solvência e sustentabilidade afetam um grande número de pessoas e outras organizações, públicas e privadas, que com ela se relacionam ou, que dela dependem para pagamento de salários e tributos.

A Constituição Federal brasileira ao atribuir valor social a iniciativa privada no artigo 1º, inciso IV, certamente projetou entre os múltiplos componentes desse elemento – valor social – a integridade, conformidade às normas e aos princípios éticos porque são esses os fatores que constroem relevância social para a organização empresarial, porque lhe outorgam credibilidade, boa reputação e perenidade.

No setor de seguros privados no Brasil e no mundo estar em *compliance* é uma exigência que se avulta dado ao modelo de negócio que as seguradoras e resseguradoras desenvolvem. Trabalham com a captação de recursos e dados de terceiros, organizam fundos mutuais e os administram; e, decidem o pagamento dos valores de indenizações a partir da análise do risco materializado que, no linguajar técnico de seguro, é denominado como regulação de sinistro.

Organizar, administrar e utilizar recursos de terceiros para pagamento de indenizações ao próprio segurado ou, a vítimas ou beneficiários, é atividade que exige rigoroso cumprimento das disposições legais e das normas de regulação, por meio de programas que implementem nas seguradoras a cultura de conformidade ou integridade, que inclui aspectos sensíveis como monitoramento das práticas e implantação de canais de denúncia para acompanhamento de eventuais desvios das normas.

Este trabalho tem por objetivo oferecer um cenário atualizado das práticas de *compliance* no setor de seguros nacional com especial foco na proteção do consumidor. Muito a propósito analisa aspectos da Resolução 382, de 2020, do Conselho Nacional de Seguros Privados – CNSP, que dispõe sobre os princípios a serem observados nas práticas de conduta adotadas por sociedades seguradoras, sociedades de capitalização, entidades de previdência complementar e intermediários, no relacionamento com clientes; e, os principais enfoques da Circular da Superintendência de Seguros Privados – SUSEP 612, de 2020, que dispõe sobre a política, os procedimentos e os controles internos destinados especificamente à prevenção e combate aos crimes de "lavagem" ou ocultação de bens, direitos e valores, ou aos crimes que com eles possam relacionar-se, bem como à prevenção e coibição do financiamento do terrorismo.

Ambos são textos recentes que suscitam estudo e debate nos programas de integridade e conformidade das empresas de seguro no Brasil. É oportuno conhecê-los com maior profundidade e avaliar o impacto que provocarão para a proteção do consumidor pessoa natural ou jurídica contratante de seguros privados.

Assim, ao mesmo tempo que este texto adota a expressão *compliance* para tratar de seus aspectos essenciais na atividade econômica de seguros privados, não pode deixar de prestar homenagem justa e sempre devida aos grandes autores da língua portuguesa que a ela emprestaram inteligência e sensibilidade na construção de monumentos literários que até hoje nos ensinam e deleitam.

A todos aos autores lusófonos na figura de Fernando Pessoa a homenagem singela e sincera. E a escolha de Fernando Pessoa não é se dá ao acaso. A ele ou a seu semi-heterônimo Bernardo Soares se atribui expressão de amor maior pela língua portuguesa: *Não tenho sentimento nenhum político ou social. Tenho, porém, num sentido, um alto sentimento patriótico. Minha pátria é a língua portuguesa.*[1]

2. FUNDAMENTOS TÉCNICO E JURÍDICOS DOS CONTRATOS DE SEGURO

Para compreender a relevância dos programas de *compliance* para as empresas de seguro é necessário retomar os principais aspectos que caracterizam essa atividade econômica, em especial, o princípio do mutualismo e a obrigação de garantia que a lei impõe aos seguradores.

Seguros são contratos que dão aporte jurídico a uma complexa operação que depende de estreita harmonia entre ciências atuariais, estatísticas, econômicas e, claro, jurídicas. Pensar os contratos de seguro a partir de uma lógica individualista contratual é equivocado, o que não raro provoca tormentos na interpretação das cláusulas para aplicação aos casos concretos.

Determina o artigo 757 do Código Civil brasileiro que o segurador é aquele que mediante o pagamento do prêmio pelo segurado, se obriga a garantir interesse legítimo sobre pessoa ou bem contra riscos predeterminados.

O primeiro aspecto a ser destacado é a obrigação de garantir. Não se obriga o segurador em conformidade com a lei a pagar indenização, mas a garantir o interesse legítimo que o segurado vai declarar na proposta e nunca contra todo e qualquer risco, mas apenas contra riscos predeterminados.

Para garantir o interesse legítimo o segurador segue a boa técnica da atividade de seguros e organiza um fundo mutual, composto por segurados que tenham interesses legítimos homogêneos e que desejam se proteger contra os mesmos riscos predeterminados. O segurador convoca o saber dos atuários e estatísticos para que elaborem um diálogo entre riscos e estatísticas e encontrem as probabilidades de

1. PESSOA, Fernando. *Livro do Desassossego*. São Paulo: Companhia das Letras, 2006. p. 200.

materialização dos riscos predeterminados, contra os quais os segurados pretendem ser prevenir de danos que possam ocorrer.

Identificadas as probabilidades de materialização do risco é hora de fazer cálculos. Cálculos atuariais que vão identificar quanto deverá ser a contribuição de cada segurado para a formação do fundo mutual de onde sairão os valores necessários para pagamento das indenizações, caso os riscos predeterminados se materializem.

O segurado não contribui para o fundo mutual com o pagamento do prêmio a partir dos valores específicos de seu interesse legítimo, mas contribui com um valor para ingresso no fundo mutual e, necessário para que esse fundo tenha recursos suficientes para indenizar aqueles segurados que ao longo do período de vigência do contrato, tiverem riscos materializados geradores de danos indenizáveis.

Só essa lógica é que explica que o segurado tem um veículo no valor de R$ 50.000,00 e ingressa no fundo mutual pagando um valor de R$ 3.000,00. Durante o período de vigência de um ano de contrato esse segurado poderá ter alguns sinistros parciais que totalizem R$ 30.000,00 e será normalmente indenizado pelo segurador; e, ainda, poderá ter um sinistro de perda total que resulte na necessidade de pagamento do valor de R$ 50.000,00, que é o valor total do bem segurado.

Nesse ano, infeliz, diga-se de passagem, o segurador terá desfalcado o fundo mutual em R$ 80.000,00, porém isso não causará nenhum problema mais grave para a administração do fundo. Primeiro porque a probabilidade estava calculada e em segundo lugar, porque os recursos do fundo mutual lá estão exatamente para isso, ou seja, para o pagamento de indenizações de danos decorrentes de riscos predeterminados que se materializaram.

O valor com o qual o segurado contribuiu para o fundo mutual que é chamado de prêmio, foi somado aos valores de contribuições de milhares de outros segurados e todos juntos fizeram frente às obrigações de pagar os danos. É a mutualidade quem paga os danos que surgem dos riscos predeterminados que ocorrem e, essa mutualidade é organizada e administrada pelo segurador, razão pela qual sua obrigação é de garantia.

Garantir representa formar e administrar com eficiência o fundo mutual. Para isso são vitais os cálculos atuariais corretos de forma a estabelecer o prêmio puro, necessário para o pagamento das indenizações. Mas, também é preciso gerir adequadamente a empresarialidade, ou seja, a organização da própria empresa seguradora para que ela tenha custos operacionais adequados, pague todos os tributos que incidem sobre sua atividade e administração e, também, tenha como remunerar o capital investido pelos acionistas de forma a gerar lucro e continuar sendo um investimento atrativo.

Garantir é obrigação que o segurador cumpre fundamentalmente em três momentos: (i) ao organizar o fundo mutual e o custeio das despesas administrativas, tributárias e de remuneração do capital, ou seja, ao fixar o valor do prêmio; (ii) ao administrar o fundo mutual com aplicações que estejam em conformidade com as regras do regulador, possam trazer equilíbrio e evitar perdas decorrentes de inflação; e, (iii) ao pagar as indenizações pelos danos ocorridos ao interesse legítimo. Nesses três momentos todo o conhecimento técnico deve ser empregado para garantir que sejam feitos cálculos, aplicações financeiras e pagamentos corretos. A falha em qualquer dessas fases poderá prejudicar intensamente o fundo mutual a ponto de colocar em risco sua solvência e existência.

Subscrição de riscos, gerenciamento de aplicações com os valores do fundo mutual e pagamento de sinistros são, portanto, os momentos de atenção para os seguradores, para o órgão regulador e para todos os que atuam nos programas de *compliance*.

3. *COMPLIANCE* E REGULAÇÃO DA SUPERINTENDÊNCIA DE SEGUROS PRIVADOS

Neste trabalho vamos utilizar as definições de *compliance* a seguir expostas. Ana Frazão[2] conceitua

> *Compliance* diz respeito ao conjunto de ações a serem adotadas no ambiente corporativo para que se reforce a anuência da empresa à legislação vigente, de modo a prevenir a ocorrência de infrações ou, já tendo ocorrido o ilícito, propiciar o imediato retorno ao contexto de normalidade e legalidade.

O artigo 41 e o parágrafo único do Decreto 8.420, de 2015, por sua vez, determinam:

> (...) programa de integridade consiste, no âmbito de uma pessoa jurídica, no conjunto de mecanismos e procedimentos internos de integridade, auditoria e incentivo à denúncia de irregularidades e na aplicação efetiva de códigos de ética e de conduta, políticas e diretrizes com objetivo de detectar e sanar desvios, fraudes, irregularidades e atos ilícitos praticados contra a administração pública, nacional ou estrangeira.
>
> Parágrafo Único. O programa de integridade deve ser estruturado, aplicado e atualizado de acordo com as características e riscos atuais das atividades de cada pessoa jurídica, a qual por sua vez deve garantir o constante aprimoramento e adaptação do referido programa, visando garantir sua efetividade.

E o Conselho Administrativo de Defesa Econômica – CADE em seu Guia de Programas de *Compliance*[3] define:

> Compliance é um conjunto de medidas internas que permite prevenir ou minimizar os riscos de violação às leis decorrentes de atividade praticada por um agente econômico e de qualquer um

---

2. FRAZÃO, Ana. Programas de Compliance e Critérios de Responsabilização de Pessoas Jurídicas por Atos Ilícitos Administrativos. In: ROSSETI, Maristela Abla. PITTA, André Grunspun (Coord.). *Governança Corporativa*: Avanços e Retrocessos. São Paulo: Quartier Latin, 2017. p. 43-44.
3. CARVALHO, Vinícius Marques de. RODRIGUES, Eduardo Frade. (Coord.). *Guia para Programas de Compliance*. Janeiro de 2016, p.9. Disponível em: http://www.cade.gov.br/acesso-a-informacao/publicacoes-institucionais/guias_do_Cade/guia-compliance-versao-oficial.pdf#:~:text=Compliance%20%C3%A9%20um%20conjunto%20de,de%20seus%20s%C3%B3cios%20ou%20colaboradores. Acesso em: 28 jun. 2020.

de seus sócios ou colaboradores. Por meio dos programas de compliance, os agentes reforçam seu compromisso com os valores e objetivos ali explicitados, primordialmente com o cumprimento da legislação. Esse objetivo é bastante ambicioso e por isso mesmo ele requer não apenas a elaboração de uma série de procedimentos, mas também (e principalmente) uma mudança na cultura corporativa. O programa de compliance terá resultados positivos quando conseguir incutir nos colaboradores a importância em fazer a coisa certa.

Alerta o CADE, ainda, que entre os benefícios esperados de um programa de *compliance* estão:

> (...) Reconhecimento de ilicitudes em outras organizações. A conscientização promovida pelos programas de compliance permite que os funcionários identifiquem sinais de que outras organizações, como concorrentes, fornecedores, distribuidores ou clientes, possam estar infringindo a lei. Essa identificação é relevante na medida em que relacionar-se com terceiros que violam a legislação pode ser prejudicial para um agente econômico quando da análise das infrações, especialmente a depender de nível de envolvimento. Relacionamento estrito entre companhias sugere maior alinhamento de práticas comerciais. Nessa toada, é muito importante ser capaz de agir no caso de identificação de condutas ilícitas de terceiros com quem as trocas são intensas, para que não restem dúvidas sobre a boa-fé da companhia.

O Decreto-Lei 73, de 1966, ainda é a *lei de seguros* brasileira e disciplina o papel do Conselho Nacional de Seguros Privados – CNSP e da Superintendência de Seguros Privados – SUSEP, especificamente nos artigos 32 e 35 e seguintes.

O artigo 32, inciso III, determina que cabe ao Conselho Nacional de Seguros Privados *estipular índices e demais condições técnicas sobre tarifas, investimentos e outras relações patrimoniais a serem observadas pelas Sociedades Seguradoras;* e, as letras *f* e g do artigo 36 determinam que compete a Superintendência de Seguros Privados – SUSEP, autorizar a movimentação e liberação dos bens e valores obrigatoriamente inscritos em garantia das reservas técnicas e do capital vinculado; e, fiscalizar a execução das normas gerais de contabilidade e estatística fixadas pelo Conselho Nacional de Seguros Privados – CNSEP, para as sociedades seguradoras.

No setor de seguros privados as normas de regulação para a área de *compliance* incluem também as de governança corporativa e gestão de risco. Os temas são tratados em conjunto e representados pela sigla GRC – Governança, Riscos e *Compliance*. Esse conjunto de medidas que os seguradores devem adotar com objetivo de garantir atividades legais, éticas, transparentes e seguras teve seu primeiro marco regulatório em 2004, quando a SUSEP aprovou a circular 249, destinada a dispor sobre a *implantação e implementação de sistema de controles internos nas sociedades seguradoras, nas sociedades de capitalização e nas entidades abertas de previdência complementar.* Não era uma norma específica de *compliance*, mas, já trazia elementos essenciais para implementação de mecanismos de monitoramento nessa área como se depreende do artigo 1º:

> Art. 1º Determinar que as sociedades seguradoras, as sociedades de capitalização e as entidades de previdência complementar aberta implantem controles internos de suas atividades, de seus sistemas de informações e do cumprimento das normas legais e regulamentares a elas aplicáveis.

Posteriormente, a SUSEP aprovou a circular 344, de 2007, que regulou controles para prevenção de fraudes; em 2008, a circular 380 e em 2012 a circular 445, ambas abordaram aspectos para controle para a prevenção à lavagem de dinheiro; e, em 2015 e 2017, as circulares 521 e 561 que trataram da estrutura de gestão de riscos, a última inspirada na Diretiva Europeia da Solvência II que propõe a promoção da gestão de riscos como visão integrada e adequada à complexidade de cada empresa.

Mais recentemente novas normas do Conselho Nacional de Seguros Privados – CNSP e da Superintendência de Seguros Privados – SUSEP, reforçaram a preocupação do setor de seguros privados com a prevenção à lavagem de dinheiro e financiamento do terrorismo, Circular 612, de 2020; e, com os princípios das práticas de conduta no relacionamento com clientes, Resolução 82, de 2020.

Com esse conjunto de normas administrativas o setor de seguros fortalece as práticas de governança corporativa, gestão de riscos e *compliance*, instrumentos necessários para essa área que administra milhões em recursos de terceiros – dos segurados –, e a qual compete garantir que esses recursos não sejam utilizados de forma indevida, seja para financiar atividades ilegais como lavagem de dinheiro ou terrorismo ou mesmo para permitir fraudes, profissionais ou oportunistas, que lesam a mutualidade e fragilizam o arcabouço moral da sociedade.

E como o *compliance* se materializa no cotidiano das empresas de seguro?

A recomendação do órgão regulador é para que seja criada uma efetiva cultura de *compliance* de forma que cada empregado, prestador de serviços ou, fornecedor da empresa de seguro se sinta parte integrante e responsável pelo processo de integridade e conformidade implantado pela empresa. Em todos os níveis organizacionais a empresa tem que demonstrar que implantou instrumentos de governança, gerenciamento de riscos e *compliance*, capacitou seus colaboradores e que monitora a eficiência e eficácia das práticas.

A função de *compliance* deve receber apoio claro da alta direção da sociedade. A Circular Susep 234/03 impõe a designação específica de diretor estatutário responsável pelas funções de *compliance* e determina a observância das referidas práticas pelos membros da diretoria e do conselho de administração. O setor da empresa responsável pela avaliação do cumprimento do programa de *compliance* deve estar subordinado, conforme o caso, ao conselho de administração ou à diretoria da empresa e, precisa ter garantida a independência necessária para o exercício de suas responsabilidades.

É essencial que as empresas seguradoras e resseguradoras compreendam as práticas de *compliance* como processo e não um fim em si mesmo. Esse sentido de processo contribui para a cultura de *compliance*, para que a integridade e a conformidade sejam tratadas de forma sistemática e crítica, com objetivo de aprimorar práticas e estimular a busca por medidas cada vez mais eficientes.

Para isso contribuem: (i) organizar e divulgar código de ética que seja conhecido e debatido por todos os empregados e também por terceiros, prestadores de serviços e fornecedores de produtos e serviços para a seguradora; (ii) desenvolver o olhar de risco como prática sistêmica para incentivar a todos – empregados, prestadores de serviços e fornecedores –, que identifiquem pontos frágeis e apontem melhorias; (iii) promover treinamentos e encontros para aprendizagem e discussão das melhores práticas de *compliance;* (iv) criar canais seguros de denúncia e incentivar que elas sejam realizadas com responsabilidade; e, (v) agregar práticas de integridade e conformidade como competências esperadas no desempenho dos diferentes cargos ocupados na empresa, alinhadas também com a missão, valores e visão institucionais.

Dessa forma é que *compliance* se torna um compromisso de todos nos diferentes níveis administrativos e executivos da empresa e, alcança também os prestadores de serviços e fornecedores.

A norma ISO 19600, de 2014 trazida para o Brasil pela Associação Brasileira de Normas Técnicas – ABNT[4], contém importantes orientações para o estabelecimento, desenvolvimento, implementação, avaliação e manutenção e melhoria dos sistemas de *compliance.* É utilizada pelo setor de seguros e por vários outros setores econômicos para os quais a integridade e conformidade são essenciais para garantir as melhores práticas.

Ressalta a Confederação Nacional das Empresas de Seguros Gerais, Previdência e Vida, Saúde e Capitalização – CNSeg[5], com base na norma ISO 19600:2014, que os programas de *compliance* na área de seguros e resseguros devem:

> a) Identificar as obrigações de Compliance com o apoio de recursos pertinentes e traduzir essas obrigações em políticas, procedimentos e processos acionáveis.
>
> b) Integrar obrigações de Compliance nas políticas, procedimentos e processos existentes.
>
> c) Fornecer ou organizar apoio contínuo de treinamento para os empregados, para assegurar que todos os empregados relevantes sejam treinados regularmente.
>
> d) Promover inclusão da responsabilidade de Compliance em descrições de cargos e processos de gestão de desempenho de empregados.
>
> e) Definir um sistema de relatórios de Compliance e documentação em vigor.
>
> f) Desenvolver e implementar processos para a gestão da informação, como reclamações e/ou retroalimentação por meio de linhas diretas, um sistema de comunicação de irregularidades e de outros mecanismos de execução.
>
> g) Estabelecer indicadores de desempenho de Compliance e monitorar e medir o desempenho em Compliance.
>
> h) Analisar o desempenho para identificar a necessidade de ações corretivas. i) Identificar riscos de Compliance e gestão desses riscos relativos a terceiros, como fornecedores, agentes, distribuidores, consultores e contratados.

---

4. Associação Brasileira de Normas Técnicas – ABNT. Disponível em: https://www.abntcatalogo.com.br/norma.aspx?ID=359340. Acesso em: 31 out. 2020.
5. Comissão de Controles Internos. Comissão de Gestão de Riscos. Superintendência de Acompanhamento Técnico da CNSEG. Programa de Educação em Seguros. Livreto Governança, Risco e Compliance no Setor de Seguros. 2018, p. 12.

j) Assegurar que o sistema de gestão de Compliance seja analisado criticamente em intervalos planejados.

k) Assegurar que haja acesso a aconselhamento profissional adequado no estabelecimento, implementação e manutenção do sistema de gestão de Compliance.

l) Fornecer aos empregados acesso a recursos sobre os procedimentos e referência de Compliance.

m) Fornecer aconselhamento objetivo para a organização sobre assuntos relacionados ao Compliance.

Em agosto de 2020 foi publicada a Circular 612 da Superintendência de Seguros Privados – SUSEP que dispõe sobre a política, os procedimentos e os controles internos destinados especificamente à prevenção e combate aos crimes de lavagem ou ocultação de bens, direitos e valores ou, aos crimes que com eles possam relacionar-se, bem como à prevenção e coibição do financiamento do terrorismo[6].

A norma é de cumprimento obrigatório para sociedades seguradora e de capitalização, resseguradores locais e admitidos, entidades abertas de previdência complementar, sociedades cooperativas autorizadas a funcionar pela SUSEP, sociedades corretoras de resseguro e de seguro e corretores de seguro, capitalização e previdência complementar aberta. Ela revogou a norma anterior, Circular 445, de 2012.

O artigo 4º da Circular Susep 612, de 2020, define como pessoas politicamente expostas as pessoas naturais que ocupem ou tenham ocupado nos cinco anos anteriores empregos ou funções públicas relevantes, assim como funções relevantes em organizações internacionais.

As possibilidades são bastante extensas e a norma menciona, especificamente: os detentores de mandatos eletivos dos Poderes Executivo e Legislativo da União; os ocupantes de cargo no Poder Executivo da União como Ministro de Estado ou equiparado; de Natureza Especial ou equivalente; de presidente, vice-presidente e diretor, ou equivalentes, de entidades da administração pública indireta; e do Grupo Direção e Assessoramento Superiores – DAS, níveis 6, ou equivalentes.

Também estão incluídos entre as pessoas politicamente expostas: os membros do Conselho Nacional de Justiça, do Supremo Tribunal Federal, dos Tribunais Superiores, dos Tribunais Regionais Federais, do Trabalho e Eleitorais, do Conselho Superior da Justiça do Trabalho e do Conselho da Justiça Federal; os membros do Conselho Nacional do Ministério Público, o Procurador-Geral da República, o Vice Procurador-Geral da República, o Procurador-Geral do Trabalho, o Procurador-Geral da Justiça Militar, os Subprocuradores-Gerais da República e os Procuradores-Gerais de Justiça dos estados e do Distrito Federal; os membros do Tribunal de Contas da União, o Procurador-Geral e os Subprocuradores-Gerais do Ministério Público junto ao Tribunal de Contas da União; os presidentes e tesoureiros nacionais, ou equivalentes, de partidos políticos; os governadores e secretários de Estado e do Distrito Federal,

6. Superintendência de Seguros Privados – SUSEP. Disponível em: file:///D:/DADOS/Downloads/Circular%20SUSEP%20n%20612%20de%2018%20de%20agosto%20de%202020%20(2).pdf. Acesso em: 31 out. 2020.

os Deputados Estaduais e Distritais, os presidentes, ou equivalentes, de entidades da administração pública indireta estadual e distrital e os presidentes de Tribunais de Justiça, Militares, de Contas ou equivalente de Estado e do Distrito Federal; e os Prefeitos, Vereadores, os Secretários Municipais, os presidentes, ou equivalentes, de entidades da administração pública indireta municipal e os Presidentes de Tribunais de Contas ou equivalente dos Municípios.

Por fim, serão consideradas pessoas politicamente expostas aquelas que no exterior sejam: chefes de estado ou de governo; políticos de escalões superiores; ocupantes de cargos governamentais de escalões superiores; oficiais generais e membros de escalões superiores do poder judiciário; executivos de escalões superiores de empresas públicas; ou dirigentes de partidos políticos; bem como os dirigentes de escalões superiores de entidades de direito internacional público ou privado.

As pessoas politicamente expostas definidas pela SUSEP estão em consonância com a Resolução 29, de 7 de dezembro de 2017, do Conselho de Controle de Atividades Financeiras – COAF.[7]

A Superintendência de Seguros Privados – SUSEP, no artigo 5º, da Circular 612, de 2020, determina que as empresas de seguros, resseguros, previdência, capitalização, corretores de seguro e resseguro, deverão desenvolver e implementar política, procedimentos e controles internos efetivos e consistentes com a natureza da complexidade e risco das operações realizadas. Deverão, em especial, desenvolver procedimentos que viabilizem a identificação, avaliação, controle e monitoramento dos riscos de serem envolvidas em situações relacionadas à lavagem de dinheiro e ao financiamento do terrorismo em relação a produtos comercializados, negociações privadas, operações de compra e venda de ativos e outras práticas operacionais.

Determina a SUSEP que, no mínimo, as empresas às quais a norma se destina, deverão adotar:

> I – estabelecimento de uma política de prevenção à lavagem de dinheiro e ao financiamento do terrorismo, que inclua diretrizes sobre avaliação de riscos na subscrição de operações, na contratação de terceiros ou outras partes relacionadas, no desenvolvimento de produtos, nas negociações privadas e nas operações com ativos;
>
> II – elaboração de critérios e implementação de procedimentos de identificação de clientes, beneficiários, beneficiários finais, funcionários, terceiros e outras partes relacionadas, e de manutenção de registros físicos e/ou eletrônicos referentes a produtos e procedimentos expostos ao risco de servirem à lavagem de dinheiro e ao financiamento do terrorismo;
>
> III – manualização e implementação dos procedimentos de identificação, monitoramento, análise de risco e comunicação de operações que possam constituir-se em indícios de lavagem de dinheiro ou de financiamento do terrorismo, ou com eles relacionar-se;

7. Ministério da Economia. Conselho de Controle de Atividades Financeiras – COAF. Disponível em: http://www.fazenda.gov.br/orgaos/coaf/legislacao-e-normas/normas-coaf/resolucao-no-29-de-7-de-dezembro-de-2017-1. Acesso em: 31 out. 2020.

IV – elaboração e execução de programa contínuo de treinamento visando à disseminação de cultura e à qualificação, de acordo com as respectivas funções, dos funcionários, parceiros e prestadores de serviços terceirizados, especificamente para o cumprimento do disposto na Lei 9.613, de 1998, nesta Circular e demais regulamentos referentes à prevenção à lavagem de dinheiro e ao financiamento do terrorismo; e

V – elaboração e execução pela auditoria interna, quando existente, de programa anual de auditoria que verifique o cumprimento do disposto nesta Circular, em todos os seus aspectos.

A responsabilidade do segmento de seguros privados é muito grande em relação a medidas que concretizem a prevenção à lavagem de dinheiro e ao financiamento do terrorismo. A área de *compliance* em conjunto com setores da empresa que desenvolvam atividades de governança e gerenciamento de riscos, precisarão construir programa coeso, eficiente, que produza os resultados legais exigidos e possa ser monitorado e comprovado. Nesse sentido, Frazão e Medeiros[8] ensinam:

Para minimizar os riscos de programas que só existem no papel, devem ser reforçados os elementos que funcionam mesmo sem a existência de uma direção empresarial disposta a cumpri-los, a exemplo dos *compliance officer* externos, auditores externos etc. Outra estratégia que pode ajudar a diminuir esse tipo de programa é a exigência de informações sobre o funcionamento do *compliance* pelo Estado, especialmente nos setores envolvidos em riscos mais acentuados.

No caso específico do setor de seguros privados será muito difícil que uma empresa regulada adote programas de *compliance* de fachada, sem efetividade em seu cumprimento e monitoramento.

A simples leitura da Circular Susep 612, de 2020, evidencia que não há como fugir a efetividade em razão das múltiplas responsabilidades atribuídas aos regulados e, pelo fato de que o artigo 48 determina que os regulados pela circular deverão manter documentos e informações como: informações cadastrais de clientes e respectivas documentações comprobatórias; registro das operações; política, manuais, estudos, análises e relatórios desenvolvidos no contexto de prevenção à lavagem de dinheiro e ao financiamento do terrorismo; e, demais documentos que comprovem o atendimento à circular.

4. *COMPLIANCE* E PROTEÇÃO DO CONSUMIDOR

Em 04 de março de 2020 o Conselho Nacional de Seguros Privados – CNSP editou a Resolução 382[9], que dispõe sobre princípios a serem observados nas práticas de conduta adotadas pelo setor de seguros no relacionamento com o cliente.

---

8. FRAZÃO, Ana. MEDEIROS, Ana Rafaela Martinez. Desafios para a Efetividade dos Programas de *Compliance*. In: CUEVAS, Ricardo Villas Bôas. FRAZÃO, Ana. *Compliance*. Perspectivas e Desafios dos Programas de Conformidade. Belo Horizonte: Fórum, 2018, p. 91.
9. Conselho Nacional de Seguros Privados – CNSP. Disponível em: https://www.in.gov.br/en/web/dou/-/resolucao-n-382-de-4-de-marco-de-2020-247020888. Acesso em: 31 out. 2020.

A norma é de cumprimento obrigatório para seguradoras, sociedades de capitalização, entidades abertas de previdência complementar e, intermediários de produtos de seguro, capitalização e previdência complementar aberta.

O termo intermediário é utilizado em muitos países para representar a atividade dos corretores de seguro, agentes e demais incumbidos da distribuição de seguros. No Brasil, a proeminência da distribuição de seguros por corretores tornou as duas expressões quase sinônimas e, maior utilização de corretores de seguro para designar a distribuição.

Na atualidade, com o avanço das novas tecnologias de informação, tem se desenvolvido mais a distribuição de seguros por outros meios como o comércio varejista e a distribuição digital, razão pela qual o termo distribuição tem sido utilizado com objetivo de representar a multiplicidade de formas por meio das quais os consumidores poderão ter acesso a contratação de seguros.

Entes supervisionados na definição da Resolução são as sociedades seguradoras, de capitalização ou entidades abertas de previdência complementar. Os distribuidores de seguro não são considerados entes supervisionados, embora para eles a Resolução também seja de cumprimento obrigatório.

Os princípios determinados pela Resolução 382, de 2020, deverão ser observados, obrigatoriamente, no relacionamento com os clientes ao longo do ciclo de vida dos produtos comercializados no setor de seguros, previdência e capitalização.

Ciclo de vida do produto é definido pela Resolução como todas as fases do produto de seguro, de capitalização ou de previdência complementar aberta, abrangendo desde a sua concepção, desenho, desenvolvimento, intermediação e distribuição, até o cumprimento de todas as obrigações junto ao cliente, inclusive em relação a eventuais alterações contratuais, renovações e tratamento de reclamações.

Tratamento adequado ao cliente está definido na norma como as condições que deverão obrigatoriamente observar, no mínimo:

> a) o desenvolvimento, a promoção, a intermediação, a distribuição e a venda de produtos que atendam ao interesse, à necessidade e ao perfil do cliente;
>
> b) o provimento proativo e efetivo de informação clara e adequada antes, durante e depois da venda do produto;
>
> c) a adoção de medidas que tenham por objetivo minimizar o risco de venda de produtos não apropriados ou não adequados ao cliente, incluindo portabilidades, quando for o caso;
>
> d) o aconselhamento e orientações adequados ao cliente, mitigando assimetria de informações que possam dificultar sua decisão por produtos que atendam ao seu interesse necessidade e perfil;
>
> e) tratamento de avisos de sinistros e eventos cobertos, resgates, portabilidades, reclamações e demandas de forma adequada e tempestiva; e,
>
> f) a proteção da privacidade de dados pessoais, na forma da legislação em vigor.

É importante destacar a preocupação com o aconselhamento e orientação dos clientes com objetivo específico de minimizar a assimetria de informações, elemento muito presente na área de seguros privados dado à complexidade das operações que devem ser obedecidas para a formação e gestão do fundo mutual; e, a adoção de medidas que visem diminuir o risco de venda de produtos não adequados ou apropriados ao cliente, o que exigirá maior conhecimento do perfil e dos objetivos de quem pretende contratar o seguro, capitalização ou previdência complementar.

Também merece destaque a determinação de que sejam tratados de forma adequada e tempestiva os sinistros, resgates e portabilidades, bem como as reclamações dos clientes, momento fundamental para compreender as eventuais falhas dos processos de distribuição e gestão de seguros e, principalmente, o que é possível adotar como procedimento para solucionar a situação apontada pelo cliente, antes que se torne um conflito e, corrigir o fluxo administrativo quando a falha for decorrente dele.

Cliente é definido pela Resolução do CNSP como pessoa interessada em adquirir produtos de seguro, de capitalização ou de previdência complementar aberta, bem como o proponente, o segurado, o garantido, o tomador, o beneficiário, o assistido, o titular ou subscritor de título de capitalização ou o participante de plano de previdência.

Importante destacar que no conceito de cliente foi incluída a pessoa interessada em adquirir, aquela que de alguma forma – presencial ou não –, solicita informações a respeito do contrato de seguro, suas coberturas ou de produtos de capitalização ou previdência. Essa pessoa é definida como *cliente* e isso significa que deverá ser tratada com a mesma atenção e cuidado destinados àqueles que contratam e utilizam seguro, capitalização ou previdência.

A rigor não há distinção entre as expressões cliente de produtos massificados e consumidor conforme definido na Lei 8.078, de 1990. Distinção existirá quando o cliente não for consumidor, situação que se caracteriza, quase sempre, nos produtos de seguro não massificados e, diretamente relacionada às pessoas jurídicas que não se caracterizam como vulneráveis em razão da notória estrutura de apoio técnico que possuem, como assessoria jurídica – interna ou externa; contábil, administrativa e financeira.

A Resolução também definiu *práticas de conduta* que serão as práticas de negócio adotadas pelo ente supervisionado ou intermediário ao longo do ciclo de vida do produto que afetam ou estão associadas com o relacionamento e o tratamento do cliente.

A Resolução 382, de 2020, em seu capítulo II, determina princípios e providências que deverão ser adotadas pelos agentes supervisionados. Os princípios deverão ser recepcionados como instrumentos que facilitem a relação entre as partes e, principalmente, contribuam para que elas possam cumprir satisfatoriamente seus deveres de boa-fé e de colaboração recíprocas.

Os princípios especificados no artigo 3° da Resolução 382, de 2020, são: ética, responsabilidade, transparência, diligência, lealdade, probidade, honestidade, boa-fé objetiva, livre iniciativa e livre concorrência. O cumprimento dos princípios se destina a garantir tratamento adequado do cliente o fortalecimento da confiança no sistema de seguros privados.

A compreensão dos princípios é intuitiva. Não é preciso explicar um a um para que possamos entender a relevância que possuem nas relações de seguro, capitalização e previdência. São relações que devem se pautar pela confiança e colaboração recíproca, e isso só se constrói em ambientes em que há lealdade, probidade, honestidade, ética, responsabilidade, transparência e diligência.

Para que esses princípios se materializem efetivamente nas relações entre consumidores e entes supervisionados determinam o Conselho Nacional de Seguros Privados – CNSP e a Superintendência de Seguros Privados – SUSEP providências que deverão ser concretizadas, tais como:

a) Promover a cultura organizacional que incentive o tratamento adequado e o relacionamento cooperativo com os clientes.

b) tratar os clientes de forma ética e adequada;

c) assegurar a conformidade legal e infra legal dos produtos e serviços comercializados;

d) levar em consideração os interesses de diferentes tipos de clientes ao longo do ciclo de vida dos produtos, assim como nas portabilidades entre produtos quando for o caso;

e) efetuar a oferta, a promoção e a divulgação de produtos e serviços de forma clara, adequada e adotando práticas que visem minimizar a possiblidade de má compreensão por parte do cliente;

f) prover informações contratuais de forma clara, tempestiva e apropriada, visando à redução do risco de assimetria de informação;

g) garantir que toda a operação relacionada ao sinistro, incluindo o registro do aviso, a regulação e o pagamento sejam tempestiva, transparente e apropriada;

i) dar tratamento tempestivo e adequado às eventuais reclamações e solicitações efetuadas pelos clientes e seus representantes, quando atuarem na defesa dos direitos daqueles; e,

j) Observar, em relação aos clientes, as exigências da legislação que trata da proteção de dados pessoais, inclusive no tocante às regras de boas práticas e de governança.

A Resolução 382, de 2020, determina que as sociedades seguradoras e os intermediários deverão assegurar a capacitação periódica de empregados e funcionários terceirizados, que desempenhem atividades afetas ao relacionamento com os clientes.

Capacitação periódica é uma das principais estratégias para a construção da cultura organizacional de tratamento adequado e, de relacionamento cooperativo e equilibrado com os clientes. Capacitação é momento para construção de conhecimento, reflexão e diálogo e essas etapas são uma boa forma de garantir que todos – empregados, prestadores de serviços e fornecedores –, atuem com os mesmos objetivos e cuidados na atenção na relação com os clientes.

Há referência expressa na Resolução para que a política de remuneração de executivos, conselheiros e demais funcionários do ente supervisionado, do intermediário, assim como de eventual provedor de serviços terceirados não conflite com o tratamento adequado ao cliente. Isso toma vulto em importância quando se trata de remuneração decorrente de metas fixadas para distribuição de seguros, títulos de capitalização e previdência privada aberta, metas muitas vezes bastante agressivas e que, em contrapartida, oferecem remuneração vantajosa e não raro, prêmios importantes para intermediários como viagens para o exterior.

Nada disso é proibido por lei, ao contrário, são práticas comuns da livre iniciativa e da livre concorrência, compatíveis com os princípios econômicos constitucionais e com a Lei de Liberdade Econômica. No entanto, é da própria Constituição Federal – artigo 5º, inciso XXXII e dos princípios econômicos do artigo 170, que vem a determinação para proteção do consumidor.

A interpretação sistemática há de conduzir a única conclusão possível: nenhuma estratégia de distribuição de produtos e serviços que remunere os agentes econômicos por sua proatividade pode ser geradora de prejuízos para o consumidor ou para o cliente. Não há remuneração justa se oriunda de prática que levou o consumidor a erro ou, ignorou sua vulnerabilidade ou, ainda, o induziu a contratar ou comprar o que não tinha necessidade e nem poderia lhe trazer proveito econômico.

A Resolução 382, de 2020, determinou especificamente em relação aos intermediários que deverão disponibilizar aos clientes informações sobre o montante de sua remuneração pela intermediação do contrato, acompanhado dos respectivos valores de prêmio comercial ou contribuição do contrato a ser celebrado. O tema é antigo no setor de seguros e provoca inúmeras opiniões favoráveis e contrárias por parte dos intermediários.

Induvidoso é que o cliente tem direito de contratar um serviço de seguro, capitalização ou previdência para o qual receba as informações adequadas, sem nenhuma prática de "venda sem necessidade do cliente apenas para cumprir a meta"; ou, "negativa de sinistro por qualquer motivo, mesmo sem fundamento apenas para ganhar percentual maior".

Essas já não eram práticas em conformidade com a ética e agora também não o são em relação a Resolução 382, de 2020.

Por fim referida Resolução determina a obrigatoriedade de os entes supervisionados elaborarem, implementarem e gerenciarem uma política institucional de conduta e, nesse aspecto, a norma infralegal do órgão regulador estabelece mais uma obrigação a ser cumprida pelo *compliance* da empresa, porque a política institucional de conduta assim como a política ética e de integridade/conformidade, formarão um todo que precisa ser implementado e monitorado em conjunto.

A política institucional de conduta é o conjunto de medidas práticas que possam garantir a consecução do objetivo da organização em que será aplicada. No caso da Resolução 382, de 2020, a determinação é expressa para que os entes supervisionados por meio da política institucional consolidem objetivos estratégicos e valores organizacionais, para que os princípios expressos na Resolução sejam efetivamente concretizados.

É certo que cada ente supervisionado terá liberdade para adotar a política que entender mais adequada a sua cultura, história, missão, valores, visão e, principalmente, aos produtos e serviços que disponibiliza para seus consumidores e clientes; no entanto, a norma fixou aspectos que deverão ser obrigatoriamente observados pelos entes supervisionados e que estão assim elencados:

a) Adequação aos produtos, serviços e operações aos objetivos e às necessidades do cliente;

b) Compatibilidade dos produtos, serviços e operações à situação financeira do cliente;

c) Nível de conhecimento de conhecimento do cliente quanto aos riscos relacionados a cada produto, serviço ou operação incluindo seu nível de tolerância do cliente ao risco e sua capacidade para suportar perdas.

Esses três aspectos sinalizam que os entes supervisionados precisarão ter bom conhecimento sobre cada cliente antes da oferta e, principalmente, antes de concretizar a contratação para que haja convicção de que o produto, serviço ou operação realizada se adequa ao perfil e às possibilidades financeiras e de risco de cada cliente. Também os intermediários terão que adotar maior cuidado no trato com os clientes, porque as informações necessárias para a caracterização do perfil serão essenciais para adequação à política institucional de conduta.

Definida a política institucional de conduta determina a Resolução que ela deverá ser aprovada pelo conselho de administração ou pela diretoria do ente supervisionado; e, terá que ser objeto de avaliação periódica para gerenciamento dos resultados e aprimoramento das condutas adotadas.

A política institucional de conduta precisará ser formalizada em documento específico, deverá ser disseminada internamente e, precisará prever detalhes por linha de negócio em que o ente supervisionado atue, para que sejam respeitadas as características específicas e as peculiaridades de cada operação em especial no que diz respeito ao ciclo de vida do produto.

Quando o ente supervisionado utilizar serviços de prestadores externos a política institucional de conduta deverá levar em conta, pelo menos: o processo de escolha dos provedores de serviços terceirizados; a forma de remuneração do provedor de serviços; e, o controle do ente supervisionado sobre o serviço prestado.

Importante reparar que com essas medidas a política institucional de conduta no relacionamento com o cliente se aproxima de aspectos já contemplados pelos programas de *compliance*, porque a atuação dos terceiros prestadores de serviços precisa ser sistematicamente objeto de capacitação e monitoramento, para que seja desempenhada em consonância com o código de ética, atendimento às normas e, agora, em atenção a conduta em relação ao cliente e o impacto dela para o ente supervisionado.

A atenção e cuidado com os prestadores de serviços é para o setor de seguros, capitalização e previdência bastante relevante porque, a rigor, os entes supervisionados não entregam serviços, mas organizam rede de prestadores que atendem diretamente o cliente nas diferentes regiões do país e entregam o que tiver sido pactuado em contrato. Oficinas reparadoras de funilaria, pintura e mecânica; advogados; peritos de engenharia; peritos de área médica e odontológica; fornecedores de peças automotivas; profissionais de transporte de veículos avariados; prestadores de serviços das coberturas 24 horas residenciais e automotivas; serviços de funeral e traslado; serviços de transporte de passageiro de veículos segurados avariados; são dezenas de tipos diferentes de prestadores que compõem o rol de serviços de que necessitam os entes supervisionados.

Todos eles deverão ter conhecimento da política institucional de conduta no relacionamento com clientes, adotar condutas semelhantes em suas práticas profissionais e, serão monitorados de forma sistemática pelos entes supervisionados. Não é com toda certeza tarefa simples, mas, sem dúvida é muito necessária.

A Resolução 382, de 2020, determina que o ente supervisionado deverá indicar ao órgão regulador o diretor responsável por sua política institucional de conduta, a quem caberá zelar pela observância do cumprimento da política no próprio ente supervisionado, em relação a prestadores de serviços e intermediários.

Dois aspectos merecem destaque na resolução e se adequam com perfeição às normas de proteção e defesa do consumidor existentes no Brasil: (i) a vedação expressa a venda casada; e, (ii) a prática do consumidor oculto.

A vedação à venda casada está disposta no artigo 5º da Resolução 382, de 2020, com a seguinte redação:

> Artigo 5º Quando um produto de seguro, de capitalização ou de previdência complementar aberta for acessório de outro bem, artigo ou serviço, de qualquer espécie, o intermediário, ou, em caso de venda direta, o ente supervisionado, devem informar sobre a não obrigatoriedade de contratação do produto acessório, além de garantir que o cliente possa adquirir esses bens, artigos ou serviços independentemente da contratação do produto acessório, ressalvado o disposto em legislação e regulamentação específica.

E a estratégia de cliente oculto disposta no artigo 9º da Resolução 382, de 2020, será uma forma de supervisão do órgão regulador a ser utilizada sem aviso prévio ao ente supervisionado ou intermediário e que consistirá em pesquisar, simular e testar, de forma presencial ou remota, o processo de contratação, distribuição, intermediação, promoção, divulgação e a prestação de informações sobre produtos, serviços ou operações relativas a seguros, capitalização ou previdência complementar aberta. O objetivo do órgão regulador é, com toda certeza, verificar a adequação das práticas de conduta de entes supervisionados e intermediários à regulação em vigor.

É relevante mencionar que em várias atividades empresariais o *cliente oculto* é adotado pela própria empresa que determina a um colaborador, ou prestador externo, que se faça passar por um cliente para verificar a qualidade do atendimento, a adequação da oferta dos produtos e serviços, a seriedade e comportamento no tratamento, entre outros aspectos objetivamente considerados para a avaliação. Não é uma prática destinada a punições, mas, ao aprimoramento das relações com o cliente.

Na história recente da proteção ao consumidor no Brasil muitos Procons já realizaram testes de *cliente oculto* para aferir o cumprimento da lei de proteção e defesa do consumidor, em especial nos serviços de atendimento ao cliente – SAC –, e, nos varejistas, para mensurar a quantidade e qualidade das informações disponibilizadas aos consumidores na contratação de seguros. Não é exatamente uma surpresa que o órgão regulador e fiscalizador de seguros tenha decidido aplicar essa metodologia para aferir como os clientes estão sendo tratados pelos entes supervisionados e pelos intermediários.

Para os entes supervisionados empenhados nas melhores práticas o *consumidor oculto* poderá ser uma grande oportunidade para comprovação da efetividade da política institucional de conduta.

O não cumprimento ou, o cumprimento não adequado das regras estabelecidas na Resolução 382, de 2020, sujeitará os entes supervisionados a sanções e penalidades, inclusive, suspensão da comercialização de produtos e a inclusão no cadastro de pendências da SUSEP.

É positivo que a regra tenha previsto a possibilidade de o órgão fiscalizador determinar ao ente supervisionado a apresentação de plano de ação com prazo para a correção das inadequações observada. É a melhor forma de praticar regulação e fiscalização! O regulador concede ao supervisionado prazo e orientações para que ele adeque suas práticas aos objetivos da lei, o que é muito mais eficiente que a simples adoção de sanções procedimentais ou de caráter econômico.

A SUSEP poderá, ainda, determinar a cessação compulsória das operações que decorram de ação ou omissão que contrarie a lei, norma infra legal ou política institucional de conduta e, que seja classificado como ato nocivo.

A definição adotada para ato nocivo está assim especificada: (i) comercialização de produtos suspensos; (ii) graves práticas de comercialização sem cumprimento de leis e normas infra legais; e, (iii) reiteradas práticas de comercialização sem cumprimento de leis e normas infra legais.

O valor das multas que poderão ser aplicadas em caso de descumprimento da norma ou regulação de práticas de conduta é expressivo. Vai variar entre R$ 10.000,00 a R$ 500.000,00. Os maiores valores serão aplicados em casos mais graves ou de reincidência.

Dois aspectos merecem especial destaque em razão da responsabilidade que deles resultará: (i) os entes supervisionados serão responsáveis pela atuação do intermediário de seus produtos no que se refere ao cumprimento da resolução; e, (ii) os entes supervisionados deverão indicar um diretor responsável pela sua política institucional de conduta, a quem caberá zelar pelo cumprimento das regras adotadas na política institucional de conduta da empresa.

Caberá ao diretor responsável construir indicadores de monitoramento de implantação e resultados efetivos da empresa no cumprimento da Resolução n. 382, de 2020, e em especial, garantir a capacitação processual de todos os colaboradores, prestadores de serviços e fornecedores, para que haja uniformidade de procedimento e, consequente efetividade no cumprimento da norma regulatória.

5. CONCLUSÃO

A Resolução 382, de 2020, é uma excelente oportunidade do setor de seguros privados no Brasil aprimorar suas práticas com objetivo de oferecer tratamento adequado às diferentes necessidades dos clientes e, com isso, fortalecer a confiança no sistema de seguros brasileiro.

Existem práticas que se tornaram recorrentes no mercado e que nem sempre atendem às expectativas de transparência dos clientes. É o que acontece, por exemplo, quando eles são atendidos por pessoas não adequadamente capacitadas para fornecer informações confiáveis; ou, por sistemas telefônicos que lhes impõem espera; ou, ainda, quando sinistros razoavelmente simples como os danos materiais de um veículo, não são reparados em tempo razoável e o cliente não é informado das razões que motivaram o adiamento nos reparos.

A maior parte dos conflitos entre clientes, seguradoras e intermediários pode e deve ser solucionado com capacitação intensiva de colaboradores, melhor redação de cláusulas e documentos contratuais, informações mais simples e objetivamente expostas e, com produtos e serviços que efetivamente cumpram aquilo que foi prometido ao cliente e gerou sua justa expectativa.

A política institucional de conduta e a aplicação dos princípios elencados pela Resolução 382, de 2020, não envolverá maiores investimentos econômicos, mas sim o investimento no capital mais valioso para seguradores e intermediários: o capital humano! Informado, preparado e capacitado para um relacionamento cooperativo e equilibrado com o cliente, o capital humano responderá de forma adequada garantindo a efetividade da aplicação da resolução e os melhores resultados para todos.

Capacitação, diálogo, gerenciamento e aprimoramento das práticas da política institucional de conduta serão ferramentas importantes para que o setor de seguros privados avance em importância para a sociedade brasileira, construindo cada vez mais um modelo de excelência e qualidade capaz de fidelizar aqueles que já são segurados e atrair as futuras gerações.

O *compliance* eficiente que o setor de seguros construiu para práticas de prevenção a lavagem de dinheiro e financiamento ao terrorismo, agregado a cultura de gerenciamento de riscos e governança fortalecida em transparência e rigor no cumprimento das normas, adquire nesse momento especial relevância para o órgão regulador com a adoção dessas duas medidas recentes, ambas de 2020, destinadas a fortalecer práticas de prevenção e consolidar relações adequadas na conduta institucional com o cliente.

O setor de seguros privados, no Brasil, dispõe de todas as ferramentas legais necessárias, bem como de motivação institucional para construir novos paradigmas na relação com os consumidores, pautado cada vez mais por boa-fé, transparência e colaboração.

6. REFERÊNCIAS

ASSOCIAÇÃO BRASILEIRA DE NORMAS TÉCNICAS – ABNT. Disponível em: https://www.abntcatalogo.com.br/norma.aspx?ID=359340. Acesso em: 31 out. 2020.

CARVALHO, Vinícius Marques de. RODRIGUES, Eduardo Frade (Coordenadores). Guia para Programas de *Compliance*. Disponível em: http://www.cade.gov.br/acesso-a-informacao/publicacoes-institucionais/guias_do_Cade/guia-compliance-versao-oficial.pdf#:~:text=Compliance%20%C3%A9%20um%20conjunto%20de,de%20seus%20s%C3%B3cios%20ou%20colaboradores.. Acesso em: 28 jun. 2020.

Comissão de Controles Internos. Comissão de Gestão de Riscos. Superintendência de Acompanhamento Técnico da CNSEG. Programa de Educação em Seguros. Livreto Governança, Risco e Compliance no Setor de Seguros. 2018. Disponível em: https://cnseg.org.br/publicacoes/governanca-risco-e-compliance-no-setor-de-seguros.html. Acesso em: 14 nov. 2020.

CONSELHO NACIONAL DE SEGUROS PRIVADOS – CNSP. Disponível em: https://www.in.gov.br/en/web/dou/-/resolucao-n-382-de-4-de-marco-de-2020-247020888. Acesso em: 31 out. 2020.

FRAZÃO, Ana. Programas de Compliance e Critérios de Responsabilização de Pessoas Jurídicas por Atos Ilícitos Administrativos. In: ROSSETI, Maristela Abla. PITTA, André Grunspun (Coord.). *Governança Corporativa*: Avanços e Retrocessos. São Paulo: Quartier Latin, 2017.

FRAZÃO, Ana. MEDEIROS, Ana Rafaela Martinez. Desafios para a Efetividade dos Programas de Compliance. In: CUEVAS, Ricardo Villas Bôas. FRAZÃO, Ana. *Compliance. Perspectivas e Desafios dos Programas de Conformidade*. Belo Horizonte: Fórum, 2018.

MINISTÉRIO DA ECONOMIA. Conselho de Controle de Atividades Financeiras – COAF. Disponível em: http://www.fazenda.gov.br/orgaos/coaf/legislacao-e-normas/normas-coaf/resolucao-no-29-de-7-de-dezembro-de-2017-1. Acesso em: 31 out. 2020.

PESSOA, Fernando. *Livro do Desassossego*. São Paulo: Companhia das Letras, 2006.

SUPERINTENDÊNCIA DE SEGUROS PRIVADOS – SUSEP. Disponível em: file:///D:/DADOS/Downloads/Circular%20SUSEP%20n%20612%20de%2018%20de%20agosto%20de%202020%20(2).pdf. Acesso em: 31 out. 2020.

COMPLIANCE SOLIDÁRIO E PROMOÇÃO DO CONSUMIDOR NOS PLANOS DE SAÚDE: NOVAS ESTRATÉGIAS PREVENTIVAS E ESTRUTURAIS

Fernando Rodrigues Martins

Doutor e Mestre em Direito das Relações Sociais pela Pontifícia Universidade Católica de São Paulo. Pesquisador Visitante do Instituto Max-Planck de Direito Privado Comparado e Internacional (Hamburgo – Alemanha). Professor Adjunto IV – graduação e pós-graduação (lato sensu e stricto sensu) da Faculdade de Direito da Universidade Federal de Uberlândia. Associado fundador do Instituto de Direito Privado em São Paulo – IDPriv. Associado fundador do Instituto Brasileiro de Direito Contratual – IBDCont. Membro do Instituto Brasileiro de Direito Civil – IBDCivil. Diretor-Presidente do Instituto Brasileiro de Política e Direito do Consumidor – BRASILCON. Coordenador regional do PROCON/MG Triângulo Mineiro. Promotor de Justiça do Ministério Público do Estado de Minas Gerais.

Sumário: 1. Notícia introdutória sobre o *compliance*, integridade e governança corporativa: os dois lados da moeda dos deveres de proteção ao consumidor – 2. Modelos externos de proteção: controle e regulação – 3. Modelo interno de proteção: autorregulação e *ethos* empresarial dos planos e seguros privados de assistência à saúde – 4. Notas conclusivas – 5. Referências.

1. NOTÍCIA INTRODUTÓRIA SOBRE O *COMPLIANCE*, INTEGRIDADE E GOVERNANÇA CORPORATIVA: OS DOIS LADOS DA MOEDA DOS DEVERES DE PROTEÇÃO AO CONSUMIDOR

A saúde suplementar no Brasil representa setor proeminente. Mesmo considerando o ano de 2020 como marcadamente de crise por conta da pandemia COVID-19, designada como de importância internacional pela Organização Mundial de Saúde, os números apurados registram consolidação setorial, demonstrando movimentação com saldo positivo em determinadas rubricas.

A comparação com o desempenho do exercício de 2019 não deixa dúvidas: *i*) houve crescimento da taxa de beneficiários em 0,1%, enquanto em 2019 decréscimo de -0,1% em relação a 2018; *ii*) diminuição das despesas de assistência para R$ 120.174.456.305,00 frente aos R$ 174.539.061.631,00 de 2019, o que representa quase quarenta por cento; *iii*) aumento da taxa de cobertura para 24,3% frente a 24,2% em 2019[1].

1. Esses números constam do portal transparência da Agência Nacional de Saúde Suplementar e foram colhidos em https://www.ans.gov.br/perfil-do-setor/dados-gerais. Relevante perceber que a receita de 2020 caiu em torno de 33% em relação a 2019, conquanto percentagem, como se viu, inferior às despesas de assistência.

Acesso a esses dados somente é possível pela prática da *transparência administrativa*[2] e ao mesmo tempo da *accountability*[3]. Esta última figura assim como diversas outras identificadas por expressões inglesas, estrangeirismos e neologismos, foram colhidas pelos efeitos da globalização que, a despeito de aumentarem riscos e perigos na ambiência mundial (a exemplo novamente do COVID-19), também contribuem na inovação, renovação do conhecimento e 'recepção' de valores outros[4].

Na atualidade, e em síntese de norma secundária, para o setor da prestação de serviços de saúde da iniciativa privada está vigendo a Resolução Normativa – RN 443/19 expedida pela Agência Nacional de Saúde Suplementar que dispõe sobre 'a adoção de práticas mínimas de governança corporativa, com ênfase em controle internos e gestão de riscos'.

Importante verificar, a título introdutório, que as matérias respeitantes a *compliance*, integridade e governança corporativa a partir deste século XXI vêm encontrando forte utilização no direito brasileiro como modelos jurídicos internos empresariais aptos a prevenir e precaver eventuais ilícitos praticados pelas corporações.[5]

Investigação atenta leva à formulação de preceito interessante. Anteriormente apenas as massas de instituições públicas, agentes políticos e agentes públicos consolidavam como únicos responsáveis por níveis catastróficos de corrupção e ausência de eticidade. Contudo, descortinou-se o óbvio contido na lógica de que o mercado

2. Ver Lei 12.527/2011. Art. 5º. É dever do Estado garantir o direito de acesso à informação, que será franqueada, mediante procedimentos objetivos e ágeis, de forma transparente, clara e em linguagem de fácil compreensão.
3. WALD, Arnold. O governo das empresas. *Doutrinas essenciais de direito empresarial*. v. 3. São Paulo: Ed. RT, 2010, p. 307-336. Bastante significativa a referência: "há necessidade de conciliar o Mercado e o Direito, pois o direito representa o elemento ético sem o qual nenhuma sociedade progride. Já se afirmou que o mercado sem direito é a selva e o direito sem mercado é o imobilismo. O poder, ou seja, o mercado, encontra ou deve encontrar limites na lei, no governo das empresas, na governance, na democracia e na accountability, isto é, na responsabilidade".
4. RODRIGUES JÚNIOR, Otávio Luiz. A influência do BGB e da doutrina alemã no direito civil brasileiro do século XX. *RT*. v. 938. São Paulo: Ed. RT, p. 79-155. Com apoio em Dário Moura Vicente sintetiza as três ondas cronológicas de 'recepção' do direito estrangeiro: (i) direito romano; (ii) direito das codificações; (iii) direito anglo-saxônico. Nos interessa, aqui, a última onda, *verbis*: E a "terceira vaga", que se deu na segunda metade do século XX, "por via da difusão na Europa continental de novos tipos contratuais oriundos do universo jurídico anglo-saxónico (em particular o norte-americano), como o leasing, o factoring, o franchising etc., e da consagração legal e jurisprudencial de regimes especiais de responsabilidade civil, igualmente emanados dos Estados Unidos da América, entre as quais a do produtor, a dos médicos e a dos provedores de serviços de Internet. Desse modo, é vulgar que a recepção se dê por meio da "importação" de institutos ou de figuras estrangeiras, o que pode contemplar (a) a adoção de modelos jurídicos e seu aproveitamento na doutrina, na jurisprudência ou na legislação; (b) a tradução de textos doutrinários, o que implica certo grau de influência teorética ou mesmo ideológica de um país sobre o outro".
5. CARVALHOSA, Modesto. *Considerações sobre a lei anticorrupção das pessoas jurídicas:* Lei 12.846/13. São Paulo: Ed. RT, 2015, p. 54. Identificando a responsabilidade penal-administrativa das pessoas jurídicas pela prática da corrupção: "neste aspecto do combate à corrupção no seio do Poder Público, de que resulta a comissão omissiva da pessoa jurídica, são muito oportunas as disposições na presente lei, no sentido que a punição seja atenuada nas hipóteses de cooperação da pessoa jurídica (leniência – artigo 7º, inciso VII) ou de criação de programas de conformidade (compliance), na forma regulamentar prevista no parágrafo único do artigo 7º, para, assim, melhor conhecer a instigação corruptiva do agente público".

tem muitos ambientes e agentes também desleais e ímprobos. Metáfora melhor não há: a corrupção é como a moeda tem a coroa (Estado) e a cara (mercado).

Aos poucos, a dogmática teve movimentação relevante[6]. Pode-se dizer que a base de aplicação dessas figuras jurídicas prende-se à experiência do direito anglo-saxônico com a responsabilização não apenas civil e administrativa, mas penal da pessoa jurídica, levando em consideração tanto a capacidade de ação (*actus reus* – elemento objetivo) como a capacidade de culpa (*mens rea* – elemento subjetivo) dos entes coletivos[7].

É principalmente nas teorias imputativas da responsabilização criminal que as medidas de *compliance* ganharam larga utilização no sistema *civil law*. Enquanto a assimilação dos atos dos gestores como vontade própria da empresa (*teoria da identificação*) e a responsabilização objetiva da empresa pelos crimes praticados pelos empregados ou CEOs (*teoria vicarial*) são, respectivamente, padrões mais aplicados no Reino Unido e Estados Unidos, a punibilidade das corporações por omissão em adotar de medidas internas para evitar crimes, dentre elas programas de conformidade, foi em grande parte aceita pela Alemanha, Itália, Chile. Trata-se da *teoria da culpa pela organização*[8].

Acrescente-se, pois, que tais teorias não são excludentes entre si, tanto que Corte Suprema na Espanha, a despeito de adotar modelo vicarial, entendeu pela condenação criminal de pessoa jurídica justamente por falta de medidas anticorrupção e *compliance*[9].

No enfrentamento aos danosos escândalos financeiro-globais provocados por grandes corporações, aos poucos legislações pontuais passaram a estabelecer posturas internas procedimentais mais rígidas a serem adotadas pelas empresas. Citem-se o *Foreign Corrupt Practices Act* em 1977 e *Sarbanes-Oxley Act* em 2002, ambas dos Estados Unidos, assim como a *United Kingdom Bribery Act* em 2010 no Reino Unido.

---

6. BENJAMIN, Antonio Herman. O Estado teatral e a implementação do direito ambiental. In: BENJAMIN, Antonio Herman. (Org.). *Congresso internacional de direito ambiental*: direito, água e vida. São Paulo: Imprensa Oficial, 2003. No trecho específico: 'na gestão desses conflitos – individuais ou supraindividuais – o Estado faz uso de duas técnicas correlatas e interdependentes: a) regulação ou normatização de condutas (= regulation) e b) implementação legal (= enforcement), que visa assegurar o respeito, obediência ou cumprimento legal (= *compliance*)".
7. AZEVEDO, André Mauro Lacerda. *Bribery act 2010*: um novo paradigma no enfretamento da corrupção. *Revista Brasileira de Ciências Criminais*. v. 113. São Paulo: Ed. RT, 2015, p. 411-439.
8. VERÍSSIMO Carla. *Compliance*: incentivo à adoção de medidas anticorrupção. São Paulo; Saraiva, 2018, p. 61.
9. Disponível em: http://www.poderjudicial.es/cgpj/es/Poder-Judicial/Noticias-Judiciales/El-Tribunal-Supremo-aprecia-por-primera-vez-la-responsabilidad-penal-de-las-personas-juridicas. Acesso em: 20 fev. 2021. Em destaque no voto condutor: "núcleo de la responsabilidad de la persona jurídica que, como venimos diciendo, no es otro que el de la ausencia de las medidas de control adecuadas para la evitación de la comisión de delitos, que evidencien una voluntad seria de reforzar la virtualidad de la norma, independientemente de aquellos requisitos, más concretados legalmente en forma de las denominadas "compliances" o "modelos de cumplimiento" , exigidos para la aplicación de la eximente que, además, ciertas personas jurídicas, por su pequeño tamaño o menor capacidad económica, no pudieran cumplidamente implementar".

Também no plano das convenções internacionais quatro documentos são eixos fundamentais para inserção de medidas de integridade, a saber: *i*) Convenção das Nações Unidas em Palermo contra o crime organizado transnacional, de 2000[10]; *ii*) Convenção das Nações Unidas em Mérida contra a corrupção, de 2003[11]; *iii*) Convenção das Nações Unidas em Nova York para supressão do financiamento ao terrorismo, de 2000[12]; *iv*) Convenção da OCDE em Paris sobre o Combate da Corrupção de Funcionários Públicos Estrangeiros em Transações Comerciais Internacionais em Paris, de 1997[13].

Na porção interna, critérios de correção, transparência e integridade paulatinamente foram surgindo na legislação doméstica em atendimento aos preceitos e intencionalidade objetiva da legalidade constitucional, buscando descortinar interesses e situações que não deviam estar em opacidade e impondo maior lisura nas atividades administrativas, transações privadas relevantes e, sobretudo, no tráfego jurídico.

Atente que no domínio das instituições públicas a incidência de leis pontuando respeito no trato do erário, probidade e lealdade no comportamento funcional, atenção à impessoalidade e competitividade, ampla carga de deveres de informação em concretude ao princípio democrático (como exemplos não exaustivos, respectivamente, Lei 8.429/92, Lei 8.112/90, Lei 8.666/93, Lei 12.527/11) tornaram-se bastante utilizadas.

Alinhe-se a isso, o surgimento das agências reguladoras e do direito regulatório como respostas às falhas de mercado, tendo em vista a intensa movimentação do setor econômico com novas prestações de serviços (públicos e privados) e a necessidade clara de reforma do Estado e do direito público tradicional[14].

Já no setor do mercado, a Lei 9.613/98, mais tarde alterada pela Lei 12.683/12, foi pioneira em estabelecer como *accountability*, por parte de pessoas jurídicas de direito privado que atuam em diversos ramos financeiros-econômicos[15], deveres variados

10. Internalizada pelo Decreto 5.015/2004. Observe: "Art. 10. 1. Cada Estado Parte adotará as medidas necessárias, em conformidade com o seu ordenamento jurídico, para responsabilizar pessoas jurídicas que participem em infrações graves envolvendo um grupo criminoso organizado e que cometam as infrações enunciadas nos Artigos 5, 6, 8 e 23 da presente Convenção. 2. No respeito pelo ordenamento jurídico do Estado Parte, a responsabilidade das pessoas jurídicas poderá ser penal, civil ou administrativa.
11. Internalizada pelo Decreto 5.687/2006. Com a devida atenção: "Art. 12. 1. b) Promover a formulação de normas e procedimentos com o objetivo de salvaguardar a integridade das entidades privadas pertinentes, incluídos códigos de conduta para o correto, honroso e devido exercício das atividades comerciais e de todas as profissões pertinentes e para a prevenção de conflitos de interesses, assim como para a promoção do uso de boas práticas comerciais entre as empresas e as relações contratuais das empresas com o Estado".
12. Internalizada pelo Decreto 5.640/2005. Verifique: "Art. 5º 1. Cada Estado Parte, no âmbito de seus princípios jurídicos, adotará as medidas necessárias para que uma pessoa jurídica estabelecida em seu território, ou organizada em conformidade com sua legislação, seja responsabilizada, quando a pessoa encarregada da administração ou do controle daquela empresa tenha, no exercício de sua função, cometido um dos delitos previstos no Artigo 2. Essa responsabilidade poderá ser de natureza criminal, civil ou administrativa.
13. Internalizada pelo Decreto 3.678/2000. A 'boa governança' se encontra no preâmbulo da mencionada Convenção.
14. CUEVA, Ricardo Villas Bôas. Funções e finalidades dos programas de *compliance*. In: CUEVAS, Ricardo Villas Bôas; FRAZÃO, Ana (Coord.). *Compliance*: perspectivas e desafios dos programas de conformidade. Belo Horizonte: Fórum, 2018, p. 54.
15. Empresas que transacionam com moeda estrangeira, títulos e valores mobiliários, bolsas de valores, seguros, previdência privada, capitalização, cartão de crédito, consórcio entre outras.

de informações e prestação de contas quanto a clientes, registros de transações, bem como inserções de políticas, procedimentos e controles internos compatíveis com o porte das negociações realizadas. Tais sociedades empresariais guardam igualmente a obrigatoriedade de estarem matriculadas no COAF – Conselho de Controle de Atividades Financeiras para responderem diversas indagações.

Referida legislação acima citada (alcunhada de 'lei da lavagem de dinheiro') atualmente é ladeada pela Lei Anticorrupção (Lei 12.846/13), que dispõe sobre a responsabilização administrativa e civil de pessoas jurídicas pela prática de atos contra a Administração Pública, nacional ou estrangeira e é regulamentada pelo Decreto 8.420/15.

Na mencionada regulamentação estão fixados os critérios para o 'programa de integridade' das empresas privadas[16], que conforme o disposto no art. 41, "consiste, no âmbito de uma pessoa jurídica, no conjunto de mecanismos e procedimentos internos de integridade, auditoria e incentivo à denúncia de irregularidades e na aplicação efetiva de códigos de ética e de conduta, políticas e diretrizes com objetivo de detectar e sanar desvios, fraudes, irregularidades e atos ilícitos praticados contra a administração pública, nacional ou estrangeira".

A legislação anticorrupção fixa detalhadamente (sem ser em *numerus clausus*) o 'programa de integridade' para as sociedades empresárias (e assemelhadas), cujo escopo é a *prevenção*, *alerta* e *compensação* de atos lesivos e ilícitos constantes da Lei 12.846/13. Nesse ponto, é perceptível, pelo disposto no art. 5º da legislação em apreço, que as hipóteses verificadas passíveis de sanção são justamente aquelas concernentes

16. Art. 42. Para fins do disposto no § 4º do art. 5º, o programa de integridade será avaliado, quanto a sua existência e aplicação, de acordo com os seguintes parâmetros: i – comprometimento da alta direção da pessoa jurídica, incluídos os conselhos, evidenciado pelo apoio visível e inequívoco ao programa; ii – padrões de conduta, código de ética, políticas e procedimentos de integridade, aplicáveis a todos os empregados e administradores, independentemente de cargo ou função exercidos; iii – padrões de conduta, código de ética e políticas de integridade estendidas, quando necessário, a terceiros, tais como, fornecedores, prestadores de serviço, agentes intermediários e associados; iv – treinamentos periódicos sobre o programa de integridade; v – análise periódica de riscos para realizar adaptações necessárias ao programa de integridade; vi – registros contábeis que reflitam de forma completa e precisa as transações da pessoa jurídica; vii – controles internos que assegurem a pronta elaboração e confiabilidade de relatórios e demonstrações financeiros da pessoa jurídica; viii – procedimentos específicos para prevenir fraudes e ilícitos no âmbito de processos licitatórios, na execução de contratos administrativos ou em qualquer interação com o setor público, ainda que intermediada por terceiros, tal como pagamento de tributos, sujeição a fiscalizações, ou obtenção de autorizações, licenças, permissões e certidões; ix – independência, estrutura e autoridade da instância interna responsável pela aplicação do programa de integridade e fiscalização de seu cumprimento; x – canais de denúncia de irregularidades, abertos e amplamente divulgados a funcionários e terceiros, e de mecanismos destinados à proteção de denunciantes de boa-fé; xi – medidas disciplinares em caso de violação do programa de integridade; xii – procedimentos que assegurem a pronta interrupção de irregularidades ou infrações detectadas e a tempestiva remediação dos danos gerados; xiii – diligências apropriadas para contratação e, conforme o caso, supervisão, de terceiros, tais como, fornecedores, prestadores de serviço, agentes intermediários e associados; xiv – verificação, durante os processos de fusões, aquisições e reestruturações societárias, do cometimento de irregularidades ou ilícitos ou da existência de vulnerabilidades nas pessoas jurídicas envolvidas; xv – monitoramento contínuo do programa de integridade visando seu aperfeiçoamento na prevenção, detecção e combate à ocorrência dos atos lesivos previstos no art. 5º da Lei 12.846, de 2013; e xvi – transparência da pessoa jurídica quanto a doações para candidatos e partidos políticos.

ao pagamento de vantagem indevida, posturas anticoncorrenciais em processos de licitações, lesão ao patrimônio público e fraudes em contratos, inclusive impactando o equilíbrio econômico-financeiro.

Não há dúvidas, em conclusão, que os objetos de tutela são os princípios da Administração Pública (CF, art. 37, *caput*), sancionando-se atos ou atividades ilícitas, que também se amoldam à improbidade administrativa e não apenas à 'corrupção' na adjudicação dos tipos penais compreendidos em nossa legislação: corrupção ativa (CP, art. 333) e corrupção passiva (CP, art. 317).[17] Para alguns, trata-se de 'improbidade empresarial'.[18]

É necessário ter presente, todavia, que a abrangência do *compliance* é de amplitude dilargada, não se prendendo exclusivamente ao embate das práticas de atos contrários à Administração Pública. Tem-se que *compliance* é termo vago e aberto levando à noção de atendimento, cumprimento (*to comply*) e conformidade com as regras. Especificadamente, todavia, é correto dizer que o significado jurídico (e não meramente lexical) é bastante mais específico e definido, revelando modelo ou programa que "visa estabelecer mecanismos e procedimentos que tornem o cumprimento da legislação parte da cultura corporativa. Ele não pretende, no entanto, eliminar completamente a chance de ocorrência de um ilícito, mas sim minimizar as possibilidades de que ele ocorra"[19].

Enfim, enquanto os programas de integridade se ajustam às atividades de sociedades empresariais (e correlatas) no que respeitam os relacionamentos com agentes políticos, públicos e a própria Administração Pública, o *compliance* é bem mais abrangente e pode alcançar outras políticas públicas, dentre elas e sem exaurir: meio ambiente[20], dados pessoais[21], proteção contra assédios em relação trabalhista[22], mercado de capitais[23] e ordem econômica[24].

No âmbito dos direitos do consumidor, o *compliance*, muito embora também seja termo utilizado à atividade estatal de deveres de proteção aos consumidores, cabendo ao Poder Público dar efetiva conformidade às obrigações constitucionais e

---

17. TÁCITO, Caio. Improbidade administrativa como forma de corrupção. *RDA* 226/1-3. Rio de Janeiro: Renovar, out.-dez. 2001.
18. FERRAZ, Luciano. *Lei 12.846/2013* – Lei de improbidade empresarial. Fórum Municipal & Gestão das Cidades – FMGC. ano 1, n. 2, Belo Horizonte, nov.-dez. 2013.
19. MENDES, Francisco Schertel; CARVALHO, Vinicius Marques. *Compliance*: concorrência e combate à corrupção. São Paulo: Trevisan Editora, 2017, p. 29.
20. FERRO, Andréia Leal. *Compliance* e responsabilidade penal ambiental da pessoa jurídica no século XXI. *Revista Brasileira de Ciências Criminais*. São Paulo: Ed. RT, 2019, p. 19-55.
21. SILVA, Fabiani Oliveira Borges da. A responsabilidade do *compliance* officer na proteção de dados pessoais. *Revista de Direito e as Novas Tecnologias*. São Paulo: Ed. RT, 2019.
22. MARTINS, Juliane Caravieri; MONTAL, Zélia Maria Cardoso. *Compliance* trabalhista e o direito à educação para o trabalho: desafios em face da responsabilidade social da empresa. *Revista de Direito do Trabalho*. v. 199. São Paulo: Ed. RT, 2019, p. 59-80.
23. TEIXEIRA, João Victor Olmos Aleixo; AZEVEDO, Charles Stevan Prieto de. O mercado de capitais como incentivador das práticas de governança corporativa e compliance nas empresas brasileiras. *Revista do Direito Bancário e Mercado de Capitais*. v. 76. São Paulo: Ed. RT, 2017, p. 73-96.
24. ABBOUD, Georges; MENEZES, Paulo Roberto Brasil Teles de. Programas de compliance e a proteção do mercado: o combate à corrupção e à concorrência desleal. *RT*. v. 1007. São Paulo: Ed. RT, 2019, p. 37-64.

legais cogentes lhe tocadas[25], é mesmo direcionado à iniciativa privada, competindo aos fornecedores implementarem boas práticas para: suporte e acolhimento do vulnerável; desenvolvimento de programas e procedimentos na garantia dos direitos dos consumidores; redução de riscos nas relações de consumo; diminuição de conflitos e geração de consumo sustentável[26].

No setor de prestação de serviço da saúde privada, a citada RN – nº 443/19 expedida pela ANS, na condição de agência reguladora, estabelece 'práticas mínimas de *governança corporativa* das operadoras e planos de saúde', o que leva à constatação de que, ao lado de programas de integridade e de *compliance*, há outra designação a superar: 'governança corporativa'[27].

Os reflexos empresariais são altamente impactantes para a coletividade. No sistema *civil law*, comumente as pesquisas científicas abordam os efeitos externos das corporações pelo princípio da função social da empresa[28]. Já a recepção em parte do modelo *commom law* quanto ao tema, proporciona a verificação de que as sociedades empresárias devem conter atenta vigília interna e monitoramento adequados, equilibrados e transparentes, onde as funções de acionistas, diretorias, conselhos (administração e fiscal) e auditorias são marcadamente independentes e imparciais[29].

---

25. MARQUES, Claudia Lima. 25 anos de Código de Defesa do Consumidor e as sugestões traçadas pela revisão de 2015 das diretrizes da ONU de proteção dos consumidores para a atualização. *RDC*. v. 103. São Paulo: Ed. RT, 2016, p. 55-100. Referindo-se à *Revisão das Diretrizes sobre Proteção dos Consumidores* aprovada em 2015 pela ONU, menciona que o art. 15 do documento internacional se ocupou em indicar aos Estados-membros que dotem de recursos financeiros e humanos as agências de defesa do consumidor (PROCONs, entre nós) para promover o cumprimento (*compliance*) de direitos do consumidor.
26. DENSA, Roberta; DANTAS, Cecília. Compliance*: valioso instrumento de defesa do consumidor*. Disponível em: www.conjur.com.br/2021-jan-13/garantias-consumo-compliance-valioso-instrumento-defesa-consumidor. Acesso em: 21 jan. 2021. Com apoio em Fabíola Meira de Almeida ressaltam a importância da difusão, inclusive sistêmica, da cultura da conformidade e respeito à regulação. Observe: "Assim, o fornecedor não apenas revela a consumidores, mercado, órgãos de proteção e defesa do consumidor, Poder Judiciário e demais integrantes do Sistema Nacional de Defesa do Consumidor o efetivo respeito e conformidade da empresa ao Código de Defesa do Consumidor, mas, principalmente, faz difundir e cumprir uma cultura empresarial de respeito regulatório no que se refere ao relacionamento com o consumidor".
27. No Reino Unido em 1992 foi editado o primeiro código a tratar da governança corporativa considerando na época distorções e escândalos financeiros. Trata-se do conhecido como *Cadbury Report*, adotado posteriormente pela OCDE, com a simples indicação: '*comply or explain*'. O Código traça diversas recomendações às corporações: i) aos componentes do Conselho de Administração (reuniões periódicas para monitoramento da gestão; divisão na responsabilidade e equilíbrio na distribuição do poder; membros independentes na hipótese do CEO e o Presidente do Conselho serem a mesma pessoa; auxílio de profissionais independentes); ii) Conselheiros não executivos (posturas independente no julgamento de questões estratégicas; renovações de mandato; seleção por processo formal); iii) Diretores executivos (mandatos de três anos; remuneração transparente, inclusive quanto aos bônus; remuneração objeto de recomendação por conselheiros independentes); iv) relatórios e controles (apresentados periodicamente, claros, equilibrados e compreensíveis esclarecendo a situação da corporação; Conselho e auditores devem ter relação objetiva e profissional; indicação de comitê de auditores que não façam parte do Conselho; ao Conselho cabe explicitar sua participação na realização dos relatórios contábeis, bem como a efetividade dos relatórios).
28. TOMASEVICIUS FILHO, Eduardo. A função social da empresa. *Doutrinas essenciais de direito empresarial*. v. 2. São Paulo: Ed. RT, 2010, p. 43-67.
29. CARRAPATO, Pedro; CORREIA, Pedro; GARCIA, Bruno. *Governance na saúde*: os desafios da operacionalização. Saude soc. São Paulo. v. 28, n. 3, p. 66-79, Sept. 2019. Available from www.scielo.br/scielo.php?script=sci_arttext&pid=S0104-12902019000300066&lng=en&nrm=iso.Acesso em: 22 jan. 2021.

As instâncias adotadas internamente no âmbito da empresa, autônomas entre si, têm por escopo afastar os conflitos de interesses, preservar impessoalidade entre componentes da corporação, colaboradores e *stakeholders*, assim como incentivar a cultura organizacional pela ética e pelo cumprimento da legislação.[30]

A 'governança corporativa', fortemente caraterizada pela 'estruturação' empresarial, possibilita distribuição de poderes e responsabilidades entre diretores, administradores, sócios e agentes empresariais – o que no sistema *civil law* se aproximaria da noção de legitimidade e representatividade – dando 'funcionalidade' aos princípios que a informam:

> "A governança, apesar de ser relativamente nova e eminentemente mercadológica, possui uma base axiológica, um conjunto de princípios que atuam como norte para a criação e adoção das boas práticas de administração. Seus princípios são: justiça (*fairness*), ética (*ethics*), prestação de contas (*accountability*), transparência (*disclosure*) e cumprimento das leis (*compliance*)".[31]

Se os 'programas de integridade' são específicos na prevenção e reparação dos atos lesivos previstos na Lei 12.846/13[32] e os 'programas de *compliance*', como visto, envolvem diversas estratégias e inúmeros temas aptos a consolidar o cumprimento das regras, a 'governança corporativa' soma-se aos demais sem confundir com institutos e, a despeito da tênue diferença, além de estabelecer critérios de vigilância quanto a conflito de interesses, ainda consolida o trato pela ética[33].

2. MODELOS EXTERNOS DE PROTEÇÃO: CONTROLE E REGULAÇÃO

Aos planos e operadoras de saúde são passíveis de observação dois modelos externos de proteção ao consumidor. Entendemos tais modelos como 'controle e

30. SELHORST, Fabio; DUPONT, Fábia; ARAÚJO, Maria Ticiana. Desafios para implementação de programas de compliance no Brasil. In: CUEVAS, Ricardo Villas Bôas FRAZÃO, Ana (Coord.). *Compliance*: perspectivas e desafios dos programas de conformidade. Belo Horizonte: Fórum, 2018, p. 54.
31. MARUCH, André. As principais práticas de governança adotadas no mercado brasileiro em face do mercado internacional. (2ª e última parte). *Revista de direito bancário e do mercado de capitais*. v. 44. São Paulo: Ed. RT, p. 126-156. Ao comentar a parte da cartilha da OCDE, afirma: a governança deve assegurar a gestão estratégica da companhia, o monitoramento da administração pelo Conselho e a prestação de contas deste à companhia e aos acionistas. Os conselheiros devem atuar de boa-fé e com diligência, ética e imparcialidade, buscando a realização dos melhores interesses da companhia e dos acionistas, além de respeitar os *stakeholders*.
32. Disponível em: www.gov.br/cgu/pt-br/centrais-de-conteudo/publicacoes/integridade/arquivos/programa-de-integridade-diretrizes-para-empresas-privadas.pdf. Cartilha CGU. Programa de integridade: diretrizes para empresas privadas. Acesso em: 25 jan. 2021.
33. FARINHO, Domingos Soares. *Programas de integridade e governança das empresas estatais: uma visão portuguesa no contexto*. In: CUEVAS, Ricardo Villas Bôas; FRAZÃO, Ana (Coord.). *Compliance*; perspectivas e desafios dos programas de conformidade. Belo Horizonte: Fórum, 2018, p. 237. Assevera: "É fácil confundir-se bom governo com cumprimento de regras (compliance), pois existe efetivamente uma ligação estreita entre ambos. Porém, o bom governo de instituições começa e acaba depois do cumprimento de regras [...] O cumprimento de regras surge como nuclear para garantir o sucesso do planeamento e permitir uma avaliação profícua".

regulação'[34], onde há grande perspectiva, entre outras características, de judicialização, conciliação, processos administrativos sancionatórios, poder de polícia, institucionalização setorial. Neles sobressaem com maior vigor estratégias retrospectivas[35] (função *ex post*) derivadas do domínio estatal considerando conflitos, ilicitudes, danos, posturas anticoncorrenciais etc.

O primeiro modelo próprio da codificação consumerista e demais legislações dirigistas que atuam na promoção direta e imediata do vulnerável. O segundo que trata da regulação setorial estabelecendo normas primárias e secundárias de planejamento, fiscalização e incentivo à variedade de agentes do mercado de planos e seguros privados de assistência à saúde e que, indiretamente, tem em conta também a proteção do consumidor.

O 'modelo controle' tem antecedentes e, na mesma fatia, elementos teóricos atuais bem extensos.

Os serviços privados de saúde derivam de fonte histórico-jurídica caudalosa: a confiança. Contudo em dimensões bastante diferentes. Na antiguidade a base da confiança permanecia estreita na relação entre profissional médico e paciente tendo em vista o escopo principal: *a purga da dor*[36]. Em dias atuais projeta-se em horizontes hipercomplexos: trata-se da confiança que é depositada em todo o sistema (nele incluindo, além dos profissionais, rede de cobertura, contratos, ofertas e publicidades, demais fornecedores indiretos, inclusive, legislação, norma e jurisprudência).[37]

Os serviços de saúde no Brasil antes do advento da Constituição Federal de 1988 não gozavam de assento compatível com a dicção valorativa dos direitos humanos ou mesmo de direitos fundamentais. Centrava-se no atendimento mínimo do cidadão, sem grandes investimentos em infraestrutura (hospitais, clínicas, laboratórios) ou em sistema de compartilhamento de competências.

---

34. CUEVA, Ricardo Villas Bôas. *Funções e finalidades dos programas de* compliance. In: CUEVAS, Ricardo Villas Bôas; FRAZÃO, Ana (Coord.). *Compliance*; perspectivas e desafios dos programas de conformidade. Belo Horizonte: Fórum, 2018, p. 56.
35. Sem prejuízo da observação que no CDC há previsão de tutela *ex ante*, conforme art. 6º, inciso VI também utilizada.
36. MARTINS, Fernando Rodrigues. A saúde privada suplementar como sistema jurídico hipercomplexo e proteção à confiança. ***RDC***. v. 120. São Paulo: Ed. RT, 2018, p. 77-101. Na oportunidade enfatizamos: "A preocupação com a saúde é tão antiga quanto a história da humanidade porque reflexiva ao mundo a dor. Diga-se de passagem, há dois extremos na evolução da medicina: o primeiro correspondente à busca de alívio para a dor e cura de enfermidades para evitabilidade da morte (próprio da fase inicial) e o segundo relacionado à melhor qualidade e expectativa de vida, sem prejuízo de atendimento às diretivas antecipadas de vontade (comuns contemporaneamente)".
37. CARNEIRO DA FRADA, Manuel Antônio de Castro Portugal. *Teoria da confiança e responsabilidade civil*. Coimbra: Almedina, 2004, p. 21. Nota de rodapé n. 4: "As características do fenómeno contemporâneo da 'hiper-regulação' revelam que a confiança das pessoas deslocou inevitavelmente as suas referências: de ter por objeto essencialmente certas normas jurídicas básicas, conhecidas por todos e de validade indiscutida, centra-se agora na justeza e adequação da regulação jurídica no seu conjunto, nas virtualidades do Direito para assegurar uma composição justa dos interesses em litígio e na eficácia das instituições que o aplicam. A confiança torna-se neste aspecto mais difusa e de algum modo mais frágil, com o risco agravado, agora, de a frustração das expectativas favorecer uma descrença no próprio Direito e no seu sentido".

Não havia, portanto, compromissos com efetividade ou resultados exitosos no auxílio à população de *'favorecidos'*[38], com a advertência de que se exigia rigorosamente reciprocidade para amparo da pessoa com necessidade de qualquer ação estatal, no que respeita à saúde, mediante vínculo e contribuição com institutos de previdência[39].

Foi exatamente sobre esse cenário que as prestações de serviços privados de saúde ganharam maior utilização permitindo aos interessados, por atos jurídicos de natureza particular, suprir as enormes lacunas e omissões do Estado. No Brasil as entabulações entre médicos, hospitais e pacientes tiveram início mediante relações de fato com efeitos contratuais e negócios jurídicos firmados a partir da vontade, tudo à luz da dogmática civil. A estes padrões passou a ser adotado, posteriormente, o Decreto-Lei 73/66 que, dispondo sobre o sistema nacional de seguros privados, criou o instituto jurídico do 'seguro-saúde'.

Vale advertir, contudo, que a entrada em vigor de referido Decreto-Lei, do qual não se vê revogação expressa, não cuidou apenas da inauguração de perspectiva mais pontual às questões de saúde privada no Brasil (como a desta importante figura do 'seguro-saúde'), senão tratou da inerente institucionalização do setor securitário no país.[40] Daí prudente afirmar que ao sistema geral (então Código

38. Parece mais consentâneo, especialmente considerando a globalização, compreender *'direito como conquista'*, afastando-se da noção de *'direito como favor'*. LEAL, Victor Nunes. *Coronelismo, enxada e voto:* o município e o regime representativo no Brasil. São Paulo: Companhia das Letras, 2012, p. 64. Ressalta a propósito: "A lista de favores não se esgota com os de ordem pessoal. É sabido que os serviços públicos do interior são deficientíssimos, porque as municipalidades não dispõem de recursos para muitas de suas necessidades. Se, o auxílio financeiro do Estado, dificilmente poderiam empreender as obras mais necessárias, como estradas, pontes, escolas, hospitais, água, esgotos, energia elétrica. Nenhum administrador municipal poderia manter por muito tempo a liderança sem realizar qualquer benefício para sua comuna. Os próprios fazendeiros, que carecem de estradas para escoamento de seus produtos e de assistência médica, ao menos rudimentar, para seus empregados, acabariam por lhes recusar apoio eleitoral".

39. Marques, Silvia Badim. O princípio constitucional da integridade de assistência à saúde e o projeto de Lei n. 219/2007: interpretação e aplicabilidade pelo Poder Judiciário. *Revista de Direito Sanitário*. v. 10. n. 2. p. 64-86. São Paulo: Ed. LTr, jul.-out. 2009. Esclarece: "O sistema público de saúde brasileiro, até a promulgação da Constituição Federal de 1988, não merecia um tratamento constitucional específico e atendia somente aos indivíduos que contribuíssem à Previdência Social, ou seja, aqueles indivíduos que possuíssem carteira de trabalho assinada. (...) Salienta-se que o papel do Estado, em relação à prestação em matéria de saúde, como um direito do trabalhador assalariado, resumia-se à prestação de assistência médica e restringia-se basicamente ao gerenciamento da compra e oferta dos serviços privados de saúde aos beneficiários públicos. Lógica esta presente desde a criação do chamado Instituto Nacional da Previdência Social – INPS, em 1966, que inseriu a prestação sanitária dentre as ofertas públicas decorrentes da contribuição previdenciária".

40. MIRAGEM, Bruno. O direito dos seguros no sistema jurídico brasileiro: uma introdução. *RDC*. v. 96. São Paulo: Ed. RT, 2014, p. 157-196. Explica: "No que se refere ao seguro como sistema, note-se que a atividade securitária se dá em um regime de destacada intervenção do Estado. Primeiro, pela exigência de autorização prévia para operação com seguros, de modo que as empresas seguradoras e resseguradoras têm seu funcionamento subordinado à autorização estatal, conforme dispõe expressamente o art. 757, parágrafo único, do CC, assim como o art. 24 do Dec.-lei 73/1966. Da mesma forma opera-se, segundo os limites definidos pelo mesmo Dec.-lei 73/1966, a supervisão da atividade. No exercício da supervisão, há ampla influência sobre o próprio conteúdo do contrato. Neste sentido, a despeito da exigência legal de que as condições gerais dos contratos a serem oferecidos no mercado devam ser registradas na Superintendência de Seguros Privados (Susep), a rigor a efetivação do registro depende do atendimento não apenas de aspectos formais, mas propriamente de conformidade do seu conteúdo ao deliberado pela autarquia. Isso, a toda vista, define um amplo campo de atuação do Estado sobre o contrato, tanto formal, quanto material".

Civil/1916) houve o contributo do sistema especial que regulava aspectos mais pormenorizados[41].

De referido instrumento normativo dois modelos jurídicos de seguros-saúde são constatáveis[42]: *i*) o de *reembolso* para cobertura dos riscos de assistência médico-hospitalar, cujo escopo é a restituição a favor do segurado das despesas (medicamentos, materiais, acomodações, intervenções e honorários) realizadas com profissionais e instituições de saúde, cuja relação com a seguradora é indireta[43]; *ii*) *o contrato de medicina em grupo*, quando empresas, hospitais ou cooperativas prestam *diretamente* o serviço de saúde, de forma isolada ou em associação, mediante *pré-pagamento* pelo segurado de mensalidade depurada atuarialmente, desde que em acordo com as normas secundárias do Conselho Nacional de Seguros Privados e em constante fiscalização dos órgãos competentes[44].

Foram esses os modelos que passaram a ser utilizados na contratualização da iniciativa privada, tomando considerável parte do mercado e possibilitando o alcance dos particulares a serviços bastante diferenciados daquele portfólio quase inexistente servido pela atuação estatal direta. Entretanto, não havia estratégia ou horizonte de inclusão às classes assalariadas, menos abastadas. Enfim, ausente construção jurídica desprovida de caráter propositivo, concentrando-se em demandas na classe média e outras superiores.

A questão ganha ainda relevo acentuado quando se verifica que àquela quadra temporal a proteção contratual do beneficiário era quase inexistente, isto porque enquanto o Código Civil de 1916 tinha (e o CC de 2002 ainda contém) lógica igualitária entre os componentes da relação jurídica, o Decreto-lei 73/66 apresentava insuficiente perfil promocional de direitos aos desiguais[45].

---

41. OLIVEIRA, Fernão Justen de. O contrato de seguro-saúde e o regime do Código de defesa do consumidor. *Revista de Direito do Consumidor*. v. 23-24. São Paulo: Ed. RT, 1997, p. 141. Menciona: "não há contradição entre o Código Civil e o Decreto-lei 73, pois aquele diploma dispõe sobre as regras genéricas de contrato de seguro nas suas diversas modalidades; o decreto-lei regula o sistema de seguros e desce a minúcias inexistentes no Código Civil".
42. No mesmo sentido MARQUES, Claudia Lima. Expectativas legítimas dos consumidores nos planos e seguros privados de saúde e os atuais projetos de lei. *Revista de Direito do Consumidor*. v. 20. São Paulo: Ed. RT, 1996, p. 73.
43. Art. 129. Fica instituído o Seguro-Saúde para dar cobertura aos riscos de assistência médica e hospitalar.
44. Art. 135. As entidades organizadas sem objetivo de lucro, por profissionais médicos e paramédicos ou por estabelecimentos hospitalares, visando a institucionalizar suas atividades para a prática da medicina social e para a melhoria das condições técnicas e econômicas dos serviços assistenciais, isoladamente ou em regime de associação, poderão operar sistemas próprios de pré-pagamento de serviços médicos e/ou hospitalares, sujeitas ao que dispuser a regulamentação desta Lei, às resoluções do CNSP e à fiscalização dos órgãos competentes.
45. À exceção do art. 13 que assim dispõe: "As apólices não poderão conter cláusula que permita rescisão unilateral dos contratos de seguro ou por qualquer modo subtraia sua eficácia e validade além das situações previstas em Lei". Como se trata de 'norma proibitiva' tem-se expressão de ordem pública contratual, conforme Orlando Gomes, *Contratos*. 3ª ed. Rio de Janeiro: Forense, 1971, p. 156: "No sistema jurídico de alguns povos, os princípios gerais do ordenamento e os interesses básicos da estrutura econômica constituem, sob a denominação ambígua de ordem pública, o quadro dentro no qual podem ser travadas validamente

Incisivamente, a desigualdade (no viés da vulnerabilidade ainda não positivada) era altamente verificável, considerando o modelo contratual de adesão, o desconhecimento técnico por parte do aderente e, sobretudo, as condições de saúde que impunham ausência de resistência às exigências predispostas.

Nisso podem ser destacadas diversas práticas desarrazoadas pelas empresas que atuavam no setor: i – limitação de tempo do paciente na UTI; ii – comercialização de planos com mero desconto (cartão-desconto), contraditoriamente à oferta e aparência de cobertura total; iii – imposição de unimilitância aos profissionais médicos, vedando-se a concorrência; iv – restrição acentuada de exames; v – exclusão de tratamento por causas ou doenças preexistentes, sem que houvesse realização de quaisquer análises técnicas para admissão de usuário; vi – mudança unilateral do contrato; vii – imposição de dificuldades para adimplemento pelo usuário. A reiteração desses comportamentos comerciais, mais tarde, seria consolidada jurisprudencialmente como abusos ou práticas abusivas.

A par de leis dirigistas que surgiam ao lado da codificação civil de 1916 e precisamente com a entrada em vigor do Código de Defesa do Consumidor, o direito privado aos poucos foi se afastando do caráter marcadamente neutro e individualista, tornando-se forte *locus* legal para o *personalismo* e *solidarismo ético*. Neste ponto, o CDC e os órgãos de proteção do consumidor aos poucos ressignificaram *fundamento* e *função* do Estado que, através do Direito Público mesmo já na vigência da Constituição Federal de 1988, era incapaz de dar concretude, respectivamente a saber: cidadania e proteção.

Alexandre Santos Aragão informa que:

> "o curioso é que entre nós, o aspecto protetivo do regime de Direito Público e a própria noção de cidadania nunca foram muitos fortes. Ao revés, foi no viés da proteção individualista nas relações privadas de consumo, através do Código de Defesa do consumidor, que paradoxalmente, a cidadania, a partir da década de oitenta obteve alguma afirmação, tanto pela atuação administrativa pelos PROCONs como pela aplicação/interpretação do CDC pelo Poder Judiciário, em uma expressão do que por vezes é denominado 'ideologia consumerista', pela qual o consumidor é a finalidade do processo de produção".[46]

Justamente sob o *placet* e auspícios da mudança ética na ambiência do direito privado proporcionada pelo CDC, os contratos de 'seguro-saúde' passaram a ser relidos à luz de novas teorias e proposições do microssistema que envolviam: *norma*; *interpretação*; e *relação jurídica*. Na realidade cuidava-se de nova ordem que obviamente propiciou nova hermenêutica.[47]

as relações jurídicas. São, por assim dizer, um limite, de ordem geral, à autonomia privada. Proibido é, em consequencia, todo o contrato que atente contra a ordem pública".

46. ARAGÃO. Alexandre Santos de. *Serviços públicos e direito do consumidor; possibilidades e limites da aplicação do CDC*. In: Revista de Direito Administrativo Econômico. v. 15. Salvador; Instituto Brasileiro de direito Público. Disponível em: http://www.direitodoestado.com.br/codrevista.asp?cod=297. Acesso em: 06 jan. 2021.
47. SALDANHA, Nelson. *Ordem e hermenêutica*. 2. ed. Rio de Janeiro: Renovar, 2003, p. 3. Explica: "em sentido concreto, uma ordem só existe em função de uma hermenêutica que se refira a ela e aos significados para a

A *teoria da norma* passou a exigir o protagonismo judicial. Diz-se protagonismo não de maneira criadora de direitos (ativismo) em substituição às atribuições parlamentares, mas ao contrário, com participação prudente no sistema sob o arrimo da segurança jurídica. Com isso, além de regras, a utilização de cláusulas gerais (síncrona e assincronamente) e princípios (mandatos de otimização) expandiu a aplicação do direito do consumidor concedendo efeito justo e útil aos contratos.[48]

Deu-se início à dogmática *suficiente* e razoavelmente *coerente* na utilização de princípios bastante ínsitos ao direito privado estabelecendo a *ordem pública contratual*[49]: i) *boa-fé objetiva*, mediante deveres de consideração, com particular relevo: os deveres de cooperação, informação e lealdade[50]; *ii*) *autonomia privada*, no acautelamento por formas comprobatórias (consensualismo), verificação de projeção de efeitos externos do contrato (função social), força obrigatória pautada na ampla informação, explicação e conhecimento das condições (*pacta sunt servanda*) e na distribuição de direitos e obrigações (liberdade contratual)[51]; *iii*) *confiança*, pelas legítimas expectativas derivadas das ofertas negociais e contratuais[52]; *iv*) *justiça contratual*, a fim de evitar desequilíbrio significativo ou restaurar equilíbrio genético (obrigação excessivamente onerosa) ou funcional (onerosidade excessiva), dando concretude ao preceito de coordenação entre interesses das contrapartes.[53]

Nesse prumo, a reação da dogmática consumerista indicava a necessidade de aplicação dos mencionados princípios nos contratos de saúde mesmo ainda antes dos modelos inseridos pela Lei 9.656/98. Observe:

> O Código de Defesa do Consumidor impõe para as relações envolvendo prestação de serviços onerosos no mercado um patamar mínimo de boa-fé objetiva nestes contratos e relações de consumo (art. 4.º, III do CDC). Boa-fé significa aqui um nível mínimo e objetivo de cuidados, de respeito e de tratamento leal com a pessoa do parceiro contratual e seus dependentes. Este patamar

vida. Em todos os sistemas institucionais encontramos uma ordem e uma hermenêutica encontramos uma ordem e uma hermenêutica – esta entendida obviamente numa acepção ampla".

48. MARQUES, Claudia Lima. Proteção do consumidor no comércio eletrônico e a chamada nova crise do contrato: por um direito do consumidor aprofundado. *RDC*. v. 57. São Paulo: Ed. RT, 2006, p, 9-59. Com apoio em Erik Jayme ao comentar os elementos que compõem a teoria do diálogo das fontes sustenta sobre as normas narrativas. Observe: "a narração (a procura de uma nova legitimação na própria forma de legislar, narrando os objetivos na própria lei, como no art. 1.º e 4.º do CDC, revalorizando a interpretação teleológica, revelando os objetivos do legislador e abrindo espaços, em conceitos indeterminados e cláusulas gerais, para a concretização pelo intérprete, cada vez mais com uma posição ativa na criação da resposta justa e útil".
49. Expressão tão fortemente trabalhada pela dogmática civil francesa. Confira: GHESTIN, Jacques. *Traité de droit civil:* les obligations: le contrat, príncipes et caracteres essentiels, ordre public – Consentement, objet, cause, théorie générale des nullités. Paris: LGDJ, 1980.
50. AGUIAR JÚNIOR, Ruy Rosado. O novo Código Civil e o Código de Defesa do Consumidor – pontos de convergência. *RDC*. v. 48. São Paulo: Ed. RT, 2003, p. 55-68. Na seguinte afirmação: "Foi o Código e Defesa do consumidor que introduziu a presença da cláusula geral em alguns dispositivos de grande aplicação a casos práticos, como a hipótese da cláusula geral da boa-fé e a da onerosidade excessiva".
51. Ver o nosso *Estado de perigo no Código Civil:* uma perspectiva civil constitucional. São Paulo; Saraiva, 2007, p. 45.
52. JACQUES, Daniela Corrêa. A proteção da confiança no direito do consumidor. *RDC*. v. 45. São Paulo: Ed. RT, 2003, p. 100-128.
53. Também de nossa autoria *Princípio da justiça contratual*. 2. ed. São Paulo: Saraiva, 2011, p. 328.

de lealdade, cooperação, informação e cuidados com o patrimônio e a pessoa do consumidor é imposto por norma legal, tendo em vista a aversão do direito ao abuso e aos atos abusivos praticados pelo contratante mais forte, o fornecedor, com base na liberdade assegurada pelo princípio da autonomia privada. O CDC presume o consumidor como parceiro contratual mais vulnerável por lei (art. 4.º, I do CDC) e impõe aos fornecedores de serviço no mercado brasileiro um patamar mínimo de atuação conforme à boa-fé. O princípio de boa-fé nas relações de consumo, incluindo as envolvendo direta ou indiretamente a prestação de serviços de saúde (art. 3.º, § 2º do CDC), atua limitando o princípio da autonomia da vontade (art. 170, V, da CF/1988) e combatendo os abusos praticados no mercado".[54]

A *interpretação*, que também contribui na consecução da norma, foi aprofundada e transformada no âmbito da doutrina e, mais fortemente, trabalhada perante os tribunais. O surgimento do CDC representou garantia de efetividade a diversos direitos fundamentais (não apenas do consumidor), fomentando hermenêutica mais favorável aos vulneráveis (CDC, art. 47). O caminho se mostrou promissor, porquanto dava-se acendrado aumento na importância da pessoa (e não indivíduo) como protagonista do sistema jurídico, reconhecidamente aberto[55].

Mas não só isso, a busca pela equidade – justiça do caso concreto – também permitiu intensa movimentação da *teoria da interpretação*[56] que, por sua vez, tem incidência direta sobre a jurisprudência. Já não se trata apenas de busca do 'sentido social da lei'[57], senão esquadrinhar e modular mediante princípios, inclusive de índole constitucional, o controle do exercício do direito por aquele que detém exclusivamente o 'enigma' do processo mercadológico.[58]

---

54. MARQUES, Claudia Lima. Expectativas legítimas dos consumidores nos planos e seguros privados de saúde e os atuais projetos de lei. *RDC*. v. 20. São Paulo: Ed. RT, 1996, p. 71-87.
55. CATALAN, Marcos Jorge. A hermenêutica contratual no Código de Defesa do Consumidor. *RDC*. v. 62. São Paulo: Ed. RT, 2007, p. 139-161. Com apoio em Menezes Cordeiro disserta: "Hodiernamente, qualquer defesa que pretenda sustentar a necessidade de uma interpretação puramente jurídica estará fadada ao insucesso, pois corresponderia a uma irreal abstração ante o corte que promoveria no plano concreto e desta forma, observa-se que o legislador mostrou-se sensível às mutações sociais e à necessidade de concretização do ordenamento jurídico, optando por conceitos flexíveis como os usos do lugar, circunstâncias do caso, equidade, desproporção manifesta, que dentre outras expressões fluidas, permitem ao exegeta descer ao multifacetado plano do concreto, para decidir não mais, com base na letra fria da lei, mas sim, iluminado pelos valores que permeiam as relações sociais. Neste contexto, é inegável que o direito do consumidor, para além de ter sido construído enquanto sistema aberto, ampara-se em princípios que auxiliam no processo de interpretação e de concreção da norma jurídica".
56. Importante verificar que a existência de teorias da interpretação. Quanto ao modo: formalistas (apurar o significado do texto), realistas (criação de significado ao texto), intermediários (casos fáceis tratam em apurar, casos difíceis criam significado). Quanto à origem: subjetivistas (buscar intenção do autor, adequando-se à dimensão de autoridade) e construtivistas (demonstrar objeto interpretado sob a melhor perspectiva, evitando-se a dimensão de arbitrariedade dos órgãos administrativos). Ver neste sentido: ATIENZA, Manuel. *El sentido del derecho*. Barcelona: Ariel, p. 271.
57. MAXIMILIANO, Carlos. *Hermenêutica e aplicação do direito*. Rio de Janeiro: Forense, 1980, p. 8.
58. BRASIL. Superior Tribunal de Justiça. REsp 158728/1997. Rel. Min. Carlos Alberto Menezes Direito. Ementa: Plano de saúde. Limite temporal da internação. Cláusula abusiva. 1. É abusiva a cláusula que limita no tempo a internação do segurado, o qual prorroga a sua presença em unidade de tratamento intensivo ou é novamente internado em decorrência do mesmo fato médico, fruto de complicações da doença, coberto pelo plano de saúde. 2. O consumidor não é senhor do prazo de sua recuperação, que, como é curial, depende de muitos fatores, que nem mesmo os médicos são capazes de controlar. Se a enfermidade está coberta pelo seguro, não é possível, sob pena de grave abuso, impor ao segurado que se retire da unidade

No ponto da *relação jurídica* outra observação essencial: o direito do consumidor fez brotar nova concepção ontológica (estrutura) e outros modos teleológicos (função e finalidade). A idealização pandectística da relação jurídica é estrutural, donde figuram como elementos: *i*) sujeito; *ii*) objeto; *iii*) fato jurídico; *iv*) garantia.[59] Importante desenvolver tais eixos relevantes, desde já adiantando a conclusão que, no aspecto doutrinário, abre-se espaço para formação de teoria (ou mais propriamente *teoria da relação jurídica*)[60].

Essa composição por tempos foi lida na sutileza da neutralidade sem abordar as circunstâncias subjetivas e objetivas de cada elemento e do caso concreto, na virtualidade do direito ante abordagem hipotética (relembremos dos três clássicos exemplos de *Tício*, *Mévio* e *Caio*).

Observe que a Constituição Federal identificou e qualificou o consumidor como agente de mercado, diferenciando-o dos demais (CF, art. 5º, inc. XXXII e art. 170, inc. V). Trata-se de pessoa humana envolta à cidadania política[61], submetida às falhas de mercado e, portanto, vulnerável (CDC, art. 4º, inc. I), o que equivale dizer que o elemento 'sujeito' tem contornos reais e valorativos.

O sujeito não é mais espectro vazio submetido às conclusões lógico-dedutivas do sistema jurídico: o sujeito é a causa e razão do próprio sistema jurídico. Daí o fundamento transcendente de que a pessoa, no plano real, se viabiliza pelo reconhecimento da dignidade[62].

Não fosse isso, numa sociedade de consumo onde há vastidão de negócios jurídicos versando sobre incontáveis prestações de serviços (prestação de fato) e produtos (prestação de coisa), a incidência do CDC revela a essencialidade[63] do bem jurídico,

---

de tratamento intensivo, com o risco severo de morte, porque está fora do limite temporal estabelecido em uma determinada cláusula. Não pode a estipulação contratual ofender o princípio da razoabilidade, e se o faz, comete abusividade vedada pelo art. 51, IV, do Código de Defesa do Consumidor. Anote-se que a regra protetiva, expressamente, refere-se a uma desvantagem exagerada do consumidor e, ainda, a obrigações incompatíveis com a boa-fé e a equidade. 3. Recurso especial conhecido e provido".

59. ANDRADE, Manuel. *Teoria geral da relação jurídica*. 3. reimp. Coimbra: Almedina, 1972, p. 30.
60. LUMIA, Giuseppe. *Lineamenti di teori e ideologia del diritto*. 3. ed. Milano: Giuffré, 1981. Trad. Com adaptações e modificações pelo Professor Alcides Tomasetti Júnior. Teoria da relação jurídica, 1999, mimeo.
61. BARLETTA, Fabiana Rodrigues; GOODMAN, Soraya Victoria. Reflexões sobre direitos humanos e a atual jurisprudência do STJ sobre o direito à saúde da pessoa idosa em contratos privados de saúde. *RDC*. v. 120. São Paulo: Ed. RT, p. 309-340. Com apoio em Habermas, manifestam: "Para Habermas, os direitos humanos devem ser compreendidos como parte integrante do ordenamento instituído democraticamente, apreendidos como direitos no sentido jurídico, independentemente de seu conteúdo moral. Segundo o autor, o processo de fundamentação dos direitos humanos é tido dentro de uma relação comunicativa entre sujeitos reais, relacionando os direitos de autonomia privada do homem e os direitos de participação política do cidadão que se constituem mutuamente num sistema legislativo democrático".
62. BARZOTTO, Luis Fernando. Pessoa e reconhecimento: uma análise estrutural da dignidade da pessoa humana. *Doutrinas essenciais de direitos humanos*. v. 1. São Paulo: Ed. RT, 2011, p. 655-681. Discorre: "Reconhecer o ser humano como pessoa é o desafio ético de civilizações (escravidão, colonialismo, imperialismo), povos (estrangeiros, minorias, hierarquia social), e pessoas (preconceito, discriminação, indiferença). Reconhecer o outro como pessoa é afirmar o valor ou a dignidade inerente à condição de pessoa".
63. NEGREIROS, Teresa. *Teoria do contrato*: novos paradigmas. 2. ed. Rio de Janeiro: Renovar, 2006.

ou seja, do *objeto da relação jurídica*. A saúde, por isso objeto[64], de vários contratos encontra-se categorizada na Constituição Federal como direito fundamental social (CF, art. 6º) e ampla relevância pública (CF, art. 197), com nítida projeção sobre demais direitos fundamentais e direitos da personalidade (vida, integridade psicofísica social, dado pessoal sensível).

Se o *fato jurídico* é aquele produtor de efeitos jurídicos, com clara manifestação de eficácia constitutiva, modificativa ou extintiva das relações jurídicas – especialmente a constitutiva[65] já que pressuposto de existência da intersubjetividade – destaca-se justamente o contrato como o liame que liga as partes para a produção dos objetivos esperados, concentrando-se esforços para cooperação mútua, já que instituto qualificado na expressão dialética entre a vontade individual (real e jurídica) e autorresponsabilidade comunicativa do tráfego[66].

O contrato constitui relação jurídica entre os fornecedores de serviços e consumidores e, na vertente protetivo-consumerista, distingue-se como instituto dinâmico no direito privado sindicável por critérios de invalidade, hermenêutica e efetividade *conforme* a boa-fé e vulnerável tutelado. Vale a lembrança, a propósito, da valiosa contribuição doutrinária que se antes a dicotomia prendia-se entre contratos paritários e de adesão, a clivagem atual restaria entre contratos interempresariais e existenciais (nestes últimos figurando os contratos de consumo), quando a aplicação deve priorizar à '*subsistência da pessoa humana*'[67].

Por fim, a *garantia*. A garantia representa a faculdade do interessado em acionar as forças coercitivas estatais para responsabilidade patrimonial daquele que não satisfaz o dever de prestar. Claro que, *para tomada de decisão individualista*, as prefe-

64. Brasil. Superior Tribunal de Justiça. AgRg no AREsp: 165255 RJ 2012/0073217-9, Relator: Ministro Sidnei Beneti. Agravo regimental. Agravo de instrumento. Recurso especial. Ausência de violação ao artigo 535 do código de processo civil. Ausência de prequestionamento. Súmula 211/STJ. Competência definida em função do pedido e causa de pedir. Objeto do contrato. Obrigação de prestação de serviço de saúde. Competência da justiça comum. 1.– Inexiste omissão ou ausência de fundamentação, não constando do acórdão embargado os defeitos previstos no artigo 535 do Código de Processo Civil, pois não cabe inovação recursal em sede de embargos de declaração. 2.– O prequestionamento, entendido como a necessidade de o tema objeto do recurso haver sido examinado pela decisão atacada, constitui exigência inafastável da própria previsão constitucional, ao tratar do recurso especial, impondo-se como um dos principais requisitos ao seu conhecimento. Não examinada a matéria objeto do especial pela instância a quo, mesmo com a oposição dos embargos de declaração, incide o enunciado 211 da Súmula do Superior Tribunal de Justiça. 3.– Está pacificado nesta Corte que a competência em razão da matéria é definida em função do pedido e da causa de pedir. 4.– Cabe a Justiça Comum julgar ações que tratam de relação de consumo, caracterizada pelo '*objeto contratado, no caso, obrigação de prestação de serviço de saúde*'. Precedentes. 5.– Agravo Regimental improvido.
65. MOTA PINTO, Carlos Alberto. *Teoria geral do direito civil*. Coimbra: Coimbra Editora, 2005, p. 190.
66. CARNEIRO DA FRADA, Manuel Antônio de Castro Portugal. *Teoria da confiança e responsabilidade civil*. Coimbra: Almedina, 2004, p. 68.
67. AZEVEDO, Antônio Junqueira de. Natureza jurídica do contrato de consórcio. Classificação dos atos jurídicos quanto ao número de partes e quanto aos efeitos. Os contratos relacionais. A boa-fé nos contratos relacionais. Contratos de duração. Alteração das circunstâncias e onerosidade excessiva. Sinalagma e resolução contratual. Resolução parcial do contrato. Função social do contrato. *Doutrinas essenciais obrigações e contratos*. v. 6. São Paulo: Ed. RT, 2011, p. 1.187-1.220.

rências se dão favoravelmente ao contratante-credor na potestatividade de vindicar a 'totalidade'[68] do patrimônio do inadimplente, isso o legitima a provocar o aparelho sancionatório do Estado. Lembre-se que a autonomia privada das partes, desde que em acordo com o sistema, possibilita a intervenção estatal para o cumprimento forçado da obrigação[69].

Contudo, a própria legalidade constitucional proporcionou outros sopros ao diferenciar em efetividade os vulneráveis. Reagiu estabelecendo, não apenas garantia, mas também os imprescindíveis 'deveres de proteção' do Estado (CF, art. 5º, inciso XXXII), já que o consumidor conta com *status* original de direito fundamental. Assim, às *garantias* (como: acesso à justiça, ação popular, ação civil pública, inquérito civil público, *habeas data*, mandado de injunção, mandado de segurança etc.), que são acessórias[70] aos direitos fundamentais, somam-se os 'deveres de proteção' do Estado aos direitos do consumidor, que vinculam os órgãos estatais e especialmente os PROCONs.

Qualquer análise, mesmo que superficial, leva à conclusão de que o advento do direito do consumidor proporcionou deslocamento valorativo nas relações privadas e das forças do Estado, empoderando a figura do vulnerável e melhorando a qualidade da jurisprudência nacional[71]. Eis aqui o 'modelo de controle' adotado pelo sistema de

---

68. BRASIL. Código civil. Lei 10.406/2020. Art. 391. Pelo inadimplemento das obrigações respondem todos os bens do devedor. Esse dispositivo deve ser lido à luz da legalidade constitucional, bem como sistematicamente considerando o próprio Código Civil (bens de família) e a lei 8.009/90.
69. DUARTE, Francisco Carlos. Medidas coercitivas de efetividade da tutela jurisdicional. *Revista de processo*. v. 70. São Paulo: Ed. RT, 1993, p. 214-225. Com apoio em Proto Pisani avança: "Na sua interessante proposta de reconstrução da tutela condenatória, Proto Pisani, após consignar a importância das relações entre direito substancial e processual, no sentido de que este deve garantir ao titular do direito 'per quanto possibile tutto quello e proprio quello che ha diritto di conseguire in base alla legge sostanziale', analisa esta forma de tutela sob dúplice perfil: estrutural e funcional. Do ponto de vista estrutural, ela pode ter por objeto: a) seja o adimplemento de obrigações já violadas; b) seja o adimplemento de obrigações ainda não violadas. Enquanto no primeiro caso, a atuação da tutela pode ser através de execução forçada ou medidas coercitivas, conforme se tratar ou não de prestação infungível ou de difícil execução em via sub-rogatória por parte de terceiro; no segundo, a atuação da tutela, num sentido preventivo, se viabiliza exclusivamente através da técnica de medidas coercitivas. Do ponto de vista funcional, a tutela condenatória pode ser dirigida: a) seja a reprimir a violação já efetuada; b) seja a prevenir a violação, estimulando o obrigado a adimplir voluntariamente a sua obrigação; c) seja a reprimir os efeitos da violação já efetuada e a prevenir violações futuras".
70. MIRANDA, Jorge. *Direitos fundamentais*. 2. ed. Coimbra: Coimbra Editora, 2018, p. 148 e 201. Ressalta quanto aos direitos e garantias: "Os direitos representam por si só certos bens, as garantias destinam-se a assegurar condições para a fruição desses bens; os direitos são principais, as garantias acessórias e, muitas delas, adjetivas (ainda que possam ser objeto de um regime constitucional substantivo); os direitos permitem a realização das pessoas e inserem-se direta e indiretamente, por isso, nas respectivas esferas jurídicas, as garantias só nelas se projetam pelo nexo que possuem com os direitos; na aceção jusracionalista inicial, os direitos declaram-se e as garantias estabelecem-se" [...] "Os deveres existem em si mesmos, com maior ou menor autonomia".
71. STJ – Súmula 302 – É abusiva a cláusula contratual de plano de saúde que limita no tempo a internação hospitalar do segurado.

    STJ – Súmula 597 – A cláusula contratual de plano de saúde que prevê carência para utilização dos serviços de assistência médica nas situações de emergência ou de urgência é considerada abusiva se ultrapassado o prazo máximo de 24 horas contado da data da contratação.

defesa do consumidor que utiliza dos meios judiciais, consensuais e dos processos administrativos sancionatórios (Decreto 2.181/97) para o '*dever-fazer*' quanto às relações jurídicas de com planos e seguros privados de assistência à saúde.

O segundo modelo é o regulatório. A entrada em vigor da Lei 9.656/98 e mais avante as densas modificações havidas, especialmente por medidas provisórias (são mais de quarenta), tornaram o setor de prestação de serviços de saúde de natureza privada juridicamente mais específico, vale dizer: regulado. Nessa oportunidade se inaugura a 'saúde suplementar'[72] no âmbito interno, atendendo às diretrizes outrora proclamadas pela Constituição Federal que admite diálogo coordenado entre permissões (CF, art. 199) e ordem econômica (CF, art. 174).

A 'lei dos planos de saúde' representa, sem dúvida, significativo passo para concreção de direitos dos usuários da saúde suplementar, evidentemente guardadas as devidas proporções com o direito do consumidor que é singularmente mais protetivo. Nasceu de iniciativa parlamentar no Senado Federal com ampla participação de entidades representativas dos consumidores, de profissionais médicos e empresas de saúde sendo que o PL 93/13 (pioneiro) logo teve como substitutivo o PL 4.425/94 apresentado na Câmara dos Deputados.

Destacam-se relevantes disposições ao longo da vigência da mencionada legislação, tanto derivadas do texto original como das alterações posteriores: i – reajustes de preços de mensalidades conforme e sob intervenção do Estado; ii – instituição de modelos de reajustes (custos, operacionais, revisão técnica, faixa etária); iii – contratos mais claros e com cláusulas restritivas em destaques; iv – obrigatoriedade de explicação dos contratos; v – modulação dos tipos de cobertura; vi – manutenção da rede credenciada de atendimento e das expectativas do consumidor sobre ela; vii – proteção dos usuários aposentados e demitidos; viii – regulamentação de casos de emergência e urgência, em contraponto às situações de carência; ix – possibilidade de contratualização de serviços odontológicos; x – cobertura obrigatória de medicamentos, tratamentos durante a internação, bem como de órteses e próteses indicadas pelos profissionais que atendem na rede; xi – inscrição assegurada ao recém-nascido como dependente, isento do cumprimento dos períodos de carência, desde que a inscrição ocorra no prazo máximo de trinta dias do nascimento ou da adoção; xii –

STJ – Súmula 608 – Aplica-se o Código de Defesa do Consumidor aos contratos de plano de saúde, salvo os administrados por entidades de autogestão.

STJ – Súmula 609 – A recusa de cobertura securitária, sob a alegação de doença preexistente, é ilícita se não houve a exigência de exames médicos prévios à contratação ou a demonstração de má-fé do segurado.

72. Entendemos que é do próprio sistema que advém interpretação de modo a diferenciar a '*saúde complementar*' (derivada das ações do poder público com amplo auxílio por convênios de entidades privadas) da *saúde suplementar* (procedente da livre iniciativa e da autonomia empresarial na forma regulada). Neste sentido: Conselho Nacional de Secretários de Saúde. Saúde Suplementar / Conselho Nacional de Secretários de Saúde. – Brasília: CONASS, 2007, p. 128. Com apoio em Lígia Bahia: "Essa denominação integra a classificação utilizada pelas seguradoras e significa a opção de pagar um seguro privado para ter acesso à assistência médica, a despeito da manutenção da contribuição compulsória para a seguridade social, que inclui o direito ao acesso ao serviço público por meio de um sistema nacional de saúde".

cobertura de despesas de acompanhante, no caso de pacientes menores de dezoito anos; xiii – criação de fundo, contratação de seguro garantidor ou outros instrumentos que julgar adequados, com o objetivo de proteger o consumidor de planos privados de assistência à saúde em caso de insolvência de empresas operadoras.

Mais à frente, o advento da Lei 9.961/00 consolidou o marco regulatório setorial criando a Agência Nacional de Saúde Suplementar – ANS, na qualidade de autarquia (e daí regime autônomo e independente), cuja finalidade é promoção do interesse público respeitante à saúde suplementar com regulação as operadoras, inclusive suas relações com prestadores e consumidor.

A fixação de diretrizes gerais quanto às obrigações das operadoras, bem como a fixação de competência à autarquia (normativa, técnica e fiscalizatória) demonstram duas preocupações muito claras: i) equilíbrio setorial e atuarial; ii) proteção aos consumidores e qualidade dos serviços. Essas duas tendências geram efeitos diretamente na dogmática jurídica e jurisprudência, possibilitando, de um lado, defesas aguerridas da racionalidade econômica[73] e, de outro lado, a proteção do vulnerável considerando a dignidade humana, o que desde já concordamos.[74]

Além das duas leis acima citadas, outras se somam neste vasto campo dos planos e seguros privados de assistência à saúde (inclusive referente à proteção de dados e enfrentamento da COVID-19)[75]. Para funcionalidade normativa setorial ainda podem ser destacadas diversas modalidades de provimentos secundários como Resoluções do Conselho de Saúde Suplementar; Resoluções da Diretoria Colegiada (RDC); Resoluções Normativas (RN); Instruções Normativas e Súmulas Normativas expedidas pela ANS. Enfim, trata-se de sólido marco regulatório constituído "em regras institucionais, assistenciais e econômico-financeiras e, também, na criação de uma agência reguladora para regular e fiscalizar o mercado de saúde suplementar"[76].

Conquanto setor regulado e fortemente caracterizado pelas contratualizações interempresariais e de consumo, já que a ANS verticaliza-se sobre as atividades eco-

73. CARLINI, Angélica; SARLET, Ingo Wolfgang. Dignidade da pessoa humana e contratos de saúde privada no Brasil. *RDC*. v. 110. São Paulo: Ed. RT, 2017, p. 139-159. "A elaboração de cálculos atuariais e sua sustentabilidade demandam a existência de segurança jurídica, sob pena de o fundo mutual não dar conta da quantidade de gastos incluídos sem cálculo prévio, ainda que se preveja no cálculo algum desvio-padrão, o que não significa (e nem poderia), que não possa haver controle judicial mesmo para além da regulação pelo Poder Executivo. O problema que se coloca, nesse contexto, é o de se a dignidade da pessoa humana pode ser manejada como fundamento para impor aos planos de saúde privados, que por sua natureza não obedecem (e nem poderiam) à lógica do sistema único de saúde que opera em caráter universal e igualitário e desvinculado de uma contrapartida específica por parte dos seus usuários, prestações não previamente pactuadas e previstas em termos atuariais".

74. GREGORI, Maria Stella. Desafios após dez anos da lei dos planos de saúde. *RDC*. v. 66. São Paulo: Ed. RT, 2008, p. 82-90. Profliga: "deve-se ter como paradigma o princípio constitucional maior, que é a dignidade da pessoa humana como imperativo de Justiça social, pois saúde é uma atividade em que o valor social se sobrepõe ao econômico".

75. Lei 10.185/01; Lei 10.223/01; Lei 10.850/04; Lei 11.935/09; Lei 13.003/14; Lei 13.709/18; Lei 13.979/20.

76. GREGORI, Maria Stella. Desafios após dez anos da lei dos planos de saúde. *RDC*. v. 66. São Paulo: Ed. RT, 2008, p. 82-90.

nômicas privadas[77], não se deve esquecer que a interpretação *conforme* a legalidade constitucional é ponto primaz a ser satisfeita sobre todo arcabouço regulatório, notadamente considerando a relevância pública dos serviços de saúde (CF, art. 197)[78].

E justamente por essa última orientação é que se percebe a necessidade em avançar em diversos pontos para melhorar a qualidade de vida do vulnerável consumidor deste relevante setor, estabelecendo-se novas regulações que melhor discipline outras variantes injustas e abusivas, como na hipótese das resoluções unilaterais (proporcionando adimplemento solidário ao usuário) ou mesmo na imposição de coparticipação em porcentagens que sejam superiores à própria parcela mensal.

3. MODELO INTERNO DE PROTEÇÃO: AUTORREGULAÇÃO E *ETHOS* EMPRESARIAL DOS PLANOS E SEGUROS PRIVADOS DE ASSISTÊNCIA À SAÚDE

Se as empresas ou planos e seguros privados de assistência à saúde são passíveis de controle e regulação por diversos nichos estatais, evidentemente podem atuar numa estratégia *ex ante* ilícito, concorrência desleal, dano e conflitos e com isso diminuir acendradamente níveis de judicialização, processualidade administrativa e autuações pelo poder de polícia. Trata-se da internalização da regulação estatal pelas empresas, ou melhor dizendo: autorregulação (ou corregulação) que contribuiu para formação da cultura da ética empresarial e diminuição da responsabilização da pessoa jurídica.[79]

---

77. ARAGÃO, Alexandre Santos. O atual estágio da regulação estatal no Brasil. In: MARRARA, Thiago (Org.). *Direito administrativo*: transformações e tendências. São Paulo: Almedina, 2014, p. 235.

78. FERRAZ, Antônio Augusto Mello de Camargo e BENJAMIN, Antônio Herman de Vasconcellos e. *O conceito de relevância pública na Constituição Federal*. Série Direito e saúde n. 1. Brasília: Organização Panamericana da Saúde, 1994. p. 40. Segue: "Quando a Constituição Federal afirma que a saúde é direito de todos e dever do Estado (art. 196) sendo de relevância pública as ações e serviços de saúde, cabendo ao poder público dispor, nos termos da lei, sobre sua regulamentação, fiscalização e controle (art. 197) e que a assistência à saúde é livre à iniciativa privada (art. 199, caput); diversas conclusões daí podem ser tiradas: a) a saúde é direito público subjetivo exigível contra o Estado e contra todos os que, mesmo que entes privados, sob a chancela deste, a garantam; b) a saúde é sempre assegurada através da atuação de uma função pública estatal, mesmo quando prestada por particulares, sendo que apenas as suas ações e serviços não têm exercício exclusivamente do Estado; por isso mesmo, são consideradas de relevância pública; c) como função pública estatal, cabe ao Estado a direção da prestação de serviços e ações de saúde, devendo fixar as diretrizes e parâmetros para o exercício destes; com isso, pode-se dizer, que é limitada a liberdade aos prestadores privados".

79. FRAZÃO, Ana; MEDEIROS, Ana Rafaela Martinez. Desafios para a efetividade dos programas de compliance. In: CUEVAS, Ricardo Villas Bôas; FRAZÃO, Ana (Coord.). *Compliance*; perspectivas e desafios dos programas de conformidade. Belo Horizonte: Fórum, 2018, p. 75. Anotam: "De fato, o enforcement tradicional sozinho, como advertem, Ryley e Skol, pode ser ineficaz para assegurar a atuação regular das empresas, na medida em que ele apenas impõe um preço pelo descumprimento das normas jurídicas, a exemplos das multas pecuniárias [...] Na autorregulação regulada, típica dos programas de compliance, há, na verdade, uma espécie de corregulação, pois as disposições estatais estabelecem preceitos, que podem ser mais ou menos detalhados, ou criam estruturas que estimulam a autorregulação e/ou tornam vinculantes medidas de autorregulação [...] sob essa perspectiva, é inequívoco que os incentivos para a implementação dos programas de compliance estão intimamente relacionados a seus efeitos sobre a responsabilização da pessoa jurídica no âmbito punitivo, seja na seara criminal, seja na seara administrativa".

A Agência Nacional de Saúde está vinculada a programas de conformidade e ética de dois modos, internamente e em relação às empresas reguladas.

Internamente, há acervo legal[80] de programa de integridade para ANS, enquanto agência reguladora. Trata-se da Lei 13.848/2019 que dispõe sobre a gestão, organização, processo decisório e o controle social das agências reguladoras com escopo claro de tornar o sistema público regulatório mais transparente, planejado e eticamente responsável.[81] A legislação está correta na exigência de programa de integridade, mesmo porque a natureza jurídica de autarquia das reguladoras, enquanto marcadamente autônomas, demandam necessidade de melhor acompanhamento da atividade administrativa e de gestão da agência.

Claro que a aplicação da mencionada lei exigindo vínculo da ANS produz efeitos externos nas empresas fiscalizadas e reguladas, até porque caberá a apresentação de relatórios anuais de atividade e de gestão (eficiência) pela agência reguladora. Entretanto, bom frisar que desde 27.02.2008, a ANS já mantém Código de Ética, como objetivo de '*no cumprimento de sua missão atuar para equilibrar o exercício do poder entre os agentes e a sociedade, agindo sempre em defesa do interesse público*'.[82]

Externamente, para aplicabilidade 'sobre' as empresas que operam no mercado de planos e seguros privados de assistência à saúde, como já transcrito, está vigendo a RN 443/19 que exige a instituição de governança corporativa para fins de solvência das operadoras.

A resolução pretende incentivar e fomentar as operadoras em adotar boas práticas em autorregulação mínima e avançada.

Minimamente, às operadoras se autorregulam quanto: i – controle interno; ii – análise e monitoramento econômico-financeiro; iii – gestão de riscos considerando: subscrição, crédito, mercado (legal e operacional); iv – constante transparência.

Também se autorregulam de forma avançada estabelecendo: v – estruturas de governança (corpo mínimo decisório, funções e papéis bem definidos, critérios de

80. O marco inicial se deu pelo Decreto 5.687/06 que internalizou a Convenção das Nações Unidas contra a Corrupção (já abordado). Já a CGU deu significativas e sucessivas contribuições: em 2013 com a edição do Manual de Integridade Pública e Fortalecimento da Gestão Orientações para o Gestor Municipal e em 2015 com Guia de Integridade Pública. Também a CGU para dar cumprimento ao Decreto 9.203/17, que tratou a inserção da governança no âmbito da Administração Pública Federal direta, autárquica e fundacional, expediu os guias práticos de implementação de Programa de Integridade Pública; das Unidades de Gestão de Integridade; e de Gestão de Riscos para a Integridade.
81. Dispõe referida legislação: "Art. 3° A natureza especial conferida à agência reguladora é caracterizada pela ausência de tutela ou de subordinação hierárquica, pela autonomia funcional, decisória, administrativa e financeira e pela investidura a termo de seus dirigentes e estabilidade durante os mandatos, bem como pelas demais disposições constantes desta Lei ou de leis específicas voltadas à sua implementação. § 3° As agências reguladoras devem adotar práticas de gestão de riscos e de controle interno e elaborar e divulgar programa de integridade, com o objetivo de promover a adoção de medidas e ações institucionais destinadas à prevenção, à detecção, à punição e à remediação de fraudes e atos de corrupção".
82. É a redação do § 1°, do art. 4° da Resolução Administrativa n° 25/2008 que institui o Código de Ética da Agência Nacional de Saúde Suplementar – ANS.

responsabilidades dos diretores e conselheiros e, sobretudo, regulação de condutas éticas); vi – gestão de riscos, atenta às bases pela ISO 31000, e mediante ações de relatório periódico, no mínimo anual, a ser objeto de apreciação e deliberações pelos órgãos de administração e fiscalização/controle da operadora; vii – controles internos para operadoras com modelo próprio de capital baseado em riscos (auditoria interna ou independente).

Mesmo que coexista esse avanço, nos parece, que a Resolução deveria ser mais aprofundada, versando não apenas sobre o campo da solvência da operadora, mas sobretudo na qualidade da prestação de serviços e no atendimento solidário aos vulneráveis, ao que parece esses são os principais objetivos dos contratos de prestação de serviço de saúde.

Neste sentido, seria importante o incentivo a *compliances* solidários envolvendo: a – comprometimento das estruturas de governança com padrões de qualidade e efetividade dos direitos à saúde dos usuários; b – criação de canais de explicação e informação constantes com os consumidores, independentemente dos 'SACs', para demonstrar a cultura organizacional ética da operadora, inclusive a relação entre médicos da rede e empresas farmacêuticas e hospitais; c – adoção de políticas voltadas à transparência de custos e alertas quanto às revisões contratuais, cargas de sinistralidade e preços de insumos; d – constituição de audiências públicas periódicas com empresas e profissionais componentes da rede conjuntamente a representantes dos usuários, proporcionando prestação de contas e auditorias externas; e – métodos educativos de prevenção a patologias, acidentes e incentivo à saúde, higiene e prática esportiva; f – disponibilização de formulários de avaliação aos consumidores como forma permanente de oitiva dos parceiros contratuais.

O ethos empresarial, mesmo com escopo lucrativo, não pode discrepar da ética geral, cuja base são os direitos humanos.[83]

4. NOTAS CONCLUSIVAS

A adesão aos modelos de programas de conformidade mostra-se essencial para a consolidação da '*comunidade empresarial ética*'. Comprometida não apenas com a legitimação da atividade lucrativa, mas principalmente com o fortalecimento do mercado como *locus* de solidariedade e desenvolvimento da pessoa humana.

As empresas que internalizam programas de conformidade (que 'não são mera fachada') contribuem para consecução dos objetivos da Constituição Federal, construindo a sociedade livre, justa e solidária; garantindo o desenvolvimento nacional; erradicando a pobreza e a marginalização e reduzindo as desigualdades sociais e regionais, assim como promovendo o bem de todos, sem preconceitos de origem, raça, sexo, cor, idade e quaisquer outras formas de discriminação.

83. NINO, Carlos Santiago. *Ética e derechos humanos:* un ensayo de fundamentación. Buenos Aires: Editorial Astrea, 1.984.

Fica apenas o registro de que no caso dos planos e seguros privados de assistência à saúde, o *compliance* deve ser mais amplo e atender as demandas dos consumidores, especialmente a melhoria da qualidade de vida.

5. REFERÊNCIAS

ABBOUD, Georges; MENEZES, Paulo Roberto Brasil Teles de. Programas de compliance e a proteção do mercado: o combate à corrupção e à concorrência desleal. *RT*. v. 1007. São Paulo: Ed. RT, 2019.

AGUIAR JÚNIOR, Ruy Rosado. O novo Código Civil e o Código de Defesa do Consumidor – pontos de convergência. *RDC*. v. 48. São Paulo: Ed. RT, 2003.

ANDRADE, Manuel. *Teoria geral da relação jurídica*. 3. reimp. Coimbra: Almedina, 1972.

ARAGÃO, Alexandre Santos. O atual estágio da regulação estatal no Brasil. In: MARRARA, Thiago (Org.). *Direito administrativo*: transformações e tendências. São Paulo: Almedina, 2014.

ANDRADE, Manuel. Serviços públicos e direito do consumidor; possibilidades e limites da aplicação do CDC. *Revista de Direito Administrativo Econômico*. v. 15. Salvador; Instituto Brasileiro de direito Público. Disponível em: http://www.direitodoestado.com.br/codrevista.asp?cod=297. Acesso em: 06 jan. 2021.

ATIENZA, Manuel. *El sentido del derecho*. Barcelona: Ariel, p. 271.

AZEVEDO, André Mauro Lacerda. *Bribery act* 2010: um novo paradigma no enfretamento da corrupção. *Revista Brasileira de Ciências Criminais*. v. 113. São Paulo: Ed. RT, 2015.

AZEVEDO, Antônio Junqueira de. Natureza jurídica do contrato de consórcio. Classificação dos atos jurídicos quanto ao número de partes e quanto aos efeitos. Os contratos relacionais. A boa-fé nos contratos relacionais. Contratos de duração. Alteração das circunstâncias e onerosidade excessiva. Sinalagma e resolução contratual. Resolução parcial do contrato. Função social do contrato. *Doutrinas essenciais obrigações e contratos*. v. 6. São Paulo: Ed. RT, 2011.

BARLETTA, Fabiana Rodrigues; GOODMAN, Soraya Victoria. Reflexões sobre direitos humanos e a atual jurisprudência do STJ sobre o direito à saúde da pessoa idosa em contratos privados de saúde. *RDC*. v. 120. São Paulo: Ed. RT, 2017.

BARZOTTO, Luis Fernando. Pessoa e reconhecimento: uma análise estrutural da dignidade da pessoa humana. *Doutrinas essenciais de direitos humanos*. v. 1. São Paulo: Ed. RT, 2011.

BENJAMIN, Antonio Herman. O Estado teatral e a implementação do direito ambiental. In: BENJAMIN, Antonio Herman (Org.). *Congresso internacional de direito ambiental*: direito, água e vida. São Paulo: Imprensa Oficial, 2003.

CARLINI, Angélica; SARLET, Ingo Wolfgang. Dignidade da pessoa humana e contratos de saúde privada no Brasil. *RDC*. v. 110. São Paulo: Ed. RT, 2017.

CARNEIRO DA FRADA, Manuel Antônio de Castro Portugal. *Teoria da confiança e responsabilidade civil*. Coimbra: Almedina, 2004.

CARRAPATO, Pedro; CORREIA, Pedro; GARCIA, Bruno. *Governance na saúde*: os desafios da operacionalização. Saúde soc. São Paulo. v. 28, n. 3, p. 66-79, Sept. 2019. Available from: www.scielo.br/scielo.php?script=sci_arttext&pid=S0104-12902019000300066&lng=en&nrm=iso.Acesso em: 22 jan. 2021.

CARVALHOSA, Modesto. *Considerações sobre a lei anticorrupção das pessoas jurídicas*: Lei 12.846/13. São Paulo: Ed. RT, 2015.

CATALAN, Marcos Jorge. A hermenêutica contratual no Código de Defesa do Consumidor. *RDC*. v. 62. São Paulo: Ed. RT, 2007.

CUEVA, Ricardo Villas Bôas. Funções e finalidades dos programas de *compliance*. In CUEVAS, Ricardo Villas Bôas; FRAZÃO, Ana (Coord.). *Compliance*; perspectivas e desafios dos programas de conformidade. Belo Horizonte: Fórum, 2018.

DENSA, Roberta; DANTAS, Cecília. *Compliance*: valioso instrumento de defesa do consumidor. Disponível em: www.conjur.com.br/2021-jan-13/garantias-consumo-compliance-valioso-instrumento-defesa-consumidor. Acesso em: 21 jan. 2021.

DUARTE, Francisco Carlos. Medidas coercitivas de efetividade da tutela jurisdicional. *Revista de processo*. v. 70. São Paulo: Ed. RT, 1993.

FARINHO, Domingos Soares. Programas de integridade e governança das empresas estatais: uma visão portuguesa no contexto. In: CUEVAS, Ricardo Villas Bôas; FRAZÃO, Ana (Coord.). *Compliance*; perspectivas e desafios dos programas de conformidade. Belo Horizonte: Fórum, 2018.

FERRAZ, Antônio Augusto Mello de Camargo e BENJAMIN, Antonio Herman de Vasconcellos e. *O conceito de relevância pública na Constituição Federal*. Série Direito e saúde n. 1. Brasília: Organização Panamericana da Saúde, 1994.

FERRAZ, Luciano. *Lei 12.846/2013* – Lei de improbidade empresarial. Fórum Municipal & Gestão das Cidades – FMGC. ano 1, n. 2, Belo Horizonte, nov.-dez. 2013.

FERRO, Andréia Leal. *Compliance* e responsabilidade penal ambiental da pessoa jurídica no século XXI. *Revista Brasileira de Ciências Criminais*. São Paulo: Ed. RT, 2019.

FRAZÃO, Ana; MEDEIROS, Ana Rafaela Martinez. Desafios para a efetividade dos programas de compliance. In: CUEVAS, Ricardo Villas Bôas; FRAZÃO, Ana (Coord.). *Compliance*; perspectivas e desafios dos programas de conformidade. Belo Horizonte: Fórum, 2018.

GHESTIN, Jacques. *Traité de droit civil:* les obligations: le contrat, príncipes et caracteres essentiels, ordre public – Consentement, objet, cause, théorie générale des nullités. Paris: LGDJ, 1980.

GOMES, Orlando. *Contratos*. 3. ed. Rio de Janeiro: Forense, 1971.

GREGORI, Maria Stella. Desafios após dez anos da lei dos planos de saúde. *RDC*. v. 66. São Paulo: Ed. RT, 2008.

JACQUES, Daniela Corrêa. A proteção da confiança no direito do consumidor. *RDC*. v. 45. São Paulo: Ed. RT, 2003.

LEAL, Victor Nunes. *Coronelismo, enxada e voto*: o município e o regime representativo no Brasil. São Paulo: Companhia das Letras, 2012.

LUMIA, Giuseppe. *Lineamenti di teori e ideologia del diritto*. 3. ed. Milano: Giuffré, 1981. Trad. Com adaptações e modificações pelo Professor Alcides Tomasetti Júnior. Teoria da relação jurídica, 1999, mimeo.

MARQUES, Claudia Lima. 25 anos de Código de Defesa do Consumidor e as sugestões traçadas pela revisão de 2015 das diretrizes da ONU de proteção dos consumidores para a atualização. *RDC*. v. 103. São Paulo: Ed. RT, 2016.

MARQUES, Claudia Lima. Expectativas legítimas dos consumidores nos planos e seguros privados de saúde e os atuais projetos de lei. *Revista de Direito do Consumidor*. v. 20. São Paulo: Ed. RT, 1996.

MARQUES, Claudia Lima. Proteção do consumidor no comércio eletrônico e a chamada nova crise do contrato: por um direito do consumidor aprofundado. *RDC*. v. 57. São Paulo: Ed. RT, 2006.

Marques, Silvia Badim. O princípio constitucional da integridade de assistência à saúde e o projeto de Lei n. 219/2007: interpretação e aplicabilidade pelo Poder Judiciário. *Revista de Direito Sanitário*. v. 10. n. 2. p. 64-86. São Paulo: Ed. LTr, jul.-out. 2009.

MARTINS, Fernando Rodrigues. A saúde privada suplementar como sistema jurídico hipercomplexo e proteção à confiança. *RDC*. v. 120. São Paulo: Ed. RT, 2018

MARTINS, Fernando Rodrigues. *Estado de perigo no Código Civil:* uma perspectiva civil constitucional. São Paulo; Saraiva, 2007.

MARTINS, Fernando Rodrigues. *Princípio da justiça contratual.* 2. ed. São Paulo: Saraiva, 2011.

MARTINS, Juliane Caravieri; MONTAL, Zélia Maria Cardoso. *Compliance* trabalhista e o direito à educação para o trabalho: desafios em face da responsabilidade social da empresa. *Revista de Direito do Trabalho*. v. 199. São Paulo: Ed. RT, 2019.

MARUCH, André. As principais práticas de governança adotadas no mercado brasileiro em face do mercado internacional. (2ª e última parte). *Revista de direito bancário e do mercado de capitais*. v. 44. São Paulo: Ed. RT, 2009.

MAXIMILIANO, Carlos. *Hermenêutica e aplicação do direito.* Rio de Janeiro: Forense, 1980.

MENDES, Francisco Schertel; CARVALHO, Vinicius Marques. *Compliance*: concorrência e combate à corrupção. São Paulo: Trevisan Editora, 2017.

MIRAGEM, Bruno. O direito dos seguros no sistema jurídico brasileiro: uma introdução. *RDC*. v. 96. São Paulo: Ed. RT, 2014.

MIRANDA, Jorge. *Direitos fundamentais*. 2. ed. Coimbra: Coimbra Editora, 2018.

MOTA PINTO, Carlos Alberto. *Teoria geral do direito civil.* Coimbra: Coimbra Editora, 2005.

NEGREIROS, Teresa. *Teoria do contrato*: novos paradigmas. 2. ed. Rio de Janeiro: Renovar, 2006.

NINO, Carlos Santiago. *Ética e derechos humanos:* un ensayo de fundamentación. Buenos Aires: Editorial Astrea, 1.984.

OLIVEIRA, Fernão Justen de. *O* contrato de seguro-saúde e o regime do Código de defesa do consumidor. *Revista de Direito do Consumidor*. v. 23-24. São Paulo: Ed. RT, 1997.

RODRIGUES JÚNIOR, Otávio Luiz. *A* influência do BGB e da doutrina alemã no direito civil brasileiro do século XX. *RT*. v. 938. São Paulo: Ed. RT, 2013.

SALDANHA, Nelson. *Ordem e hermenêutica.* 2. ed. Rio de Janeiro: Renovar, 2003.

SELHORST, Fabio; DUPONT, Fábia; ARAÚJO, Maria Ticiana. Desafios para implementação de programas de compliance no Brasil. In: CUEVAS, Ricardo Villas Bôas; FRAZÃO, Ana (Coord.). *Compliance*: perspectivas e desafios dos programas de conformidade. Belo Horizonte: Fórum, 2018.

SILVA, Fabiani Oliveira Borges da. A responsabilidade do compliance officer na proteção de dados pessoais. *Revista de Direito e as Novas Tecnologias*. São Paulo: Ed. RT, 2019.

TÁCITO, Caio. Improbidade administrativa como forma de corrupção. *RDA* 226/1-3. Rio de Janeiro: Renovar, out.-dez. 2001.

TEIXEIRA, João Victor Olmos Aleixo; AZEVEDO, Charles Stevan Prieto de. O mercado de capitais como incentivador das práticas de governança corporativa e compliance nas empresas brasileiras. *Revista do Direito Bancário e Mercado de Capitais*. v. 76. São Paulo: Ed. RT, 2017.

TOMASEVICIUS FILHO, Eduardo. A função social da empresa. *Doutrinas essenciais de direito empresarial*. v. 2. São Paulo: Ed. RT, 2010.

VERÍSSIMO Carla. *Compliance:* incentivo à adoção de medidas anticorrupção. São Paulo; Saraiva, 2018.

WALD, Arnold. O governo das empresas. *Doutrinas essenciais de direito empresarial*. v. 3. São Paulo: Ed. RT, 2010.

COMPLIANCE E OUVIDORIA A IMPORTÂNCIA DA GOVERNANÇA DO RELACIONAMENTO COM O CONSUMIDOR

Fábio Lopes Soares

Pós-Doutor em Direito pela Universidade de Lisboa, advogado, consultor e professor da Escola de Direito da FGV – Fundação Getúlio Vargas.

Sumário: 1. Introdução – 2. Conceito e evolução das ouvidorias – 3. Governança de relacionamento aplicada a ouvidoria – 4. A jornada do consumidor e o *compliance* – 5. Conclusão – 6. Referências.

1. INTRODUÇÃO

A evolução do relacionamento com consumidores no Brasil foi forjada com o aumento do consumo ao mesmo tempo em que o legado de defesa dos interesses dos consumidores buscava ser preservado com a criação de canais de relacionamento capazes de não judicializar e desjudicializar demandas crônicas e históricas.

Enquanto o modelo de ouvidoria brasileira se aperfeiçoava como meio de ouvir o consumidor, os mecanismos de registro e demonstração tangíveis desse instituto eram também melhorados, reduzindo riscos e garantindo novos sistemas de *compliance*, com importante contribuição a sistemas de Integridade.

Atualmente, muitas das agências reguladoras brasileiras que optaram pela regulamentação e implantação de ouvidorias utilizam o meio gerencial, ora por relatórios ou por indicadores de performance que demonstrem a atuação dos ouvidores e suas equipes, capazes de jurimetricamente, oferecerem aperfeiçoamentos em normas, políticas públicas e meios alternativos de solução de conflitos.

De certo temos que o intangível para a ouvidoria e canais de relacionamento como o SAC, também reconhecido nas manifestações de qualquer cidadão ou consumidor determina sua tangibilização quer seja pelo conjunto de indicadores, tomada de decisão na prevenção de novas demandas ou na otimização de processos gerenciais internos as empresas, evitando assim novas demandas judiciais e garantindo direitos, muitas vezes desrespeitados.

Neste momento, a ouvidoria se distingue das demais áreas de relacionamento como geradora de resultados e não de custos, oferecendo um sistema de *consumer compliance*, de forma estratégica e perenidade a iniciativa privada e ao poder público.

Este artigo tem como objetivo conceituar e oferecer os principais mecanismos de gestão para a ouvidoria, necessários na manutenção da prestação de serviço e harmonização das relações de consumo ou do ente público com o cidadão.

2. CONCEITO E EVOLUÇÃO DAS OUVIDORIAS

A construção do modelo brasileiro de ouvidoria ocorreu inicialmente com o aproveitamento de todo histórico de defesa dos interesses dos usuários do serviço público que posteriormente culminou na obrigatoriedade dos Bancos em implantar ouvidorias, mediante a publicação da resolução 3477/07 do Banco Central do Brasil – BACEN.

Essa norma, revogada por conta da publicação de outra resolução (3849/10) foi necessária para atualização de importante função de *compliance* junto aos bancos, pois iniciou historicamente para a iniciativa privada e de forma coercitiva, o aperfeiçoamento das ouvidorias e do relacionamento assistido no Brasil.

Algumas agências reguladoras passaram a utilizar a ouvidoria, inicialmente, como mecanismo de controle indireto do Estado, além de garantir a defesa do consumidor na medida em que os direitos básicos eram preservados.

Esse aperfeiçoamento ocorreu de um lado com a iniciativa privada na implantação das ouvidorias mediante o uso de sistemas gerenciais avançados e por outro lado, do poder público adotando as práticas da iniciativa privada. Toda essa mudança em meio a alterações econômicas e legais ocorreu com um Brasil em pleno desenvolvimento econômico.

Em meio a essa mudança econômica, ocorreu a publicação da Lei 8078/90 ou o Código de Defesa do Consumidor – CDC que determinou a necessidade da modificação das relações entre fornecedores e consumidores e influenciou diretamente o que hoje conhecemos como ouvidoria.

Essa construção, conceito e bases da ouvidoria brasileira, também tem seu lastro na formação da ABO construídos desde 1955 com a implantação das primeiras Ouvidorias no Brasil, com sua própria fundação em 1995 e consolidação nos diversos Encontros e Congressos Nacionais realizados com o único objetivo de aperfeiçoar o instituto da ouvidoria. Seu aperfeiçoamento culminou então na construção do código de Ética da ABO em 1997 e influenciou vários marcos legais regulamentares sobre o tema.

Em 2011, mediante um esforço importante de revitalização das Ouvidorias no Brasil e face ao cenário descrito, sobretudo na construção de um importante para a defesa do consumidor e dos usuários de serviços públicos, a Fundação PROCON de SP, a Associação Brasileira de Relações Empresa Clientes – ABRAREC e a Associação Brasileira de Ouvidores/Ombudsman – ABO se juntaram e construíram os princípios, conceito e bases para o modelo brasileiro de Ouvidorias, expressos em um documento denominado Guia de Ouvidorias Brasil.

Temos assim que ouvidoria[1] é:

1. *Guia de Ouvidorias Brasil. São Paulo*. Padrão Editorial, 2011, p. 13.

um componente organizacional da empresa voltado para ser um interlocutor entre os consumidores e a instituição. Trata sobre as manifestações dos cidadãos, registradas sob a forma de reclamações, denúncias, sugestões, críticas ou elogios.

De certa forma, esse componente organizacional ofereceu condições de constituir a missão de uma ouvidoria no Brasil, qual seja: "*Ouvidoria é a instituição que representa os legítimos interesses dos cidadãos no ambiente em que atua, na busca de soluções definitivas*"

Nesse esforço comum, foi também construída a definição dos objetivos da ouvidoria que não mais teriam apenas pessoas em sua gestão, mas a necessidade de que uma ouvidoria deveria ser pautada em processos gerenciais, organizados de tal forma que na ausência de um ouvidor, suas tarefas e missão gerassem perenidade a este componente organizacional.

O objetivo[2] principal da ouvidoria então, doravante é:

> Ser uma atividade institucional de representação autônoma e independente, de caráter conciliatório, pedagógico, instrumental e estratégico, que acolhe as manifestações dos cidadãos, analisa e fornece informações aos gestores, visando a promoção da melhoria contínua e a busca de soluções efetivas.

Por estas razões e olhar histórico, uma ouvidoria deve ser reconhecida por ser a mais pura representação da voz do cidadão na organização, direcionando ações de melhorias, fidelizando clientes e gerando o valor que antes era obtido em pequenas interações com a organização, pautado em processos gerenciais e uma ética de convivência capaz de harmonizar as relações, contribuir para a melhora de produtos, serviços tanto da iniciativa privada como no poder público.

Contudo, ao pensar no mundo corporativo, um item tem sido negligenciado em alguns momentos do planejamento e estruturação dos negócios descumprindo uma das funções essenciais de *consumer compliance:* a aplicação ética.

Esta deveria ser vivenciada e estar no nível mental de cada cidadão, não somente pela adoção modista de sua aplicação, mas por uma importação cultural denominada em *compliance* como "Programas de Integridade".

Para além do conceito conhecido de compliance: "*to comply*", perseguimos aqui para o estudo deste artigo, seu conceito afeto ao consumidor e as áreas de relacionamento, publicado pelo Federal Reserve Board, quando da aderência ao uso de *consumer compliance* para todas as normas de proteção ao consumidor:

> É o risco de sanções, perdas financeiras ou danos a reputação e imagem que uma Organização pode sofrer com resultado de falhas descumprimento de aplicação de leis, regulamentações, normas e procedimentos, código de ética, conduta e das boas práticas impostas pelos órgãos reguladores aplicáveis ao negócio.

2. *Guia de Ouvidorias Brasil. São Paulo*. Padrão Editorial, 2011. p. 14.

Este estado contínuo, que tem sido perseguido por empresas modernas, uma vez que a compreensão sobre a realização de lucros, passa a ter componentes de perenidade, assimila conceitos de ampla troca entre as diversas partes interessadas (*stakeholders*).

Essa mentalidade ética, pautada em um comportamento que segue preceitos íntimos do homem, faz surgir regras e alternativas de geração de riqueza alinhadas a condutas conhecidas como Cultura para Performance ou programas reais de Integridade.

A conhecida fibra ética tão esperada em profissionais que se realizam na construção de grandes corporações são então aplaudidas quando identificadas nas empresas e manifestas por meio de sistemas de reputação e perenidade de marcas. Um exemplo desse "estado mental" são as empresas reconhecidas como melhores para se trabalhar, onde, além de bons resultados financeiros, despontam com seus balanços sociais robustos e equilibrados.

O problema está em analisar empresas que não somente atendem requisitos de índices como o *Dow Jones Sustentability* ou o ISE – Índice de Sustentabilidade Empresarial da B3. Essas empresas passam a também serem analisadas por suas partes interessadas: seus colaboradores e o nível de interação socioambiental envolvidos e sua prática de *compliance* junto aos consumidores.

Esse pensamento, considerando que o comportamento não se alterará tendo em vista o padrão mental estabelecido pelo consumismo moderno, gera valores organizacionais que atualmente encontra-se em evidência um novo padrão de empresas, denominado de nova empresarialidade.

Sobre essa definição, indica Adalberto Simão Filho[3]:

> Empresa na atualidade, em confronto com o antigo "standard" comportamental do bom pai de família, como premissa para a elaboração do "standard" correlato, de natureza jurídico-comportamental, consistente no bom homem de negócios ou, simplesmente, bom empresário.

Os padrões éticos deveriam assim anteceder leis, costumes, hábitos e são quase arquetípicos, com uma visão de realização na sociedade atual. O mundo corporativo atual, necessita que estes valores estejam sempre presentes e, munir-se de condições para não sucumbir a desvio dessa utopia é demonstrar a fibra ética tão cara e preciosa.

3. GOVERNANÇA DE RELACIONAMENTO APLICADA À OUVIDORIA

Tendo em vista esse padrão ético, se aperfeiçoou sistemas de governança. O termo governança corporativa foi aperfeiçoado no início da década de 1990 nos países desenvolvidos, para definir as regras que regem o relacionamento dentro de

3. FILHO, Adalberto Simão. *A nova empresarialidade*: uma visão jurídica reflexa da ética na atividade empresarial no contexto da gestão e da sociedade da informação. Tese de Doutoramento. Pontifícia Universidade Católica de São Paulo. 2002. p. 23.

uma companhia dos interesses de acionistas controladores, acionistas minoritários e administradores.

No Brasil, o Instituto Brasileiro de Governança Corporativa – IBGC[4] – apresenta a seguinte definição para Governança Corporativa, que é utilizada na B3 – Brasil, Bolsa, Balcão:

> Governança Corporativa é o sistema pelo qual as organizações são dirigidas, monitoradas e incentivadas, envolvendo os relacionamentos entre proprietários, conselho de administração, diretoria e órgãos de controle. As boas práticas de governança corporativa convertem princípios em recomendações objetivas, alinhando interesses com a finalidade de preservar e otimizar o valor da organização, facilitando seu acesso ao capital e contribuindo para a sua longevidade.

O sistema de governança corporativa somente nasceu após desequilíbrios econômicos mundiais que determinaram a convenção de sistemas de controle interno capazes de reduzir riscos sistêmicos e com isso, oferecer condições de sustentabilidade para as empresas, inicialmente enquadrado no tipo societário de sociedade anônima.

Contudo, esse sistema fortaleceu a possibilidade de empresas com outras constituições societárias, dentro do ordenamento jurídico brasileiro, a gerarem melhores índices de liquidez e com isso, oferecer eficiência operacional, garantindo a manutenção de sua função social.

Se compreendermos que a ouvidoria e os canais de relacionamento com clientes são componentes organizacionais estratégicos e no Brasil adotado por empresas públicas e da iniciativa privada - reguladas ou não por entes federais – o uso de um sistema de governança que atribua redução de riscos e gere condições de realização tanto dos atributos de maximização do resultando econômico, como em modelagens organizacionais pautadas em processos gerenciais teremos a aplicação das práticas de governança nos sistemas de controle da uma ouvidoria e por consequência, contribuiu para claro benefício a organização ou poder público.

Para tanto, esse conceito de governança adotado mundialmente para empresas de capital aberto deve ser capaz de se adaptar ao padrão brasileiro de ouvidoria, sobretudo em seu objetivo, qual seja o de buscar soluções efetivas, visando a melhoria contínua.

A construção de uma governança em ouvidoria é possível nesse sentido, se considerarmos a necessidade de um sistema gerencial pautado em processos bem construídos, alinhados com o plano estratégico e, sobretudo, com controles claros e lastreados em uma base de dados que observe as séries históricas de manifestações, jamais desprezando as variáveis no momento do estudo e das recomendações de melhoria registradas nos relatórios dos ouvidores aos CEOs ou executivos públicos,

Essa governança aproveitada a ouvidoria, evoluiu na medida em que passou a tangibilizar o intangível chamado de reclamação ou manifestação do cliente.

---

4. Disponível em: www.ibgc.com.br. Acesso em: 02 jun. 2015.

A ouvidoria no Brasil, obteve a resposta mercadológica com a construção de meios de relacionamento com consumidores, que respeitassem a os princípios de leis com *Sarbanes-Oxley* – SOX e também a Lei 8.078/90. Esses sistemas, também auto regulamentares, passaram a fazer parte da agenda de relacionamento da Secretaria Nacional do Consumidor – SENACON, tento em vista seu impacto tangível nos ativos financeiros dos fornecedores.

Dessas construções, conceitos de relacionamento passaram a influenciar as estratégias de empresas que não somente buscavam o ponto de equilíbrio das relações de consumo, como também estavam alinhados com a Estratégia Nacional de Desjudicialização – ENAJUD, hoje EJUS – Estratégia Nacional de Promoção de Políticas de Justiça – EJUS. Entre essas iniciativas está Associação Brasileira de Relações Empresa Clientes – ABRAREC.

Segundo a ABRAREC[5], relacionamento com clientes é:

> Todo e qualquer tipo de interação contratual, humanizada, mesmo no momento da oferta, que objetiva captar, integrar, fidelizar e oferecer assistência ao consumidor final, com objetivo de manutenção e perenidade da escolha e poder de compra.

Esse conceito oferece alinhamento com os sistemas de governança corporativa existente no mundo, pautados em métodos de controle de riscos integrados, construídos por marcos legais internacionais e importados pelo ordenamento jurídico brasileiro, tanto para a aplicação de regras contábeis, como principalmente por sistemas de controladoria como a Gestão Econômica – GECON.

Está na teoria dos sistemas a guarnição para uma construção cientifica: ela é elaborada por princípios gerais, sejam físicos, biológicos ou sociológicos.

Essa teoria traz como definição para sistemas, segundo Djalma Pinho Rebouças de Oliveira[6]:

> um conjunto de partes interagentes e interdependentes que, conjuntamente, formam um todo unitário com determinado objetivo e efetuam determinada função.

Historicamente o sistema de indicadores das empresas tinha natureza financeira. O registro contábil das transações financeiras data de milhares de anos, quando era utilizado pelos egípcios, fenícios e sumérios para facilitar as transações comerciais.

O resultado financeiro das empresas, quando positivo e sustentável, indica o sucesso de uma estratégia empresarial, mas como afirmamos anteriormente, mede o passado. Tais parâmetros são denominados *indicadores de ocorrência* (ou *lagging indicators*), pois mostram o que já aconteceu.

5. *Guia de Melhores Práticas de Relacionamento com Clientes*. São Paulo: ABRAREC, 2015.
6. OLIVEIRA, Djalma Pinho Rebouças de. *Administração de processos:* conceito, metodologias, prática. São Paulo: Atlas, 2006. p. 29.

Ocorre que para uma ouvidoria, pautada em processos gerenciais, um indicador deve sempre conter uma série histórica, com isso deve-se garantir alinhamento com uma base de dados lícita e confiável.

A recomendação vem também da teoria geral dos sistemas de informação, onde seus componentes devem recolher, manipular e disseminar a informação.

Para tanto se recomenda que uma ouvidoria mantenha uma base de dados única, capaz de organizar suas informações e de forma única, centralizada, reunir todas as manifestações dos clientes, para ocorrência de Melhoria Contínua da Qualidade – MCQ.

Os relatórios de Ouvidoria deveriam então ser a mais pura representação da voz do consumidor ou cidadão, na busca de soluções efetivas. Para tanto utilizar-se-á de indicadores que reunissem todas as manifestações por meio do MIS e somente após essa certificação, realizar MCQ, culminando com recomendações que alterassem os processos gerenciais de forma preventiva e não pontuais.

A redução dos riscos e com isso a constatação de que uma ouvidoria é uma área de resultados e não de custos deve se amparar na demonstração de retorno econômico ou na boa administração da Rés Pública.

O uso de métodos científicos avançados não inibe ou é realizado apenas por empresas de grande porte. Sua assunção ocorre com a capacitação de seus colaboradores e conhecimento básico – mas estratégico – de metodologias testadas na construção de sistemas de melhoria e registro como o Six Sigma.

O Six Sigma é um método utilizado para medir o desempenho e a variabilidade onde quanto maior o valor do sigma (ou ponto de referência para melhora) melhor o desempenho do processo. Ele pode ser visto como diminuição de custos e aumento de rentabilidade.

Os programas de qualidade convencionais ofereciam muito foco na filosofia da qualidade, realizando treinamentos de toda força de trabalho, mas com pouco foco em resultados tangíveis, o que dificultava a medição dos ganhos. Metodologias como o Six Sigma associa o modelo anterior, reconhecimento as variáveis constantes do mundo moderno, além de incluir um modelo de melhoria do desempenho diferente, constituído por cinco passos: Definir, Medir, Analisar, Implementar a melhoria e controlar que corresponde a sigla DMAIC.

Está na visão do todo desta metodologia uma grande contribuição, a visão do *Voice of Customer* – VOC ou a Voz do Cliente.

O conceito prevê então que a ouvidoria seja capaz de registrar qualquer manifestação do consumidor ou cidadão e em uma única base de dados, independente do canal de entrada possa oferecer soluções definitivas e com resultados tangíveis e por consequência, sua verificação extrema de aferição do custo da reclamação dentro das organizações.

Com essa construção a ouvidoria deve demonstrar seus resultados não somente na solução de manifestações pontuais em seu canal, pois nunca se tratou de um SAC estratégico, mas sim, um componente organizacional estratégico com foco na prevenção e MCQ, capaz de humanizar e gerar perenidade.

Para que se possa propor instrumento capaz de gerar governança de relacionamento, devemos utilizar de métodos que mensurem as reclamações de consumidores em tal base de dados capaz de gerar soluções individuais que respeitem o consumidor e a coletividade. As consequências podem ser as políticas públicas amparadas na jurimetria, e que determinam previamente algum sistema de governança de relacionamento.

A ausência de sistemas de Governança de Relacionamento pode inclusive demonstrar a busca do cidadão ao Poder Judiciário, sobretudo em questões ligadas a pedidos de indenização por conta de desrespeito aos seus direitos básicos.

Enquanto no poder executivo as reclamações aumentam e geram maior intervenção, multas e sobretudo maior poder de tomada de consciência, com o consequente boicote e troca de fornecedores; no poder judiciário questões relativas a Responsabilidade Civil ligadas ao fato do produto passaram a serem julgadas aumentando o contingenciamento das empresas e determinando que o relacionamento com o cliente deve ser, mais do que nunca, estratégico para os negócios.

Um sistema de governança de relacionamento determina então um nível de relacionamento entre as partes interessadas que resulte em um comportamento ético e solidariamente responsável pela cadeia de valor.

Em outras palavras, a criação de um sistema de *accountability*, pautada em práticas e séries históricas de registro de manifestação, garantem melhores práticas de comportamento tanto para empresas públicas como para a iniciativa privada.

Esse sistema também oferece os limites externos de aceitação de reclamações para consumidores e cidadãos, na medida em que o modelo de negócios de empresas internalizado pela denominada sociedade da informação não aceita mais excessos por falta de qualidade ou qualquer tipo de prática abusiva, gerando manifestações a todo e qualquer tipo de canal de atendimento, o que reflete nos ativos das empresas.

4. A JORNADA DO CONSUMIDOR E O *COMPLIANCE*

A governança de relacionamento passa a ser uma mescla entre governança corporativa e cidadã aplicada didaticamente como meio de harmonia nas relações de consumo, respeitado do direito individual previsto na Constituição Federal e capaz de determinar o limite do risco empresarial, aqui apresentado como a melhor compreensão da harmonia das relações de consumo.

Na medida em que percebemos um ajuste nos controles para tratamento de demandas individuais, a dificuldade de gestão aumentou no que diz respeito ao tratamento das demandas coletivas e que prejudica diretamente os ativos intangíveis de empresas e órgãos públicos.

Compreender a jornada pela defesa e manifestação de seus direitos e necessidades, ao longo de seu consumo por produtos e serviços públicos ou privados representados por essa ouvidoria moderna e com modelo único no mundo, é o estudo deste artigo que consagra a compilação de ideias sobre o tema.

Sabe-se que consumidores detêm direitos e deveres. Contudo, a harmonia de suas relações ocorre pela plena compreensão dos direitos e deveres também do fornecedor, tanto da iniciativa privada como do poder público.

Quando os direitos de um consumidor passam a ser desrespeitados, inicia-se uma trajetória, algumas vezes de forma frustrada, pela busca da defesa dos direitos lesados: a essa trajetória denominamos jornada do consumidor, ligada a sistemas de pretensão resistida históricos.

Essa jornada passa por registrar, nos canais disponíveis para sua manifestação, a mediação necessária, nem sempre restaurativa de um conflito, mas ao menos conciliadora ou mitigadora do problema.

O gestor dessa jornada passa a ser a ouvidoria e áreas de relacionamento com clientes, devidamente reconhecidas em programas de integridade das empresas, tanto pelo seu aspecto estratégico como, para alguns setores da economia e do poder público, por seu caráter regulatório e metodológico.

Se compreendermos que cada canal possível que o consumidor detém para reclamar possibilita a empresa ouvir essa voz, a soma desses canais oferece mecanismos de melhor relacionamento, tanto pela solução pontual como pela função mais nobre do aspecto gestor da ouvidoria: a solução de demandas coletivas ou de volumes de manifestações através de sistemas complexos de resolução de conflitos e de análise de causas raiz.

De certa forma podemos compreender que quanto mais próximo da judicialização o consumidor chega, mais caro para o poder público ou iniciativa privada a manifestação se apresenta, como descrito por Soares[7]:

Essa jornada pode ainda ser classificada em "Não Judicializada" ou "Judicializada", possibilitando às ouvidorias formas de mensurar seus custos e melhor atuar preventivamente, inclusive em canais internos e externos, tendo por diretriz soluções definitivas.

Segundo o Soares, sua formatação pode assim ser apresentada:

7. SOARES, Fábio Lopes. *Relacionamento com Clientes*. Rio de Janeiro: Lumen Juris, 2020. p. 168.

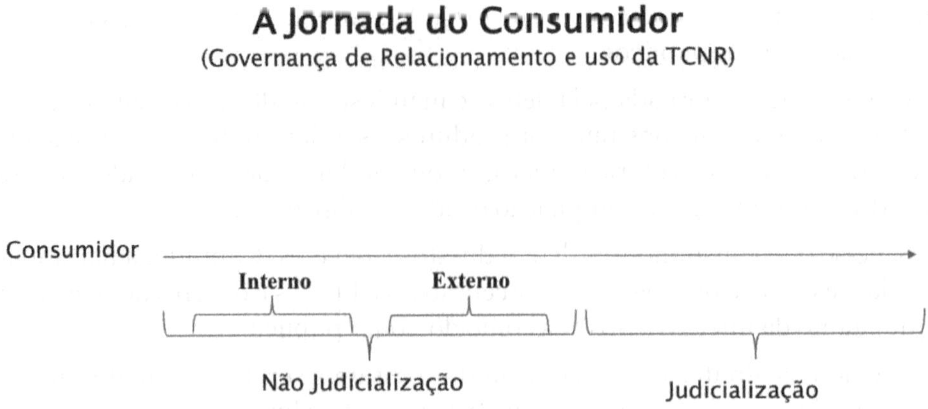

Figura 1: A Jornada do Consumidor

Dentro dessa breve "Jornada do Consumidor", a Desjudicialização iniciada pelo ENAJUD[8] se faz mais do que importante e essencial.

Necessária porque uma relação de consumo pautada na Não Judicialização é capaz de oferecer canais de comunicação e relacionamento, como meio de solução que afaste do judiciário as demandas simples. E essencial pois o respeito ao consumidor e empática demonstração de confiança e boa-fé reduziriam o custo para fornecedores e sobretudo o uso de orçamento público de forma esperada, com vistas ao aperfeiçoamento de políticas públicas coletivas e efetivas.

Entender que a prática e a construção de políticas no relacionamento com clientes e cidadãos devem ser em sentido vertical e não horizontal capaz de construir uma jornada profunda de mudança cultural aliada a estudos jurimétricos e, sobretudo, de empatia, tanto na ética da convivência como no olhar maduro e presente do coletivo, priorizando a Não Judicialização garante o direito básico a tutela jurisdicional quando a falta da harmonia na relação entre as partes for superada. A tutela jurisdicional é um direito constitucional, portanto a apreciação pelo Poder Judiciário não pode ser afastada ou garantida pela gestão do relacionamento.

A ausência de capacitação permanentes das equipes para áreas de relacionamento com consumidores, o controle precário de demandas ou de relatórios que determinem a causa raiz dos problemas, e sobretudo, uma ação de MCQ – Melhoria Contínua de Qualidade que justifique a mudança de comportamento, gerando uma legítima cultura *consumer compliance*, reforçam os desafios para os modernos canais de comunicação com consumidores, incluindo ouvidorias e SACs.

A governança de *compliance* para as relações de consumo deve empreender esforços para garantir harmonia para ambas as partes dessa relação, sem preju-

8. Estratégia Nacional de Não Judicialização, modificado pelo EJUS – Estratégia Nacional de Promoção de Políticas de Justiça.

ízo aos direitos individuais, mas promovendo a livre concorrência prevista na Constituição Federal e nas melhores práticas de sustentabilidade hoje difundidas no mundo.

Essa governança reforça e exige, por consequências sistemas e regulatórias, uma prática de *compliance* de consumidor não praticada historicamente por exigir hoje um diálogo necessário como meio de viabilizar negócios, reduzir litígios e sobretudo, garantir direitos individuais de vulneráveis, independente de qualquer nova visão de ordem econômica. O que se busca é a harmonia das relações e não uma relação obrigacional crônica e insustentável.

5. CONCLUSÃO

Os estudos de *compliance* na atualidade determinaram um olhar estratégico sobre questões de governança de relacionamento e sobretudo, de defesa do consumidor.

No Brasil, *compliance* representa e significa integridade, o que oferece condições de uso nas relações de consumo como meio de garantia de direitos individuais e dos vulneráveis, sobretudo nas relações obrigacionais reguladas.

Por outro lado, os canais de manifestação dos consumidores passaram a ter esse olhar de integridade, inclusive os não judicializados como ouvidoria e SAC.

A ouvidoria desde sua implantação no Brasil adotou um modelo único no mundo capaz de incluir a defesa dos interesses sociais e também de garantia da ordem econômica.

Está sobretudo em seu caráter mediador, técnico e de relacionamento com sua cadeia de valor o elemento a ser tangibilizado, fornecendo um ente organizacional gerador de resultados e não apenas de custos, quer seja para a iniciativa privada como para o poder público.

Se uma ouvidoria é a mais pura representação da voz do cliente dentro da organização, sua manutenção como centro de custo contábil está forjada por processos gerenciais capazes de se manter atuantes mesmo sem a presença de um Ouvidor, capazes de garantir aderência ou não a *compliance*.

Desrespeitar a voz do cliente em tempos de sincronização permanente entre sua manifestação e o meio social/comercial seria não entender um instituto anterior a sua aplicação moderna e que justifica a existência de qualquer empresa: a serventia permanente ao consumidor e ao cidadão.

O *consumer compliance* necessita de canais de atendimento estratégicos como a ouvidoria e outros meios de relacionamento, não somente porque cumprem normas, na clássica função de "*to comply*" mas sobretudo pela condição de integridade esperada na justa harmonia entre consumidores e fornecedores.

6. REFERÊNCIAS

BALMAN, Zygmunt. *Vida para Consumo*. São Paulo: Zahar, 2007.

CASTELLS, Manuel. A era da informação: economia, sociedade e cultura. *A Sociedade em rede*. São Paulo: Paz e Terra, 2000.

CATELLI, Armando (Coord.). *Controladoria:* Uma abordagem da Gestão Econômica GECON. 2. ed. São Paulo: Atlas, 2010.

CHOWDHURY, Subir. *Quem comeu o meu hambúrguer?* O poder do Seis Sigma. 9. Ed. São Paulo: Record, 2009.

GOMES, Josir Simeone; SALA, Joan M. Amat. *Controle de Gestão:* Uma abordagem contextual e organizacional. 3. ed. São Paulo: Atlas, 2001.

GUIA DE OUVIDORIAS BRASIL. São Paulo: Padrão Editorial, 2011.

KAPLAN, Robert; NORTON, David. P. *A Estratégia em ação:* balanced scorecard. Rio de Janeiro: Elsevier, 1997.

LOBATO, David Menezes (Coord.). *Estratégia de Empresas*. 8. ed. São Paulo: FGV Editora, 2007.

MARSHALL JUNIOR, Isnar et all. *Gestão da Qualidade*. 9. ed. São Paulo: FGV Editora, 2009.

NOLAN, Thomas W. et. all. *The Improvement Guide*. USA: Jossey-Bass, 1996.

OLIVEIRA, Djalma Pinho Rebouças de. *Administração de Processos:* conceito, metodologias, prática. São Paulo: Atlas, 2006.

SILVA, Carlos A. dos Santos, JR. José H. Perez, OLIVEIRA, Luís Martins de. *Controladoria Estratégica*. 10. ed. São Paulo: Editora Atlas, 2014.

SIMÃO FILHO, Adalberto. *A nova empresarialidade:* uma visão jurídica reflexa da ética na atividade empresarial no contexto da gestão e da sociedade da informação. Tese de Doutoramento. Pontifícia Universidade Católica de São Paulo, 2002.

SOARES, Fábio Lopes. A ética necessária às empresas na era da Sociedade da Informação. *RBMAD* – Revista Brasileira de Meio Ambiente Digital e Sociedade da Informação. São Paulo, 2014.

SOARES, Fábio Lopes. *Aspectos Legais nas Relações de Consumo*. Rio de Janeiro: Editora FGV, 2020.

SOARES, Fábio Lopes. *Direito Empresarial e do Consumidor*. Rio de Janeiro: Lumen Juris, 2019.

SOARES, Fábio Lopes. *Governança cidadã:* alternativa para garantia da realização da função social das empresas e de sustentabilidade econômica. *Revista da Faculdade de Direito de São Bernardo do Campo*. v. 22, n. 1, São Bernardo do Campo, jan./jun. 2016.

SOARES, Fábio Lopes. Governança Cidadã: Alternativa para Garantia da Realização da Função Social das Empresas e de Sustentabilidade Econômica. *Rev. Faculdade de Direito São Bernardo do Campo*, S. B. do Campo, v. 22, n. 1, jan./jun. 2016

SOARES, Fábio Lopes. Jurimetria e Sociedade da Informação: do custo da reclamação nas Relações de Consumo. São Paulo: *RDC – Revista de Direito do Consumidor*, 2016.

SOARES, Fábio Lopes. *Relacionamento com Clientes*. Rio de Janeiro: Lumen Juris, 2019.

PRINCIPAIS PILARES DO PROGRAMA DE *COMPLIANCE* NO SETOR AUTOMOTIVO

Evelyn Dalmolin Canalli de Moura

Executiva Jurídica Sênior, Compliance Officer e Data Protection Officer no segmento automotivo. Especialista em Direito das Relações de consumo – PUC/SP. MBA Executivo – INSPER/SP. Certificação CCEP-I (Certified Compliance and Ethics Professional – International) pela Society of Corporate Compliance and Ethics – SCCE.

Fabíola Meira de Almeida Breseghello

Advogados. Doutora e Mestre em Direitos Difusos e Coletivos – PUC/SP. Especialista em Direito das Relações de Consumo – PUC/SP. Professora Assistente da Especialização em Direito das Relações de Consumo PUC/SP (COGEAE). Presidente da ABRAREC. Conselheira do IBRAC. Eleita entre os 500 Advogados mais admirados do Brasil pela Revista Análise Advocacia. Reconhecida na área de litígios pela LACCA (The Latin American Corporate Counsel Association). Árbitra na CAMES – Câmera de Mediação e Arbitragem. Certificação em Privacidade e Proteção de Dados pela Exin para o GDPR (Foundation) e LGPD (Essentials). Sócia do Meira Breseghello.

Sumário: 1. Introdução – 2. A importância do *compliance* para as relações de consumo; 2.1 Do relacionamento com cliente; 2.2 Do *Recall* e conformidade dos produtos; 2.3 Das práticas comerciais: a publicidade no setor automotivo; 2.4 Da proteção de dados – 3. O setor automotivo e a regulação – exigência de conformidade com o ordenamento jurídico e ética empresarial; 3.1 Da habilitação prévia para a comercialização de veículos e autopeças no território brasileiro; 3.2 Do Relacionamento com a Rede de Concessionários; 3.3 Do Relacionamento com a Rede de Fornecedores; 3.4 Do Relacionamento com os colaboradores; 3.5 Da Prevenção da corrupção; 3.6 Da prevenção à lavagem de dinheiro e ao financiamento do terrorismo; 3.7 Do respeito à livre concorrência; 3.8 Das boas práticas na gestão do programa de *compliance* – 4. Conclusão – 5. Referências.

1. INTRODUÇÃO

O propósito deste texto, como o título já indica, é tecer considerações sobre os principais pilares de um efetivo Programa de Compliance no segmento automotivo, o que implica no mapeamento de riscos em diferentes frentes de atuação e perante diversos agentes internos e externos com os quais a empresa se relaciona. Ao implementar um Programa de Compliance, a empresa objetiva garantir a conformidade da conduta de seus colaboradores à determinado ordenamento jurídico, bem como aos regramentos internos da companhia, imprimindo nas suas relações com os colaboradores, parceiros de negócios e mercado em geral um selo de conformidade pautado na cultura ética e estrita legalidade. Como consequência, a empresa obtém maior credibilidade e ganho reputacional, resultando no aumento do valor das suas marcas.

Importante mencionar a Norma Técnica 19.600:2014 editada pela Associação Brasileira de Normas Técnicas que trata do regramento sobre *compliance* da "*Inter-*

national Organization for Standardization (ISO)". Esta norma fornece orientações para o estabelecimento, desenvolvimento, implementação, avaliação, manutenção e melhoria do sistema de gestão do *compliance* de forma efetiva e ágil dentro de uma organização. Em linhas gerais, apresenta premissas básicas e que devem ser contempladas na fase de implementação de um Programa de Compliance com o objetivo de assegurar a sua efetividade: cultura, comportamento, controles, competências, comunicação, comprometimento da alta direção e responsabilidade do conselho de administração.

Em termos práticos, um Programa de Compliance precisará ser estruturado em 4 (quatro) fases: implantação, desenvolvimento, monitoramento e aperfeiçoamento. Na fase de implantação, os potenciais riscos de conformidade (viés legislativo e regulatório) são mapeados e classificados (natureza: legal, financeira, reputacional). Na sequência, na fase de desenvolvimento, medidas são implementadas para viabilizar a prevenção dos riscos mapeados, bem como controles são definidos. Nessa fase, também são previstos treinamentos e comunicações, que incluem o engajamento da alta direção. Por conseguinte, é necessário monitorar para verificar o cumprimento das medidas de controle e aperfeiçoar sempre que identificado potencial para melhorias ou inovações legislativas.

Logo, como se nota pela Nota técnica citada, para qualquer segmento econômico, cumprir a lei, agir com transparência e integridade são comandos basilares quando se trata de *compliance*. No entanto, para se chegar ao nível adequado de conformidade em um setor complexo como o automotivo não basta parecer estar em conformidade ou entender que a governança corporativa se resume a um conjunto de coordenadas para reger situações específicas, pois a rede de agentes envolvidos é ampla e diversa e demanda atenção constante.

Para evitar prejuízos econômicos, danos à reputação e à imagem, bem como respeitar o direito dos consumidores, incluindo a preservação da saúde e segurança destes por meio de rígidas medidas não apenas na concepção de produtos, mas na cultura empresarial, exige-se uma complexa e eficiente gestão, também na relação com a concorrência e terceiros. Assim, o intuito do presente artigo é trazer temáticas que mais exigem atenção no que se refere ao Programa de *Compliance no setor automotivo*.

No geral, o *compliance*, no que se refere às relações de consumo, consubstancia-se em uma política de boas práticas para o fim de implemento de efetivas melhorias no atendimento ao cliente, política corporativa para a garantia dos direitos do consumidor, envolvendo conformidade dos produtos, prevenção de riscos à saúde e segurança, medidas imediatas para retirada de produtos do mercado que não estejam em conformidade (defeito) por meio de campanhas de *recall*, atuação por meio de práticas que não sejam consideradas abusivas, principalmente práticas relacionadas à publicidade, oferta, proteção de dados, bem como governança para redução de riscos e conflitos na relação de consumo, de forma a não apenas revelar aos consumidores, mercado, órgãos de proteção e defesa do consumidor, Poder

Judiciário e demais integrantes do Sistema Nacional de Defesa do Consumidor, o efetivo respeito e conformidade da empresa ao Código de Defesa do Consumidor, precisamente à Política Nacional das Relações de Consumo, mas, principalmente, difundir e cumprir uma cultura empresarial de respeito regulatório no que se refere ao relacionamento com o consumidor, primando pela boa-fé objetiva, transparência, integridade desde a concepção dos produtos para impedir ou ao menos mitigar danos à saúde e segurança do cliente.

No que concerne ao relacionamento com cliente e órgãos de proteção e defesa do consumidor, além do respeito ao artigo 170, V, da CF, a compatibilização entre direitos e deveres, bem como o equilíbrio e harmonia de boas práticas no atendimento ao cliente por meio de regras para redução ou, ao menos, controle de riscos e meios eficientes de controle de qualidade e segurança de produtos e serviços, além do estudo constante das modificações do mercado de consumo auxiliará no desenvolvimento e/ou manutenção da imagem e reputação da empresa no mercado de consumo, bem como auxiliará a empresa a evitar imposição de sanções administrativas (por exemplo: elevadíssimas multas) e/ou ações judiciais.

Pois bem. Como já se pode perceber, o Programa de Compliance desse segmento vai muito além do relacionamento com o mercado de consumo. Diferente disso, a regulação do setor, como se verifica, é complexa e envolve diversos órgãos, temas e agentes. Portanto, sem a pretensão de esgotar todos os vieses legislativos e regulatórios, passaremos a abordar também o relacionamento com outros agentes, dentre eles, a rede de concessionários, fornecedores, colaboradores e associações de classe, passando, ainda por outras temáticas atinentes a prevenção à lavagem de dinheiro e ao financiamento do terrorismo, combate à corrupção e respeito à livre concorrência, sempre referenciando. Ao longo dos tópicos serão também abordados exemplos de boas práticas que trazem mais robustez e eficiência ao Programa de Compliance das empresas deste setor.

2. A IMPORTÂNCIA DO *COMPLIANCE* PARA AS RELAÇÕES DE CONSUMO

De início, falar de respeito ao consumidor leva a crer que cumprir o Código de Defesa do Consumidor seria suficiente para que o setor esteja em conformidade e, portanto, regular no que se refere à atuação e desenvolvimento da atividade econômica no mercado de consumo. No entanto, como se verá ao longo do presente e da temática que decidimos desenvolver, não é só.

Nesses termos, importante tecermos considerações gerais sobre o *compliance* nas relações de consumo, o que demanda, no mínimo, a necessidade de conhecimento e implemento da Política Nacional das Relações de Consumo para o exercício da atividade empresarial. Referida Política prevista no artigo 4º do CDC, objetiva, em síntese, o respeito à saúde e segurança e a proteção dos interesses econômicos dos consumidores; a transparência e harmonia das relações de consumo; o respeito aos princípios *(i)* da vulnerabilidade do consumidor; *(ii)* da boa-fé e harmonização dos interesses das partes nas relações de consumo; *(iii)* da necessidade de desenvolvimento econômico e tecnológico, com base na boa-fé e equilíbrio nas relações; *(iv)* da educação e informação com vistas à melhoria do mercado de consumo; *(v)* da criação de meios eficientes de controle de qualidade e segurança de produtos e serviços; *(vi)* da coibição da concorrência desleal e utilização indevida de inventos, criações industriais, marcas e nomes comerciais e signos distintivos; entre outros.

Nota-se que a boa-fé está presente no inciso III como condição para harmonização dos interesses dos participantes das relações de consumo e compatibilização da proteção do consumidor com a necessidade de desenvolvimento econômico e tecnológico e é fundamento de uma política de conformidade de práticas envolvendo as relações de consumo, já que transita de forma a harmonizar interesses de todos os participantes, manter equilíbrio e compatibilizar os direitos dos consumidores com livre iniciativa e desenvolvimento. Até mesmo a proteção da concorrência e a necessidade de desenvolvimento tecnológico estão previstos na Política Nacional das Relações de Consumo.

Nessa linha, uma política de *compliance* pode partir da difusão dos princípios, analisar os ditames corporativos envolvendo conduta esperada e deveres relacionados ao desenvolvimento da atividade econômica perante o cliente e, a partir disso, de acordo com o segmento, seguir para a construção de um ambiente interno em conformidade com a regulação dos produtos e serviços oferecidos e distribuídos no mercado.

O CDC é um microssistema e traz deveres bem claros ao fornecedor, estabelecendo responsabilidades, inclusive de forma solidária e objetiva de todos os envolvidos na cadeia de fornecimento. Rechaçado o microssistema, além do dano à imagem e reputacional, estará sujeito a multas que podem variar de duzentas a três milhões de vezes o valor da Unidade Fiscal de Referência (Ufir), ou índice equivalente que venha a substituí-lo[1] (atualmente com base no IPCA-e, índice de correção monetária, em substituição à extinta "UFIR"), no que se refere aos órgãos de proteção e defesa do consumidor, bem como a outras sanções tais como as previstas em Termos de ajustamento de conduta ou indenizações sofridas em Ações civil Públicas e demais condenações perante o Judiciário no âmbito individual ou coletivo.

Neste aspecto, para que o setor automotivo possa estabelecer um Programa de Compliance envolvendo a relação de consumo é importante a fiel observância da Política Nacional das Relações de consumo como passo inicial para, a partir de então, de acordo com os demais temas que envolvem o setor, criar os procedimentos

1. Art. 57 do CDC: "A pena de multa, graduada de acordo com a gravidade da infração, a vantagem auferida e a condição econômica do fornecedor, será aplicada mediante procedimento administrativo, revertendo para o Fundo de que trata a Lei 7.347, de 24 de julho de 1985, os valores cabíveis à União, ou para os Fundos estaduais ou municipais de proteção ao consumidor nos demais casos. Parágrafo único. A multa será em montante não inferior a duzentas e não superior a três milhões de vezes o valor da Unidade Fiscal de Referência (Ufir), ou índice equivalente que venha a substituí-lo." Disponível em: http://www.planalto.gov.br/ccivil_03/leis/l8078.htm. Acesso em: 10 out. 2020.

necessários para estabelecer, controlar, investigar, avaliar parceiros, treinar, auditar e monitorar, garantindo a conformidade com parceiros, órgãos e terceiros e, por consequência, o respeito aos direitos dos consumidores, que, certamente, é o que mais importa ao desenvolvimento da atividade empresarial.

Considerando que *compliance* é exigência de conformidade com *(i)* as normas jurídicas vigentes, *(ii)* com políticas internas e *(iii)* com as exigências da ética empresarial; os fatores econômicos, sociais, tecnológicos, jurídicos, ambientais e relacionados à imagem e reputação empresarial têm especial relevância. No caso, incertezas quanto a estes fatores não impedem a possibilidade de uma atuação corporativa previamente organizada para formação de uma estratégia de ação, principalmente para eventos de crise que maculam a reputação organizacional e podem gerar reflexos negativos na relação com clientes

No que se refere aos pilares de conformidade acima expostos (com as normas jurídicas vigentes, com políticas internas e com as exigências da ética empresarial), tem-se que a regulação é o primeiro passo no cumprimento de exigência de conformidade. Para tanto, esta conformidade não depende apenas do departamento jurídico, sendo importante que cada área desenvolva competências e capacidades para identificar a regulação a ser observada e, por consequência, os riscos a que estão expostos.

A título exemplificativo, no setor automotivo, os departamentos como, por exemplo, produtos, engenharia, marketing e pós-vendas devem ter conhecimento além da esfera comercial, pois precisam desenvolver competências para lidar com a legislação de consumo, de forma que possam ser oferecidos produtos e divulgadas ofertas e realizados atendimentos pelo pós-vendas nos prazos e preceitos contidos no CDC e legislação correlata. Destaca-se, também a necessidade de identificação e cumprimento do regramento relacionado, por exemplo, aos fornecedores de peças (em que no Brasil todos os processos são avaliados, alguns testes acompanhados, laboratórios são certificados e no final a certificação é validada pelos órgãos certificadores – Ex.: Denatran).

Para tanto, políticas internas de acordo com a lei e a ética empresarial são preceitos de um programa de governança corporativa. Em relação às regras de segurança ao consumidor referido programa é imprescindível e revela a quão comprometida está ou não a empresa em relação à segurança, não só do cliente, mas em relação a todos expostos ao produto e à determinada conduta ou evento. Isso porque, de acordo com a Lei 8.078/1990, consumidor não é só o destinatário final do produto, mas também *(i)* a coletividade de pessoas, ainda que indetermináveis, que haja intervindo nas relações de consumo; *(ii)* as vítimas de um evento danoso (acidente de consumo); *(iii)* as pessoas determináveis ou não, expostas às práticas comerciais.

Assim, a ausência de um Programa de Compliance potencializa os riscos relacionados à conformidade dos produtos e procedimentos para a segurança do consumidor. Esses riscos podem ser: *(i)* de ordem operacional (recebimento de peças não homologadas/certificadas, fabricação inadequada, vícios, defeitos, falta de informação adequada, vazamento de dados, problemas relacionados aos prazos que devem ser cumpridos na hipótese de necessidade de reparos e logística de distribuição e importação de peças), entre outros); *(ii)* de ordem legal (inobservância regulatória ou interpretação regulatória equivocada que venha a gerar exercício da atividade irregular ou por meio de métodos comerciais coercitivos ou desleais, tal como a ausência de selos exigidos pelo INMETRO em determinadas peças e produtos, inobservância das regras relacionadas à necessidade de comunicação de início de investigações envolvendo riscos à saúde e segurança dos consumidores para fins de campanhas de *recall*, entre outras.); *(iii)* de ordem reputacional (publicidade abusiva que possa violar valores ou práticas discriminatórias; riscos à imagem decorrentes de reclamações em redes sociais, exposição negativa na mídia pela ausência de gestão em uma crise, ausência de gestão para controle de *fake news*, escolha inadequada de embaixadores da marca, entre outros).

Especialmente no que toca aos reflexos do *compliance* nas relações de consumo e sem prejuízo dos demais temas que serão tratados e que refletem no mercado de consumo, entendemos por abordar no presente: atendimento ao cliente, *recall* e conformidade dos produtos, publicidade e proteção de dados. Ato contínuo, lançaremos considerações sobre outros temas significativos de *compliance* envolvendo o setor.

2.1 Do relacionamento com cliente

Tão importante quanto produtos e serviços de qualidade e que garantam segurança do consumidor, o relacionamento com cliente e a própria evolução do modelo de relacionamento com o cliente, atualmente, apresenta-se como diferencial na fidelização e respeito do consumidor. Logo, um Programa de Compliance deve abarcar os procedimentos e fluxos que devem ser observados para um Serviço de Atendimento ao Cliente (SAC) organizado, ágil e eficaz, por meio de canais que apresentem identidade com o perfil do cliente.

A gestão do SAC quando não alinhada com as melhores práticas refletirá na reputação da marca. Orientações precisas de acordo com a cultura organizacional (principalmente quando o SAC é terceirizado) e treinamentos periódicos devem fazer parte do Programa, na medida em que o tratamento, pelo SAC, em desacordo com a transparência e ética ou que não adote procedimentos adequados para averiguação de solicitações e reclamações podem refletir na judicialização de demandas e, por consequência, no aumento progressivo de provisão e danos à imagem.

Importante asseverar também que toda a rede deve, na medida do possível e, respeitada a autonomia dos concessionários, utilizar, no SAC, o mesmo tipo de atendimento alinhado as melhores práticas de forma que o relacionamento com o cliente possa fluir uniforme e sem riscos para a marca na hipótese de um concessionário não agir em conformidade com a cultura da montadora ou importadora, por exemplo. Estabelecer e alinhar padrões de atendimento e prazos de respostas auxiliam no controle da excelência do atendimento e revelam uma cadeia de fornecimento organizada e com rígido padrão de qualidade.

Ainda, não podemos perder de vista que, para setores regulados, no caso dos bancos de montadoras, por exemplo, há obrigatoriedade da presença de Ouvidorias. As Ouvidorias, de acordo com a Resolução 4860, de 23/10/20[2] tem por finalidade (*i*) atender em última instância as demandas dos clientes e usuários de produtos e serviços que não tiverem sido solucionadas nos canais de atendimento primário da instituição; e (*ii*) atuar como canal de comunicação entre a instituição e os clientes e usuários de produtos e serviços, inclusive na mediação de conflitos.

Não é só. Ouvidoria é uma área neutra, imparcial e, entre outros objetivos, tem por escopo não apenas tratar de temas envolvendo as relações de consumo e clientes, mas também: (*i*) receber reclamações em segunda instância (envolvendo, por exemplo, erros de processo, erros de procedimento, fluxo de trabalho, erros não propositais) e (*ii*) denúncias em primeira instância (violações de condutas éticas, violações de políticas, de códigos de conduta e de leis aplicáveis, com a intenção do sujeito que a cometeu se beneficiar), sendo que alinhada à Ouvidoria, a área de *compliance* deve garantir a integridade e o contexto ético empresarial, pois qualquer violação poderá refletir no mercado.

As ouvidorias, seja quando presentes nos serviços regulados ou não regulados, devem atuar com transparência, independência, imparcialidade e isenção e são importante instrumento em Programas de Compliance, inclusive como canal de denúncia e órgão de apoio estratégico de significativa importância na busca de soluções de conflitos e para adoção de medidas junto aos colaboradores e ao mercado de consumo, pois o recebimento de denúncias pelas ouvidorias também faz parte de seu escopo. Logo, a ouvidoria pode servir, precipuamente, como instrumento da liderança e da auditoria para que estas adotem as melhores práticas de acordo com os indicadores encontrados no exercício das finalidades acima citadas, cooperando na mudança ou no aperfeiçoamento da cultura da instituição, bem na busca de soluções para os problemas.

Nessa alinha, a área de *compliance* deve garantir a conformidade dos processos, das regras, políticas e códigos de conduta estabelecidos e desenvolvidos pela corporação sobre toda a temática trazida no presente artigo, sendo que *compliance* e ouvidoria são áreas que se complementam e se auxiliam. Nesse sentido, os relatórios, indicadores e sumários executivos das ouvidorias podem servir como insumo para a área de *compliance* para medir a efetividade e aderência aos Programas de Compliance e, principalmente, do processo de comunicação destes Programas.

Em síntese, no que se refere ao relacionamento com cliente, diante dos elevados riscos de danos à reputação empresarial, é de significativa importância que os Códi-

2. Disponível em: https://www.bcb.gov.br/estabilidadefinanceira/exibenormativo?tipo=Resolu%C3%A7%-C3%A3o%20CMN&numero=4860. Acesso em: 20 out. 2020.

gos de Conduta estabeleçam os fluxos adequados no atendimento ao consumidor e, por consequência, os procedimentos adequados para solução de potencial conflito, se possível evitando a judicialização e valendo-se de meios alternativos e opcionais. Para tanto, diante dos inúmeros agentes envolvidos, imprescindível para o setor automotivo, a implantação, desenvolvimento, monitoramento e aperfeiçoamento periódicos dos canais de atendimento ao cliente, assim como das Ouvidorias como área parceira da área de *compliance*.

2.2 Do *Recall* e conformidade dos produtos

De acordo com pesquisa disponibilizada pelo Ministério da Justiça, o *recall* de veículos entre 2011 e 2020[3] representou 87,5% entre os setores das atividades envolvidas, o que corresponde a 439 recalls de veículos automotores.

Logo, não se pode tratar de Programa de Compliance no setor automotivo sem a previsão do *recall*. A necessidade de realização de *recall* ou chamamento está prevista no artigo 10, CDC[4]. Além disso, o Ministério da Justiça, por meio da Portaria 618/19 disciplinou o procedimento de comunicação da nocividade ou periculosidade de produtos e serviços após sua colocação no mercado de consumo, previsto nos parágrafos 1º e 2º do artigo 10, do CDC. Referida Portaria trouxe novos contornos para a garantia da saúde e segurança do consumidor, de forma a gerar mais efetividade e transparência às campanhas de *recall*[5], assim como estabelecer parâmetros para a garantia de conformidade de produtos e, por consequência da saúde e segurança do consumidor.

Além da Portaria citada, especificamente o setor automotivo deverá observar a Portaria Conjunta 3/2019[6] que disciplina o procedimento de chamamento dos consumidores – *recall*, para substituição ou reparo de veículos que forem considerados nocivos ou perigosos após a sua introdução no mercado de consumo e, entre outras previsões, cria o Serviço Nacional de Notificação de *recall* de Veículos com a finalidade de envio de comunicação individual de início de *recall* ao atual proprietário do veículo, acompanhada do Aviso de Risco.

---

3. Disponível em: http://portal.mj.gov.br/recall/principal/report. Acesso em: 27 out. 2020.
4. Art. 10. O fornecedor não poderá colocar no mercado de consumo produto ou serviço que sabe ou deveria saber apresentar alto grau de nocividade ou periculosidade à saúde ou segurança.

   § 1º O fornecedor de produtos e serviços que, posteriormente à sua introdução no mercado de consumo, tiver conhecimento da periculosidade que apresentem, deverá comunicar o fato imediatamente às autoridades competentes e aos consumidores, mediante anúncios publicitários.

   § 2º Os anúncios publicitários a que se refere o parágrafo anterior serão veiculados na imprensa, rádio e televisão, às expensas do fornecedor do produto ou serviço.

   § 3º Sempre que tiverem conhecimento de periculosidade de produtos ou serviços à saúde ou segurança dos consumidores, a União, os Estados, o Distrito Federal e os Municípios deverão informá-los a respeito.
5. Disponível em: http://justica.gov.br/seus-direitos/consumidor/saude-e-seguranca/recall. Acesso em: 30 out. 2020.
6. Disponível em: https://www.novo.justica.gov.br/seus-direitos-2/consumidor/saude-e-seguranca/portaria-conjunta-3-2019/view. Acesso em: 30 out. 2020.

As Portarias, ambas de 2019, além da Nota Técnica 4/2020[7], que dispõe sobre a autonomia da SENACON para propor critérios para os planos de mídia submetidos pelos fornecedores em campanhas de *recall* e a Nota Técnica 6/2020[8] que apresenta, entre outras orientações e determinações, o entendimento da SENACON em relação ao marco inicial da contagem do prazo de 24 horas para os fornecedores de produtos comunicarem o início de investigação interna sobre a possibilidade de ter sido colocado no mercado de consumo produto que apresenta nocividade ou periculosidade à saúde ou segurança dos consumidores tendem a resolver problemas, tais como, acesso efetivo do chamamento aos consumidores, ou seja, de alcance dos consumidores para que estes atendam às campanhas de chamamento.

Por tal razão é que a montadora, por exemplo, que conhece seus consumidores pode implementar formas de divulgação, inclusive *online* para o efetivo atendimento por seus consumidores. No tocante ao prazo para comunicação, imprescindível a atenção aos comandos da NT 06/20 de forma que não reste expirado o prazo de 24h e a empresa venha a ser autuada.

Referida previsão é de suma importância e deve estar muito bem esclarecida e contemplada em códigos de conduta para que medidas sejam adotadas imediatamente tão logo surjam os requisitos para a comunicação do início das investigações à SENACON. Tais comandos devem estar acompanhados de procedimentos envolvendo a formação de comitês internos não apenas para o início das investigações, mas para o efetivo cumprimento do recall, quando necessário.

Importante salientar que a legislação exige a realização de *recall* apenas nas hipóteses de alto grau de nocividade ou periculosidade à saúde ou segurança do consumidor. Significa dizer no segmento do setor automotivo que, muitas vezes, a empresa é rechaçada publicamente por não realizar um *recall*, mas legalmente não tem essa obrigação. Logo, a certeza da necessidade ou não de realização de um *recall* é questão primordial que deve estar inserida em Programa de Compliance com regras rígidas e claras a serem observadas quando da constatação de um risco à saúde ou segurança do consumidor, assim como a devida comunicação.

Colocar no mercado produtos com qualidade e segurança, nos termos dos artigos 8º e 9º, do CDC, assim como de acordo com as normas regulamentares de prestabilidade, tal como homologação e certificação de peças e componentes, importação de produtos é o básico para estar em conformidade com a norma.

No entanto, identificado o problema e também cumprir a legislação tão logo identificado o defeito de um produto, ter um atendimento ao cliente ágil, responsável e eficaz, suspender a fabricação e comercialização do produto quando o caso e retirá-lo do mercado por meio de chamamento eficaz, além de comprovar conformidade, gera

7. Disponível em: https://www.defesadoconsumidor.gov.br/images/docs2020/Nota-Tcnica-04-2020.pdf. Acesso em: 30 out. 2020.
8. Disponível em: https://www.defesadoconsumidor.gov.br/images/docs2020/Nota-Tcnica-06-2020.pdf. Acesso em: 30 out. 2020.

nos consumidores um elevado índice de confiança e garantia à segurança, sendo que uma crise de imagem organizacional relacionada ao *recall* demanda forte gestão, sob pena de a empresa sucumbir. Problemas existem, pois produtos e serviços não são imunes de defeitos, por mais que implementadas as melhores tecnologias; o diferencial será o atendimento prestado pelo pós-vendas e comitê de *recall*.

Em outras palavras – diferencial será como tratar o risco reputacional. Constatado o problema, negá-lo e se voltar contra os clientes poderá gerar consequências nefastas e afastar a possibilidade de diálogo com órgãos de proteção e defesa do consumidor. A política de conformidade precisa estar previamente estruturada para conter o risco, mitigá-lo, evitar sanções administrativas e, mais do que isso, evitar acidentes de consumo.

Logo, estando a política de *compliance* estruturada, identificada a periculosidade e problemas em série, ainda que nenhum dano tenha sido constatado, a comunicação do fato às autoridades competentes e aos consumidores, por meio de anúncios ou outras formas de comunicação efetiva e alinhadas à Portaria 618/2019[9] e à Portaria Conjunta 03/2019,[10] é medida que se impõe.

Comunicar o fato às autoridades e ao consumidor é uma das exigências da legislação e visa impedir que o dano ocorra ou se propague. Por outro lado, o "não *compliance*" estará configurado, por exemplo, quando identificada a periculosidade de uma peça, componente ou funcionalidade, o fabricante deixa de comunicar o fato, e o risco de dano se potencializa[11]. De toda forma, importante que o fabricante esteja devidamente preparado para atender a demanda que o *recall* irá gerar. Assim, uma política eficaz, neste caso, não se resume à comunicação, mas abrange também, o devido atendimento e acompanhamento desse chamamento.

Escândalo corporativo de grande repercussão no exterior, diz respeito à manipulação das emissões de gases nos motores a diesel pela Volkswagen que sofreu altíssimo prejuízo econômico[12] e abalo reputacional, tendo recebido diversas condenações, além da necessidade de realizar *recall* nos veículos (nos Estados Unidos da América – USA), retirando-os das ruas. No caso, a montadora citada admitiu ter instalado, em 11 milhões de veículos a diesel, um sistema que fraudava testes de detecção de poluentes[13]. No Brasil, o PROCON/SP autuou a Volkswagen em R$ 8.333.927,79, por ter instalado o mesmo sistema em 17.057 unidades da picape Amarok[14]. Referida

9. . Disponível em: https://www.defesadoconsumidor.gov.br/images/Legisla%C3%A7%C3%A3o/Portaria_MJSP_n._618_2019.pdf. Acesso em: 20 out. 2020. Acesso em: 30 out. 2020.
10. Disponível em: https://www.novo.justica.gov.br/seus-direitos-2/consumidor/saude-e-seguranca/portaria-conjunta-3-2019/view. Acesso em 20 out. 2020.
11. O Ministério da Justiça possui um importante canal de informação sobre *recall* que pode ser facilmente acessado. Disponível em: http://portal.mj.gov.br/recall/principal/index. Acesso em: 20 out. 2020.
12. Disponível em: https://g1.globo.com/carros/noticia/justica-alema-multa-volkswagen-em-1-bilhao-de-euros-no-caso-dieselgate.ghtml. Acesso em: 30 out. 2020.
13. Disponível em: https://m.folha.uol.com.br/mercado/2015/10/1691110-volks-inicia-em-janeiro-recall-de-carros-que-fraudavam-testes-de-poluicao.shtml?mobile. Acesso em: 30 out. 2020.
14. Disponível em https://www.procon.sp.gov.br/procon-sp-autua-volkswagen/. Acesso em: 30 out. 2020.

multa está sendo contestada junto ao Tribunal de Justiça do Estado de São Paulo, atualmente, em fase Apelação.

Referidos exemplos revelam que o *recall* é um tema sensível, que pode gerar sanções vultuosas e que merecem total atenção em Programas de Compliance e apoio da alta direção.

Assim, ao ensejo da conclusão deste item que traz os principais regramentos envolvendo o *recall* e diante das premissas de um *compliance* corporativo, é importante *(i)* que a cultura da empresa entenda os requisitos e fatos que caracterizam a necessidade de um *recall; (ii)* que o comportamento dos colaboradores e da empresa seja ético e íntegro para o fim de que tão logo tomem conhecimento da possibilidade de que tenham sido introduzidos, no mercado de consumo brasileiro, produtos ou serviços que apresentem nocividade ou periculosidade, no prazo de vinte e quatro horas, comuniquem à Secretaria Nacional do Consumidor sobre o início das investigações para o fim de iniciar ou não a campanha de chamamento de forma coerente e transparente; *(iii)* que sejam desenvolvidas competências e comitês previamente organizados para a correta e rápida identificação da necessidade ou não de se iniciar uma investigação; *(iv)* a comunicação interna e externa (inclusive para fins de cumprimento o prazo de 24h previsto na Portaria e NT) em consonância com os valores da empresa e de respeito ao mercado de consumo; *(v)* absoluto acompanhamento e comprometimento da alta direção e liderança envolvendo um tema tão sensível como a saúde e segurança dos consumidores.

2.3 Das práticas comerciais: a publicidade no setor automotivo

O controle da publicidade no Brasil se dá por meio de um sistema misto, ou seja, por meio do controle estatal (legitimados e órgãos do Sistema Nacional de Defesa do Consumidor) e que poderá gerar sanções de natureza civil, administrativa ou penal e por meio da própria esfera privada, no caso, pelo Conselho Nacional de Autorregulamentação Publicitária (CONAR[15]) que possui o Código Brasileiro de Autorregulamentação Publicitária.

Em se tratando de um sistema misto, de forma a evitar riscos materiais e reputacionais, o setor automotivo deve contemplar em seus Programas de Compliance tanto a implantação, desenvolvimento, monitoramento e aperfeiçoamento de medidas relacionadas ao marketing e publicidade, como as previstas no Código de Ética do CONAR.

O Código de Defesa do Consumidor traz nos artigos 36 e 37[16] o conceito de publicidade enganosa e abusiva. São normas gerais acerca da publicidade no mercado

15. Disponível em: http://www.conar.org.br/: "Constituído por publicitários e profissionais de outras áreas, o CONAR é uma organização não governamental que visa promover a liberdade de expressão publicitária e defender as prerrogativas constitucionais da propaganda comercial". Acesso em: 20 out. 2020.
16. Art. 36. A publicidade deve ser veiculada de tal forma que o consumidor, fácil e imediatamente, a identifique como tal.

de consumo brasileiro, sendo que, de acordo com o artigo 31, CDC, qualquer oferta e apresentação de produtos ou serviços devem assegurar informações corretas, claras, precisas, ostensivas e em português sobre suas características, qualidades, quantidade, composição, preço, garantia, prazos de validade e origem, entre outros dados, bem como sobre os riscos que apresentam à saúde e segurança dos consumidores.

No tocante ao preço, há que se observar a Lei 10962/04 (que dispõe sobre a oferta e as formas de afixação de preços de produtos e serviços para o consumidor) regulamentada pelo DL 5903/06, assim como o DL 7962/13 que regulamenta o CDC, para dispor sobre a contratação no comércio eletrônico.

Estes dispositivos são fundamentais. No entanto, por serem normas gerais, não abarcam detalhes sobre como a publicidade de veículos deve ser divulgada. Diante disso e de problemas que foram identificados ao longo dos anos, em 2010 foi firmado um Termo de Ajustamento de Conduta (TAC) pelos Ministérios Públicos de vários estados com montadoras e importadoras de veículos que atuam no Brasil[17]. O TAC, de abrangência nacional e vigente até a presente data, regulamenta a publicidade do setor automotivo prescrevendo detalhes de como a publicidade (em meio impresso, rádio e TV e internet) desses produtos (carros e motos) deve ser realizada. A título exemplificativo, o TAC determina o tamanho da fonte e o local em que a foto dos veículos ou texto legal deve ser inserido, determina como deverão constar as informações relacionadas ao preço, entrada, frete, parcelamento, entre outros detalhes.

O TAC tem natureza de título executivo extrajudicial e, sem prejuízo da contrapropaganda, na hipótese de descumprimento, a empresa estará sujeita à multa equivalente a 30% (trinta por cento) do valor da campanha publicitária, observado o limite mínimo de R$ 30.000,00 e máximo de R$ 150.000,00 (cento e cinquenta mil reais).

No tocante ao controle exercido pelo CONAR, o Código traz no Anexo "O" as seguintes regras para a publicidade de veículos motorizados:

Parágrafo único. O fornecedor, na publicidade de seus produtos ou serviços, manterá, em seu poder, para informação dos legítimos interessados, os dados fáticos, técnicos e científicos que dão sustentação à mensagem.

Art. 37. É proibida toda publicidade enganosa ou abusiva.

§ 1º É enganosa qualquer modalidade de informação ou comunicação de caráter publicitário, inteira ou parcialmente falsa, ou, por qualquer outro modo, mesmo por omissão, capaz de induzir em erro o consumidor a respeito da natureza, características, qualidade, quantidade, propriedades, origem, preço e quaisquer outros dados sobre produtos e serviços.

§ 2º É abusiva, dentre outras a publicidade discriminatória de qualquer natureza, a que incite à violência, explore o medo ou a superstição, se aproveite da deficiência de julgamento e experiência da criança, desrespeita valores ambientais, ou que seja capaz de induzir o consumidor a se comportar de forma prejudicial ou perigosa à sua saúde ou segurança.

§ 3º Para os efeitos deste código, a publicidade é enganosa por omissão quando deixar de informar sobre dado essencial do produto ou serviço.

17. Disponível em: https://consumidor.mppr.mp.br/arquivos/File/montadoras/tac_montadoras.pdf. Acesso em: 20 out. 2020.

1. Não se permitirá a divulgação de dados de desempenho que correspondam a condições de uso atípicas para a maioria dos Consumidores – a não ser quando tais condições forem claramente especificadas.

2. Não se permitirá que o anúncio contenha sugestões de utilização do veículo que possam pôr em risco a segurança pessoal do usuário e de terceiros, tais como ultrapassagens não permitidas em estradas, excesso de velocidade, não utilização de acessórios de segurança, desrespeito à sinalização, desrespeito aos pedestres e às normas de trânsito de uma forma geral.

3. Também não serão permitidos anúncios que induzam o usuário a desrespeitar, quando na direção de veículos motorizados, as regras de silêncio e de higiene das vias públicas, bem como do respeito aos recursos naturais e ecológicos quando em viagem.

4. Os anúncios não deverão induzir a erro quanto às características específicas do veículo, tais como consumo, velocidade, desempenho, conforto e segurança.

Tais disposições acima não excluem, por exemplo, a análise da enganosidade ou abusividade da publicidade e enseja, também, necessidade de observância das regras destinadas à publicidade infantil, a questões ambientais e a outros valores.

No caso de violação, após denúncia de consumidores, autoridades, associados ou de sua própria diretoria, o Conselho de Ética, após ampla defesa da empresa denunciada se reúne e julga a publicidade. As penalidades estão previstas no artigo 50 do Código do CONAR: *(i)* advertência; *(ii)* recomendação de alteração ou correção do anúncio; *(iii)* recomendação aos veículos no sentido de que sustem a divulgação do anúncio; *(iv)* determinação para divulgação da posição do CONAR com relação ao anunciante, à agência e ao veículo.

De acordo com o balanço realizado pelo CONAR, em 2019, o setor de Veículos, Peças e Acessórios representou 4,6% no total de processos instaurados. Recentemente[18] [19], o CONAR sustou anúncio em redes sociais de modelo da Renault que mostrava crianças se escondendo embaixo de carro.

Em 2019, foi determinada alteração de anúncio da Fiat Chrysler que prometia gratuidade em revisões que não estavam disponíveis para veículos vendidos a portadores de necessidades especiais. Em 2013, o CONAR também determinou a alteração do anúncio da Chrysler com o título "JEEP – A cidade é uma selva. Seja um predador"[20]. Nesse caso, o Autor do voto vencedor destacou que não conseguiu encontrar em figuras de linguagem outra mensagem possível para a expressão "seja um predador" que não aquela de evocar um comportamento agressivo no motorista.

Não menos importante é dizer que não apenas os concessionários, mas agências contratadas devem estar em total alinhamento com a cultura da corporação, inclusive para escolha dos canais adequados de divulgação, de forma a não impor riscos reputacionais à marca, sendo importante, também, a realização de treinamentos periódicos, atualização legislativa e divulgação de casos para fins de aprendizado e

18. Disponível em: http://www.conar.org.br/pdf/conar220.pdf. Acesso em: 30 out. 2020.
19. Disponível em: http://www.conar.org.br. Abril de 2019 – RENAULT KWID.
20. Disponível em: http://www.conar.org.br/.

comparação, evitando-se publicidades irregulares e, por consequência, a exposição negativa da marca.

Logo, um Programa de Compliance deve abarcar as condutas da empresa no que se refere à publicidade dando especial atenção ao TAC, ao CONAR e elementos importantes que fazem parte de uma publicidade de veículos: condições e validade da oferta, disponibilidade de estoque e modelo, cuidados com imagens meramente ilustrativas e condições de dirigibilidade, obrigatoriedade de inserção de textos previamente determinados com mensagem educativa de trânsito, nos termos do artigo 77-B, do Código de Trânsito Brasileiro[21], preço público sugerido, frete, pintura adicional ou não, fiel cumprimento aos dados relacionados a preço envolvendo financiamento, nos termos do artigo 52, CDC, sem prejuízo de outros.

Vale mencionar que de acordo com a Resolução 795/20[22], a Campanha Educativa de Trânsito de 2020 tem como mensagem "Perceba o risco, proteja a vida" e deverá ser veiculada obrigatoriamente nos meios de comunicação social em toda peça publicitária destinada à divulgação ou promoção de produtos oriundos da indústria automobilística ou afim.

No mais, a escolha dos "influenciadores digitais" e até de embaixadores da marca também é relevante e traz consequências diretas aos riscos que envolvem a imagem e o posicionamento da empresa, precisamente no setor automotivo em que a responsabilidade ao volante e com vidas ecoa, não podendo a marca ser representada por pessoas que não prezam por tais princípios. Sem prejuízo, um comitê de diversidade e que seja sensível aos anseios da sociedade no tocante à representatividade adequada também se revela de suma importância.

Desta feita, verifica-se que a oferta e publicidade como práticas comerciais e como forma de exposição da marca demandam a atenção em Programas de Compliance, pois além do quanto aqui exposto, podem expor a marca tanto para o sentido positivo e alavancar vendas como, na hipótese de uma gestão inadequada, gerar exposição negativa, "cancelamentos" e prejuízos de monta.

2.4 Da proteção de dados

A proteção de dados sempre teve respaldo jurisdicional. Antes do advento da Lei 13.709/2018[23] ("Lei Geral de Proteção de Dados"), o tema já era regulado pela Constituição Federal, bem como pelo Código Civil e Código de Defesa do Consumidor. Consequentemente, eventual violação a tal direito fundamental, já era passível

21. Art. 77-B. Toda peça publicitária destinada à divulgação ou promoção, nos meios de comunicação social, de produto oriundo da indústria automobilística ou afim, incluirá, obrigatoriamente, mensagem educativa de trânsito a ser conjuntamente veiculada. Acesso em: 30 out. 2020.
22. Disponível em: https://www.in.gov.br/web/dou/-/resolucao-n-795-de-2-de-setembro-de-2020-276379478. Acesso em: 30 out. 2020.
23. Disponível em: http://www.planalto.gov.br/ccivil_03/_ato2015-2018/2018/lei/l13709.htm. Acesso em: 30 out. 2020.

de punição na esfera individual ou coletiva, via indenização por perdas e danos materiais e morais, bem como na esfera administrativa, via aplicação das sanções previstas no artigo 56, do CDC.

Não obstante o regramento já existente e a necessidade de proteção de dados e da privacidade, é certo que o Brasil precisava de uma lei específica. Com a entrada em vigor em 25/05/18 do GDPR (Regulamento Geral de Proteção de Dados) na Europa, o Brasil implementou medidas para agilizar a elaboração e publicação da LGPD. A lei entrou em vigor em agosto de 2020, sendo que as sanções entrarão em vigor a partir de agosto de 2021.

Os desafios impostos para a indústria em geral são imensos, não sendo diferente para as empresas automotivas. Com o regramento já existente (CF, CC, CDC) e com o Regulamento Geral de Proteção de Dados (GDPR) muitas montadoras ou importadoras, principalmente as montadoras com sede na Europa, já atuavam por meio de medidas que garantiam a proteção de dados e, independentemente da entrada em vigor da lei, iniciaram a implementação de medidas e procedimentos para adequação à Lei Geral de Proteção de Dados – LGPD.

É importante ponderar que, mais do que o cumprimento de requisitos legais, a observância a Lei Geral de Proteção de Dados significa, agora, requisito de negócio, sendo mandatória a adoção de medidas e estratégias para assegurar a privacidade em toda a rede de fornecimento: clientes, concessionários, montadoras, importadoras, fornecedores, prestadores de serviços (despachantes, seguradoras, financeiras, agências), colaboradores, SAC (terceirizado ou não) áreas de vendas e pós-vendas, além do marketing, dentre outros, sob pena de afetar a própria sobrevivência da empresa em decorrência do potencial dano à sua credibilidade, marca e reputação perante o mercado.

Dessa forma, a visão correta e estratégica é tornar tal desafio em vantagem competitiva, posicionando a empresa como ética e transparente junto ao mercado, principalmente em um mercado que desenvolve novas tecnologias e que precisa ser competitivo e ao mesmo tempo não agir em desconformidade com a necessidade de proteção de dados desde a concepção dos veículos.

O primeiro passo para estruturar as políticas de proteção de dados dentro de qualquer empresa é focar na estrutura de governança corporativa. Será necessário definir um colaborador para desempenhar o papel de encarregado de dados que também será o responsável por transitar em todas as áreas para assegurar a efetividade das medidas. Dada a complexidade do tema, além do encarregado de dados, é preciso definir as áreas de apoio como IT, legal, marketing etc.

Também na linha da governança corporativa, será necessário documentar os procedimentos da empresa atinentes à proteção de dados, como por exemplo: política de privacidade, políticas de segurança da informação, retenção dos dados, gestão do inventário de dados, política de deleção de dados, identificação da necessidade de relatório de impacto, dentre outros.

Outro pilar importante será o mapeamento de todos os fluxos da empresa que envolvam o processamento de dados. Assim, o encarregado de dados deverá realizar entrevistas com todas as áreas de negócios na busca de realizar tal mapeamento e documentar, por exemplo, descrição do processo, quais são os dados tratados, qual a finalidade, em quais sistemas são armazenados e se há controle de acesso, se há transferência para terceiros, se há transferência internacional e, principalmente se há base legal ou interesse legítimo para o tratamento de dados. Uma vez consolidado tal inventário, este deverá ser atualizado periodicamente.

Assim, por exemplo, se os dados são coletados por meio de *website* para a finalidade de marketing e oferta de novos modelos, sabe-se que os dados serão transferidos para agência de publicidade ou para concessionários que eventualmente o cliente tenha optado como de sua preferência ou próximo da sua localização.

O encarregado de dados também terá papel fundamental na análise de novos projetos e produtos que a empresa deseja implementar (*privacy by design*) de modo a assegurar o estrito cumprimento da Lei Geral de Proteção de Dados desde o desenvolvimento dos produtos e de novas tecnologias, tal como os carros autônomos, por exemplo. Na criação de novos produtos, a privacidade deve estar incorporada desde o projeto e a funcionalidade deve ser benéfica para todos, ou seja, desenvolvimento tecnológico e funcionalidades úteis ao usuário e ao mesmo tempo comprometidas com a privacidade.

Sem a pretensão de esgotar todo o arcabouço que permeia a proteção de dados no setor automotivo, podemos citar alguns relevantes, tais como, mas não se limitando: *(i)* necessidade ou não de autorização dos clientes para abordagens de marketing a depender da relação existente entre as partes; *(ii)* gestão adequada do consentimento outorgado ou não pelos consumidores nas abordagens de marketing em campanhas digitais ou não; *(iii)* sistemas integrados ao veículo relacionados à localização, com armazenamento ou não dessas informações; *(iv)* compartilhamento de dados entre as empresas do segmento automotivo e a rede de concessionários e checagem de base legal para tanto; *(v)* informações armazenadas no veículo envolvendo serviços de *concierge*; *(vi)* informações envolvendo dados acerca da saúde financeira do cliente, financiamento, faturamentos dos veículos e o perigo do compartilhamento com terceiros ou por meio de SAC sem a devida segurança; *(vii)* coleta de dados por meio de aplicativos vinculados ao veículo e dados capturados na interação dos veículos com usuários; *(viii)* gestão e informação prévia adequada aos usuários envolvendo *cookies*; *(ix)* informações constantes em ordens de serviço (nome, cadastro, chassi, placa); *(x)* cláusulas com os colaboradores no que se refere aos deveres quanto ao manuseio dos dados; *(xi)* criação de sistema integrado com a rede de concessionários para gestão de consentimento quando ambos são cocontroladores; *(xii)* dados do titular e do carro para fins de *recall*; *(xiii)* dados biométricos (facial ou impressão digital) para partida do veículo; *(xiv)* dados para comunicação e relação com cliente, dentre outros.

Importante ponderar que na interação com a rede de concessionários, a empresa automotiva deverá verificar se há compartilhamento de dados e em qual extensão, sendo recomendável a criação de contrato de processamento de dados no qual se defina os papéis (controlar, operador, cocontrolador) e responsabilidades de cada qual à luz da legislação.

No relacionamento com fornecedores e parceiros em que o processamento de dados esteja presente, a empresa automotiva deve se certificar se este terceiro dispõe de infraestrutura adequada para receber dados pessoais, realizando auditorias a depender da extensão e sensibilidade dos dados compartilhados, bem como pactuar contrato de processamento de dados escrito.

Todas essas medidas são importantes, pois na hipótese de vazamento ou de incidente, o contrato e as medidas preventivas adotadas e devidamente registradas podem servir como comprovação de boas práticas e de diligência perante eventual questionamento das autoridades, assim como para eventual direito de regresso. No caso, a própria LGPD, nos artigos 50 e 51, destaca e incentiva o desenvolvimento de boas práticas de governança.

Frisa-se que independentemente de como os dados coletados foram tratados ou como armazenados, todos os envolvidos devem garantir o exercício dos direitos pelos titulares de dados e deverá existir um efetivo procedimento para atender ao quanto solicitado (se o pedido for legitimo, claro) por toda a rede.

Não se pode olvidar que é de suma importância o estabelecimento de fluxos relativos à política de exclusão de dados a pedido do cliente e verificação rígida, clara e adequada de base legal ou legítimo interesse para manutenção, além de medidas de segurança nos sistemas de TI interno e dos parceiros de negócios para garantir a proteção e segurança dos dados, bem como o estabelecimento prévio das medidas que devem ser adotadas em caso de incidente.

Como se nota, importante que o Programa de Compliance contemple a proteção de dados enraizada como cultura empresarial, comportamento dos colaboradores e de toda a rede. Mas não é só, é imperioso o controle e comunicação periódicos e o comprometimento da alta liderança, precisamente quando da concepção de novos produtos ou campanhas devendo a privacidade estar garantida, sob pena de estar sujeito não apenas às sanções (que na relação de consumo independem da entrada em vigor das previstas no artigo 52, da LGPD, podendo a empresa ser sancionada com base no artigo 56, CDC), mas de absoluta perda de competitividade e credibilidade.

3. O SETOR AUTOMOTIVO E A REGULAÇÃO – EXIGÊNCIA DE CONFORMIDADE COM O ORDENAMENTO JURÍDICO E ÉTICA EMPRESARIAL

Lançadas considerações sobre as relações de consumo e não obstante os temas a seguir reflitam, certamente no escorreito relacionamento com clientes, não se pode perder de vista que, a despeito da inexistência de um órgão regulador, o setor automotivo é complexo e regulado por legislações específicas.

Logo, sem a pretensão de esgotar o tema, outros pontos sensíveis estão presentes em um efetivo Programa de Compliance e serão abordados abaixo.

3.1 Da habilitação prévia para a comercialização de veículos e autopeças no território brasileiro

Com o advento da Lei 13.755/2018[24], regulamentada pelo Decreto 9.557/2018[25], a partir de 1º de dezembro de 2018, a comercialização de veículos automotores novos produzidos no país ou importados, demandam habilitação prévia do fabricante ou importador junto ao Ministério da Economia, a qual está condicionada aos seguintes compromissos obrigatórios: (i) adesão de 100% dos modelos de veículos automotores aos programas de rotulagem veicular de eficiência energética e de segurança definidos pelo Ministério da Indústria, Comércio Exterior e Serviços – MDIC, e estabelecidos pelo Instituto Nacional de Metrologia, Qualidade e Tecnologia – INMETRO e pelo Departamento de Trânsito, do Ministério das Cidades – DENATRAN; (ii) atendimento dos estabelecidos para eficiência energética; e (iii) requisitos de desempenho estrutural e tecnologias assistivas definidos pelo Ministério da Economia e pelo Departamento de Trânsito, do Ministério das Cidades – DENATRAN[26].

A habilitação acima, não exime[27] os fabricantes e importadores de veículos automotores novos de também obterem previamente à importação, fabricação ou comercialização dos veículos o Certificado de Adequação à Legislação de Trânsito – CAT e do código de marca-modelo-versão do veículo no Registro Nacional de Veículos Automotores – RENAVAM do Departamento Nacional de Trânsito, e da Licença de Configuração de Veículo ou Motor – LCVM do Instituto Brasileiro do Meio Ambiente e dos Recursos Naturais Renováveis – Ibama.

Ou seja, também visando a proteção do consumidor, para a comercialização de veículos no Brasil, quer sejam fabricados no país ou importados, é mandatória a habilitação prévia da empresa, sem prejuízo da homologação dos veículos junto às autoridades competentes. Mas não é só. Para a comercialização de determinadas autopeças como, por exemplo, amortecedores, bombas elétricas de combustível para motores de combustão interna, buzinas ou equipamentos similares, fabricadas no país ou importadas também é compulsória a certificação prévia por Organismo de Certificação de Produto – OCP. É o que dispõe a Portaria do Instituto Nacional de Metrologia, Qualidade e Tecnologia – INMETRO 301/2011[28] e legislação correlata. Da mesma forma vale para a importação e comercialização de veículos blindados de

24. Disponível em: http://www.planalto.gov.br/ccivil_03/_ato2015-2018/2018/lei/L13755.htm. Acesso em: 30 out. 2020.
25. Disponível em: http://www.planalto.gov.br/ccivil_03/_ato2015-2018/2018/decreto/D9557.htm. Acesso em: 30 out. 2020.
26. Artigo 1º, da Lei 13.755/2018 e artigo 1º, do Decreto 9.557/2018.
27. Artigo 1º, §8º, do Decreto 9.557/2018.
28. Disponível em: https://www.legisweb.com.br/legislacao/?id=232710. Acesso em: 30 out. 2020.

fábrica, atividade que é regulada pelo artigo 16 e seguintes do Decreto 10.030/2019[29] e legislação complementar.

Evidente que a legislação supramencionada tem como objetivo principal assegurar qualidade e tecnologia aos produtos comercializados no país e em benefício direto do mercado de consumo e preservação da saúde e segurança do consumidor e da população em geral.

No caso, impõem, por consequência, complexidade às operações do segmento automotivo, que precisam dedicar recursos na área de engenharia e *compliance* para assegurar o fiel cumprimento das imposições regulatórias, somado ao desafio das constantes atualizações das normas vigentes, sem prejuízo dos novos regulamentos periodicamente publicados. Tudo isso, sob pena de sofrerem severas penalidades, que vão desde a impossibilidade de importar ou comercializar veículos ou determinadas autopeças no país, interdição das operações até o pagamento de penalidades de valores significativos[30].

Sem contar, é claro, com a perda de credibilidade e deterioração da imagem da marca junto aos consumidores, razão pela qual, qualquer Programa de Compliance deve ser frequentemente atualizado em prol da preservação do negócio e da proteção do consumidor.

3.2 Do Relacionamento com a Rede de Concessionários

Em se tratando de cadeia de fornecimento no setor automotivo e, considerando que a venda direta pela montadora ou importadora é apenas exceção (o que ficará mais claro quando abordarmos a Lei Ferrari), o contato dos consumidores com a marca é primordialmente por meio dos concessionários. Para uma escorreita relação com o cliente, mostra-se importante desenvolver políticas de atendimento com a rede. Isto porque, em razão da autonomia que os concessionários, por lei, detêm, estas se comportam no mercado de acordo com seus próprios preceitos que, por vezes, podem não estar em consonância com a política de atendimento ao cliente da montadora ou importadora.

A Lei 6729/79[31], conhecida como Lei Ferrari, dispõe sobre a concessão comercial entre produtores e distribuidores de veículos automotores de via terrestre. Em nossos Tribunais, há decisões[32] com o entendimento de que a Lei Ferrari é norma de ordem pública, e de aplicação cogente, principalmente por conta do contexto histórico em que foi editada e promulgada.

---

29. Artigos 3º, 4º e 5º, da Lei 13.755/2018 e artigos 5º, 6º, 7º e 8º do Decreto 9.557/2018. Artigo 56, do CDC. Artigo 113, do Decreto 10.030/2019. Artigo 69, do Decreto 6.514/2008. (Rol exemplificativo)
30. Artigos 3º, 4º e 5º, da Lei 13.755/2018 e artigos 5º, 6º, 7º e 8º do Decreto 9.557/2018.
31. Disponível em: http://www.planalto.gov.br/ccivil_03/LEIS/L6729.htm. Acesso em: 30 out. 2020.
32. Tribunal de Justiça de São Paulo, Processo n. 0044221-26.2004.8.26.0100.

À época, o Brasil vivenciava regime de ditadura e a intenção era proteger os concessionários, empresas locais e tidas como hipossuficientes, das indústrias automotivas multinacionais. Muito embora o cenário tenha mudado e, hoje, os concessionários, na maior parte das vezes, sejam entes integrantes de grandes grupos econômicos e com solidez financeira, a legislação ainda carece de alterações para modernização e aderência à atual realidade.

Pois bem. A Lei Ferrari, em apertada síntese, disciplina diversos aspectos da relação comercial entre a montadora ou importadora e a rede de concessionários, estabelecendo que a lei e as convenções, estas últimas celebradas com força de lei[33] entre as categorias econômicas de produtores e distribuidores ou por cada montadora ou importadora com a sua respectiva rede de concessionários, têm primazia em relação ao contrato privado.

Em decorrência dessa legislação, por exemplo, a distribuição e a comercialização de veículos automotores devem acontecer, em caráter exclusivo, via a rede de concessionários, ressalvadas as exceções elencadas, de maneira taxativa, no artigo 15, da Lei Ferrari (a título de exemplo, as montadoras ou importadoras podem comercializar veículos diretamente para a administração pública, direta ou indireta, ou corpo diplomático, conforme dispõe o artigo 15, inciso I, item a, da Lei Ferrari).

Adicionalmente, o contrato de concessão deve ser celebrado por meio de instrumento escrito, e sua vigência fixada por prazo indeterminado, exceto se as partes estabelecerem prazo inicial determinado de 5 (cinco) anos[34], que se tornará, automaticamente, por prazo indeterminado, se quaisquer das partes não decidir pela sua não renovação com 180 (cento e oitenta dias) de antecedência antes do vencimento. Eventual rescisão somente pode ocorrer por acordo das partes ou por justa causa, por quaisquer das partes, sob pena de pagamentos de elevadas indenizações[35].

Ainda, é importante mencionar que questões de relevância coletiva para a rede de concessionários devem ser objeto de convenções de marca, cuja aprovação ocorre no âmbito do estatuto da associação que representa a rede de concessionários. É o que dispõe o artigo 18, da Lei Ferrari, ao estabelecer, dentre outros tópicos, que deverá ser objeto de convenção de marca a definição do rol de clientes especiais que estão autorizados a comprar veículos diretamente da montadora ou importadora, dentre outros (artigo 18, inciso XIV, da Lei Ferrari), o regime de penalidades gradativas (artigo 18, inciso XV, da Lei Ferrari), contratação para prestação de serviços de assistência técnica e a comercialização de componentes (artigo 18, inciso XVII, da Lei Ferrari).

Para finalizar o rol de exemplos acerca do conteúdo da Lei Ferrari e com respeito à primazia do CDC, certamente referida legislação reflete nas relações de consumo.

---

33. Artigo 17, da Lei 6.729/79.
34. Artigo 21, parágrafo único, da Lei 6.729/79.
35. Artigo 24, da Lei 6.729/79.

Por exemplo, nos termos do artigo 5º, inciso I, da Lei Ferrari, cada concessionário terá a sua área operacional de atuação (território). Sem prejuízo, o mesmo artigo 5º, § 3º, da Lei Ferrari, estabelece que o consumidor, à sua livre escolha, poderá proceder a aquisição dos bens e serviços em qualquer concessionário. Em outras palavras, ainda que o consumidor não resida no território de atuação do concessionário, o consumidor é livre para escolher em qual concessionário irá adquirir o seu veículo, tal disposição em está em consonância com o artigo 6º, I, do CDC.

Na mesma linha de proteção do consumidor, o artigo 13, da Lei Ferrari, dispõe que é livre o preço de venda do concessionário ao consumidor relativamente aos veículos e serviços objeto do contrato de concessão. Isso significa, portanto, que a montadora ou importadora não define os preços que serão praticados pelos concessionários, estando somente autorizada a estabelecer e publicar preços públicos sugeridos, os quais são não vinculativos. O objetivo é senão outro proteger os consumidores assegurando a concorrência.

Como visto acima, a rede de concessionários é o elo de representação e comunicação entre a montadora ou importadora de veículos e o mercado de consumo. Em última instância, pode-se se dizer que é figura de papel central e fundamental, que se equipara ao coração da operação. Sem concessionários, não há venda de veículos, na medida em que a Lei Ferrari outorga a eles o direito, exclusivo, de comercializar veículos. Assim, toda e qualquer conduta adotada pelo concessionário, refletirá na relação do cliente com a marca.

Além disso, para o mercado em geral, na maior parte das vezes, a figura da montadora ou importadora se funde à figura do concessionário, sendo que ambos seriam como um ente só, não havendo qualquer diferenciação nas condutas práticas por um ou por outro – o que na verdade, é apenas uma possível impressão inicial, decorrente do uso da marca da montadora ou importadora pelo concessionário, pois, a própria Lei Ferrari exige que esses entes sejam totalmente independentes entre si, e impede qualquer tipo de fusão, subordinação ou mesmo ingerência de um ente sobre o outro[36].

De todo modo, é certo que a montadora ou importadora de veículos precisa ser assertiva na escolha dos concessionários que representarão a sua marca e seus produtos junto aos consumidores, em especial por conta das hipóteses de responsabilização solidária previstas no CDC, bem como a reputação perante o mercado de consumo.

E na busca do concessionário que possa representar a montadora ou importadora, sem colocar a sua imagem e reputação em risco, o *Compliance Officer* exerce papel decisivo. Compete a esse profissional, junto com as áreas de negócios, realizar "*background check*" dos potenciais candidatos ao posto de concessionário, de modo a identificar eventuais fatos pretéritos cometidos pela pessoa jurídica, ou seus sócios e representantes legais, que possam inviabilizar a parceria.

36. Artigo 16, inciso I, da Lei 6.729/79.

A título de exemplo, a montadora ou importadora não celebrará contrato de concessão com potencial candidato evolvido em crimes de ordem tributária ou corrupção. Cumpre lembra que referido *"background check"* deve ser renovado ao longo do relacionamento, em razão do caráter continuado.

Quando da celebração do contrato de concessão, é muito importante que a montadora ou importadora celebre junto com o concessionário "cláusula compromissória de *compliance*", por meio da qual o concessionário se comprometa a agir respeitando a estrita legalidade e a ética, sendo que qualquer desvio em tal comportamento autoriza a rescisão imediata e com justa causa do referido contrato.

Como consequência deste compromisso assumido, os concessionários precisam fazer a gestão de seus parceiros de negócios, implementando processos rigorosos de seleção e monitoramento, precisamente em razão da atuação junto à cartórios, órgãos públicos e despachantes, o que revela riscos de monta caso os terceiros não sejam devidamente auditados. Eventual ilícito praticado por tais parceiros de negócios pode causar, inclusive, dano reflexo à marca, no caso, às montadoras ou importadoras, implicando na responsabilização dos os concessionários e, por vezes, a depender da conduta a rescisão do contrato de concessão por justa causa.

No dia a dia da operação, o profissional de *compliance* também exerce papel importante junto a rede de concessionários, auxiliando as áreas de negócios a fazer cumprir regras de governança da montadora ou importadora, no que se refere à garantia de produto, *recall*, proteção de dados de clientes, proteção aos segredos de negócio, dentre outros.

Ao desenhar campanhas promocionais ou de incentivo para fomentar as vendas junto a rede de concessionários, as áreas de negócios devem sempre envolver o profissional de *compliance* para que este analise a conformidade, descartando conflito de interesse e assegurando o respeito ao consumidor. Eventuais premiações aos colaboradores da rede de concessionários, por exemplo, devem ser proporcionais e com valores módicos, de modo que não induza estes a agirem com falta de transparência e desrespeito ao mercado de consumo.

Por tal razão, no caso dos Programas de conformidade das montadoras ou importadoras, é certo que embora não possa existir subordinação ou ingerência dos fabricantes em relação aos concessionários, estes devem contemplar medidas que assegurem a observância de padrões de conduta esperados, íntegros e transparentes por parte desses parceiros de tamanha representatividade.

Treinamentos, *workshops*, políticas e instruções, quer seja referente ao alinhamento da cultura e valores da montadora ou importadora que devem ser respeitados pela rede, quer seja em relação à excelência no atendimento ao cliente, proteção dos dados, atendimento de campanhas técnicas e de chamamento, comportamento em processos judiciais e relação com órgãos de proteção e defesa do consumidor e Judiciário, entre outros conteúdos.

Nestes termos, a comunicação assertiva com os concessionários e, obviamente, monitoramento e aperfeiçoamento periódicos, deve fazer parte de um efetivo Programa de Compliance do setor automotivo. Relacionamento da marca com o cliente e mercado em geral perfaz-se por meio desses e, portanto, o risco reputacional é elevadíssimo na hipótese de condutas inadequadas.

Ainda, importante asseverar que o CDC prevê a solidariedade na relação de consumo, bem como estabelece a responsabilidade objetiva dos concessionários enquanto fornecedores de serviços. Logo, uma conduta inadequada do concessionário, a depender da causalidade, pode vir a gerar a responsabilização da montadora ou importadora.

3.3 Do Relacionamento com a Rede de Fornecedores

Não é de hoje que as empresas de todos os segmentos enxergam a necessidade de conhecerem os fornecedores com os quais se relacionam. E, a cada dia que passa, tal postura se justifica e se mostra, mais e mais, legítima e acertada, seja para preservação da empresa, seja para a garantia de conformidade dos seus produtos perante seus clientes.

Assim como os concessionários apresentam para o mercado em geral as montadoras ou importadoras, os fornecedores das empresas, em maior ou menor grau de relevância, podem vir a representar os valores das empresas com as quais se relacionam. É claro que o grau de representação varia de acordo com o serviço contratado ou produto adquirido, e com o tempo de duração da relação contratual.

Por exemplo, um fornecedor que vende pontualmente itens de menor valor para determinada empresa do segmento automotivo, não exerce tanta representatividade em relação ao fornecedor de mão de obra terceirizada. Na eventualidade deste primeiro fornecedor se envolver em algum ato de corrupção, por exemplo, não haverá impacto tão direto à imagem ou à reputação da empresa do segmento automotivo.

De outra parte, se este segundo fornecedor descumprir a legislação trabalhista ou algum de seus terceiros praticar crime de racismo, a empresa automotiva contratante terá a sua imagem, em última instância, conectada, respectivamente, a trabalho escravo ou racismo, ainda que, juridicamente, não tenha praticado ou anuído com tal ato.

Como é de conhecimento público notório, a Zara[37] já foi acusada e processada no Brasil por conta de fornecedores que estariam envolvidos com trabalho análogo à escravidão. Uma notícia dessa magnitude causa danos de monta para o valor da marca, do ponto de vista reputacional e financeiro, exigindo contramedidas custosas que muitas vezes não são capazes de recuperar a credibilidade perdida.

37. Nesse sentido: https://oglobo.globo.com/economia/justica-decide-que-zara-responsavel-por-trabalho-escravo-flagrado-em-2011-22070129. Acesso em: 20 out. 2020.

Portanto, da mesma forma que ocorre com os concessionários, os fornecedores também precisam ser objeto de *"background check"* previamente à celebração do contrato. A amplitude e profundidade desta análise dependerá, é claro, do grau de risco imposto pelo produto comercializado ou serviço ofertado.

Sem adentrar no tema de maneira aprofundada, compete lembrar que há no mercado diversas ferramentas que podem ser contratadas para auxiliar os profissionais de *compliance* a realizar *"background check"*. De maneira sucinta, tais ferramentas são conectas com diversos banco de dados que viabilizam a busca de maneira rápida se há algum registro que desabone o fornecedor em diversos aspectos, tais como: fraude, sonegação fiscal, corrupção, trabalho escravo, dentre outros.

Igualmente, na oportunidade da celebração do contrato, o fornecedor também deve assinar "cláusula compromissória de *compliance*", de modo que se compromete a agir de acordo com a lei e a ética, sob pena de rescisão imediata e com justa causa do contrato.

Na esfera de *compliance*, dentre outros temas que vem ganhando muita relevância e gradativamente são incorporados aos contratos celebrados entre as empresas do segmento automotivo com a sua cadeia de fornecedores, podemos citar: respeito ao meio ambiente e cumprimento da legislação ambiental, proteção aos direitos humanos, que incluem a não tolerância ao trabalho infantil, ilegal e/ou análogo ao escravo e a não tolerância a qualquer prática de discriminação por etnia, cor, sexo, idade, opção sexual, religião, ideologia ou quaisquer outras formas de discriminação. Todos esses aspetos, ressalte-se, refletem diretamente na relação com o mercado de consumo e com o cliente, pois na falha desses, podem gerar inclusive, boicotes à marca.

Não podemos deixar de mencionar que o artigo 32, do CDC, estabelece que os fabricantes e importadores deverão assegurar a oferta de componentes e peças de reposição enquanto não cessar a fabricação ou importação do produto.

Trata-se de dispositivo com fulcro nos deveres laterais ou anexos do contrato pautados na boa-fé objetiva, pois o consumidor tem a expectativa de assistência, de pós-vendas. Importante mencionar, no entanto, que o artigo em tela, determina a obrigatoriedade de disponibilização de peças, não sendo obrigatória a manutenção de peças em estoque, em "prateleira" para aquisição imediata, ou seja, o artigo estabelece a obrigatoriedade dos fabricantes e importadores de assegurar a oferta de componentes e peças de reposição e, não de mantê-las, obrigatoriamente, em estoque, para pronta entrega e imediata distribuição, pois não se mostra crível que o CDC exigisse um estoque integral e completo de peças de reposição para pronta entrega, principalmente de peças que não compõem o rol de manutenções recorrentes de veículos, por exemplo.

Quando finda a produção ou importação do produto, o parágrafo único do artigo 32, CDC estabelece que a oferta de componentes e peças de reposição deverá ser mantida por período razoável, na forma da lei. No entanto, até a presente data, a lei não estabeleceu o prazo. Com isso, cabe ao Judiciário determinar o que é "razoável" de acordo com as propriedades e características inerentes de durabilidade de cada produto.

De toda forma, diante da obrigação legal, importante estabelecer e exigir dos fornecedores de peças o dever de observância de tal dispositivo legal de forma que a montadora ou importadora não venha a ser responsabilizada pela falta das peças no mercado.

Para tanto, é de extrema importância que as empresas automotivas, ao celebrarem acordos com seus fornecedores de autopeças, pactuem obrigações de fornecimento continuado, bem como realizem monitoramento frequente desses fornecedores e do posicionamento destes no mercado quando finda a produção de determinado produto para garantia do cumprimento da legislação.

Ainda sobre o relacionamento com fornecedores e reflexos à marca e ao mercado de consumo, ao celebrar termos de parcerias e patrocínios, incluindo também a contratação de embaixadores para as suas marcas, também é preciso muita cautela. Afinal, as entidades ou pessoas físicas patrocinadas, podem se envolver com fatos de grande exposição na mídia e contrários aos valores e cultura corporativa, gerando impacto e prejuízos à reputação e a imagem da empresa do segmento automotivo.

Nestes termos, deve-se dizer que o relacionamento com fornecedores é de fundamental relevo nos Programas de Compliance, pois os reflexos à reputação da marca e ao mercado de consumo são significativos.

3.4 Do Relacionamento com os colaboradores

No tocante aos colaboradores, importante ponderar que o Programa de Compliance das empresas do segmento automotivo precisam prever regras de segurança no ambiente de trabalho, sempre pautadas na estrita legalidade, além de contemplar uma visão de cumprimento aos pilares que norteiam os Direitos Humanos, que inclui, mas não se limita ao respeito à diversidade e não tolerância a qualquer prática discriminatória ou assédio, seja de que natureza for. Por se tratar de empresas multinacionais, importante se atentar que as suas matrizes são muitas vezes signatárias da Declaração Universal dos Direitos Humanos da Nações Unidas[38].

Ainda, o relacionamento entre as empresas e seus colaboradores também merece atenção quando se discute *compliance* sob a ótica do combate ao conflito de interesses.

Em linhas gerais, o conflito de interesse pode ser definido entre um embate entre o interesse próprio do colaborador em detrimento dos valores e regras de governança da empresa. Ou seja, de modo a fazer valer um interesse próprio, o colaborador toma uma decisão e/ou pratica ou não pratica determinada conduta violando as suas responsabilidades e o que se espera como conduta adequada de comportamento.

38. Disponível em: https://www.unicef.org/brazil/declaracao-universal-dos-direitos-humanos. Acesso em: 30 out. 2020.

E o conflito de interesse pode se materializar em diversas situações no dia a dia corporativo. Sem prejuízo, é importante cautela da análise feita pelo profissional de *compliance* para também distinguir situação em que há potencialidade para conflito de interesse em relação àquelas em que o mesmo efetivamente ocorre, de modo a evitar decisões antecipadas e equivocadas e que podem acabar pela imputação de penalidades descabidas.

A título meramente exemplificativo, podemos destacar as situações abaixo que se detectadas, exigem o reporte ao profissional de *compliance* para uma análise mais minuciosa:

- Existência de relacionamento amoroso entre colaboradores dentro de um mesmo nível de hierarquia;
- Funcionário com algum grau de parentesco com os representantes legais ou colaboradores de determinado concessionário;
- Funcionário com algum grau de parentesco com fornecedores que participam de concorrência para suprimento de produtos ou serviços para a sua área de negócio;
- Funcionários com segundo emprego com potencialidade de uso indevido das informações que tem acesso;
- Parentes de colaboradores com posições de decisão em órgãos públicos.

Como em toda a relação, é a confiança o elemento mais poderoso no combate ao conflito de interesse. A empresa sempre deve zelar pela construção de uma relação pautada na confiança mútua com seus colaboradores, nos quais ambos cumprirão seus deveres e somarão esforços para a entregar dos melhores resultados. Infelizmente, não existe nenhuma forma de blindar com extrema precisão cenários de conflitos de interesse dentro de uma organização.

A despeito disso, as boas práticas demonstram que é possível mitigar cenários de conflito de interesse convidando os colaboradores a assinarem declaração, bem como participarem de treinamentos, que reforcem a necessidade de os colaboradores relatarem qualquer conflito de interesse, real ou potencial, aos seus superiores hierárquicos ou ao profissional de *compliance*. Nesse rol se incluem, sem se limitar, os exemplos citados acima, bem como toda e qualquer conexão familiar, financeira ou outra direta ou indireta que esteja relacionada a sua linha de trabalho (vide item A.8.3, da ABNT NBR ISO 37001:2017).

Outra medida efetiva é a criação de instruções internas que regulamentem os limites aceitáveis para o recebimento ou envio de brindes e presentes. Na oportunidade de recebimento de brindes ou presentes que sejam contrários a tais regras, recomenda-se a devolução do mesmo pelo colaborador, com uma carta de agradecimento e abertura da instrução da empresa que rege o tema. Em não sendo possível a devolução por conta do relacionamento, o brinde ou presente deve ser direcionado ao departamento de recursos humanos, por exemplo, para fins de doação ou outra destinação cabível.

Nota-se, assim, que a relação com os colaboradores também demanda um acompanhamento periódico por parte de um Programa de Compliance.

3.5 Da Prevenção da corrupção

A prevenção da corrupção também exerce papel fundamental nos Programa de Compliance no segmento automotivo, por conta das diversas facetas de interação entre seus funcionários e representantes com agentes públicos. A título exemplificativo, é possível elencar as atividades de: homologação de veículos e peças junto às autoridades competentes, desembaraço aduaneiro de veículos e peças no processo de importação, obtenção de licenças de operação e alvarás de funcionamento, participação em processos de licitação pública para venda de veículos, entre outras.

Mesmo antes da entrada em vigor da Lei Brasileira Anticorrupção, tratada nos parágrafos abaixo, o combate à corrupção já era pauta na governança corporativa das indústrias do segmento automotivo no território brasileiro, pois, na qualidade de integrantes de grandes conglomerados internacionais de empresas, atos de corrupção eventualmente praticados pelas mesmas já estavam expostos às consequências previstas nas legislações estrangeiras que regem o tema, em especial o *Foreing Corrupt Practices Act (FCPA)* e o *UK Bribery Act*, em decorrência da aplicação extraterritorial dessas normas.

Sem prejuízo, o tema ganhou maiores proporções com a edição da Lei 12.846/2013 ("Lei Brasileira Anticorrupção"), regulamentada pelo Decreto 8.420/2015, que dispõe que as pessoas jurídicas, nacionais ou estrangeiras, estão expostas à responsabilidade objetiva, no âmbito administrativo e civil, por conta de atos de corrupção que venham a ser praticados, em seu benefício, por algum de seus funcionários ou representantes.

À luz da legislação, as penalidades são severas. Na esfera administrativa, a multa pode ser fixada, a depender da gravidade da infração, em até 20% do faturamento bruto do último exercício anterior ao ato de corrução[39], sem prejuízo da publicação da decisão administrativa em jornais de grande circulação, afetando, assim, sobremaneira a reputação da empresa.

Já na esfera judicial, a empresa pode ser punida com pena de perdimento dos bens, direitos ou valores que representem vantagem ou proveito direto do ato de corrução, suspensão ou interdição parcial de suas atividades, proibição de receber incentivos, subsídios, subvenções, doações ou empréstimos de entidades públicas e, até mesmo, a sua dissolução compulsória. Tais penalidades em ambas as esferas não afastam a possibilidade de punição dos representantes legais, também na esfera criminal.

39. Artigo 6º, inciso I, da Lei 12.846/2013 e artigo 20, § 1º, II, a, do Decreto 8.420/2015.

A legislação em referência[40] também dispõe que a implementação de um efetivo Programa de Compliance poderá ser levado em consideração na dosimetria da pena em eventual processo administrativo de responsabilização.

Ao passo em que a legislação não é precisa ao descrever um Programa de Compliance efetivo, a Controladoria Geral da União (CGU) se preocupou em auxiliar as empresas nesta tarefa lançando em 2015 o Programa de integridade e diretrizes para empresas privadas[41]. Os principais pilares são: *(i)* comprometimento e apoio da alta direção; *(ii)* instância responsável pelo Programa de Compliance; *(iii)* análise de perfil e riscos; *(iv)* estruturação regras e instrumentos; e *(v)* estratégias de monitoramento contínuo.

Ainda, no ano de 2018, o Ministério da Transparência e Controladoria Geral da União (MTCGU) publicou o Manual Prático de Avaliação de Programa de Integridade em Processo Administrativo de Responsabilização de Pessoas Jurídicas (PAR)[42]. Voltado a orientar membros do Poder Executivo na avaliação de programas de conformidade no âmbito de processos administrativos de responsabilização, é certamente um documento valioso e que ajuda as empresas a entenderem o racional adotado, podendo se assegurar da efetividade de seus próprios programas.

Também vale mencionar a norma ABNT NBR ISO 37001:2017, o qual especifica requisitos e fornece orientações para o estabelecimento, implementação, manutenção, análise crítica e melhoria de um sistema de gestão antissuborno.

Portanto, para o combate à corrupção, o Programa de Compliance precisa ser efetivo e preciso ao prever as regras de governança aplicáveis nas interações entre funcionários e representantes legais da empresa e agentes públicos.

Por exemplo, o Programa de Compliance precisa transcender a definição do limite monetário aceitável sob o viés da empresa para eventos de hospitalidade corporativa. É necessário considerar também os limites de tolerância monetários definidos para tal finalidade pelas legislações que regem os atos do agente público cuja interação esteja em pauta. Idealmente, recomenda-se que ferramenta seja disponibilizada para registro prévio da hospitalidade corporativa que se pretende oferecer para aprovação prévia do *Compliance Officer*, assegurando, dessa maneira, transparência e registro da atividade.

Diante da necessidade de se realizar reuniões com agentes públicos, para qualquer fim, as boas práticas pedem o envio de pauta por escrito aos convidados, no mínimo, dois representantes da empresa presentes e o registro dos participantes e conteúdo discutido em minuta compartilhadas com todos os presentes posteriormente.

---

40. Artigo 7º, inciso III, da Lei 12.846/2013 e artigo 18, inciso V, do Decreto 8.420/2015.
41. Disponível em: https://www.gov.br/cgu/pt-br/centrais-de-conteudo/publicacoes/integridade/arquivos/programa-de-integridade-diretrizes-para-empresas-privadas.pdf. Acesso em: 30 out. 2020.
42. Disponível em: https://www.gov.br/infraestrutura/pt-br/centrais-de-conteudo/manual-pratico-integridade-par-pdf. Acesso em: 30 out. 2020.

Quando da solicitação de veículos por agentes públicos para fins de conhecer o produto antes do lançamento de licitação pública, é mandatório se certificar que haverá a participação de concorrentes de modo a afastar qualquer beneficiamento indevido, bem como celebrar contrato de comodato por escrito, definindo o escopo e o período do empréstimo.

Para a contratação de fornecedores, em especial aqueles que podem interagir com agentes públicos em nome da empresa para executar os serviços contratados, se faz necessário realizar uma análise criteriosa prévia (*due diligence*), de modo a se certificar que não se encontra envolvido com atos de corrupção.

Essa análise deve ser documentada e o fornecedor deve celebrar cláusula compromissória de *compliance* com a empresa contratante, se comprometendo, por exemplo, a agir de acordo com a lei, implementar medidas de combate à corrupção, treinar seus funcionários sobre combate a corrupção e se responsabilizar por danos que venha a ser causados na hipótese de não cumprimento do compromisso.

Na eventualidade de doações para órgãos e entidades da administração pública, o que se tornou muito comum e frequente por conta da pandemia COVID-19, é mandatório se assegurar que houve a publicação de chamamento em se tratando da administração federal, conforme regula o Decreto 9.764/2019[43].

Também a doação e a sua finalidade devem ser documentadas para fins de transparência. A doação deve ser sempre incondicionada e não se deve tolerar o repasse da doação via terceiros. Tais regras, dentre outras, precisam ser comunicadas de maneira efetiva e massiva, via treinamentos periódico dos funcionários sobre a importância do combate a corrupção e o envio de comunicação de maneira reiterada, muitas vezes tendo como porta voz o Presidente da companhia.

3.6 Da prevenção à lavagem de dinheiro e ao financiamento do terrorismo

De acordo com o artigo 9º, inciso XII, da Lei 9.613/1998[44] ("Lei de Prevenção à Lavagem de Dinheiro"), alterada pela Lei 12.683/2012[45], as pessoas físicas ou jurídicas que comercializem bens de luxo ou de alto valor, intermedeiem a sua comercialização ou exerçam atividades que envolvam grande volume de recursos em espécie, estão sujeitas a estabelecer procedimentos de prevenção à lavagem de dinheiro e ao financiamento do terrorismo.

---

43. Disponível em: http://www.planalto.gov.br/ccivil_03/_ato2019-2022/2019/Decreto/D9764.htm. Acesso em: 30 out. 2020.
44. Disponível em: http://www.planalto.gov.br/ccivil_03/leis/l9613.htm#:~:text=LEI%20N%C2%BA%209.613%2C%20DE%203%20DE%20MAR%C3%87O%20DE%201998.&text=Disp%C3%B5e%20sobre%20os%20crimes%20de,COAF%2C%20e%20d%C3%A1%20outras%20provid%C3%AAncias. Acesso em: 30 out. 2020.
45. Disponível em: http://www.planalto.gov.br/CCIVIL_03/_Ato2011-2014/2012/Lei/L12683.htm. Acesso em: 30 out. 2020.

Nos termos do artigo 1º, parágrafo único, da Resolução 25/2013, do Conselho de Controle de Atividades Financeiras – COAF, entende-se por bem de luxo o bem cujo valor unitário seja igual ou superior a R$ 10.000,00 (dez mil reais). Na medida em que o legislador não dedicou inciso próprio à comercialização de veículos no artigo 9º da Lei de Lavagem de Dinheiro, esse dispositivo e sua respectiva Resolução promovida pelo COAF são os que regem as políticas de prevenção à lavagem de dinheiro no mercado automotivo.

Ainda, a Instrução Normativa 04/2015 do COAF traz instruções complementares à Resolução 25/2015 do COAF, disciplinando procedimentos adicionais que devem ser adotados quando da solicitação de proposta ou comercialização de veículos automotores para pessoas físicas ou jurídicas que se enquadrem no conceito de "frotista". A despeito de as normas do COAF não definirem o termo "frotista", subtendem-se que as empresas cujo objeto social seja transporte de colaboradores, transporte de cargas, locação de veículos, serviços de *transfer*, por exemplo, devem ser enquadradas.

Nas operações com "frotistas" as montadoras ou importadoras devem se atentar, em especial, as operações que apresentem os seguintes requisitos: aquisição ou proposta de aquisição de veículo automotor na "modalidade frotista" por pessoa física; aquisição ou proposta de aquisição de veículo automotor na "modalidade frotista" por pessoa jurídica constituída recentemente ou sem manifesta experiência nesse mercado ou cuja atividade econômica não tenha relação com a utilização de frota de veículos automotores; aquisição ou proposta de aquisição de veículo automotor na "modalidade frotista" cujo valor seja incompatível com o patrimônio ou com a capacidade financeira presumida do comprador ou proponente; ou aquisição ou proposta de aquisição de veículo automotor com pagamento efetuado por terceiro, sem justificativa, mesmo quando autorizado pelo cliente.

Diante desse contexto, conclui-se que o Programa de Compliance das indústrias automotivas precisam prever políticas, diretrizes e controles internos voltados a prevenção de lavagem de dinheiro, as quais devem ser publicadas a todos, sem prejuízo de treinamentos aos colaboradores que participem diretamente do faturamento dos veículos via modalidade de venda direta.

Para a elaboração destes documentos, vale a consulta do documento de cunho educativo editado pelo COAF neste ano de 2020, qual seja: "Orientações e alertas do COAF aos seus supervisionados para cumprimento efetivo dos seus deveres com o sistema de prevenção e combate à lavagem de dinheiro (PLD)"[46].

Em termos práticos, as empresas do segmento automotivo precisam se cadastrar junto ao COAF e implementar ficha cadastral de seus clientes, sejam pessoas físicas

46. Disponível em: file:///C:/Users/qta1933/AppData/Local/Microsoft/Windows/INetCache/Content.Outlook/CAOASPG7/Informativo%20Diretoria%20de%20Supervisão_junho_2020.pdf. Acesso em: 30 out. 2020.

ou jurídicas, coletando, no mínimo, as informações exigidas nos termos da legislação em vigor (artigo 2º, da Resolução 25/2013 do COAF).

A ficha cadastral do cliente, em conjunto com a descrição pormenorizada do veículo adquirido, valor da operação, data da operação, forma de pagamento, meio de pagamento, devem ser registradas, analisadas e armazenadas, por no mínimo 5 (cinco) de acordo com o artigo 2º, 3º e 7º, da Resolução 25/2013 do COAF

Ao realizar a análise deste conjunto de informações, as empresas do segmento automotivo devem buscar elementos que eventualmente levantem a suspeita de que o cliente, ao adquirir o veículo, pode estar praticando crime de lavagem de dinheiro, ou financiando o terrorismo. A busca por evidências pode ser feita via utilização de aplicativos de busca (ex: Google) ou por meio de ferramentas de *compliance* especializadas nessa temática.

Uma vez feita a análise, a rigor do quanto dispõe o artigo 4º, inciso I e II e 5º, da Resolução 25/2013 do COAF, constatada eventual suspeita de crime de lavagem de dinheiro ou financiamento do terrorismo, ou identificado que o cliente pagou quantia superior a R$ 30.000,00 (trinta mil reais) em espécie, ou efetuou o pagamento via terceiro, a montadora ou importadora tem o dever legal de reportar a operação ao COAF, observado os prazos legais para tanto. As informações fornecidas ao COAF serão sempre protegidas por sigilo (artigo 6º, parágrafo único, da Resolução 25/2013 do COAF.

A venda de bens de luxo para pessoas politicamente expostas, bem como seus familiares, estreitos colaboradores e ou pessoas jurídicas que participem, também requer cautela. Nos termos do artigo 2º, da Resolução COAF 29/2017[47], previamente a venda é obrigatório obter autorização do sócio administrador do estabelecimento e adotar diligências para estabelecer a origem dos recursos, além do reporte ao COAF.

As penalidades que podem ser impostas pelo COAF às empresas automotivas e seus respectivos administradores que não atendam as regras acima são severas, podendo chegar ao valor de R$ 20 milhões de reais ou até mesmo a cassação ou suspensão da autorização para o exercício da atividade. Há, ainda, o risco de investigação criminal contra os administradores.

Por ser um tema relativamente novo, entendemos que não tem sido discutido com a devida intensidade (e necessidade) no meio empresarial. Muitas pessoas jurídicas são utilizadas involuntariamente como veículos para lavagem de dinheiro e não identificam tal manobra, devido a estruturação deficiente dos seus controles internos que não foram preparados para abranger esta temática.

Daí a importância de desenvolvimento de competências dentro das empresas para o acompanhamento de temas tão sensíveis ao setor, de forma a impedir prejuízos de monta. Importante mencionar que já há notícias de penalidades impostas

47. Disponível em: http://www.fazenda.gov.br/orgaos/coaf/legislacao-e-normas/normas-coaf/resolucao-no--29-de-7-de-dezembro-de-2017-1. Acesso em: 30 out. 2020.

aos concessionários de veículos que deixaram de se registrar junto ao COAF ou não reportaram transações suspeitas de lavagem de dinheiro junto ao COAF, sendo que as penalidades foram aplicadas tanto para a pessoa jurídica quanto aos administradores[48].

3.7 Do respeito à livre concorrência

O estrito respeito aos princípios da economia de mercado e da concorrência leal permeiam o cenário de sucesso duradouro das grandes corporações. Por essa razão, o direito concorrencial e o cumprimento da legislação correlata ganha destaque, principalmente nas relações entre a empresa automotiva e as associações de marca, concessionários, associações de classe e fornecedores.

A Lei 12.529/2011 estrutura o Sistema Brasileiro de Defesa da Concorrência e dispõe sobre a prevenção e repressão às infrações à ordem econômica tipificando, inclusive, os tipos criminais. Em última instância, o combate às práticas anticoncorrenciais objetiva proteger os interesses dos consumidores e fomentar o desenvolvimento econômico e novas tecnologias. De acordo com a teoria econômica, as condutas anticoncorrenciais podem ser divididas em condutas horizontais, ou seja, aquelas que reduzem a concorrência dentro de um mesmo segmento de mercado, e condutas verticais, ou seja, aquelas que afetam a livre concorrência ao longo da cadeia.

As condutas horizontais dizem respeito às práticas contrárias à concorrência e ao livre mercado que podem ser praticadas no relacionamento, por exemplo, entre as indústrias e as associações de classe que a representam, extrapolando as funções legítimas destas entidades. No ano de 2009, o Departamento de Proteção e Defesa Econômica publicou a cartilha "Combate a Cartéis em Sindicatos e Associações"[49], a qual tem caráter educativo sobre como atuar de maneira legítima e legal nas discussões que ocorrem no âmbito destas entidades.

Transportando para o mercado automotivo, identifica-se o risco de condutas anticompetitivas horizontais nas relações entre a montadora ou importadora e as associações de classe, respectivamente, Associação Nacional dos Fabricantes de Veículos Automotores – ANFAVEA ou Associação Brasileira dos Fabricantes de Motocicletas, Ciclomotores, Motonetas, Bicicletas e Similares – ABRACICLO e Associação Brasileira das Empresas Importadoras e Fabricantes de Veículos Automotores – ABEIFA.

Sobre medidas anticompetitivas horizontais no segmento automotivo, é importante destacar que nas relações entre montadora ou importadora associação de classe é vedada a abertura de informações estratégicas, de parte a parte, como, por exemplo, política de preços atuais e futuros, custos, planos de marketing, planos de

48. Processo administrativo 11893.000120/2016-91. Decisão disponível em: https://pesquisa.in.gov.br/imprensa/jsp/visualiza/index.jsp?data=25/10/2018&jornal=515&pagina=35&totalArquivos=100. Acesso em: 30 out. 2020.
49. Disponível em: file:///C:/Users/qta1933/AppData/Local/Microsoft/Windows/INetCache/IE/I1D0ONC4/cartilha_sindicatos.pdf. Acesso em: 30 out. 2020.

crescimento, relacionamento com fornecedores e preços pagos aos fornecedores de autopeças, volume planejado de vendas, novas tecnologias, dentre outros.

Nas reuniões das associações de classe, podem ser abordados temas regulatórios que dizem respeito a todo o mercado como, por exemplo, tendências econômicas, políticas públicas, novas legislações e temas de cunho regulatório, dados econômicos do segmento, informações estatísticas ou dados históricos. As informações devem ser disponibilizadas de forma agregada, não permitindo a identificação de dados das empresas associadas individualmente.

Além das reuniões, outro tema que ganha destaque nas discussões de direito da concorrência é a realização ou a participação em pesquisas de mercado ("benchmarks"). A troca de informações e experiências entre empresas pode ser saudável e construtivo, mas sempre requer muita atenção para evitar riscos do ponto de vista concorrencial. Na elaboração da pesquisa de mercado, o envolvimento do profissional de *compliance* é altamente recomendável, de modo que este possa avaliar se a temática central e as perguntas correlatas são adequadas e não impõem qualquer risco à empresa, em especial sob o viés da lei da concorrência e proteção do segredo de indústria, o que está em consonância, inclusive, com a Política Nacional das Relações de Consumo (artigo 4°, VI, CDC)[50]. Também é muito importante que a pesquisa de mercado se estenda a diversas empresas, de modo a não se mostrar uma pesquisa direcionada. Quando da divulgação dos resultados, estes devem ser sempre apresentados de maneira estatística, sem expor a empresa detentora do dado.

De outra parte, na esfera das medidas anticompetitivas verticais, merece destaque o relacionamento entre a empresa automotiva e sua rede de concessionários e cadeia de fornecedores. No relacionamento com os concessionários, nos termos do artigo 36, § 3°, inciso I, item a, da Lei 12.529/2011 e do artigo 13, da Lei 6.729/1979, a montadora ou importadora não pode ficar o preço de revenda do veículo pela rede de concessionários. Diferente disso, a montadora ou importadora pode sugerir um preço público de revenda, mas compete a cada concessionário definir o preço que será praticado junto ao mercado de consumo. E a razão de tal vedação é senão fomentar a concorrência entre os concessionários para que estes ofereçam ao mercado de consumo os melhores preços e qualidade. Ainda, no relacionamento com concessionários que representam diversas, marcas, é vedada a troca de informações que dizem respeito às estratégias da marca concorrente, por exemplo.

De outra parte, no relacionamento com fornecedores, por exemplo, não se admite que as empresas automotivas, em conluio e fazendo uso de seu poderio econômico, façam negociações coletivas com os fornecedores de autopeças, combinando pro-

50. Art. 4° A Política Nacional das Relações de Consumo tem por objetivo o atendimento das necessidades dos consumidores, o respeito à sua dignidade, saúde e segurança, a proteção de seus interesses econômicos, a melhoria da sua qualidade de vida, bem como a transparência e harmonia das relações de consumo, atendidos os seguintes princípios: VI – coibição e repressão eficientes de todos os abusos praticados no mercado de consumo, inclusive a concorrência desleal e utilização indevida de inventos e criações industriais das marcas e nomes comerciais e signos distintivos, que possam causar prejuízos aos consumidores.

postas ou pedidos de cotação. Também não se admite abrir preço e propostas entre fornecedores concorrentes, na busca de melhores negociações.

Conforme investigações conduzidas pela Superintendência-Geral do Conselho Administrativo de Defesa Econômica – CADE entre os anos de 2014 e 2015[51], a indústria automotiva foi supostamente vítima de práticas anticoncorrenciais praticadas por fornecedores de autopeças, os quais mantinham contato permanente entre si com a finalidade de fixar preços combinar condições comerciais de fornecimento e dividir mercado, resultando, assim em potencial aumento aos custos dos veículos. No ano de 2019, o CADE recomendou a condenações das empresas de autopeças envolvidas na investigação, com a imposição de penalidades.

De maneira a garantir a transparência nessas relações, gerando segurança tanto para a empresa automotiva quanto para seus colaboradores, é de extrema importância que os temas discutidos nas reuniões com a rede de concessionários, presididas ou não pelas associações de classe se atenham à agenda circulada com antecedência para todos os convidados, evitando-se temas fora da pauta. Ainda, o conteúdo objeto dessas reuniões deve ser documentado nas minutas circuladas também a todos os participantes logo após o encontro.

Ainda, os colaboradores devem receber treinamento prévio antes de atenderem reuniões dessa natureza, sendo instruídos a jamais tolerarem qualquer discussão que vá de encontro ao direito concorrencial. Deve haver a instrução clara para que deixem a reunião, consignando em ata a sua retirada, na hipótese de os participantes suscitarem a discussão de tópicos que possam representar violação à lei da concorrência.

Dada a sensibilidade do tema, há ferramentas de *compliance* que permitem que os colaboradores cadastrem previamente a agenda da reunião e os respectivos participantes, de modo que seu superior hierárquico tenha ciência e aprove, ou não, a participação. Caso haja a autorização, o colaborador também é requisitado a registrar nessa ferramenta a minuta da reunião. Essa medida se mostra uma excelente prática do ponto de vista de governança corporativa, pois, além da transparência, gera arquivo consolidado das agendas e minutas das reuniões críticas do ponto de vista concorrencial.

3.8 Das boas práticas na gestão do programa de *compliance*

Por fim e diante de tantos temas que cercam o setor automotivo, é certa a necessidade de consolidar os pilares centrais do Programa de Compliance, mediante documentação e publicidade para os colaboradores, fornecedores e mercado em geral por meio da edição de Código de Conduta, políticas e procedimentos internos.

51. Disponível em: http://www.cade.gov.br/noticias/cade-investiga-carteis-no-setor-de-autopecas https://www.conjur.com.br/2019-mai-31/superintendencia-cade-sugere-condenacoes-setor-autopecas https://www.amandaathayde.com.br/amp/2018/12/03/concorr%C3%AAncia-e-mercado-de-autope%C3%A-7as. Acesso em: 30 out. 2020.

O Código de Conduta é o conjunto de regras que define os valores da empresa e norteia a conduta dos colaboradores e parceiros de negócios em diversas frentes como, por exemplo, no contexto do ambiente de trabalho, meio ambiente, fornecedores, concorrentes, mercado de consumo, dentre outros.

Em razão da sua natureza, o Código de Conduta deve ser idealizado e redigido pela alta gestão, pois representará a própria essência da empresa, refletindo seus valores e comportamento perante os principais agentes com quem mantém interação nas mais diferentes frentes de atuação.

Isso significa dizer que não se "encomenda" um Código de Conduta ao profissional de *compliance*. Se assim o for, o Código de Conduta, será como letra morta, sem qualquer eficácia, pois não representará, de maneira genuína, o comportamento da alta direção e a cultura que estes imprimem na condução dos negócios.

O Código de Conduta verdadeiramente alinhado com os valores da empresa e bem comunicado tem o poder de imprimir cultura ética na conduta da grande massa dos colaboradores, que a disseminará junto aos parceiros de negócios, construindo, assim, a imagem e a reputação daquele estabelecimento.

Assim, estabelecido o Código de Conduta, é fundamental disseminar seu conteúdo constantemente, nas mais diversas situações, em especial junto aos colaboradores. Para tanto, as melhores práticas recomendam a entrega de cópia do Código de Conduta impressa aos colaboradores, que podem ser solicitados a assinar documento atestando que receberam e farão a leitura e aplicação do conteúdo. Nas reuniões de colaboradores e de times, os gestores precisam sempre reforçar as mensagens centrais do documento exemplificando decisões que foram tomadas alinhadas aos valores e conteúdo. Treinamentos são imprescindíveis e devem ser realizados de maneira periódica pelos profissionais de *compliance* para todos os colaboradores. Eventualmente, considerando a diversidade do público, é possível dividir os colaboradores por áreas de interesse nos treinamentos, de modo a levar a mensagem de maneira mais efetiva. E por fim e longe de ser o menos importante, é muito relevante o envio de comunicados pela alta direção "encapsulando" o conteúdo do Código de Conduta em mensagens curtas, diretas e de maneira reiterada.

Impende destacar que nas políticas e procedimentos internos devem ser previstas as regras que regulam temáticas de cunho operacional, no que se inclui a previsão de controles internos, abordando com mais profundidades muitos temas que também já são objeto do Código de Conduta. Nessa linha podemos ter documentos contendo regras para relacionamento com rede de concessionários, fornecedores, segurança de dados privados, proteção à informação, patrocínio, brindes, custeio de viagens, dentre outros.

Em alguns casos, quando identificados riscos de mais relevância, controles internos podem ser criados, de modo a verificar se a conduta no dia a dia operacional dos colaboradores está conforme ao estabelecido no Código de Conduta, políticas e procedimentos internos.

Outro fator de sucesso do Programa de Compliance, e que também assegura a efetividade do Código de Conduta, é o estabelecimento de canal de denúncia. Os fatores de sucesso do canal de denúncia são credibilidade e anonimato. Para tanto, as boas práticas demonstram que, para garantir imparcialidade, o canal de denúncia pode ser administrado pela Ouvidoria ou por um fornecedor externo, que tratará de assegurar o processamento e envio de todas as mensagens de denúncias aos corretos destinatários, previamente definidos em procedimento interno da empresa, bem como o anonimato.

Também é fundamental para o sucesso da ferramenta e credibilidade junto aos colaboradores, o efetivo processamento das denúncias, por meio da realização das investigações necessárias para se apurar a veracidade da denúncia e a adoção das medidas necessárias para coibi-la. É muito importante se certificar que a investigação seja conduzida imparcial e que não ocorra qualquer tipo de retaliação ao denunciante na hipótese deste se identificar.

A importância dos canais de denúncia é tanta que notícia divulgada revela que a montadora de veículos Ford comunicou o desligamento do presidente da companhia responsável por suas operações na América do Norte, o executivo Raj Nair, após denúncias internas[52].

Na hipótese de não observância pelos colaboradores do Código de Ética e demais instrumentos do Programa de Compliance, penalidades devem ser previstas e aplicadas de maneira isonômica, eficaz e proporcional à infração cometida

4. CONCLUSÃO

Como pudemos observar, ambientes altamente regulados e complexos como o segmento automotivo exigem a implementação de um Programa de Compliance robusto, que contemple medidas de contenção de riscos internos e externos e preveja as regras de relacionamento com diversos agentes, sem prejuízo de resguardar os valores e a cultura corporativa.

O objetivo deste programa, é claro, é garantir que a empresa do setor automotivo atue de acordo com o ordenamento jurídico, evitando a exposição legal, reputacional e financeira da pessoa jurídicas, que muitas vezes podem se estender aos seus representantes legais e colaboradores, em especial na esfera criminal.

Para o sucesso do Programa de Compliance, assim como para qualquer outro setor econômico, é necessário o comprometimento da alta direção na disseminação do conteúdo disciplinado no código de condita, políticas e procedimentos internos perante todos os agentes internos e externos. É mandatório que os líderes e gestores respaldem as suas ações nos valores e cultura corporativa, servindo e inspirando

52. Disponível em: https://lec.com.br/blog/a-demissao-de-um-presidente-e-a-importancia-do-canal-de-denuncia/. Acesso em: 30 out. 2020.

todos os seus liderados e agentes externos com quais se relaciona. Além disso, por meio de treinamentos e comunicação constantes, os principais pilares do Programa de Compliance precisam ser comunicados com linguagem clara e objetiva.

No presente artigo entendemos por abordar tanto os aspectos que envolvem a relação direta com o consumidor, como a relação com fornecedores, concessionários e terceiros, além de discorrer sobre medidas de prevenção à lavagem de dinheiro e ao financiamento do terrorismo, combate à corrupção e respeito à livre concorrência. E conforme já mencionado anteriormente, mesmo diante de tantas nuances, o presente texto não esgotou as diversas temáticas que são objeto dos pilares que compõem o Programa de Compliance do segmento automotivo, sendo possível elencar, por exemplo, a necessidade de cumprimento da legislação trabalhista, fiscal, aduaneira e ambiental.

Assim, é possível antever, dada as diversas facetas temáticas, que no dia a dia os desafios são constantes e diversos para o profissional responsável pela área de *compliance* no segmento automotivo, que, além de precisar deter de uma visão ampla e generalista sobre as áreas de negócios, com o objetivo de identificar e antecipar riscos, precisa ter postura ilibada para transitar com transparência e credibilidade junto aos clientes internos, de modo que os colaboradores se sintam seguros para relatar incidentes, diretamente ou via o canal de denúncia. Também haverá diversas oportunidades em que este profissional precisará se relacionar com os agentes externos, em especial com a rede de concessionários e fornecedores.

Assim, qualquer incidente que abale a confiança do profissional de *compliance* ou do seu time, qualquer falha ou parcialidade na condução de processos de investigação, vazamento de informações, retaliação ou inércia, podem colocar todo o Programa de Compliance em risco em decorrência da perda de credibilidade. A experiência revela que rompida a confiança dos colaboradores no Programa, o processo de retomada é custoso e moroso, expondo a empresa a riscos de diferentes naturezas.

Ainda, não menos importante mencionar que o profissional de *compliance*, em conjunto com as outras áreas, desempenha um papel relevante na viabilização de novos negócios no segmento automotivo, pois participa ativamente na concepção de novas tecnologias e serviços, de modo que estejam sempre alinhadas com o ordenamento jurídico.

No mais e não menos importante cumpre pontuar que o profissional de *compliance* deve manter relacionamento próximo com o departamento jurídico e ouvidoria para que possam desenvolver parceria, sinergia e somem competências na execução das atividades diárias e no processo de tomada de decisão.

Por fim, o Programa de Compliance não é estático. Em decorrência da necessidade de estudo constante das modificações do mercado de consumo, das constantes necessidades de melhorias, inovações tecnológicas, automação de processos, desenvolvimento de novos produtos e serviços e alteração na legislação vigente, novos riscos estão constantemente surgindo e exigem a adoção de medidas preventivas e de controles adicionais.

5. REFERÊNCIAS

CARVALHO, André Castro e outros (Coord.). *Manual de Compliance*. 2. ed. Rio de Janeiro: Forense, 2020.

CONSELHO DE CONTROLE DE ATIVIDADES FINANCEIRAS – COAF – Orientações e alertas do Coaf aos seus supervisionados para cumprimento efetivo dos seus deveres com o sistema de prevenção e combate à lavagem de dinheiro (PLD). Disponível em: file:///C:/Users/qta1933/AppData/Local/Microsoft/Windows/INetCache/Content.Outlook/CAOASPG7/Informativo%20Diretoria%20de%20Supervisão_junho_2020.pdf.

CONTROLADORIA-GERAL DA UNIÃO – CGU – Programa de Integridade – Diretrizes para empresas privadas. Disponível em: https://www.gov.br/cgu/pt-br/centrais-de-conteudo/publicacoes/integridade/arquivos/programa-de-integridade-diretrizes-para-empresas-privadas.pdf.

DEPARTAMENTO DE PROTEÇÃO E DEFESA ECONÔMICA (extinta Secretaria de Direito Econômico – SDE) – Combate a Cartéis em Sindicatos e Associações (2209). Disponível em:

file:///C:/Users/qta1933/AppData/Local/Microsoft/Windows/INetCache/IE/I1D0ONC4/cartilha_sindicatos.pdf.

MINISTÉRIO DA TRANSPARÊNCIA E CONTROLADORIA GERAL DA UNIÃO – MTCGU – Manual Prático de Avaliação de Programa de Integridade em Processo Administrativo de Responsabilização de Pessoas Jurídicas (PAR). Disponível em: https://www.gov.br/infraestrutura/pt-br/centrais-de-conteudo/manual-pratico-integridade-par-pdf.

COMPLIANCE E PROTEÇÃO DO CONSUMIDOR NA INDÚSTRIA DE ALIMENTOS: NORMAS DA ANVISA

Simone Magalhães

Mestra em Direito Constitucional pelo Instituto Brasiliense de Direito Público (IDP). Diretora da Comissão Permanente de Acesso à Justiça do Instituto Brasileiro de Política e Direito do Consumidor (BRASILCON). Professora, consultora e advogada especializada em Direito do Consumidor. Contato: simonemagalhaes.advocacia@gmail.com

Sumário: 1. Introdução – 2. Principais informações que devem constar na rotulagem de alimentos e necessidade de implementação de programas de *compliance* consumerista como medida preventiva e mitigadora de danos – 3. Inadequação das informações nos rótulos dos produtos alimentícios, aumento dos índices de sobrepeso, obesidade e doenças crônicas não transmissíveis (DCNT) – 4. Crescimento da participação dos produtos alimentícios ultraprocessados no mercado e alguns impactos da sua ingestão excessiva na saúde das pessoas – 5. Direito do consumidor à adequada e clara informação nos rótulos dos alimentos – 6. Agência nacional de vigilância sanitária em seu papel regulador da rotulagem nutricional de alimentos – 7. Sugestões de modelos de nova rotulagem nutricional frontal apresentados à Anvisa; 7.1 Padrão defendido por representantes da sociedade civil; 7.2 Padrão defendido por representantes da indústria de alimentos; 7.3 Considerações gerais às propostas de modelos de rotulagem nutricional frontal – 8. Pontos importantes sobre as novas regras da rotulagem nutricional dos alimentos aprovadas pela Anvisa – 9. Conclusão – 10. Referências.

1. INTRODUÇÃO

Poucas pessoas conhecem a existência de requisitos e padrões para a construção da rotulagem[1] de alimentos embalados, não se dando conta de que todas as informações que estão ali disponíveis ao consumidor partem de densos e necessários processos de regulação promovidos, principalmente, pela Agência Nacional de Vigilância Sanitária (ANVISA)[2], além de regramentos do Ministério da Agricultura, Pecuária e Abastecimento (MAPA) que também impactam, direta ou indiretamente, a sua constituição.

Como as informações inseridas nos rótulos dos alimentos estabelecem o principal veículo de comunicação entre fabricante e consumidor, estes fornecedores se

1. ANVISA, RDC 259/02. 2.1. Rotulagem: É toda inscrição, legenda, imagem ou toda matéria descritiva ou gráfica, escrita, impressa, estampada, gravada, gravada em relevo ou litografada ou colada sobre a embalagem do alimento.
2. A ANVISA foi criada pela Lei 9.782, de 26 de janeiro de 1999, cujo artigo 3º dispõe: "Fica criada a Agência Nacional de Vigilância Sanitária – ANVISA, autarquia sob regime especial, vinculada ao Ministério da Saúde, com sede e foro no Distrito Federal, prazo de duração indeterminado e atuação em todo território nacional. Parágrafo único. A natureza de autarquia especial conferida à Agência é caracterizada pela independência administrativa, estabilidade de seus dirigentes e autonomia financeira" [BRASIL. *Lei 9.782, de 26 de janeiro de 1999*].

deparam com uma obrigação crucial: observar estritamente as diretrizes traçadas pelo Código de Proteção e Defesa do Consumidor (CDC)[3] – em especial pelos princípios da boa-fé objetiva[4], transparência[5] e informação[6] – e pelos variados regramentos que tratam especificamente do assunto rotulagem de alimentos.

Verifica-se a clara existência de um dever legal imputado ao fabricante, no sentido de que a sua atuação deve primar pela prevenção[7], com o intuito de não colocar em risco a saúde ou a segurança[8] do consumidor.

Os métodos produtivos são complexos, incidindo muitas obrigações legais sobre fabricação e forma de disponibilização dos produtos no mercado de consumo. Caso não sejam observadas as normas aplicáveis, ao fornecedor poderão ser imputadas responsabilizações específicas.

Por isso mesmo, edificar e executar um criterioso programa de *compliance* que contemple a lisura das informações na rotulagem dos alimentos é essencial para se evitar equívocos ou omissões que causem danos aos consumidores e/ou à imagem da própria empresa. Nesse sentido, os fornecedores que não pautarem seus procedimentos na satisfação de condutas íntegras, estão sujeitos à aplicação de variadas sanções administrativas, civis ou penais, a depender do tipo de ação ou omissão empregadas.

Ao se falar em *compliance* consumerista não se pode se distanciar das previsões traçadas pela Política Nacional de Relações de Consumo que, dentre outros pontos importantes, ressalta a vulnerabilidade[9] do consumidor como um dos seus princípios fundamentais, afinal, o CDC existe pela necessidade de se proteger este ser vulnerável, cuja condição fica ainda mais acentuada quando se trata de alimentos e suas reações no organismo humano.

Assim, no ambiente corporativo deve ser sempre estimulada e implementada uma cultura interna de tutela da pessoa consumidora, bem como do crucial papel do fornecedor como sujeito responsável pela fabricação de produtos alimentícios que, além de alimentar, nutrir e satisfazer necessidades, tem também uma alta potencialidade nociva quando não são fielmente cumpridos padrões sanitários, de boas práticas ou de informação ao consumidor.

Nesse sentido, considerando o Código de Defesa do Consumidor como um robusto manual de condutas que traça as diretrizes gerais da atuação dos fornecedores, o *compliance* consumerista se mostra como uma ferramenta altamente eficaz para reduzir de maneira significativa a possibilidade de instauração de litígios de consumo, ao mesmo tempo em que contribui para a consolidação da credibilidade da empresa no mercado.

3. BRASIL. Lei 8.078, de 11 de setembro de 1990.
4. CDC, art. 4º, III.
5. CDC, art. 4º, *caput*.
6. CDC, art. 4º, IV.
7. CDC, art. 6º, VI.
8. CDC, art. 8º.
9. CDC, art. 4º, I.

2. PRINCIPAIS INFORMAÇÕES QUE DEVEM CONSTAR NA ROTULAGEM DE ALIMENTOS E NECESSIDADE DE IMPLEMENTAÇÃO DE PROGRAMAS DE *COMPLIANCE* CONSUMERISTA COMO MEDIDA PREVENTIVA E MITIGADORA DE DANOS

Projetar a formação de rótulos de alimentos é sempre atividade desafiadora para os profissionais que a ela se dedicam, já que a função exige o conhecimento e a interpretação conjunta de muitas regras que disciplinam o tema.

Pode-se dizer que a arquitetura geral da rotulagem é designada pela Resolução de Diretoria Colegiada (RDC) 259/2002 que trata do "Regulamento Técnico sobre Rotulagem de Alimentos Embalados" que delimita seu âmbito de aplicação[10] aos alimentos embalados[11] na ausência do consumidor.

É também a RDC 259/2002 que, em seu item 5, determina as informações obrigatórias que devem, em regra, constar na rotulagem, sendo de vital importância que elas apresentem a denominação de venda do alimento, lista de ingredientes, conteúdos líquidos, identificação da origem, nome ou razão social e endereço do importador (no caso de alimentos importados), identificação do lote, prazo de validade, instruções sobre o preparo e uso do alimento (quando necessário).

Posteriormente, a Anvisa publicou a RDC 360/2003 que trata do "Regulamento Técnico sobre Rotulagem Nutricional de Alimentos Embalados", tornando obrigatória a rotulagem nutricional[12] e elencando os nutrientes que devem ser declarados: valor energético, carboidratos, proteínas, gorduras totais, gorduras saturadas, gorduras trans e sódio[13]. De forma complementar, a RDC 359/2003[14] trata do "Regulamento Técnico de Porções de Alimentos Embalados para Fins de Rotulagem Nutricional", em decorrência da necessidade de se estabelecer tamanhos das porções para infor-

10. ANVISA, RDC 259/02. 1. Âmbito de aplicação. O presente Regulamento Técnico se aplica à rotulagem de todo alimento que seja comercializado, qualquer que seja sua origem, embalado na ausência do cliente, e pronto para oferta ao consumidor.

    Naqueles casos em que as características particulares de um alimento requerem uma regulamentação específica, a mesma se aplica de maneira complementar ao disposto no presente Regulamento Técnico.
11. ANVISA, RDC 259/02. 2.3. Alimento embalado: É todo o alimento que está contido em uma embalagem pronta para ser oferecida ao consumidor.
12. ANVISA, RDC 360/03. 2.2. Rotulagem nutricional: é toda descrição destinada a informar ao consumidor sobre as propriedades nutricionais de um alimento. A rotulagem nutricional compreende: a) a declaração de valor energético e nutrientes; b) a declaração de propriedades nutricionais (informação nutricional complementar).
13. A RDC 429/20 entrará em vigor em 2022 e revogará a RDC 360/03 (conforme seus arts. 49 e 51), trazendo novas obrigatoriedades para tabela nutricional, conforme seu art. 5º: A tabela de informação nutricional deve conter a declaração das quantidades de: I – valor energético; II – carboidratos; III – açúcares totais; IV – açúcares adicionados; V – proteínas; VI – gorduras totais; VII – gorduras saturadas; VIII – gorduras trans; IX – fibra alimentar; X – sódio; XI – qualquer outro nutriente ou substância bioativa que seja objeto de alegações nutricionais, de alegações de propriedades funcionais ou de alegações de propriedades de saúde; XII – qualquer outro nutriente essencial adicionado ao alimento, conforme Portaria SVS/MS 31, de 1998, cuja quantidade, por porção, seja igual ou maior do que 5% do respectivo VDR definido no Anexo II da Instrução Normativa – IN 75, de 2020; e XIII – qualquer substância bioativa adicionada ao alimento.
14. A RDC 359/03 será revogada pela RDC 429/20 que entrará em vigor em 2022.

mação nutricional, trazendo definições[15] de porção, medida caseira, unidade, fração, fatia ou rodela e prato preparado semipronto ou pronto.

Outras informações que são de extrema relevância para a não exposição do consumidor a risco à saúde ou à segurança encontram-se na Lei 10.674/2003 que obriga que os produtos alimentícios comercializados apontem presença ou ausência de glúten, como medida preventiva e de controle da doença celíaca, trazendo em seu art. 1º que "todos os alimentos industrializados deverão conter em seu rótulo e bula, obrigatoriamente, as inscrições "contém Glúten" ou "não contém Glúten", conforme o caso".

Da mesma maneira, a RDC 26/2015 "dispõe sobre os requisitos para rotulagem obrigatória dos principais alimentos que causam alergias alimentares", determinando a forma[16] e quais alérgenos[17] são de advertência obrigatória nas embalagens. Interessante assinalar que, por força dessa Resolução, os fabricantes devem informar ao consumidor a possibilidade de contaminação cruzada[18] seguindo o mesmo padrão informacional[19].

Já a Lei 13.305/2016 trata do conhecimento referente à lactose, determinando que "os rótulos de alimentos que contenham lactose deverão indicar a presença da substância, conforme as disposições do regulamento". Em seguida, são publicadas a RDC 135/2017, dispondo sobre alimentos para fins especiais destinados às dietas com

15. ANVISA, RDC 359/03. 2.1. Porção: é a quantidade média do alimento que deveria ser consumida por pessoas sadias, maiores de 36 meses de idade em cada ocasião de consumo, com a finalidade de promover uma alimentação saudável. 2.2. Medida Caseira: é um utensílio comumente utilizado pelo consumidor para medir alimentos. 2.3. Unidade: cada um dos produtos alimentícios iguais ou similares contidos em uma mesma embalagem. 2.4. Fração: parte de um todo. 2.5. Fatia ou rodela: fração de espessura uniforme que se obtém de um alimento. 2.6. Prato preparado semipronto ou pronto: alimento preparado, cozido ou pré-cozido que não requer adição de ingredientes para seu consumo.

16. ANVISA, RDC 26/15. Art. 6º. Os alimentos, ingredientes, aditivos alimentares e coadjuvantes de tecnologia que contenham ou sejam derivados dos alimentos listados no Anexo devem trazer a declaração "Alérgicos: Contém (nomes comuns dos alimentos que causam alergias alimentares)", "Alérgicos: Contém derivados de (nomes comuns dos alimentos que causam alergias alimentares)" ou "Alérgicos: Contém (nomes comuns dos alimentos que causam alergias alimentares) e derivados", conforme o caso. §1º No caso dos crustáceos, a declaração deve incluir o nome comum das espécies da seguinte forma: "Alérgicos: Contém crustáceos (nomes comuns das espécies)", "Alérgicos: Contém derivados de crustáceos (nomes comuns das espécies)" ou "Alérgicos: Contém crustáceos e derivados (nomes comuns das espécies)", conforme o caso.

17. ANVISA, RDC 26/15. ANEXO: 1. Trigo, centeio, cevada, aveia e suas estirpes hibridizadas. 2. Crustáceos. 3. Ovos. 4. Peixes. 5. Amendoim. 6. Soja. 7. Leites de todas as espécies de animais mamíferos. 8. Amêndoa (Prunus dulcis, sin.: Prunus amygdalus, Amygdalus communis L.). 9. Avelãs (Corylus spp.). 10. Castanha-de-caju (Anacardium occidentale). 11. Castanha-do-brasil ou castanha-do-pará (Bertholletia excelsa). 12. Macadâmias (Macadamia spp.). 13. Nozes (Juglans spp.). 14. Pecãs (Carya spp.). 15. Pistaches (Pistacia spp.). 16. Pinoli (Pinus spp.). 17. Castanhas (Castanea spp.). 18. Látex natural.

18. ANVISA, RDC 26/15, art. 7º Nos casos em que não for possível garantir a ausência de contaminação cruzada dos alimentos, ingredientes, aditivos alimentares ou coadjuvantes de tecnologia por alérgenos alimentares, deve constar no rótulo a declaração "Alérgicos: Pode conter (nomes comuns dos alimentos que causam alergias alimentares)".

19. ANVISA, RDC 26/15, art. 8º. As advertências exigidas nos artigos 6º e 7º desta Resolução devem estar agrupadas imediatamente após ou abaixo da lista de ingredientes e com caracteres legíveis que atendam aos seguintes requisitos de declaração: I – caixa alta; II – negrito; III – cor contrastante com o fundo do rótulo; e IV – altura mínima de 2 mm e nunca inferior à altura de letra utilizada na lista de ingredientes.

restrição de lactose, e a RDC 136/2017, que "estabelece os requisitos para declaração obrigatória da presença de lactose nos rótulos dos alimentos".

Nesse contexto, existem outros regramentos disciplinadores que visam transmitir informações padronizadas aos consumidores, a exemplo da Portaria 2.658/2003[20] que define o "Regulamento para o Emprego do Símbolo Transgênico", com o "objetivo de definir a forma e as dimensões mínimas do símbolo que comporá a rotulagem tanto dos alimentos e ingredientes alimentares destinados ao consumo humano ou animal embalados como nos vendidos a granel ou *in natura*, que contenham ou sejam produzidos a partir de organismos geneticamente modificados, na forma do Decreto 4.680, de 24 de abril de 2003"; da Portaria 81/2002[21] que "Estabelece regra para a informação aos consumidores sobre mudança de quantidade de produto comercializado na embalagem"; da Portaria Inmetro 153/2008[22] que padroniza o conteúdo líquido dos produtos pré-medidos acondicionados; da RDC 340/2002 sobre a obrigatoriedade de constar na rotulagem o nome do corante tartrazina (INS 102) por extenso; da RDC 421/2020 que "dispõe sobre a inclusão de declaração sobre nova fórmula na rotulagem de produtos sujeitos à vigilância sanitária quando da alteração de sua composição".

Como visto, a rotulagem de alimentos é fruto da aplicação conjunta de vários regramentos, principalmente advindos de Resoluções publicadas pela Anvisa, demonstrando a alta presença regulatória no assunto.

O cumprimento de códigos de conduta por meio de programas de *compliance* focados na correta execução de regras de rotulagem, além de alcançar o objetivo maior de promover segurança aos consumidores, também minimiza a possibilidade de ocorrência de eventos danosos que podem impactar negativamente a imagem da empresa perante a sociedade. A implementação de diretrizes guiadas por programas de *compliance* se coaduna com as normas traçadas pelo Código de Defesa do Consumidor que prevê como direito básico a efetiva prevenção[23] e reparação dos danos, mostrando-se como postura estratégica de redução de riscos, independentemente do porte econômico do fabricante.

Como bem mencionado por Carpena[24], as atenções voltadas ao *compliance* se intensificaram no Brasil por volta do ano de 2013 quando o país foi "sacudido por intensas manifestações populares, pela eclosão da operação "lava jato" e pela edição da Lei 12.846, que dispõe sobre a responsabilidade das pessoas jurídicas por danos à administração pública.

---

20. BRASIL. Ministério da Justiça. Portaria 2658, de 22 de dezembro de 2003.
21. BRASIL. Ministério da Justiça. Portaria 81, de 23 de janeiro de 2002.
22. BRASIL. Ministério do Desenvolvimento, Indústria e Comércio Exterior. Portaria Inmetro 153, de 19 de maio de 2008.
23. CDC, art. 6º, VI.
24. CARPENA. Heloisa. O *compliance* consumerista e criação de um mercado ético e produtivo. *Consultor Jurídico*. Garantias do Consumo. Disponível em: https://www.conjur.com.br/2018-ago-01/garantias-consumo-compliance-consumerista-criacao-mercado-etico-produtivo.

Desde então, o *compliance* tem tido um foco importante como medida anticorrupção, mas não é disso apenas que trata". A autora esclarece que ele é ferramenta interna das empresas para governança e administração, voltada para a identificação e redução de riscos corporativos.

Assim, o *compliance* não é somente cumprimento de leis, mas um amplo programa com desígnio de criar procedimentos para evitar fraudes corporativas, eliminar "práticas que possam ser consideradas infrações, seja à lei penal, às normas concorrenciais, ambientais, tributárias, trabalhistas e também às leis de proteção ao consumidor", sendo fundamentado em importantes pilares: "comprometimento da alta direção; avaliação de riscos; código de conduta; regras e procedimentos; auditoria; treinamento dos colaboradores; comunicação; investigação e aplicação de sanções"[25].

É importante ressaltar que muitos dos problemas de consumo seriam facilmente evitados se as empresas investissem em treinamentos de colaboradores pautados em princípios da legislação consumerista. Da mesma forma, várias questões não necessitariam ser levadas à apreciação do Poder Judiciário se houvesse a implementação de uma cultura corporativa de *compliance* consumerista. As consequências da responsabilização civil das empresas é fator que precisa constar na análise de risco, destacando que pequenos ajustes em algumas rotinas poderiam evitar grandes danos.

Assim, dedicar atenção em como a informação é transmitida ao consumidor na rotulagem de alimentos pode afastar lesões, perda de clientes e prejuízos financeiros. É válido considerar que parte significativa dos recolhimentos de produtos que já estão no mercado é motivada por vícios informacionais que obrigam legalmente o fabricante a arcar com vultosos custos para recolher todos os alimentos e garantir segurança aos consumidores.

3. INADEQUAÇÃO DAS INFORMAÇÕES NOS RÓTULOS DOS PRODUTOS ALIMENTÍCIOS, AUMENTO DOS ÍNDICES DE SOBREPESO, OBESIDADE E DOENÇAS CRÔNICAS NÃO TRANSMISSÍVEIS (DCNT)

A rotulagem nutricional gera grandes debates entre variados setores, deixando inequívoco que as regras disciplinadoras atuais não são efetivas quanto à transmissão das características essenciais do alimento.

Com isso, a Anvisa trouxe à discussão assuntos importantes por meio da sua Agenda Regulatória 2017-2020[26], e implementou processo de Análise de Impacto

25. Idem.
26. A Agenda Regulatória 2017-2020 foi composta por 129 temas, organizados em 15 macrotemas, aprovados pela Diretoria Colegiada e publicada no Diário Oficial da União (DOU) de 06/12/17, sendo republicada para ajustes corretivos em 11/09/18. A primeira atualização da AR 2017-2020 foi publicada no DOU de 23/01/19, denominada "Atualização Anual 2018-2019 da Lista de Temas da Agenda Regulatória", com inclusão, exclusão e alteração de nomes de temas prioritários para a regulação sanitária. [Agência Nacional de Vigilância Sanitária (Anvisa). *Atualização Anual 2018-2019 da Lista de Temas da Agenda Regulatória*].

Regulatório (AIR)[27], identificando que a maneira como os elementos nutricionais são transmitidos nos rótulos não atendia às necessidades dos consumidores.

Tal problema regulatório demonstrou a assimetria existente no entendimento de informações, comprometendo a concretização de escolhas alimentares mais amadurecidas. Além disso, outros entraves para a plena compreensão pelo consumidor também foram elencados pela Agência, a exemplo da pequena dimensão das letras, a ausência de realce da tabela nutricional e sua localização na parte de trás da embalagem, a necessidade de cálculos matemáticos para comparar produtos com tamanhos diferentes de porções e o uso de termos técnicos[28].

Mostra-se incontroverso que nos últimos anos o Brasil avançou na regulação das informações disponíveis nos rótulos, com a adoção de regras específicas que levaram o consumidor a experimentar ganhos significativos quanto ao entendimento sobre o próprio alimento. Todavia, também é verdade que a comunicação inserida nas embalagens ainda não atingiu patamares adequados, muitas vezes promovendo falsas percepções sobre qualidades que o produto não tem.

A preocupação foi agravada quando se constatou que os hábitos alimentares dos brasileiros se deslocaram paulatinamente dos "alimentos não processados" ou "minimamente processados" para os "produtos alimentícios processados ou ultraprocessados"[29], caracterizados por complexas intervenções industriais, desequilíbrio de nutrientes e excesso de calorias.

Diante da crescente e desbalanceada ingestão de produtos processados e ultraprocessados, bem como do consequente aumento dos índices de sobrepeso, obesidade e doenças crônicas não transmissíveis, principalmente entre crianças e adolescentes,

27. Agência Nacional de Vigilância Sanitária (Anvisa). *Relatório Preliminar de Análise de Impacto Regulatório de Rotulagem Nutricional*, p. 36.
28. Agência Nacional de Vigilância Sanitária (Anvisa). *Relatório Preliminar de Análise de Impacto Regulatório de Rotulagem Nutricional*, p. 40.
29. A Organização Pan-Americana da Saúde (OPAS) utiliza os seguintes parâmetros para a identificação dos alimentos: "Alimentos não processados": alimentos obtidos diretamente de plantas ou animais e não submetidos a nenhum tipo de alteração entre sua retirada da natureza e seu preparo culinário ou consumo. "Alimentos minimamente processados": alimentos não processados que foram submetidos a processos de limpeza, remoção de partes não comestíveis ou indesejáveis, secagem, moagem, fracionamento, torrefação, fervura, pasteurização, refrigeração, congelamento, embalagem a vácuo ou fermentação não alcoólica. "Produtos alimentícios processados": são manufaturados pela indústria com a adição de sal, açúcar ou outros ingredientes culinários a alimentos não processados ou minimamente processados com o objetivo de conservá-los ou para torná-los mais saborosos. "Produtos alimentícios ultraprocessados": formulações industriais preparadas com vários ingredientes. São distinguidos dos processados pela presença de outras substâncias que são extraídas de alimentos, mas não têm nenhum uso culinário comum (por exemplo, caseína, soro de leite, isolados proteicos de soja e de outros alimentos); de substâncias sintetizadas a partir de constituintes dos alimentos (por exemplo, óleos hidrogenados ou interesterificados, amidos modificados e outras substâncias que não estão naturalmente presentes nos alimentos); e de aditivos usados para modificar a cor, o aroma, o sabor ou a textura do produto final. Em geral, os alimentos não processados ou minimamente processados estão ausentes ou representam uma proporção muito pequena na lista de ingredientes de produtos ultraprocessados que, com frequência, têm 5, 10, 20 ou mais elementos. [Organização Pan-Americana da Saúde (OPAS). *Modelo de Perfil Nutricional da Organização Pan-Americana da Saúde*, p. 25-27].

tornou-se inadiável a adequação dos rótulos, a fim de que eles se comuniquem de maneira transparente, fácil e direta com os consumidores, contribuindo para um exercício de escolha mais fundamentado e consciente.

Este objetivo condiz com as previsões constitucionais de tutela da saúde, da vida e da alimentação, bem como com as determinações do Código de Proteção e de Defesa do Consumidor.

Dados da Organização Mundial da Saúde (OMS) evidenciaram que em todo o mundo a obesidade teve sua incidência dobrada entre 1980 e 2008[30]. Ainda mais preocupante é a situação vivenciada nos países americanos, visto que o sobrepeso alcançou 62% dos adultos acima de 20 anos de idade, enquanto 26% deles estavam obesos. Especificamente no México, Chile e Estados Unidos o excesso de peso já estava presente em 70% dos adultos[31].

No Brasil, sobrepeso e obesidade se firmaram em 50,1% dos homens e 48% das mulheres, até 2013[32]. Contudo, dados da Pesquisa Nacional de Saúde (PNS) 2019, divulgada pelo Instituto Brasileiro de Geografia e Estatística (IBGE), em parceria com o Ministério da Saúde, mostram que o percentual de pessoas adultas obesas mais do que dobrou em 17 anos, passando de 12,2% em 2003 para 26,8% em 2019. Quanto ao excesso de peso, a estatística do mesmo período apontou aumento de 43,3% para 61,7%, o que representa quase dois terços dos brasileiros adultos. Nos adolescentes entre 15 e 17 anos, o percentual de excesso de peso foi de 19,4% (sexo feminino: 22,9%; sexo masculino: 16%) e de obesidade foi de 6,7% (sexo feminino: 8%; sexo masculino: 5,4%). É curioso notar que entre os jovens adultos de 18 a 24 anos, 33,7% deles (7,4 milhões de pessoas) estavam com excesso de peso, enquanto na faixa etária entre 40 e 59 anos essa prevalência atingiu o patamar de 70,3% (39,5 milhões de pessoas)[33].

Ainda quanto aos países americanos, a Organização Pan-Americana da Saúde (OPAS)[34] destacou que a obesidade entre crianças e adolescentes atingiu dimensão epidêmica. De acordo com dados de Pesquisas Demográficas e de Saúde (DHS) realizadas no período de 1992 a 2012, verificou-se que cerca de 20% a 25% das crianças menores de 19 anos já entraram nos patamares de sobrepeso ou obesidade[35]. No Brasil, a presença da obesidade na faixa etária de 5 a 9 anos foi multiplicada

30. Mais informações sobre o assunto podem ser obtidas em: GREGG, Edward W.; SHAW, Jonathan E. Health Effects of Overweight and Obesity in 195 Countries over 25 Years.
31. Organização Pan-Americana da Saúde (OPAS). *Plano de Ação para Prevenção da Obesidade em Crianças e Adolescentes*, p. 13 e 14.
32. BRASIL. Ministério da Saúde. *Política Nacional de Alimentação e Nutrição (PNAN)*, 2013, p.17.
33. Instituto Brasileiro de Geografia e Estatística (IBGE). *Pesquisa Nacional de Saúde (PNS), 2019.*
34. A OPAS atua como escritório regional da Organização Mundial da Saúde (OMS) desde 1949 e trabalha com os países das Américas por meio de cooperação técnica destinada à melhoria da saúde e da qualidade de vida das suas populações. [Organização Pan-Americana da Saúde (OPAS). *Início*].
35. Organização Pan-Americana da Saúde (OPAS). *Plano de Ação para Prevenção da Obesidade em Crianças e Adolescentes*, p. 13-14.

por quatro entre os meninos (de 4,1% para 16,6%) e por cinco entre as meninas (de 2,4% para 11,8%)[36].

Hábitos alimentares inadequados[37] têm impacto decisivo para o aumento de peso e para o surgimento de doenças crônicas não transmissíveis. Em âmbito mundial, essas doenças foram a principal causa de mortes em 2015, correspondendo a 70% (56,4 milhões) dos óbitos[38]. No Brasil, o índice se revelou ainda mais preocupante, visto que 74% das mortes foram ocasionadas por DCNT, destacando-se as doenças cardiovasculares, o câncer e a diabetes que representam mais de 50% da mortalidade da população brasileira[39].

Estas doenças resultam em grandes perdas pessoais para as famílias e para a sociedade. Além disso, elas impactam expressivamente os gastos do Sistema Único de Saúde (SUS). Em 2011, os custos diretos relacionados ao tratamento de obesidade e de enfermidades a ela correlatas na população adulta foi de R$ 488 milhões, representando 1,9% das intervenções de média e alta complexidade[40].

Enquanto isso, o Ministério da Saúde[41] identifica um crescimento anual de 1% da obesidade entre os adultos. Tal ampliação está diretamente relacionada a hábitos alimentares e à insuficiência de atividade física. Cada vez mais os brasileiros ingerem alimentos com quantidades excessivas de nutrientes críticos. Estima-se que o açúcar seja consumido acima dos volumes diários recomendados pela OMS por 61% da população, e o sódio por 70% dela[42].

Necessário observar que grande parte das doenças pode ser evitada, especialmente com controle do tabaco, sedentarismo e hábitos alimentares. Nesse sentido, o Instituto Nacional do Câncer (INCA) indica que manter uma alimentação balanceada é um dos hábitos modificáveis mais importantes para se conter o risco de desenvolvimento de doenças e agravos não transmissíveis (DANT)[43], evidenciando a

---

36. BRASIL. Ministério da Saúde. *Política Nacional de Alimentação e Nutrição (PNAN)*, 2013, p.17-18.
37. Avaliações computadas em 188 países apontam relação existente entre doenças e 79 fatores de riscos ambientais, comportamentais e metabólicos, identificando que os fatores de risco alimentar são os mais decisivos para o surgimento de doenças e foram responsáveis por 11,3 milhões de mortes em 2013. [*Global Burden of Disease Study* 2015 apud Agência Nacional de Vigilância Sanitária (Anvisa). *Relatório Preliminar de Análise de Impacto Regulatório sobre Rotulagem Nutricional*, p. 30-33].
38. WHO, Global Health Observatory (GHO) apud Agência Nacional de Vigilância Sanitária (ANVISA). *Relatório Preliminar de Análise de Impacto Regulatório sobre Rotulagem Nutricional*, 2018, p. 30-33.
39. WHO, Noncommunicable Diseases Country Profiles, Brazil, 2014 apud Agência Nacional de Vigilância Sanitária (Anvisa). *Relatório Preliminar de Análise de Impacto Regulatório sobre Rotulagem Nutricional*, 2018, p. 30-33.
40. OLIVEIRA, UnB, 2013 apud Agência Nacional de Vigilância Sanitária (Anvisa). *Relatório Preliminar de Análise de Impacto Regulatório sobre Rotulagem Nutricional*, 2018, p. 30-33.
41. BRASIL. Ministério da Saúde. *Vigitel*. Disponível em: http://portalms.saude.gov.br/saude-de-a-z/vigitel#-dados.
42. IBGE, 2011 apud Agência Nacional de Vigilância Sanitária (Anvisa). *Relatório Preliminar de Análise de Impacto Regulatório sobre Rotulagem Nutricional*, 2018, p. 33.
43. INCA. Inquérito domiciliar sobre comportamentos de risco e morbidade referida de doenças e agravos não transmissíveis: Brasil, 15 capitais e Distrito Federal 2002-2003, 2006 apud BRASIL. Ministério da Saúde. *As Causas Sociais das Iniquidades em Saúde no Brasil*, 2008, p. 83.

importância de que sejam executadas políticas públicas específicas que contemplem medidas de controle de peso e estímulo à alimentação nutricionalmente equilibrada.

4. CRESCIMENTO DA PARTICIPAÇÃO DOS PRODUTOS ALIMENTÍCIOS ULTRAPROCESSADOS NO MERCADO E ALGUNS IMPACTOS DA SUA INGESTÃO EXCESSIVA NA SAÚDE DAS PESSOAS

Mesmo com tantos alertas relacionando o consumo demasiado de produtos alimentícios ultraprocessados ao surgimento de doenças, o seu montante de vendas aumentou 43,7% em âmbito mundial, passando de 328.055 quilotoneladas em 2000 para 471.476 quilotoneladas em 2013. Na América Latina o crescimento foi ainda maior: 48%[44]. No Brasil, foram vendidos 112,9 kg de produtos ultraprocessados por pessoa em 2013, o que levou o país a ocupar a 7ª posição regional e a 34ª mundial[45].

Taddei *et al.*[46] lembram que nos últimos anos se verifica um aumento considerável no tamanho das porções tanto de refrigerantes quanto de outros produtos alimentícios industrializados. Para Verbicaro et al[47] o comportamento do consumidor é influenciado pela indústria que, além de criar necessidades de consumo, também investe em fidelização das pessoas por meio de uma relação de autoidentificação com a marca e pertencimento ao grupo por ela criado.

Cada vez mais pesquisas científicas retratam esforços mundiais para desvendar os efeitos danosos causados pelo desequilíbrio na ingestão de produtos alimentícios com baixo valor nutritivo e excesso de nutrientes críticos.

Um estudo recente coordenado por pesquisadores da Universidade de Sorbonne Paris analisou algumas ligações existentes entre a ingestão de produtos ultraprocessados e o desenvolvimento de câncer. Foram acompanhadas 104.980 pessoas, entre 2009 e 2017, com o registro do consumo habitual de 3.300 produtos alimentares. Obteve-se como resultado que a incorporação de 10% de alimentos ultraprocessados na dieta corresponde a um acréscimo superior a 10% nos riscos de surgimento de cânceres[48].

Outra pesquisa atual[49] realizada na França acompanhou 105.159 pessoas, entre 2009 e 2018, analisando a ingestão rotineira de 3.300 itens, com o intuito de identificar a relação entre o consumo de produtos alimentícios ultraprocessados e o risco de desenvolvimento de doenças cardiovasculares. Como resultado, constatou-se que

44. Organização Pan-Americana da Saúde (OPAS). *Alimentos e bebidas ultraprocessados na América Latina: tendências, efeito na obesidade e implicações para políticas públicas*, 2018, p. 16.
45. OPAS, 2015 apud Organización de LAS Naciones Unidas Para La Alimentación Y LA Agricultura (FAO); Organización Panamericana de la Salud (OPS). *América Latina y el Caribe: Panorama de La Seguridad Alimentaria y Nutricional – sistemas alimentarios sostenibles para poner fin al hambre y la malnutrición*, p. 105.
46. TADDEI, José Augusto *et al.*, p. 178.
47. VERBICARO et al, p. 356.
48. SROUR, Bernard et al. Consumption of ultra-processed foods and cancer risk: results from NutriNet-Santé prospective cohort. *The BMJ*: 2018.
49. SROUR, Bernard *et al.* Ultra-processed Food and Adverse Health Outcomes. *The MBJ*: 2019.

o incremento de 10% na ingestão de produtos ultraprocessados elevou em 12% os problemas cardiovasculares, em 13% as doenças coronarianas e em 11% as doenças cerebrovasculares[50].

A Universidade de Navarra na Espanha sediou outro estudo[51] destinado a analisar a ligação mantida entre o consumo constante de alimentos ultraprocessados e a mortalidade por causas diversas. Na pesquisa, 19.899 pessoas foram acompanhadas de 1999 a 2014 (duração média de 10,4 anos), e a avaliação se deu sobre a ingestão de 136 alimentos e bebidas. Em decorrência, verificou-se que o risco de mortalidade por causas diversas foi impulsionado quando os participantes consumiram mais alimentos ultraprocessados. Para cada adição desses produtos, a mortalidade foi aumentada em 18%. Além disso, verificou-se que a ingestão de 4 ou mais porções diárias de ultraprocessados majorou o risco das causas de mortalidade em 62%.

Recomendação comum das pesquisas científicas foi sobre se manter moderação no consumo dos produtos alimentícios ultraprocessados, fato que evidenciou a necessidade de que o Brasil executasse políticas públicas destinadas ao incentivo de hábitos saudáveis como atividades físicas, alimentação adequada e limitações ao fumo.

Uma boa medida adotada pelo país em consonância com diretrizes internacionais de segurança alimentar foi a publicação do "Guia Alimentar para a População Brasileira", tendo como principal indicador o *Codex Alimentarius*[52], programa conjunto da Organização das Nações Unidas para a Alimentação e a Agricultura (FAO) e da OMS. O Guia visa oferecer informações à população que possibilitem a adoção de escolhas alimentares mais equilibradas, cujas declarações se fundam em conhecimentos resultantes de estudos experimentais, clínicos, populacionais e antropológicos, e em fatores de formação de padrões tradicionais de alimentação[53].

A formulação do "Guia Alimentar para a População Brasileira" leva em consideração que a alimentação representa bem mais que a simples ingestão de nutrientes, e que a sua adequação amplia a autonomia nas escolhas alimentares. O Guia busca conscientizar as pessoas de que os alimentos *in natura* ou minimamente processados devem constituir a base da alimentação, enquanto o consumo de produtos processados deve ocorrer de forma limitada, evitando-se a ingestão de ultraprocessados[54].

Outro passo importante efetivado pelo Brasil em 2014 foi a assinatura do "Plano de Ação para Prevenção da Obesidade em Crianças e Adolescentes" proposto pela OPAS, em que foram traçadas as principais linhas de ações interventivas na saúde pública para conter a progressão da epidemia de obesidade em crianças e adolescentes

50. PERES, João. *Novos estudos associam alimentos ultraprocessados a morte e doenças cardiovasculares*.
51. BES-RASTROLLO, Maira et al. *Association between consumption of ultra-processed foods and all cause mortality*: SUN prospective cohort study. *The BMJ*: 2019.
52. INSTITUTO Nacional de Metrologia, Qualidade e Tecnologia (INMETRO). *Codex Alimentarius*.
53. BRASIL. Ministério da Saúde. *Guia Alimentar para a População Brasileira*, 2014, p. 7.
54. BRASIL. Ministério da Saúde. *Guia Alimentar para a População Brasileira*, 2. ed., 2014. p. 23.

de 0 a 19 anos[55]. O foco nessa faixa etária se justificou pelo desafio que a obesidade representa na infância e na adolescência, diante da grande possibilidade de que ela se prolongue pela vida adulta[56].

Objetivando a diminuição substancial da obesidade e do sobrepeso em crianças e adolescentes, vários países americanos começaram a implementar políticas públicas específicas, a exemplo de: diferenciações tributárias para bebidas açucaradas e produtos energéticos; melhoria da qualidade dos alimentos vendidos nas escolas; incentivo ao aleitamento materno; regulamentação da publicidade de alimentos dirigida ao público infantil; incremento de programas de merenda escolar e de atividade física; informações na parte frontal das embalagens com mensagens simples para comunicar sobre algumas características dos alimentos[57].

5. DIREITO DO CONSUMIDOR À ADEQUADA E CLARA INFORMAÇÃO NOS RÓTULOS DOS ALIMENTOS

A defesa do consumidor é um direito e garantia fundamental assegurado pela nossa Constituição Federal em seu artigo 5º, XXXII, o que revela a importância da sua proteção para se alcançar uma relação de consumo equilibrada. Além disso, o artigo 170 prevê que a defesa do consumidor também se apresenta como um dos princípios da Ordem Econômica, confirmando a total compatibilidade entre a tutela do indivíduo e a livre iniciativa necessária às empresas.

O direito à informação é imprescindível à tomada de decisões relacionadas ao mercado de consumo. A fim de garantir clareza e adequação que possibilite a compreensão correta por parte do consumidor, a legislação consumerista atribui como dever basilar dos fornecedores a transmissão da informação sobre todos os elementos essenciais dos produtos ou serviços por eles disponibilizados. Tratando-se de alimentos, o cuidado com a qualidade da informação deve ser primordial.

Os artigos 8º e 31 do Código de Defesa do Consumidor reforçam a obrigatoriedade de que a informação obedeça a critérios de qualificação como forma de promover segurança, principalmente diante de métodos produtivos cada vez mais dinâmicos e complexos. Assim, a embalagem deve ressaltar as características do alimento, especialmente sua composição e os riscos que ele apresente à saúde e à segurança das pessoas.

Marques[58] ressalta que o dever de informar comina em aproximação, compartilhamento e cooperação com a outra pessoa. Para Vaz[59], a informação somente resulta

55. ORGANIZAÇÃO PAN-AMERICANA DA SAÚDE (OPAS). *Plano de Ação para Prevenção da Obesidade em Crianças e Adolescentes*, 2014, p. 7, 35 e 36.
56. CONDE, W. M.; BORGES, C. apud BRASIL, *Marco de Referência da Vigilância Alimentar e Nutricional na Atenção Básica*, 2015, p. 15.
57. Organização Pan-Americana da Saúde (OPAS). *Plano de Ação para Prevenção da Obesidade em Crianças e Adolescentes*, 2014, p. 14-15.
58. MARQUES, Claudia L., p. 841.
59. VAZ, Caroline, p. 65.

em proteção dos direitos básicos do ser humano se ela se der de forma adequada e eficaz em termos de cognoscibilidade.

A liberdade de escolha só estará realmente presente se as opções de o consumidor fundarem-se no absoluto acesso à informação sobre os dados do produto ou serviço. Contudo, Verbicaro *et al.*[60] apontam que o poder decisório do consumidor é por vezes restringido por subterfúgios adotados por alguns fornecedores, seja através de publicidade explícita, seja através de mensagens subliminares, comprometendo o seu potencial crítico.

Para Miragem e Bergstein[61] somente ao consumidor bem-informado é possibilitado o aproveitamento pleno de benefícios do mercado de consumo, traduzindo-se a informação como uma das técnicas de enfrentamento do desequilíbrio entre as partes contratantes.

Quando se avalia a Política Nacional de Relações de Consumo no artigo 4º do CDC percebe-se como um dos seus objetivos o respeito à dignidade, à saúde e à segurança do consumidor, cuja deferência tem como consequência melhorar níveis de bem-estar. Nesse sentido, as ações do poder público revestem-se de primordial importância para a consecução da efetiva tutela do consumidor. Se a presença regulatória do Estado no mercado de consumo implica em fixação de responsabilidades aos regulados, ela também garante previsibilidade e segurança jurídica ao setor produtivo.

Confirmando o intuito protetivo adotado pelo CDC, depreende-se que a vulnerabilidade é característica indissociável do consumidor e motiva a existência da legislação consumerista, tanto é que ela se concretiza como princípio da Política Nacional de Relações de Consumo.

Analisando a vulnerabilidade, Verbicaro *et al.*[62] ressaltam que ela deve ser também estimada sob o viés comportamental, já que estímulos perpetrados por técnicas de venda têm o poder de despertar desejos e criar necessidades nos indivíduos.

A vulnerabilidade se torna ainda mais latente quando o assunto envolve riscos à saúde e à vida, sobretudo àqueles relacionados ao consumo de alimentos, tendo em vista que danos podem acontecer em decorrência de questões sanitárias na produção ou armazenamento, na escolha qualitativa e quantitativa de ingredientes da composição do produto ou por falha na informação transmitida ao consumidor.

A Anvisa já se pronunciou no sentido de perceber que muitas pessoas são levadas a erro sobre as propriedades do alimento, principalmente quando eles apresentam quantidades excessivas de nutrientes que aumentam o risco de ganho de peso e de doenças crônicas não transmissíveis[63].

---

60. VERBICARO et al., p. 359.
61. MIRAGEM; BERGSTEIN, p. 72.
62. VERBICARO et al, p. 361.
63. Agência Nacional de Vigilância Sanitária (ANVISA). *Relatório Preliminar de Análise de Impacto Regulatório sobre Rotulagem Nutricional*, p. 36-37.

A maneira como as informações são inseridas na rotulagem nutricional deve ser adequada, a fim de auxiliar os consumidores na definição de um projeto alimentar equilibrado[64]. A Anvisa reforça esse entendimento ao indicar que o desígnio da rotulagem nutricional é "informar aos consumidores os principais atributos nutricionais dos alimentos que impactam na qualidade da sua alimentação e da sua saúde, de forma a auxiliar na realização de escolhas alimentares conscientes, e que essas escolhas são influenciadas por diversos outros fatores, além da composição nutricional dos alimentos"[65].

Ponto facilmente constatável é o de que o modelo de rotulagem nutricional até então adotado[66] pelo Brasil exclui a maior parte da população. Diante desta circunstância, é irrefutável que os consumidores são negativamente atingidos pela maneira como os rótulos alimentares se apresentam.

Ainda quanto à Política Nacional de Relações de Consumo, outro ponto crucial é a indicação de que educação e informação resultam em bases concretas de fortalecimento da legislação consumerista, contribuindo para a implementação de melhorias aproveitáveis a toda a sociedade.

Quando se fala em educação para o consumo, ela se torna mais necessária ao se analisar o papel determinante que a publicidade desempenha para a venda de produtos e serviços. Especialmente no setor alimentício, foi verificado que 96,7% de todas as publicidades veiculadas pela televisão brasileira em 2008 era de alimentos não saudáveis[67]. Isso se torna inquietante quando se considera que a idade é um grande diferencial para a assimilação da mensagem que a publicidade deseja realmente transmitir. Crianças e adolescentes se encontram em posição ainda mais vulnerável, a denominada hipervulnerabilidade, em decorrência do pouco amadurecimento para compreenderem a função persuasiva da publicidade.

Os alimentos se apresentam muito sedutores quando são objeto de campanhas de marketing, com imagens que causam impactos aguçando vontades. Doces coloridos, sorvetes, bebidas açucaradas, refrigerantes refrescantes ou hambúrgueres se tornam quase irresistíveis aos olhos e à mente.

Estudos científicos realizados no Brasil e na Espanha verificaram que a maior parte dos alimentos direcionados às crianças possui alegações nutricionais que de alguma forma valorizam e promovem destaque ao produto. Contudo, não raro, esses alimentos apresentam composição desequilibrada, sendo até mesmo pior que outros que nem exibem alegações nutricionais[68]. Nesse âmbito, o "Relatório Preliminar

64. Commission OF THE European Communities, 2008 apud VAZ, Caroline, p. 74.
65. Agência Nacional de Vigilância Sanitária (ANVISA). *Relatório Preliminar de Análise de Impacto Regulatório sobre Rotulagem Nutricional*, p. 35.
66. Considerando que as alterações na rotulagem nutricional aprovadas com a RDC 429/2020 somente serão perceptíveis no mercado de consumo decorridos 24 meses da publicação.
67. MONTEIRO, Recine, 2008 apud MULLIGAN, Andrea et al. 2013, p. 22.
68. ROYO-BORDONADA et al (2016); RODRIGUES et al (2016) apud AGÊNCIA NACIONAL DE VIGILÂNCIA SANITÁRIA (ANVISA). *Relatório Preliminar de Análise de Impacto Regulatório sobre Rotulagem Nutricional*, p. 47.

de Análise de Impacto Regulatório sobre Rotulagem Nutricional" publicado pela Anvisa apontou fato já verificado pelos pais ou responsáveis: que os personagens infantis inseridos nas embalagens desempenham função determinante na eleição de alimentos, principalmente entre crianças de 6 a 9 anos[69].

A publicidade infantil trabalha com atributos relacionados a elementos emocionais sensíveis à faixa etária. Por isso, é muito importante que cada vez haja maior conscientização sobre a sua grande capacidade de influenciar escolhas alimentares. Se por um lado fica mais latente a responsabilidade dos fabricantes na eleição de suas decisões, por outro, a realidade demonstra o desenvolvimento de técnicas mais apuradas para ganhar atenção das crianças.

Muito se debate sobre a necessidade de que a rotulagem nutricional se comunique mais adequadamente com o consumidor. Certo é que quando se pensa em crianças e adolescentes, de maior essencialidade ainda se reveste a intervenção estatal, à medida em que ela contribui decisivamente para a proteção de um público muito especial que, além de consumir os produtos para si, também influencia significativamente as decisões familiares. Assim, a expectativa é a de que a inserção de rotulagem nutricional frontal mais simplificada e direta facilitará a complexa função dos adultos de conscientizar crianças e adolescentes sobre a importância de se manter uma rotina alimentar balanceada.

6. AGÊNCIA NACIONAL DE VIGILÂNCIA SANITÁRIA EM SEU PAPEL REGULADOR DA ROTULAGEM NUTRICIONAL DE ALIMENTOS

A Anvisa tem como finalidade institucional, traçada no artigo 6º da Lei 9.782/99, a proteção da saúde da população pelo controle sanitário da produção e da comercialização de produtos e serviços submetidos à vigilância sanitária.

As funções que se encontram sob a competência da Agência apresentam plena correspondência com os interesses dos consumidores, considerando que as atividades econômicas desenvolvidas pelos setores por ela regulados causam impactos reais ao cotidiano das pessoas.

Com a clara incumbência de promover garantias e direitos fundamentais, os processos regulatórios conduzidos pela Anvisa devem sempre prezar pela defesa da saúde e da vida o que, no caso da rotulagem dos produtos alimentícios, evidencia a vocação do poder público em estabelecer novas regras que tragam respostas eficientes às necessidades dos consumidores.

Além das funções de acondicionar e preservar os alimentos, as embalagens são cada vez mais utilizadas para ressaltar atributos do próprio produto, transformando-se

69. Ares *et al.* (2016) apud Agência Nacional de Vigilância Sanitária (ANVISA). *Relatório Preliminar de Análise de Impacto Regulatório sobre Rotulagem Nutricional*, p. 131.

em um importante veículo de comunicação do fabricante que o exerce por meio de estímulos visuais que despertam interesse e influenciam decisões.

A racionalidade é sempre utilizada para explicar a conduta do consumidor. Contudo, pesquisas de rastreamento cerebral demonstram que o fator emocional tem impacto determinante nas escolhas. Lindstrom[70] assinala que sentimentos relacionados à generosidade, ganância, medo e bem-estar influenciam os processos de tomada de decisões econômicas, em que se verifica que aproximadamente 90% do comportamento de consumo é inconsciente.

Diante dessa realidade, descobrir como o formato e as informações dispostas nas embalagens produzem estímulos no consumidor é assunto que já se tornou objeto de estudo de várias áreas do conhecimento, a exemplo da psicologia, medicina, nutrição, publicidade, marketing e design[71].

Ter a compreensão de como o fator emocional impacta as decisões de consumo dá às empresas um grande diferencial na promoção de seus produtos e serviços. Mas é importante ressaltar a necessidade de que tanto o poder público quanto a sociedade se mantenham alertas à realidade mercadológica. A utilização de determinadas técnicas publicitárias no setor de alimentos processados e ultraprocessados estimula o consumo desequilibrado, carreando consequências indesejadas.

Além disso, não se pode esquecer que a função precípua da rotulagem é a de transmitir informações. Sendo assim, o seu emprego como veículo publicitário deve ser contido. Nesse sentido, a presença regulatória do Estado se apresenta como um importante realizador de políticas públicas de proteção de interesses afetos à sociedade.

Para tanto, a Anvisa se utilizou de instrumentos para estruturar e executar a Análise de Impacto Regulatório referente aos temas da Agenda Regulatória 2017-2020, objetivando aprimorar sua competência decisória por meio de uma abordagem prévia à publicação de novas regras, baseada na identificação do problema, na apreciação de alternativas viáveis de atuação e nas suas possíveis consequências.

Para Lozardo[72] "a construção de boas políticas e a avaliação de evidências de seus impactos tendem a constituir as bases para que a ação estatal assuma, de forma efetiva, eficaz e eficiente, seu papel fundamental na alocação, na estabilidade e na redução das desigualdades sociais do país".

A partir do momento em que a Anvisa identificou que o problema regulatório é reconhecido pela dificuldade do consumidor em utilizar os rótulos em função da incompreensão sobre as informações nutricionais, tornou-se possível tratar o assunto de forma mais direcionada. Assim, a Agência asseverou que "o objetivo

70. LINDSTROM, Martin, p. 33 e 168.
71. VIERIA, Kelly Carvalho, Introdução.
72. LOZARDO, Ernesto. In: *Avaliação de Políticas Públicas*: guia prático de análise *ex ante*, p. 10.

da intervenção é facilitar a utilização da rotulagem nutricional para a realização de escolhas alimentares pelos consumidores brasileiros"[73].

Dentre os importantes resultados colhidos com a Tomada Pública de Subsídios[74] (TPS) 1/2018 promovida pela Anvisa, apurou-se que 88% dos participantes assentiram que a atual rotulagem não permite a fácil percepção do valor nutricional do alimento. Destaque-se que 91% do setor produtivo também concordou que a rotulagem nutricional não é adequada a essa finalidade.

Ainda quanto à TPS, 91% dos participantes avaliaram ser preciso modificar a maneira de apresentação das informações nutricionais. Esse posicionamento foi comum a todas as partes, em especial aos consumidores e ao setor produtivo, que teve índice de concordância de 90%. Entretanto, no tocante à identificação e fundamentação do problema regulatório, 88% do setor produtivo se posicionou no sentido de que ele não foi corretamente delimitado. Os demais grupos setoriais julgaram pela correção da demarcação do problema pela Anvisa, a exemplo dos especialistas em comunicação (93%), instituições de ensino (91%) e profissionais de saúde (96%).

Sabe-se que variados são os motivos que impedem a compreensão sobre as características nutricionais de um alimento industrializado. As limitações vão desde tamanho das letras, ausência de contraste, carência de padrão e de localização dos elementos, até a assimilação das próprias informações que muitas vezes trazem termos técnicos e não possibilitam comparação de valores nutricionais nem mesmo entre produtos alimentícios similares[75].

Para afiançar efetividade a uma política pública focada no aprimoramento da informação dada ao consumidor, necessário se faz considerar que as pessoas são constantemente expostas a técnicas de mercado criadas por profissionais cujo objetivo é ressaltar atributos positivos do produto, despertando emoções e necessidades.

7. SUGESTÕES DE MODELOS DE NOVA ROTULAGEM NUTRICIONAL FRONTAL APRESENTADOS À ANVISA

Diante da pequena efetividade das regras de regulação dos rótulos dos alimentos industrializados quanto à qualidade da informação transmitida ao consumidor, tornou-se primordial que a nova disciplina legal apresentasse respostas condizentes com o dinamismo intrínseco ao mercado de consumo.

Durante as discussões sobre os rótulos e com o intuito de contribuir com o amadurecimento do assunto, algumas propostas foram apresentadas à Anvisa e subsidiaram a definição da nova rotulagem nutricional frontal. Dentre as sugestões

73. Agência Nacional de Vigilância Sanitária (ANVISA). *Relatório Preliminar de Análise de Impacto Regulatório sobre Rotulagem Nutricional*, p. 64.
74. Agência Nacional de Vigilância Sanitária (ANVISA). *Relatório da Tomada Pública de Subsídios (TPS) 1/2018*, p. 15.
75. Agência Nacional de Vigilância Sanitária (ANVISA). *Relatório da Tomada Pública de Subsídios (TPS) 1/2018*, 2019, p. 17.

de maior destaque se encontravam aquelas realizadas pelo Instituto Brasileiro de Defesa do Consumidor (IDEC)[76], apoiada pela "Aliança pela Alimentação Adequada e Saudável"[77], e pela Associação Brasileira da Indústria de Alimentos (ABIA), amparada pela "Rede Rotulagem"[78].

7.1 Padrão defendido por representantes da sociedade civil

O projeto[79] defendido pelo IDEC previu várias mudanças na configuração de como as informações seriam exibidas nos rótulos, a exemplo da inserção de rotulagem nutricional frontal com alertas indicativos da presença excessiva de nutrientes críticos como sódio, açúcares, gorduras, adoçantes e gorduras *trans*, inclusão da quantidade de açúcares livres, maior clareza e ênfase tipográficas, dentre outras.

O modelo de rotulagem nutricional frontal foi desenvolvido pelo IDEC e pela Universidade Federal do Paraná (UFPR), em parceria com o Núcleo de Pesquisas Epidemiológicas em Nutrição e Saúde da Universidade de São Paulo (NUPENS/USP)[80]. Para sua elaboração foram considerados elementos de impacto visual, de design da informação escrita, de recursos gráficos, bem como foi estudado o padrão já adotado pelo Chile que, em 2016, publicou a "Ley de Etiquetado de Alimentos", tornando obrigatória a inclusão de advertência na rotulagem frontal em alguns alimentos industrializados[81]. Como símbolo de alerta foi definida a forma geométrica triangular, geralmente utilizada para situações que demandam atenção especial, na cor preta, visando se destacar dos usuais coloridos das embalagens de alimentos, com escrita objetiva e simplificada com o termo "alto em" acompanhada pela identificação do Ministério da Saúde[82].

O objetivo da proposta foi o de alcançar uma formatação adequada para a comunicação direta com os consumidores sobre a presença de quantidades ex-

76. O IDEC é uma associação civil sem fins econômicos, fundada em 1987, com o objetivo de contribuir com a implementação e o aprimoramento da legislação consumerista, buscando equilíbrio ético nas relações entre as partes, repressão ao abuso do poder econômico e melhoria da qualidade de vida relacionada ao mercado de consumo. [Instituto Brasileiro de Defesa Do Consumidor (IDEC). *Estatuto social*].
77. A "Aliança pela Alimentação Adequada e Saudável" é composta por mais de 30 organizações da sociedade civil que buscam mecanismos para garantir o direito à alimentação adequada e saudável. Ela declarou defender a proposta de rotulagem nutricional desenvolvida pelo IDEC-UFPR e vem divulgando campanhas de conscientização como "Rotulagem Adequada Já" e "Direito de Saber" [Aliança pela Alimentação Adequada e Saudável. *Campanhas*].
78. A "Rede Rotulagem" é composta por associações da indústria da alimentação, que declaram a intenção em contribuir para a educação alimentar do brasileiro com a Campanha "Sua Liberdade de Escolha": alimentação com equilíbrio e sem alarmismo, e com o *slogan* "O povo tem uma opinião. E esta opinião tem cores". [REDE ROTULAGEM. *"Sua Liberdade de Escolha"* e *"O povo tem uma opinião"*].
79. Instituto Brasileiro de Defesa do Consumidor (IDEC). *Aprimoramento da informação nutricional nos rótulos de alimentos no Brasil*, p. 19-25.
80. Instituto Brasileiro de Defesa DO Consumidor (IDEC). *Aprimoramento da informação nutricional nos rótulos de alimentos no Brasil*, p. 3.
81. CHILE. Ministerio de Salud. *Ley de Alimentos: nuevo etiquetado de alimentos*.
82. Agência Nacional de Vigilância Sanitária (ANVISA). *Relatório Preliminar de Análise de Impacto Regulatório de Rotulagem Nutricional*, p. 58.

cessivas de nutrientes críticos, conforme diretrizes adotadas pela Organização Pan-Americana da Saúde e trabalhos científicos publicados pela Organização Mundial da Saúde e pela Organização das Nações Unidas para a Alimentação e a Agricultura[83].

7.2 Padrão defendido por representantes da indústria de alimentos

Outro modelo de rotulagem nutricional frontal foi apresentado pela ABIA, que ressaltou ter procedido à análise de padrões empregados em outros países, bem como se amparado em revisão bibliográfica realizada pelo Núcleo de Estudos e Pesquisas em Alimentação (NEPA) da Universidade Estadual de Campinas (UNICAMP)[84].

A sugestão levada à Anvisa previu a adoção de rotulagem em formato de semáforo nutricional com o emprego de sistema de cores indicativas dos níveis de alguns nutrientes. Segundo esse critério, a cor verde demonstraria que aquela porção de alimento estipulada pelo fabricante estaria dentro dos níveis adequados de açúcar, gordura saturada ou sódio. A presença da cor amarela representaria necessidade de atenção, enquanto a vermelha evidenciaria que os nutrientes excedem o consumo recomendado[85].

Uma grande defesa realizada pelo setor produtivo ao semáforo nutricional foi quanto ao fato de que as cores utilizadas já são comuns à rotina das pessoas, o que facilitaria a compreensão da mensagem.

Em oposição a este argumento, Khandpur[86] advertiu que o sistema de cores poderia dificultar o julgamento realizado pelo consumidor quanto à identificação de alguns nutrientes, promovendo a falsa sensação de que o alimento seria saudável por meio da ideia de compensação decorrente da combinação de cores variadas em um mesmo produto.

A Rede Rotulagem se posicionou contrariamente à aplicação do selo de advertência triangular desenvolvido pelo IDEC-UFPR entendendo como equivocados e pouco efetivos "os modelos que substituem a informação pelo alarmismo e a educação pela tutela do consumidor"[87]. No mesmo sentido, a ABIA apresentou críticas ao padrão implantado pelo Chile, ressaltando que o modelo alarmista não promoveu educação nutricional, reduziu a liberdade de escolha dos consumidores e inibiu

83. O documento "Dieta, Nutrição e Prevenção de Doenças Crônicas" da Organização Mundial da Saúde (OMS) e Organização das Nações Unidas para a Alimentação e a Agricultura (FAO) indica quais são os nutrientes considerados críticos, bem como os seus níveis máximos aceitáveis para ingestão [OMS e FAO. Diet, nutrition and the prevention of chronic diseases apud Instituto Brasileiro de Defesa do Consumidor (IDEC). *Aprimoramento da informação nutricional nos rótulos de alimentos no Brasil*, p. 10].
84. Associação Brasileira da Indústria de Alimentos (ABIA). *Semáforo Nutricional*.
85. Associação Brasileira da Indústria de Alimentos (ABIA). *Semáforo Nutricional*.
86. KHANDPUR, Neha et al. Are Front-of-Package Warning Labels More Effective at Communicating Nutrition Information than Traffic-Light Labels?
87. REDE ROTULAGEM. *Posicionamento*.

investimentos realizados pelo setor produtivo, tendo como uma das consequências o aumento do desemprego[88].

7.3 Considerações gerais às propostas de modelos de rotulagem nutricional frontal

É irrefutável que a indústria alimentícia desempenha papel fundamental na fabricação e oferta de alimentos, na criação de empregos e na geração de tributos. Entretanto, o argumento utilizado por ela no sentido de que a inserção de selo de advertência no modelo triangular causaria retração no consumo, com consequente queda da arrecadação de tributos e escalada de desemprego, foi combatido por alguns economistas que deflagraram que os estudos de impacto econômico promovidos pelo setor produtivo apresentaram inconsistências metodológicas[89].

Alves e Steffens[90] ressaltaram que o modelo de rotulagem nutricional frontal no formato de advertência contribuiria para a melhoria dos alimentos que apresentarem nutrientes críticos, à medida em que a indústria teria o interesse em que eles deixassem de ostentar o selo. Os autores avaliaram que a diminuição do consumo de alimentos não saudáveis traria proveitos em bem-estar e saúde que precisariam ser considerados no exame do padrão de rotulagem nutricional adotado pelo Brasil.

Além disso, outro fator ponderado foi o de que adequações de hábitos alimentares não acontecem de forma imediata, visto que os indivíduos necessitam de tempo para a adoção de costumes mais saudáveis. Dessa forma, a indústria de alimentos, sempre muito dinâmica e inovadora, teria margem temporal suficiente para oferecer produtos cada vez mais equilibrados aos consumidores.

8. PONTOS IMPORTANTES SOBRE AS NOVAS REGRAS DA ROTULAGEM NUTRICIONAL DOS ALIMENTOS APROVADAS PELA ANVISA

Em decorrência da essencialidade do assunto e do longo período de discussões, era extremante aguardada a aprovação e publicação das novas previsões para a rotulagem dos alimentos embalados.

Na 19ª Reunião Ordinária Pública[91] realizada em 7 de outubro de 2020, a Diretoria Colegiada da ANVISA aprovou, por unanimidade, a RDC 429/2020[92] e a IN

88. Associação Brasileira da Indústria de Alimentos (ABIA). Disponível em: https://www.abia.org.br/vsn/tmp_2.aspx?id=372.
89. ALVES; STEFFENS. Por que precisamos rotular melhor os alimentos no Brasil.
90. ALVES; STEFFENS. Por que precisamos rotular melhor os alimentos no Brasil.
91. Agência Nacional de Vigilância Sanitária (ANVISA). *19ª Reunião Ordinária Pública da Diretoria Colegiada*, realizada em 7 de outubro de 2020.
92. Agência Nacional de Vigilância Sanitária (ANVISA). Resolução de Diretoria Colegiada (RDC) 429/2020. Dispõe sobre a rotulagem nutricional dos alimentos embalados.

75/2020[93] objetivando contribuir com a política pública de controle de obesidade e sobrepeso por meio da melhoria de critérios de clareza, adequação e legibilidade das informações nutricionais presentes no rótulo dos alimentos.

Ressalte-se que a intenção da publicação das novas regras e, em especial, da inserção da rotulagem nutricional frontal[94] não é impor ou determinar hábitos alimentares aos consumidores. Ao contrário, o objetivo é fornecer a eles elementos que possibilitem maior compreensão sobre características dos alimentos embalados, respeitando a sua capacidade decisória por meio de informações antes desconhecidas por muitos. Só é possível se falar em liberdade de escolha se o consumidor realmente conhecer quais são as alternativas disponíveis.

A RDC 429/2020 inovou ao determinar a inclusão da rotulagem nutricional frontal[95] apontando o excesso de nutrientes críticos, quais sejam: açúcares adicionados, gorduras saturadas e sódio, conforme os limites definidos na IN 75/2020[96]. O símbolo informativo será em formato de lupa, cor 100% preta em fundo branco, devendo estar localizado na metade superior do painel principal[97], ter a mesma orientação do texto das demais informações veiculadas no rótulo e não "estar disposta em locais encobertos, removíveis pela abertura do lacre ou de difícil visualização, como áreas de selagem e de torção"[98], como demonstrado na figura a seguir.

93. Agência Nacional de Vigilância Sanitária (ANVISA). Instrução Normativa (IN) 75/2020. Estabelece os requisitos técnicos para declaração da rotulagem nutricional nos alimentos embalados.
94. Agência Nacional de Vigilância Sanitária (ANVISA). Resolução de Diretoria Colegiada (RDC) 429/2020, art. 3º, XXXII – rotulagem nutricional frontal: declaração padronizada simplificada do alto conteúdo de nutrientes específicos no painel principal do rótulo do alimento.
95. Sobre o assunto ver: MAGALHÃES, Simone. *Rotulagem Nutricional Frontal dos Alimentos Industrializados*: política pública fundamentada do direito básico do consumidor à informação clara e adequada.
96. *Açúcares adicionados*: quantidade maior ou igual a 15 g de açúcares adicionados por 100 g do alimento (alimentos sólidos ou semissólidos); quantidade maior ou igual a 7,5 g de açúcares adicionados por 100 ml do alimento (alimentos líquidos).

Gorduras saturadas: quantidade maior ou igual a 6 g de gorduras saturadas por 100 g do alimento (alimentos sólidos ou semissólidos); quantidade maior ou igual a 3 g de gorduras saturadas por 100 ml do alimento (alimentos líquidos).

Sódio: quantidade maior ou igual a 600 mg de sódio por 100 g do alimento (alimentos sólidos ou semissólidos); quantidade maior ou igual a 300 mg de sódio (alimentos líquidos).

(Agência Nacional de Vigilância Sanitária (ANVISA). Instrução Normativa (IN) 75/2020, Anexo XV).
97. Painel principal: é a parte da rotulagem onde se apresenta, de forma mais relevante, a denominação de venda e marca ou o logotipo, caso existam (Agência Nacional de Vigilância Sanitária (ANVISA). Resolução de Diretoria Colegiada (RDC) 429/2020, art. 3º, XXV);
98. Agência Nacional de Vigilância Sanitária (ANVISA). Resolução de Diretoria Colegiada (RDC) 429/2020, art. 21.

Fonte: Anvisa

A Tabela de Informação Nutricional também passará por várias modificações para melhorar a legibilidade pelo consumidor. Em substituição à rotineira tabela nutricional sem contraste com o fundo, a nova concepção adotou padrão que deverá, dentre outros requisitos, "empregar caracteres e linhas de cor 100% preta aplicados em fundo branco", a fim de torná-la sempre visível independentemente das tonalidades adotadas na embalagem do produto. Além disso, foi previsto espaçamento entre linhas para impedir que os caracteres se toquem ou encostem na barra, nas linhas ou nos símbolos de separação. Haverá borda de proteção, barras, linhas e símbolos de separação e margens internas em conformidade com o modelo selecionado[99]. O consumidor encontrará mais informações na tabela, como a identificação de açúcares totais e adicionados, a declaração do valor energético e nutricional por 100 g (para sólidos ou semissólidos) ou 100 ml (para líquidos) – o que será determinante para possibilitar análises comparativas entre produtos – a redução na variabilidade dos tamanhos das porções e inclusão da declaração do seu número por embalagem[100], conforme ilustrado abaixo:

99. Agência Nacional de Vigilância Sanitária (ANVISA). Resolução de Diretoria Colegiada (RDC) 429/2020, art. 16.
100. Agência Nacional de Vigilância Sanitária (ANVISA). Resolução de Diretoria Colegiada (RDC) 429/2020, art. 8º.

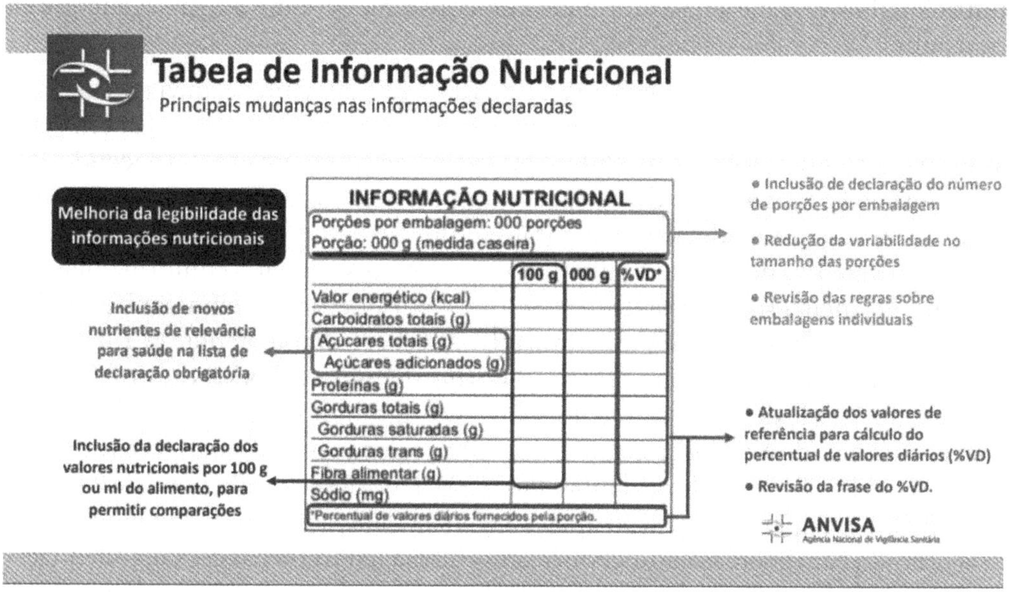

Fonte: Anvisa

Outro tema bastante debatido durante o processo de Análise de Impacto Regulatório promovido pela Anvisa referiu-se às alegações nutricionais[101], já que existe a possibilidade de que elas transmitam informações contraditórias ao consumidor quando interpretada sistematicamente com a rotulagem nutricional frontal. Por ser de declaração voluntária, a Anvisa determinou formas para sua apresentação por meio da utilização de termos autorizados, a exemplo de "Baixo em...", "Muito baixo em...", "Não contém...", "Livre de...", "Sem adição de...", "Rico em...", "Fonte de...", "Reduzido em..." , "Aumentado em..." (conforme o Anexo XIX da IN 75/2020), atendidos os critérios de composição e de rotulagem para declaração das alegações nutricionais que foram estabelecidos nos Anexos XX e XXI da IN 75/2020, devendo ser mantidas todas as propriedades nutricionais alegadas até o final do prazo de validade do produto[102].

Alguns cuidados deverão ser adotados pelo fabricante quando o alimento ostentar a rotulagem nutricional frontal indicando a presença dos nutrientes críticos determinados pela Anvisa. Nessa situação, as alegações nutricionais e as expressões que indicam a adição de nutrientes essenciais não poderão se localizar na metade superior do painel principal, a fim de manter certo distanciamento da rotulagem

101. Alegações nutricionais: qualquer declaração, com exceção da tabela de informação nutricional e da rotulagem nutricional frontal, que indique que um alimento possui propriedades nutricionais positivas relativas ao seu valor energético ou ao conteúdo de nutrientes, contemplando as alegações de conteúdo absoluto e comparativo e de sem adição (Agência Nacional de Vigilância Sanitária (ANVISA). Resolução de Diretoria Colegiada (RDC) 429/2020, art. 3º, III).
102. Agência Nacional de Vigilância Sanitária (ANVISA). Resolução de Diretoria Colegiada (RDC) 429/2020, art. 24.

nutricional frontal para não tirar o foco do consumidor sobre a mensagem que ela transmite[103].

Quanto ao prazo, os artigos 50 e 51 da RDC 429/2020 preveem vigência em 24 meses após sua publicação, efetivada em 9 de outubro de 2020. Ao entrar em vigor, a norma já recepcionará os produtos que estiverem no mercado, fornecendo-lhes um prazo de 12 meses para adequação. Para os alimentos produzidos por agricultor familiar ou empreendedor familiar rural (conforme definido pela Lei 11.326/2006 em seu artigo 3º), por empreendimento econômico solidário (conforme definido pelo art. 2º, inciso II, do Decreto 7.358/2010), por microempreendedor individual (conforme definido pelos §§ 1º e 2º do art. 18-A da Lei Complementar 123, de 2006), por agroindústria de pequeno porte (conforme definido pelos arts. 143-A e 144-A do Decreto 5.741, de 30 de março de 2006), por agroindústria artesanal (conforme previsto no art. 7º-A do Decreto 5.741, de 2006), de forma artesanal (conforme art. 10-A da Lei 1.283, de 18 de dezembro de 1950), haverá prazo adicional de 24 (vinte e quatro) meses para adequação após a vigência da Resolução. Prazo ainda maior está previsto para bebidas não alcoólicas em embalagens retornáveis, cuja adequação poderá se dar em até 36 meses após a entrada em vigor da Resolução, em decorrência do processo de substituição dos rótulos.

Se por um lado alguns dos prazos são demasiadamente longos, por outro, nenhum fabricante poderá argumentar ausência de tempo hábil para se adequar às novas regras de rotulagem que, sem dúvida, estarão em melhor sintonia com o CDC ao promover mais clareza, legibilidade e compreensão aos consumidores.

Como se percebe, muitas serão as adequações que deverão ser implementadas pelos fabricantes de alimentos embalados, necessitando que tenham atenção redobrada para evitar a inserção de informações em desconformidade com as diretrizes regulatórias que incidem sobre a temática.

Para que sejam evitados danos aos consumidores e à própria reputação da empresa no mercado de consumo, mais do que nunca os fabricantes, pequenos ou grandes, deverão concentrar esforços em efetivação de programas de *compliance* que contemplem a correção das informações disponibilizadas na rotulagem dos alimentos embalados.

9. CONCLUSÃO

A informação na rotulagem de alimentos é assunto cada vez mais debatido, em decorrência da sua grande importância na proteção da segurança, saúde e vida dos consumidores.

Consequentemente, o *compliance* ganha força à medida em que se percebe a necessidade de se estar em conformidade com todos os inúmeros regramentos rela-

103. Agência Nacional de Vigilância Sanitária (ANVISA). Resolução de Diretoria Colegiada (RDC) 429/2020, art. 30.

cionados à fabricação de alimentos. Além disso, a implementação de processos de *compliance* consumerista contribui decisivamente para a observância de condutas éticas que minimizam a ocorrência de falhas em todas as atividades em que eles são aplicados. A percepção de que o comportamento de cada indivíduo impacta decisivamente o ambiente coletivo aumenta o nível de segurança para os envolvidos, sejam eles colaboradores, empresários ou consumidores.

Quando o assunto é referente à alimentação, um traço atualmente marcante na rotina de parte considerável das pessoas é o acréscimo desequilibrado da ingestão de produtos industrializados, com a substituição dos alimentos *in natura* ou minimamente processados por produtos processados ou ultraprocessados. O constitutivo desses últimos é a demasiada presença de nutrientes críticos, como sódio, gorduras saturadas, açúcares, além do excesso de calorias com restritos benefícios nutricionais.

Como consequência, várias pesquisas científicas apontam que o maior consumo de produtos ultraprocessados mantém relação direta com os alarmantes níveis de ganho de peso e com o desenvolvimento de doenças crônicas não transmissíveis.

Muitos países que presenciam os prejuízos em saúde e qualidade de vida da sua população movimentam-se para promover políticas públicas voltadas à criação de hábitos alimentares mais saudáveis, em sintonia com diretrizes traçadas pela OPAS/OMS e pela FAO/ONU.

Um fator que contribuiu significativamente para o maior consumo de produtos alimentícios industrializados é a dificuldade que as pessoas têm em compreender as informações trazidas em seus rótulos. O limitado domínio da percepção das alegações estampadas na parte frontal das embalagens quando confrontadas com os dados acostados no seu verso, impossibilita ao consumidor o conhecimento das características essenciais do produto alimentício. Isso comprova a necessidade de adequação das regras que disciplinam os rótulos em decorrência da sua pouca efetividade em se comunicar satisfatoriamente com o consumidor.

Especialmente quanto ao Brasil, mostrou-se vital a promoção de políticas públicas destinadas ao estímulo da alimentação balanceada, buscando-se garantir informação que preencha critérios de adequação e clareza determinados pelo Código de Defesa do Consumidor. Por meio da garantia de informação qualificada, criam-se circunstâncias preventivas em harmonia com as diretrizes legais.

Nesse sentido, a Anvisa incluiu em sua Agenda Regulatória 2017/2020, temas específicos correlatos aos alimentos, bem como promoveu Análise de Impacto Regulatório com o fito de obter subsídios técnicos e participação de setores interessados na regulação da rotulagem dos produtos alimentícios embalados.

Em relação à inserção da rotulagem nutricional frontal, duas foram as propostas mais debatidas: a primeira, desenvolvida pelo IDEC-UFPR e apoiada pela Aliança pela Alimentação Adequada e Saudável, utilizou-se de selos de advertência em formato de triângulos pretos; a segunda, apresentada pela ABIA e defendida pela Rede Rotulagem, cujo padrão adotado foi o de semáforo nutricional com emprego de sistema de cores.

Em outubro de 2020, a Anvisa definiu o novo padrão de rotulagem nutricional, por meio da publicação da RDC 429/2020 e da IN 75/2020, determinando vários pontos de adequações que os fabricantes de alimentos deverão compreender, a fim de implementá-los corretamente nos rótulos dos alimentos embalados.

A pretensão da nova rotulagem nutricional é levar informação de maneira objetiva ao consumidor, permitindo que ele facilmente identifique quais alimentos deveriam ser evitados ou ingeridos moderadamente. Assim, espera-se que a política pública de controle de sobrepeso, obesidade e, consequentemente, de doenças crônicas não transmissíveis cumpra sua função primordial de garantir maior qualidade de vida e saúde à população.

A educação para o consumo, bem como a disponibilização de ferramentas necessárias para a sua efetivação, que aqui se traduz como a melhoria da informação nutricional, possibilita ao consumidor o exercício do seu poder de escolha. Atualmente, não lhe é garantida a plena autonomia da sua vontade, tendo em vista que as limitações na compreensão sobre as características do alimento, principalmente quanto à presença excessiva de nutrientes críticos, impedem que o consumidor realize corretas avaliações sobre a conveniência de optar por um produto ou outro, conforme suas próprias convicções e expectativas.

Apesar da nova rotulagem nutricional ser um dos pontos que compõem um amplo e complexo trabalho voltado ao controle dos níveis alarmantes de aumento de peso, ela se mostra com aptidão suficiente para contribuir de forma significativa com a diminuição do desenvolvimento das doenças crônicas não transmissíveis conexas ao desequilíbrio alimentar.

Durante o longo período de adequação que os fabricantes de alimentos terão disponível para colocarem seus produtos em conformidade com as novas diretrizes legais, o que se espera é que exista por parte do setor produtivo o compromisso e o comprometimento com o mapeamento e a implementação de processos de controle interno ligados à confecção das informações na rotulagem.

Para que tenham efetividade, estes processos não podem se limitar à produção de manuais, à realização de esparsas reuniões teóricas e nem mesmo o cumprimento de regramentos isolados. O *compliance* consumerista bem elaborado concretiza a missão e os valores da empresa.

Na prática, várias medidas devem ser adotadas conjuntamente para que a arquitetura da rotulagem de cada um dos produtos alimentícios seja fidedigna ao histórico daquela produção. Isso garante segurança a todos, privilegiando o caráter preventivo do Código de Defesa do Consumidor que é o de evitar a ocorrência de danos.

Consequentemente, essas atitudes restringem de forma significativa a condenação de empresas por indenizações decorrentes da deflagração de responsabilidade civil. O agir em conformidade com os regramentos aprimora a relação com órgãos reguladores, fiscalizadores, além de conquistar a confiança dos consumidores e da sociedade como um todo, possibilitando a valorização da empresa por consolidação da sua marca ou reputação.

10. REFERÊNCIAS

AGÊNCIA NACIONAL DE VIGILÂNCIA SANITÁRIA (ANVISA). *Agenda Regulatória*. Disponível em: http://portal.anvisa.gov.br/agenda-regulatoria. Acesso em: 8 maio 2019.

AGÊNCIA NACIONAL DE VIGILÂNCIA SANITÁRIA (ANVISA). Atualização Anual 2018-2019 da Lista de Temas. Brasília: *Diário Oficial da União*, publicado em 23.01.2019, seção 1, p. 46-47. Disponível em: http://pesquisa.in.gov.br/imprensa/jsp/visualiza/. Acesso em: 08 maio 2019.

AGÊNCIA NACIONAL DE VIGILÂNCIA SANITÁRIA (ANVISA). *19ª Reunião Ordinária Pública da Diretoria Colegiada*, realizada em 7 de outubro de 2020. Disponível em: https://www.youtube.com/watch?v=29sv-NVOp_I. Acesso em: 22 nov. 2020.

AGÊNCIA NACIONAL DE VIGILÂNCIA SANITÁRIA (ANVISA). Instrução Normativa (IN) 75/2020. Estabelece os requisitos técnicos para declaração da rotulagem nutricional nos alimentos embalados. *Diário Oficial da União*, publicado em 9/10/20. Disponível em: http://antigo.anvisa.gov.br/documents/10181/3882585/IN+75_2020_.pdf/7d74fe2d-e187-4136-9fa2-36a8dcfc0f8f. Acesso em: 22 nov. 2020.

AGÊNCIA NACIONAL DE VIGILÂNCIA SANITÁRIA (ANVISA). *Modelo da AR 2017-2020*. Disponível em: http://portal.anvisa.gov.br/2017-2020/estrutura. Acesso em: 08 maio 2019.

AGÊNCIA NACIONAL DE VIGILÂNCIA SANITÁRIA (ANVISA). *Relatório Preliminar de Análise de Impacto Regulatório sobre Rotulagem Nutricional*. Brasília: Anvisa, 2018, 249 p. Disponível em: http://portal.anvisa.gov.br/. Acesso em: 9 maio 2019.

AGÊNCIA NACIONAL DE VIGILÂNCIA SANITÁRIA (ANVISA). *Relatório da Tomada Pública de Subsídios (TPS) 1/2018*. Relatório Preliminar de Análise de Impacto Regulatório (AIR) sobre Rotulagem Nutricional. Brasília: Anvisa, 2019, 59 p. Disponível em: http://portal.anvisa.gov.br/documents. Acesso em: 11 maio 2019.

AGÊNCIA NACIONAL DE VIGILÂNCIA SANITÁRIA (ANVISA). *Resolução de Diretoria Colegiada (RDC) 26*, de 3 de julho de 2015. Dispõe sobre os requisitos para rotulagem obrigatória dos principais alimentos que causam alergias alimentares. Disponível em: http://antigo.anvisa.gov.br/documents/10181/2694583/RDC_26_2015_.pdf/b0a1e89b-e23d-452f-b029-a7bea26a698c. Acesso em: 17 nov. 2020.

AGÊNCIA NACIONAL DE VIGILÂNCIA SANITÁRIA (ANVISA). *Resolução de Diretoria Colegiada (RDC) 259*, de 20 de setembro de 2002. Regulamento Técnico sobre Rotulagem de Alimentos Embalados. Disponível em: http://antigo.anvisa.gov.br/documents/10181/2718376/%281%29RDC_259_2002_COMP.pdf/556a749c-50ea-45e1-9416-eff2676c4b22. Acesso em: 17 nov. 2020.

AGÊNCIA NACIONAL DE VIGILÂNCIA SANITÁRIA (ANVISA). *Resolução de Diretoria Colegiada (RDC) 340*, de 13 de dezembro de 2002. Obrigatoriedade de constar na rotulagem o nome do corante tartrazina (INS 102) por extenso". Disponível em: http://antigo.anvisa.gov.br/documents/. Acesso em: 19 nov. 2020.

AGÊNCIA NACIONAL DE VIGILÂNCIA SANITÁRIA (ANVISA). *Resolução de Diretoria Colegiada (RDC) 359*, de 23 de dezembro de 2003. Regulamento Técnico de Porções de Alimentos Embalados para Fins de Rotulagem Nutricional. Disponível em: http://antigo.anvisa.gov.br/documents/10181/2718376/RDC_359_2003_COMP.pdf/1e860ef6-10e6-404b-81e2-87aae8cfd53a. Acesso em: 17 nov. 2020.

AGÊNCIA NACIONAL DE VIGILÂNCIA SANITÁRIA (ANVISA). *Resolução de Diretoria Colegiada (RDC) 360*, de 23 de dezembro de 2003. Regulamento Técnico sobre Rotulagem Nutricional de Alimentos Embalados. Disponível em: http://antigo.anvisa.gov.br/documents/10181/2718376/RDC_360_2003_COMP.pdf/caab87a1-e912-459f-8bc0-831a48b95da9. Acesso em: 17 nov. 2020.

AGÊNCIA NACIONAL DE VIGILÂNCIA SANITÁRIA (ANVISA). *Resolução de Diretoria Colegiada (RDC) 135*, de 9 de fevereiro de 2017. Altera a Portaria SVS/MS 29, de 13 de janeiro de 1998, que aprova o regulamento técnico referente a alimentos para fins especiais, para dispor sobre os alimentos para dietas com restrição de lactose. Disponível em: http://antigo.anvisa.gov.br/documents/10181/2955920/RDC_135_2017_.pdf/ac21ecc5-b439-4872-8a11-01cbef2d3d51. Acesso em: 17 nov. 2020.

AGÊNCIA NACIONAL DE VIGILÂNCIA SANITÁRIA (ANVISA). *Resolução de Diretoria Colegiada (RDC) 136*, de 9 de fevereiro de 2017. Estabelece os requisitos para declaração obrigatória da presença de lactose nos rótulos dos alimentos. Disponível em: http://antigo.anvisa.gov.br/documents/10181/2955920/RDC_136_2017_.pdf/535da2bb-67f6-47a6-a2f1-befe2e4a8576. Acesso em: 17 nov. 2020.

AGÊNCIA NACIONAL DE VIGILÂNCIA SANITÁRIA (ANVISA). *Resolução de Diretoria Colegiada (RDC) 421*, de 1º de setembro de 2020. Dispõe sobre a inclusão de declaração sobre nova fórmula na rotulagem de produtos sujeitos à vigilância sanitária quando da alteração de sua composição. Disponível em: http://antigo.anvisa.gov.br/documents/. Acesso em: 19 nov. 2020.

AGÊNCIA NACIONAL DE VIGILÂNCIA SANITÁRIA (ANVISA). Resolução de Diretoria Colegiada (RDC) 429/2020. Dispõe sobre a rotulagem nutricional dos alimentos embalados. *Diário Oficial da União*, publicado em 9/10/20. Disponível em: http://antigo.anvisa.gov.br/documents/10181/3882585/RDC_429_2020_.pdf/9dc15f3a-db4c-4d3f-90d8-ef4b80537380. Acesso em: 17 de nov. 2020.

AGÊNCIA NACIONAL DE VIGILÂNCIA SANITÁRIA (ANVISA). *Temas da AR 2017-2020*. Disponível em: http://portal.anvisa.gov.br/2017-2020/temas. Acesso em: 08 maio 2019.

ALIANÇA PELA ALIMENTAÇÃO ADEQUADA E SAUDÁVEL. Disponível em: . Acesso em: 16 maio 2019.

ALIANÇA PELA ALIMENTAÇÃO ADEQUADA E SAUDÁVEL. ***Campanhas***. Disponível em: https://alimentacaosaudavel.org.br/campanhas/. Acesso em: 16 maio 2019.

ALVES, Denisard; STEFFENS, Camila. Por que Precisamos Rotular Melhor os Alimentos no Brasil. *Nexo Jornal*. Disponível em: https://www.nexojornal.com.br/ensaio/2019/Por-que-precisamos-rotular-melhor-os-alimentos-no-Brasil. Acesso em: 18 maio 2019.

ASSOCIAÇÃO BRASILEIRA DA INDÚSTRIA DE ALIMENTOS (ABIA). Disponível em: https://www.abia.org.br/vsn/tmp. Acesso em: 29 ago. 2018.

ASSOCIAÇÃO BRASILEIRA DA INDÚSTRIA DE ALIMENTOS (ABIA). *Disposição da População para Mudança na Rotulagem das Categorias de Alimentos e Bebidas não Alcoólicas*. Pesquisa IBOPE Inteligência. Disponível em: https://www.abia.org.br/vsn/temp/z2018621170876MudancanorotuloApresentacaoconsolidadaANVISA.pdf. Acesso em: 05 jun. 2019.

ASSOCIAÇÃO BRASILEIRA DA INDÚSTRIA DE ALIMENTOS (ABIA). *IBOPE Revela que 67% dos Brasileiros Preferem o Semáforo Nutricional nos Rótulos de Alimentos e Bebidas*. Disponível em: https://abia.org.br/vsn/printnoticia. Acesso em: 16 maio 2019.

ASSOCIAÇÃO BRASILEIRA DA INDÚSTRIA DE ALIMENTOS (ABIA). *Faturamento 2018*. Disponível em: https://www.abia.org.br/vsn/anexos/faturamento2018.pdf. Acesso em 18 maio 2019.

ASSOCIAÇÃO BRASILEIRA DA INDÚSTRIA DE ALIMENTOS (ABIA). *Relatório Anual 2018*. Disponível em: https://www.abia.org.br/vsn/temp/z2019422RelatorioAnual2018.pdf. Acesso em: 18 maio 2019.

BES-RASTROLLO, Maira et al. Association between consumption of ultra-processed foods and all cause mortality: SUN prospective cohort study. *The BMJ*: 2019. Disponível em: www.bmj.com/content/365/bmj.l1949. Acesso em: 2 jun. 2019.

BRASIL. *Constituição da República Federativa do Brasil de 1988*. Disponível em: http://www.planalto.gov.br/ccivil_03/constituicao/constituicaocompilado.htm. Acesso em: 20 maio 2019.

BRASIL. Lei 8.078, de 11 de setembro de 1990. Dispõe sobre a proteção do consumidor e dá outras providências. *Diário Oficial da União, Brasília, DF, 12 set. 1990*. Disponível em: http://www.planalto.gov.br/ccivil_03/LEIS/L8078.htm. Acesso em: 14 fev. 2019.

BRASIL. Lei 9.782, de 26 de janeiro de 1999. Define o Sistema Nacional de Vigilância Sanitária, cria a Agência Nacional de Vigilância Sanitária, e dá outras providências. *Diário Oficial da União, Brasília, DF, 27 jan. 1999*. Disponível em: http://www.planalto.gov.br/ccivil_03/LEIS/L9782.htm htm. Acesso em 26 fev. 2019.

BRASIL. Lei 10.674, de 16 de maio de 2003. Obriga a que os produtos alimentícios comercializados informem sobre a presença de glúten, como medida preventiva e de controle da doença celíaca. *Diário Oficial da União, Brasília, DF, 19 de maio de 2003*. Disponível em: https://www.planalto.gov.br/ccivil_03/Leis/2003/L10.674.htm. Acesso em: 17 nov. 2020.

BRASIL. Lei 13.305, de 4 de julho de 2016. Acrescenta art. 19-A ao Decreto-Lei 986, de 21 de outubro de 1969, que "institui normas básicas sobre alimentos", para dispor sobre a rotulagem de alimentos que contenham lactose. *Diário Oficial da União, Brasília, DF, 5 de julho de 2016*. Disponível em: http://www.planalto.gov.br/CCIVIL_03/_Ato2015-2018/2016/Lei/L13305.htm. Acesso em: 17 nov. 2020.

BRASIL. Ministério do Desenvolvimento, Indústria e Comércio Exterior. *Portaria Inmetro 153 de 19 de maio de 2008*. Determinar a padronização do conteúdo líquido dos produtos pré-medidos acondicionados de acordo com o anexo da presente Portaria. Disponível em: http://www.inmetro.gov.br/legislacao/rtac/pdf/RTAC001304.pdf. Acesso em: 19 nov. 2020.

BRASIL. Ministério da Justiça. *Portaria 81, de 23 de janeiro de 2002*. Estabelece regra para a informação aos consumidores sobre mudança de quantidade de produto comercializado na embalagem. Disponível em: file:///C:/Users/dougl/Downloads/portaria-no-81-de-23-de-janeiro-de-2002.pdf. Acesso em 19 nov. 2020.

BRASIL. Ministério da Justiça. *Portaria 2658, de 22 de dezembro de 2003*. Regulamento para o Emprego do Símbolo Transgênico. Disponível em: https://www.gov.br/agricultura/pt-br/assuntos/insumos-agropecuarios/insumos-pecuarios/alimentacao-animal/arquivos-alimentacao-animal/legislacao/portaria-no-2-658-de-22-de-dezembro-de-2003.pdf. Acesso em: 19 nov. 2020.

BRASIL. Ministério da Saúde. *As Causas Sociais das Iniquidades em Saúde no Brasil*. Brasília: Ministério da Saúde, 2008. Disponível em: http://bvsms.saude.gov.br/bvs/publicacoes/causas_sociais. Acesso em: 26 fev. 2019.

BRASIL. Ministério da Saúde. *Guia Alimentar para a População Brasileira*. 2. ed., 1. reimpr. Brasília: Ministério da Saúde, 2014. 156 p.: il. Disponível em: http://bvsms.saude.gov.br/bvs/publicacoes/guia_alimentar_populacao_brasileira_2ed.pdf. Acesso em: 13 fev. 2019.

BRASIL. Ministério da Saúde. *Política Nacional de Alimentação e Nutrição (PNAN)*. Disponível em: http://dab.saude.gov.br/portaldab/pnan.php. Acesso em 14 fev. 2019.

BRASIL. Ministério da Saúde. *Vigitel*. Disponível em: http://portalms.saude.gov.br/saude-de-a-z/vigitel#dados. Acesso em: 11 mar. 2019.

CARPENA, Heloisa. O *compliance* consumerista e criação de um mercado ético e produtivo. *Consultor Jurídico*. Garantias do Consumo. Disponível em: https://www.conjur.com.br/2018-ago-01/garantias-consumo-compliance-consumerista-criacao-mercado-etico-produtivo. Acesso em: 8 dez. 2020.

CHILE. Ministerio de Salud. *Ley de Alimentos: nuevo etiquetado de alimentos*. Disponível em: https://www.minsal.cl/ley-de-alimentos-nuevo-etiquetado-de-alimentos. Acesso em: 14 maio 2019.

EUROMONITOR INTERNATIONAL. Disponível em: https://www.euromonitor.com/pt. Acesso em: 9 mar. 2019

GREGG, Edward W.; SHAW, Jonathan E. Health Effects of Overweight and Obesity in 195 Countries over 25 Years. In: ***The New England Journal of Medicine***: jul. 2017. Disponível em: https://www.nejm.org/doi/full/10.1056/NEJMoa1614362. Acesso em: 02 jul. 2019.

INSTITUTO BRASILEIRO DE DEFESA DO CONSUMIDOR (IDEC). *Aprimoramento da Informação Nutricional nos Rótulos de Alimentos no Brasil*. Proposta elaborada por: Instituto Brasileiro de Defesa do Consumidor (IDEC) e Universidade Federal do Paraná (UFPR). São Paulo: IDEC, 2017.

INSTITUTO BRASILEIRO DE DEFESA DO CONSUMIDOR (IDEC). *Campanha por uma Rotulagem Nutricional Adequada Já*. Disponível em: https://idec.org.br/campanha/rotulagem. Acesso em: 29 ago. 2018.

INSTITUTO BRASILEIRO DE GEOGRAFIA E ESTATÍSTICA (IBGE). *Pesquisa Nacional de Saúde (PNS), 2019*. Disponível em: https://agenciadenoticias.ibge.gov.br/agencia-noticias/2012-agencia-de-noticias/noticias/29204-um-em-cada-quatro-adultos-do-pais-estava-obeso-em-2019. Acesso em: 21 nov. 2020.

INSTITUTO BRASILEIRO DE GEOGRAFIA E ESTATÍSTICA (IBGE). *Pesquisa de Orçamentos Familiares 2008-2009*: análise do consumo alimentar pessoal no Brasil. Rio de Janeiro: IBGE, 2011, 150 p. Disponível em: https://biblioteca.ibge.gov.br/visualizacao/livros/liv45419.pdf. Acesso em: 12 mar. 2019.

INSTITUTO NACIONAL DE METROLOGIA, QUALIDADE E TECNOLOGIA (INMETRO). *Codex Alimentarius*. Disponível em: http://www.inmetro.gov.br/qualidade/comites/codex.asp. Acesso em: 19 mar. 2019.

KHANDPUR, Neha. *et al*. Are Front-of-Package Warning Labels More Effective at Communicating Nutrition Information than Traffic-Light Labels? A Randomized Controlled Experiment in a Brazilian Sample. *Nutrients*, v. 10, issue 6, june 2018. Disponível em: https://www.mdpi.com/2072-6643/10/6/688. Acesso em: 16 maio 2019.

LINDSTROM, Martin. *A Lógica do Consumo:* verdades e mentiras sobre por que compramos. Rio de Janeiro: Nova Fronteira, 2009.

LOZARDO, Ernesto. Avaliação de políticas públicas: guia prático de análise *ex ante*. Brasília: Ipea, 2018, v. 1, 192 p. Disponível em: http://www.casacivil.gov.br/central-de-conteudos/downloads/153743_analise-ex-ante_web_novo.pdf. Acesso em: 7 maio 2019.

MAGALHÃES, Simone. *Rotulagem Nutricional Frontal dos Alimentos Industrializados*: política pública fundamentada do direito básico do consumidor à informação clara e adequada. 2. ed. Belo Horizonte: Dialética Editora, 2020.

MIRAGEM, Bruno; BERGSTEIN, Lais. O Papel da Informação nos Contratos de Consumo como Modelo do Novo Direito Privado Solidário. In: VERBICARO, Dennis; ATAÍDE, Camille; ACIOLI, Carlos (Coord.). *Provocações Contemporâneas no Direito do Consumidor*. Rio de Janeiro: Lumen Juris, 2018.

MULLIGAN, Andrea et al. *Publicidade de Alimentos e Crianças:* regulação no Brasil e no Mundo. Isabella Henriques e Veet Vivarta (Coord.). Cecília Lozano Fanucchi, Gilda B. M. Silva e Heloísa P. Attuy Ttrad.) São Paulo: Saraiva, 2013.

ORGANIZACIÓN DE LAS NACIONES UNIDAS para la alimentación y la agricultura (FAO); Organización Panamericana de la Salud (OPS). *América Latina y el Caribe: Panorama de La Seguridad Alimentaria y Nutricional – sistemas alimentarios sostenibles para poner fin al hambre y la malnutrición*. Santiago: FAO y OPS, 2016. Disponível em: http://www.fao.org/3/a-i6747s.pdf. Acesso em: 14 fev. 2019.

ORGANIZAÇÃO DAS NAÇÕES UNIDAS PARA A ALIMENTAÇÃO E A AGRICULTURA (FAO). *Notícias*. Disponível em: http://www.fao.org/americas/noticias/ver/pt/c/466066. Acesso em: 14 fev. 2019.

ORGANIZAÇÃO PAN-AMERICANA DA SAÚDE (OPAS). *Alimentos e Bebidas Ultraprocessados na América Latina:* tendências, efeito na obesidade e implicações para políticas públicas. Brasília: OPAS, 2018. Disponível em: http://iris.paho.org/xmlui/bitstream/handle. Acesso em: 7 mar. 2019.

ORGANIZAÇÃO PAN-AMERICANA DA SAÚDE (OPAS). *Década de Ação das Nações Unidas sobre Nutrição (2016-2025)*. Disponível em: https://www.paho.org/bra/index.php?option=com_content&view=article&id=5434:decada-de-acao-das-nacoes-unidas-sobre-nutricao. Acesso em 14 fev. 2019.

ORGANIZAÇÃO PAN-AMERICANA DA SAÚDE (OPAS). *Início*. Disponível em: https://www.paho.org/bra/index.php?option=com. Acesso em: 2 jun. 2019.

ORGANIZAÇÃO PAN-AMERICANA DA SAÚDE (OPAS). *Modelo de Perfil Nutricional da Organização Pan-Americana da Saúde*. Washington, DC, USA: OPAS, 2016. Disponível em: http://iris.paho.org/xmlui/handle/123456789/18623. Acesso em: 27 fev. 2019.

ORGANIZAÇÃO PAN-AMERICANA DA SAÚDE (OPAS). *Plano de Ação para Prevenção da Obesidade em Crianças e Adolescentes*. Washington, DC, USA: OPAS, 2014. Disponível em https://www.paho.org/bra/images/stories/UTFGCV/. Acesso em: 29 ago. 2018.

ORGANIZAÇÃO PAN-AMERICANA DA SAÚDE (OPAS); ORGANIZAÇÃO MUNDIAL DA SAÚDE (OMS). *Portifólio*. Brasília: OPAS/OMS, 2016, p. 13. Disponível em: https://www.paho.org/bra/images/stories/GCC/portifolio. Acesso em: 28 fev. 2019.

PERES, João. Novos estudos associam alimentos ultraprocessados a morte e Doenças Cardiovasculares. *O Joio e o Trigo*. Disponível em: https://outraspalavras.net/ojoioeotrigo/2019/05/novos-estudos-associam-alimentos-ultraprocessados-a-morte-e-doencas-cardiovasculares/. Acesso em: 2 jun. 2019.

REDE ROTULAGEM. *Impacto socioeconômico*. Disponível em: http://www.rederotulagem.com.br/impacto-socioeconomico/. Acesso em: 16 maio 2019.

REDE ROTULAGEM. *Modelo Gráfico*. Disponível em: http://www.rederotulagem.com.br/modelo-grafico. Acesso em: 16 maio 2019.

REDE ROTULAGEM. *Pesquisa IBOPE*. Disponível em: http://www.rederotulagem.com.br/pesquisa-ibope/. Acesso em: 17 maio 2019.

REDE ROTULAGEM. *Quem Somos*. Disponível em: http://www.rederotulagem.com.br/posicionamento/. Acesso em: 18 maio 2019.

REDE ROTULAGEM. *Sua Liberdade de Escolha*. Disponível em: http://rederotulagem.com.br/sua-liberdade-de-escolha/informacoes.php. Acesso em: 18 maio 2019.

SROUR, Bernard et al. Consumption of ultra-processed foods and cancer risk: results from NutriNet-Santé prospective cohort. *The BMJ*: 2018. Disponível em: https://www.bmj.com/content/360/bmj.k322. Acesso em: 10 mar. 2019.

SROUR, Bernard et al. Ultra-processed Food and Adverse Health Outcomes. *The MBJ*: 2019. Disponível em: https://www.bmj.com/content/365/bmj.l2289. Acesso em: 2 jun. 2019.

TADDEI, José Augusto *et al*. A Publicidade de Alimentos Dirigida a Crianças e a Saúde das Futuras Gerações. In: *Criança e Consumo:* 10 anos de transformação. Lais Fontenelle e Isabella Henriques (Org.), p. 173-197. São Paulo: Instituto Alana, Programa Criança e Consumo, 2016.

VAZ, Caroline. *Direito do Consumidor à Segurança Alimentar e Responsabilidade Civil*. Porto Alegre: Livraria do Advogado, 2015.

COMPLIANCE AMBIENTAL E LOGÍSTICA REVERSA: O DESCARTE DE PRODUTOS

Maria Luiza Machado Granziera

Professora-Associada ao Programa de Pós-Graduação *Stricto Sensu* – Mestrado e Doutorado em Direito Ambiental Internacional da Universidade Católica de Santos. Líder do Grupo de Pesquisa 'Energia e Meio Ambiente'. Autora dos livros "Direito Ambiental", 5. ed., "Direito de Águas – Disciplina Jurídica das Águas Doces", 4. ed. e "Comentários à Lei 9.984/2000", entre outros trabalhos. Advogada em São Paulo.

Flávio de Miranda Ribeiro

Mestre em Energia e Doutor em Ciência Ambiental. Professor-Associado ao Programa de Pós-Graduação *Stricto Sensu* – Mestrado e Doutorado em Direito Ambiental Internacional da Universidade Católica de Santos. Especialista em Economia Circular, Resíduos Sólidos, Regulação Ambiental e Produção e Consumo Sustentáveis. Engenheiro.

Sumário: 1. Introdução – 2. *Compliance* ambiental; 2.1 Conceito; 2.2 Fundamentos – 3. Logística reversa no Brasil; 3.1 Conceitos e definições; 3.2 Logística reversa no Brasil antes da PNRS; 3.3 Determinação legal da logística reversa na PNRS; 3.4 Implementação dos sistemas de logística reversa em atendimento à PNRS; 3.5 O *enforcement* da logística reversa no estado de São Paulo – 4. A evolução do *compliance* da logística reversa no Brasil – 5. Conclusão – 6. Referências.

1. INTRODUÇÃO

O objeto do presente capítulo consiste no estudo da logística reversa como elemento do programa de *compliance* ambiental. Na medida em que os resíduos constituem um dos grandes desafios das agendas nacionais e internacionais no século XXI, comprometendo o meio ambiente e a saúde, com impactos na economia, a temática torna-se inovadora e relevante.

É preciso investigar as possíveis formas de solução desse problema e compreender melhor como viabilizar a adequação das atividades antrópicas às normas vigentes acerca dos resíduos, incluindo o universo da logística reversa.

O tema em tela remonta à metade do século passado. De fato, no pós-guerra havia a necessidade de alavancar a economia e uma das formas encontradas para atingir esse objetivo foi a criação do binômio "produção industrial e sociedade de consumo".

Nota-se que o consumismo é produto de décadas de investimentos por parte das empresas em propaganda, criando no imaginário das pessoas que elas seriam mais felizes se tivessem acesso aos inúmeros bens ofertados, desde carros, até utensílios domésticos, muitos de utilidade discutível.

Para ilustrar essa relação entre consumo e produção em larga escala, imagine-se uma loja de doces que oferece, em uma pilha, barras de chocolate por R$ 4,00 e, em outra pilha ao lado, um pacote das mesmas barras, em dez unidades, por R$ 10,00. Qual a alterativa que o consumidor vai adotar? A economia é flagrante e, como a maioria aprecia chocolate, a escolha do consumidor certamente será pelo de menor valor com aquisição de maior quantidade, mesmo que não consuma de imediato a quantidade adquirida.

Independentemente, todavia, de serem úteis ou não os produtos comercializados, a verdade é que se deu início a um processo de geração de resíduos que ultrapassa a capacidade regenerativa do planeta, pondo em risco o bem-estar das futuras gerações.

Como uma resposta a esse desafio, as ações de regulação ambiental, de um modo geral, têm por objetivo modificar as cadeias de produção e consumo, buscando adequá-las a padrões sustentáveis. E no caso dos resíduos sólidos, uma dessas ações é justamente a logística reversa.

O problema possui duas dimensões. Por um lado, alguns resíduos são gerados em grande quantidade (embalagens por exemplo) e muitas vezes não conseguem ter a correta destinação. Perdem-se inclusive oportunidades de reaproveitamento, como é o caso do reuso e da reciclagem. Além disso, os custos das destinações em desconformidade com o aparato regulatório estabelecido recaem sobre os titulares do serviço – municípios, desviando-se da aplicação do princípio do poluidor-pagador.

Por outro lado, muitos dos resíduos gerados possuem algum grau associado de periculosidade, e demandam coleta e gestão específica, como alguns equipamentos eletroeletrônicos ou os óleos lubrificantes, e a responsabilidade por sua gestão ultrapassa as atribuições dos titulares de limpeza pública, sendo fundamental criação de sistemas paralelos.

A Logística Reversa, nessa linha, é um instrumento da Política Nacional de Resíduos Sólidos capaz de resolver essas duas dimensões, e ainda trazer a possibilidade de melhorias além do *compliance*, como o incentivo ao *ecodesign* de produtos pelas empresas, na busca de redução dos custos do próprio *compliance*. A ideia que permeia o *ecodesign* neste caso consiste em gerar menos resíduos, ou então resíduos mais reutilizáveis ou recicláveis, o que significa menos custos para a Logística Reversa.

No Brasil esse tema é objeto, entre outros, da Lei 12.305/2010, que instituiu a Política Nacional de Resíduos Sólidos (PNRS). Todavia, antes da promulgação dessa lei, a própria situação de risco provocado pelo descarte de outros produtos já havia ensejado a necessidade da edição de regras de logística reversa para cadeias específicas. É o caso das embalagens de agrotóxicos (Lei 7.802/1989), dos pneus (Resolução CONAMA 416/2009), das pilhas e baterias (Resolução CONAMA 401/2008) e dos óleos lubrificantes usados e contaminados (Resolução CONAMA 362/2005).

Nesse cenário, e em alguns destes casos, os resultados de implementação ficavam aquém do esperado, propiciando falhas no *compliance* – que não eram plenamente cobradas das empresas. Com a edição da Lei 12.305/2010, cristalizou-se a exigência de adequação dessas essas cadeias em um novo contexto regulatório, mais robusto, e expandiu-se o rol dos itens a serem objeto da Logística Reversa.

Desde 2011 a Logística Reversa tem sido um dos principais temas da implementação da PNRS, com forte atuação dos órgãos de controle, em especial no estado de SP, e de observância pela sociedade civil. Hoje, com a relevância do *compliance ambiental*, a implementação da Logística Reversa surge como um elemento essencial para a atuação dos empreendedores de diversas cadeias produtivas, na busca de conformidade com as normas e muitas vezes de atingimento de padrões privados, necessários para certificações e acessos a mercados mais exigentes. Ou seja, direta ou indiretamente, essa mudança nos paradigmas de comportamento beneficiam a sociedade, que afinal é o que importa.

2. *COMPLIANCE* AMBIENTAL

2.1 Conceito

O termo *compliance* significa o *ato de atender a um desejo, pedido ou demanda; aquiescência*[1]. Consiste em corresponder a uma regra estabelecida. Para os propósitos deste texto, trata-se da observância das mais variadas regras vigentes pelos diversos agentes econômicos, no âmbito de suas atividades. A ideia subjacente é que, ao atender à regulação estabelecida, estar-se-á adequando as atividades econômicas aos anseios da sociedade, em uma linha solidária e ética.

Segundo a Federação Brasileira de Bancos (FEBRABAN), o *compliance* transcende à ideia de *estar em conformidade* com as leis, regulamentações e autorregulamentações. Esse conceito abrange, também aspectos de governança, conduta, transparência e temas como ética e integridade, além do princípio da prevenção[2].

Dessa forma, conceitua-se o termo *compliance* como sendo um

> conjunto de medidas internas que permite prevenir ou minimizar os riscos de violação às leis decorrentes de atividade praticada por um agente econômico e de qualquer um de seus sócios ou colaboradores. Por meio dos programas de *compliance*, os agentes reforçam seu compromisso com os valores e objetivos ali explicitados, primordialmente com o cumprimento da legislação. [3]

Identifica-se, nos programas de *compliance*, não apenas uma série de procedimentos de atuação, mas um conteúdo relativo a uma mudança na cultura corporativa, ensejando que se introduza a ética nos comportamentos. Não bastaria, pois, cumprir

1. The American Heritage Dictionary. Disponível em: https://ahdictionary.com/word/search.html?q=compliance Acesso: 14 out. 2020.
2. FEBRABAN. Guia Boas Práticas *Compliance*, 2018. Disponível em: https://cmsportal.febraban.org.br/Arquivos/documentos/PDF/febraban_manual_compliance_2018_2web.pdf Acesso: 14 out. 2020.
3. Conselho Administrativo de Defesa Econômica. Guia para programas de compliance. Disponível em: http://www.cade.gov.br/acesso-a-informacao/publicacoes-institucionais/guias_do_Cade/guia-compliance-versao-oficial.pdf Acesso em: 14 out. 2020.

as regras, mas compreender a necessidade de adequar-se a elas, como um referencial de fazer as *coisas de modo correto*.

A ideia é estar em conformidade com toda uma estrutura normativa complexa, como é o caso quando se cogita de programas de *compliance* que abarcam áreas diversas relacionadas com as atividades empresariais, como é o caso da corrupção, da governança, dos aspectos fiscais, de concorrência e das questões envolvendo a proteção ambiental.

O *compliance* ambiental consiste no conjunto de ações relacionadas com o cumprimento da estrutura normativa relacionada com o meio ambiente, desde a Constituição, passando pelas leis, até os regulamentos em vigor.

2.2 Fundamentos

O fundamento do *compliance* ambiental no direito ambiental brasileiro, consiste basicamente em todos terem *direito ao meio ambiente ecologicamente equilibrado, bem de uso comum do povo e essencial à sadia qualidade de vida, impondo-se ao Poder Público e à coletividade o dever de defendê-lo e preservá-lo para as presentes e futuras gerações*[4]. Na medida em que se trata de um direito fundamental, a observância da estrutura normativa que define esse direito de forma objetiva é obrigatória.

O art. 170, contido no capítulo relativo à Política Econômica, da Constituição, determina que *a ordem econômica, fundada na valorização do trabalho humano e na livre iniciativa, tem por fim assegurar a todos existência digna, conforme os ditames da justiça social*. Dos princípios a serem observados na condução da ordem econômica destaca-se, no inciso III, a função social da propriedade e no inciso VI, *a defesa do meio ambiente, inclusive mediante tratamento diferenciado conforme o impacto ambiental dos produtos e serviços e de seus processos de elaboração e prestação*[5].

A Constituição menciona a *existência digna*, tema relevante para a proteção ambiental, da qual depende a manutenção do equilíbrio que abriga e rege a vida em todas as suas formas[6], inclusive a humana. Mas é necessário pontuar que o conceito de *dignidade* não surgiu na Constituição brasileira. A Carta da Organização das Nações Unidas (ONU), assinada em São Francisco USA, em 26 de junho de 1945, por ocasião da Conferência de Organização Internacional da Nações Unidas e promulgada no Brasil pelo Decreto 19.841, de 22.10.1945, quando do término dos horrores da Segunda Grande Guerra, menciona em seu preâmbulo:

> Nós, os povos das nações unidas, resolvidos a preservar as gerações vindouras do flagelo da guerra, que por duas vezes, no espaço da nossa vida, trouxe sofrimentos indizíveis à humanidade, e a reafirmar a fé nos direitos fundamentais do homem, na *dignidade* e no valor do ser humano, na igualdade de direito dos homens e das mulheres, assim como das nações grandes e pequenas, e

4. CF/88, art. 225.
5. Redação dada pela Emenda Constitucional 42, de 19.12.2003.
6. Lei 6.938/1981, art. 3º, I.

> a estabelecer condições sob as quais a justiça e o respeito às obrigações decorrentes de tratados e de outras fontes do direito internacional possam ser mantidos... (grifo nosso).

Se a Carta da ONU de 1945 já mencionava os riscos da guerra para as futuras gerações, os eventos relacionados com poluição e degradação ambiental ocorridos a partir da segunda metade do século XX indicaram a necessidade de estender essa atenção com as atuais e as futuras gerações para a proteção do meio ambiente.

Todavia, após o término da Segunda Guerra, quando se deu início à reconstrução da economia, houve um enorme esforço de um lado, para reforçar a indústria e, de outro, para criar uma estrutura de absorção dos produtos fabricados, o que ocorreu com a chamada sociedade de consumo. A questão que se coloca é que havendo um desequilíbrio entre os bens consumidos descartados após o uso e a capacidade da natureza de regenerar-se, constituindo esse um dos maiores desafios do século XXI: equacionar o problema dos resíduos no mundo.

Especificamente na década de 1960, observou-se uma crescente preocupação com as questões ambientais, ainda não abordando de forma ampla ou explícita os resíduos. Nesse momento, o contexto internacional já apontava para a necessidade de adotar uma nova concepção em relação ao meio ambiente por parte dos governos e da sociedade. Isso fez com que a ONU decidisse realizar em Estocolmo, Suécia, em 1972, a Conferência Internacional sobre o Meio Ambiente Humano, marco fundamental para uma mudança na forma como os Estados e as empresas e a sociedade lidavam com seus recursos naturais.

A Declaração de Estocolmo aborda questões estratégicas e inovadoras para a proteção do meio ambiente, como a preservação dos recursos naturais para as futuras gerações, a preservação da água e dos ecossistemas, a necessidade de banir a poluição, a importância do planejamento, a criação de instituições nacionais competentes para planejar, administrar ou controlar o uso dos recursos ambientais, a importância da educação, o princípio da cooperação e o valor da ciência e da tecnologia a serviço da proteção dos recursos naturais. Mas não tratou expressamente do tema.

Logo em 1973 a Declaração de Estocolmo já surtiu efeitos no Brasil, com a criação da Secretaria Especial do Meio Ambiente (Sema), cuja principal atribuição era formular uma política nacional do meio ambiente. A Lei 6.931/1981 instituiu essa política e inovou ao instituir, os princípios da reparação integral, do poluidor pagador e do usuário pagador, a responsabilidade objetiva por dano ambiental, e a legitimidade do Ministério Público, da União e dos Estados para propor ação de responsabilidade civil e criminal, por danos causados ao meio ambiente. Além disso, o art. 2º já em 1981 estabelecia o conceito do desenvolvimento sustentável, conforme segue:

> A Política Nacional do Meio Ambiente tem por objetivo a preservação, melhoria e recuperação da qualidade ambiental propícia à vida, visando assegurar, no País, condições ao desenvolvimento socioeconômico, aos interesses da segurança nacional e à proteção da dignidade da vida humana [...]

Cabe ressaltar que a Lei 6.938/1981 apenas menciona o termo *resíduos* em seu Anexo VIII, referente às atividades potencialmente poluidoras e utilizadoras de recursos ambientais, o qual foi incluído pela Lei 10.165/2000.

Após dez anos da Conferência de Estocolmo, a ONU convocou nova conferência para tratar de meio ambiente e desenvolvimento. A comissão instituída para levantar os problemas ambientais e sugerir estratégias, estabelecendo uma agenda global para mudança apresentou como resultado o Relatório Brundtland[7], documento que apontou para um desenvolvimento econômico que não se dê em detrimento da justiça social e da preservação do planeta. Essa forma de desenvolvimento desejada deveria ser sustentável, isto é, capaz de suprir as necessidades da geração atual sem comprometer a capacidade de atendimento às gerações futuras.

A Conferência das Nações Unidas para o Ambiente e Desenvolvimento (CNUMAD) – Rio/92 tratou de diversos temas, sendo que a Declaração da Rio/92 aborda os princípios da cooperação, da precaução, da participação e do direito ao desenvolvimento, a serem exercidos com o atendimento equitativo das necessidades de desenvolvimento e da proteção ambiental para as gerações presentes e futuras.

Além disso, a Declaração da Rio/92, no Princípio 8, trata da questão do consumo sustentável, que tem forte relação com os resíduos, nos seguintes termos:

> Para alcançar o desenvolvimento sustentável e uma qualidade de vida mais elevada para todos, os Estados devem reduzir e eliminar os padrões insustentáveis de produção e consumo, e promover políticas demográficas adequadas.

Em 2000, a ONU instituiu os Objetivos de Desenvolvimento do Milênio (ODM), com previsão de 15 anos. Em continuidade aos ODM, foram instituídos em 2015 os Objetivos do Desenvolvimento Sustentável (ODS) – Agenda 2030, com 17 objetivos e 169 metas, endereçada aos Estados nacionais, governos subnacionais – estados federados, DF, regiões, municípios, sociedade civil e iniciativa privada, dentro das atribuições e realidades de cada um.

O Objetivo 12 trata de assegurar padrões de produção e de consumo sustentáveis, destacando-se as seguintes metas, que possuem relação direta com a logística reversa e o *compliance* ambiental.

Neste contexto, a meta 12.4 prevê *até 2020, alcançar o manejo ambientalmente adequado dos produtos químicos e de todos os resíduos, ao longo de todo o ciclo de vida destes, de acordo com os marcos internacionalmente acordados, e reduzir significativamente a liberação destes para o ar, água e solo, para minimizar seus impactos negativos sobre a saúde humana e o meio ambiente*. Ao mencionar o manejo ambientalmente adequado de resíduos, e combinando-se essa meta com o conteúdo da Lei 12.305/2010,

7. Comissão Mundial sobre Meio Ambiente e Desenvolvimento. *Nosso futuro comum*. 2. ed. Rio de Janeiro: FGV, 1991.

remete-se para a logística reversa, uma vez que essa norma trata da responsabilidade pelo ciclo de vida do produto.

Já a meta 12.5 menciona *até 2030, reduzir substancialmente a geração de resíduos por meio da prevenção, redução, reciclagem e reuso*. Na logística reversa, conforme determina inclusive a PNRS, deve-se dar prioridade às destinações de reuso e reciclagem, porém com a gestão às custas daqueles que se encontram na cadeia produtiva. A sociedade (cidadãos) assume, nesse caso, apenas o encargo de entregar os resíduos nos postos indicados pelos comerciantes, fabricantes ou importadores. Além disso, a meta 12.6 trata de *incentivar as empresas, especialmente as empresas grandes e transnacionais, a adotar práticas sustentáveis e a integrar informações de sustentabilidade em seu ciclo de relatórios*. Em outras palavras, cabe a esses agentes econômicos proceder ao *compliance* ambiental, como forma de fazer frente à sua responsabilidade.

Com base nesse ideário estabelecido pela ONU e adotado pelos países, assim como pelos governos subnacionais e as entidades de direito privado, essa trajetória de proteção indica que a preocupação com o ambiente abrange também questões éticas, no sentido de não causar dano aos outros, nem prejudicar a vida.

É certo que há mecanismos específicos para obrigar ao cumprimento da norma. É o caso dos instrumentos de comando-controle, em que se estabelecem punições para os infratores da lei. Nessa linha, a Constituição prevê a tripla responsabilidade por dano ambiental: administrativa, penal e civil[8]. Todavia, o *compliance* ambiental versa ainda sobre outra vertente: a prevenção, calcada na ética e na responsabilidade social.

A rigor, o objetivo do cumprimento das normas ambientais é *prevenir* contra riscos ao meio ambiente e a saúde humana, mais do que apenas detectar o erro e punir o responsável pelo dano (embora se trate de objetivos conectados)[9].

O termo *prevenir* significa dispor antecipadamente, preparar; precaver; avisar ou informar com antecedência; realizar antecipadamente; dizer ou fazer com antecipação; evitar; acautelar-se contra[10]. É também *vir antes, tomar a dianteira, acautelar-se, preparar-se*[11]. O princípio da prevenção nesse caso, consiste na chave da proteção ambiental.

Segundo Michel *Prieur*,

> a prevenção consiste em impedir a superveniência de danos ao meio ambiente por meio de medidas apropriadas, ditas preventivas, antes da elaboração de um plano ou da realização de uma

---

8. CF/88, art. 225, § 3º. § 3º As condutas e atividades consideradas lesivas ao meio ambiente sujeitarão os infratores, pessoas físicas ou jurídicas, a sanções penais e administrativas, independentemente da obrigação de reparar os danos causados.
9. BELL, Stuart; McGILLIVRAY, Donald; PEDERSEN, Ole; LEES, Emma; STOKES, Elen. *Environmental Law*. 9. ed. Oxford: Oxford Press, 2017. p. 284.
10. FREIRE, Laudelino. *Grande e novíssimo dicionário da língua portuguesa*. Rio de Janeiro: A Noite, 1943, v. IV. p. 4126.
11. FERREIRA, Aurélio Buarque de Holanda. *Novo dicionário da língua portuguesa*. Rio de Janeiro: Nova Fronteira, 1986. p. 1391.

obra ou atividade. A ação preventiva é uma ação 'a priori' é preferível às medidas 'a posteriori' do tipo reparação, restauração ou repressão cuja ocorrência se dá apenas depois de um dano ambiental[12]. (tradução nossa)

É claro que os mecanismos de tutela jurisdicional do meio ambiente são imprescindíveis. A Ação Civil Pública, estabelecida pela Lei 7.347/1985, é o instrumento processual mais eficaz para a defesa do meio ambiente[13]. Todavia, uma vez ocorrido o dano, dificilmente será possível reverter o ecossistema, região ou bacia hidrográfica ao *status quo ante*, seja pela dificuldade da empreita, seja pelos valores envolvidos.

Um exemplo muito claro da necessidade de considerar a prevenção como uma responsabilidade do empreendedor é o desastre ocorrido em Mariana – MG em 2015, em que uma barragem de rejeito (resíduo) de ferro de propriedade da empresa Samarco, uma joint-venture entre Vale S. A. e a empresa anglo-australiana BHP Billiton rompeu-se, matando 19 pessoas no vilarejo rural de Bento Rodrigues e contaminando 600 dos 800km do Rio Doce, assim como suas margens, ecossistemas, captações de água, atividades de pesca e o litoral do Espírito Santo.

Nessa tragédia, o investimento na segurança da barragem representaria uma ínfima parcela do custo social provocado pelo rompimento e suas consequências. Mas que deveria ser pago, integralmente, pelo empreendedor. Ocorrido o dano, a empresa responsável não tem como responder pelo que seria a indenização de toda a degradação e o custo social do desastre é quase incalculável.

Por isso é relevante que se proceda ao *compliance* ambiental no âmbito das empresas, como forma de responsabilidade social e ambiental, o que remete ao princípio constitucional da função social da propriedade[14]. Conforme José Afonso da Silva,

> a iniciativa econômica privada é amplamente condicionada no sistema da constituição econômica brasileira. Se ela se implementa na atuação empresarial, e esta [por sua vez] se subordina ao princípio da função social [...], assegurada a existência digna de todos, conforme ditames da justiça social, bem se vê que a liberdade de iniciativa só se legitima quando voltada à efetiva consecução desses fundamentos, fins e valores da ordem econômica[15].

Para dar concretude a essa estrutura, é necessária a capacitação no âmbito da empresa, para que se compreenda exatamente os efeitos da poluição e da degradação na sociedade, assim como a real finalidade de um sistema de *compliance* para as questões relacionadas com o meio ambiente.

Outro princípio a ser mencionado como fundamento do *compliance* ambiental consiste no *princípio poluidor-pagador* que tem sua origem na recomendação OCDE C(72) 128, de 1972, e significa que o poluidor deve arcar com os custos relativos às

12. PRIEUR, Michel. *Droit de l'environnement*. 8. ed. Paris: Dalloz, 2019. p. 93.
13. GRANZIERA, Maria Luiza Machado. *Direito Ambiental*. 4. ed. Indaiatuba: Foco. 2019. p. 690.
14. CF/88, art. 5º, XXIII.
15. SILVA, José Afonso da. *Curso de direito constitucional positivo*. 42. ed. São Paulo: Malheiros, 2019, p. 828-829.

medidas de prevenção e luta contra a poluição, normalmente assumidos pelo Poder Público, configurando um ônus social. Pelo princípio *poluidor-pagador*, o custo dessas medidas de prevenção – *compliance* ambiental – deve repercutir no preço dos bens e serviços, que estão na origem da poluição, em razão de sua produção e do seu consumo.

O princípio poluidor-pagador, então, incide no conjunto de ações voltadas à prevenção do dano, a cargo do empreendedor. Todavia, independentemente dessas ações preventivas, no caso de eventual ocorrência de dano, aplica-se a responsabilidade administrativa, penal e civil, conforme determina o § 3º do art. 225 da Constituição Federal e legislação infraconstitucional, na linha do princípio da reparação[16].

O *compliance* ambiental se aplica, da mesma forma, a todos os tipos de resíduos, sejam aqueles gerados nos processos produtivos, sejam os produtos que se tornam resíduos ao final de sua vida útil. A esses últimos, aplica-se a logística reversa.

3. LOGÍSTICA REVERSA NO BRASIL

Cabe verificar, dentro da Política Nacional de Resíduos Sólidos, como a Logística Reversa se materializa. O termo *Logística Reversa* é utilizado pelo meio empresarial há muito tempo, referindo-se a um tipo de operação na qual os bens retornam desde o ponto de consumo para as empresas fabricantes[17].

É o caso de produtos devolvidos pelos consumidores, restos de estoques retornados, dentre outras possibilidades. Para os fins deste artigo, porém, iremos nos restringir à logística reversa prevista na legislação ambiental, que se refere à chamada "logística reversa pós-consumo", ou seja, o retorno de produtos (ou suas embalagens) pós o uso e descarte pelo consumidor.

3.1 Conceitos e definições

A Logística Reversa é definida pela Lei 12.305/2010, que instituiu a Política Nacional de Resíduos Sólidos (PNRS), como:

> "instrumento de desenvolvimento econômico e social caracterizado por um conjunto de ações, procedimentos e meios destinados a viabilizar a coleta e a restituição dos resíduos sólidos ao setor empresarial, para reaproveitamento, em seu ciclo ou em outros ciclos produtivos, ou outra destinação final ambientalmente adequada"[18]

Conforme previsto na PNRS, a Logística Reversa não significa necessariamente retornar os resíduos às mesmas empresas que os fabricaram, ou pelas mesmas rotas e meios de sua distribuição. Na prática em muitos casos estes são coletados em pon-

16. GRANZIERA, Maria Luiza Machado. *Direito ambiental*. 5. ed. Indaiatuba: Foco, 2019, p. 60.
17. LEITE, Paulo Roberto. *Logística Reversa* – Sustentabilidade e competitividade. São Paulo: Saraiva, 2017.
18. Lei 12.305/2010, art. 3º, inc. XII.

tos de coleta unificados (para diversos tipos de material reciclável, por exemplo) e enviados diretamente para recicladores.

Importante mencionar que no Brasil a logística reversa faz parte da chamada *responsabilidade compartilhada pelo ciclo de vida dos produtos*, definida na lei como:

> conjunto de atribuições individualizadas e encadeadas dos fabricantes, importadores, distribuidores e comerciantes, dos consumidores e dos titulares dos serviços públicos de limpeza urbana e de manejo dos resíduos sólidos, para minimizar o volume de resíduos sólidos e rejeitos gerados, bem como para reduzir os impactos causados à saúde humana e à qualidade ambiental decorrentes do ciclo de vida dos produtos [...][19].

Essa previsão legal atribui a responsabilidade pelas ações de gerenciamento de resíduos, inclusive na logística reversa, a um conjunto amplo de atores. Porém, ao mencionar que as atribuições são *individualizadas* e *encadeadas*, deixa a distribuição e o detalhamento dessa responsabilidade para outros instrumentos, como os Acordos Setoriais, Termos de Compromisso ou Regulamento. Esta opção do legislador, como veremos mais adiante, é que abre caminho para uma nova forma de *compliance* ambiental.

3.2 Logística reversa no Brasil antes da PNRS

Embora a PNRS tenha trazido significativo avanço ao tema no país, marcos legais específicos determinam, desde a década de 1990, o estabelecimento de sistemas de logística reversa para quatro cadeias produtivas: embalagens vazias de agrotóxicos; pneus inservíveis; pilhas e baterias portáteis; e óleos lubrificantes usados e contaminados.

No primeiro caso, em virtude de preocupações com os efeitos ao ambiente e à saúde do descarte irregular das embalagens de agrotóxicos, a Lei 7.802/1989 já regulava a matéria, tendo sido complementada posteriormente pela Lei 9.974/2000 e regulamentada pelo Decreto 4.074/2002, que determina as responsabilidades de cada partícipe.

De forma simplificada, o agricultor deve lavar, armazenar e devolver as embalagens; os canais de distribuição e comercialização devem orientar o usuário e receber as embalagens; fabricantes devem providenciar a retirada e a correta destinação e o poder público deve fiscalizar o cumprimento das obrigações legalmente fixadas.

Em resposta a estrutura normativa, foi criado o Instituto Nacional de Processamento de Embalagens Vazias (Inpev), mantido pelos fabricantes do produto para operar o sistema em seu nome. Segundo dados dessa instituição[20], em outubro de

19. Lei 12.305/2010, Art. 3°, inc. XVII.
20. INPEV – Instituto Nacional de Processamento de Embalagens Vazias. Sistema Campo Limpo em Números. Página Internet institucional. Disponível em: https://inpev.org.br/sistema-campo-limpo/em-numeros/. Acesso em: 08 out. 2020.

2020 o sistema já havia coletado mais de 580 mil toneladas de embalagens, por meio de 411 unidades de recebimento pelo país.

Já no caso dos pneus inservíveis, a regulamentação foi dada pela Resolução CONAMA 258/1999, que instituiu a responsabilidade do produtor pelo ciclo de vida total do produto – e foi criada uma gerenciadora denominada Reciclanip, que opera o sistema até hoje em nome dos fabricantes nacionais. Posteriormente a norma foi substituída pela Resolução CONAMA 416/2009, que traz exigências específicas – como a necessidade de elaboração de um Plano de Gerenciamento de Pneus e a obrigatoriedade de criação de pontos de coleta em cidades acima de 100 mil habitantes.

Segundo dados da Reciclanip[21], em 2019 mais de 50 milhões de pneus de passeio (ou mais de 470 mil t) foram coletados em 1.053 pontos de coleta, principalmente em borracharias e oficinas de troca e destinados adequadamente, em sua maioria para coprocessamento em fornos de cimento.

Por sua vez, os óleos lubrificantes usados e contaminados (OLUC) são os resíduos gerados tanto em máquinas industriais como em veículos. Além dos riscos ambientais no caso de seu descarte incorreto, o OLUC apresenta interesse estratégico como matéria-prima para produção de óleo novo, evitando a importação de petróleo e, portanto, tem sido objeto de legislação específica desde a década de 1960.

Atualmente a gestão do OLUC encontra-se regulamentada pela Resolução CONAMA 362/2005, alterada pela Resolução CONAMA 450/2012, dentre outras regras. Nessas normas estabelecem-se requisitos para coleta, incluindo metas e para destinação final, apresentando o processo de rerrefino como alternativa preferencial. Produtores e importadores de óleo devem assegurar a coleta e dar destinação final ao OLUC, na proporção do óleo que colocam no mercado.

Neste caso, não existe um sistema ou gerenciadora unificada, e dados do IBAMA[22] mostram que em 2017 operaram no país 23 empresas de coleta e 14 de rerrefino, responsáveis pela coleta de 431 milhões de litros de OLUC (coleta de 40,9%, superando a meta de 39,2%), em cerca de 111 mil geradores e pontos de coleta.

Por fim, a logística reversa de pilhas e baterias é determinada pela Resolução CONAMA 401/2008, que substituiu a Resolução CONAMA 257/1999. Além de trazer diversos requisitos para a composição e fabricação dos produtos, a regra obriga os estabelecimentos que comercializem pilhas e baterias a receberem estes produtos do consumidor e darem a correta destinação – neste caso sob responsabilidade do fabricante ou importador.

21. RECICLANIP. Reciclanip. Página Internet institucional. Disponível em: https://www.reciclanip.org.br/. Acesso em: 08 out. 2020.
22. MMA – Ministério do Meio Ambiente. Coleta de óleo lubrificante usado ou contaminado – 2018 (ano base 2017). Disponível em: https://sinir.gov.br/images/sinir/LOGISTICA_REVERSA/Sistemas_Implantados_OLUC/Relatorio_CONAMA_OLUC_2018.pdf Acesso em: 8 de out. 2020.

Embora as obrigações estivessem estabelecidas desde 1999, foi apenas em 2010 que se criou o primeiro programa específico, denominado *ABINEE Recebe Pilhas*[23], o qual coletou mais de mil toneladas. Mais recentemente, a iniciativa foi absorvida pela entidade gestora GreenEletron[24] que, segundo dados do Ministério do Meio Ambiente[25], já coletou 172 toneladas de pilhas até 2019, em 1.648 pontos de coleta no país.

3.3 Determinação legal da logística reversa na PNRS

Muito embora a logística reversa já fosse regulamentada antes da publicação da PNRS para os setores mencionados acima, foi por meio de sua promulgação que o tema adquiriu maior relevância, inclusive para o tema do *compliance* ambiental.

Neste sentido, a PNRS determina em seu art. 33 que:

> São obrigados a estruturar e implementar sistemas de logística reversa, mediante retorno dos produtos após o uso pelo consumidor, de forma independente do serviço público de limpeza urbana e de manejo dos resíduos sólidos, os fabricantes, importadores, distribuidores e comerciantes de:
>
> I – agrotóxicos, seus resíduos e embalagens, [...];
>
> II – pilhas e baterias;
>
> III – pneus;
>
> IV – óleos lubrificantes, seus resíduos e embalagens;
>
> V – lâmpadas fluorescentes, de vapor de sódio e mercúrio e de luz mista;
>
> VI – produtos eletroeletrônicos e seus componentes.

Conforme dispõe o parágrafo único desse mesmo dispositivo,

> Na forma do disposto em regulamento ou em acordos setoriais e termos de compromisso firmados entre o poder público e o setor empresarial, os sistemas serão estendidos a produtos comercializados em embalagens plásticas, metálicas ou de vidro, e aos demais produtos e embalagens, considerando, prioritariamente, o grau e a extensão do impacto à saúde pública e ao meio ambiente dos resíduos gerados[26].

Note-se que a determinação acima trata dos produtos anteriormente regulamentados e amplia significativamente o rol. Neste ínterim, é fundamental destacar que o exposto no parágrafo primeiro deu origem à *exigência adicional* da logística reversa das embalagens de bens de consumo (com destaque aos produtos de higiene pessoal, perfumaria e cosméticos, produtos de limpeza, alimentos e bebidas) e dos medicamentos vencidos ou em desuso.

---

23. ABINEE – Associação Brasileira da Indústria Elétrica e Eletrônica. Programa recebe pilhas. Disponível em: http://www.abinee.org.br/informac/arquivos/pilhas.pdf .Acesso em: 08 out. 2020.
24. GREEN ELETRON. Página Institucional. Disponível em: https://www.greeneletron.org.br/blog/tudo-o--que-voce-precisa-saber-sobre-a-logistica-reversa-de-eletroeletronicos-e-pilhas/. Acesso em: 08 out. 2020.
25. MMA – Ministério do Meio Ambiente. Pilhas e baterias. Disponível em: https://sinir.gov.br/logistica-reversa/portarias-mma/63-logistica-reversa/126-pilhas-e-baterias. Acesso em: 08 out. 2020.
26. Lei 12.305/2010, que estabelece a Política Nacional de Resíduos Sólidos.

De forma a colocar em prática a logística reversa, a PNRS determina[27] que a definição discricionária de como cada sistema será operacionalizado deve ser estabelecida por meio dos instrumentos do *Acordo Setorial* e do *Termo de Compromisso*, firmados entre os atores privados e o Poder Público, antes da regulamentação direta.

Os Acordos Setoriais são *atos de natureza contratual, firmados entre o Poder Público e os fabricantes, importadores, distribuidores ou comerciantes, visando à implantação da responsabilidade compartilhada pelo ciclo de vida do produto*[28], e seu estabelecimento deve seguir requisitos específicos[29], incluindo estudos de viabilidade e consulta pública. Já os Termos de Compromisso não são definidos na norma, mas referidos como possibilidade, no caso de inexistência de Acordo Setorial para aquele produto ou para compromissos mais rígidos, devendo ser homologados pelo órgão ambiental competente[30].

Desde o ponto de vista do *compliance* ambiental, é fundamental perceber que essas alternativas regulatórias trazem grande benefícios de flexibilidade e de possibilidade de particularização dos sistemas em cada caso específico, abrindo a perspectiva da negociação para que empresas possam propor e discutir com o Poder Público as formas mais adequadas e viáveis de cumprimento legal.

3.4 Implementação dos sistemas de logística reversa em atendimento à PNRS

De forma a implementar as determinações da PNRS, o Governo Federal organizou grupos técnicos setoriais, com representantes de vários setores da sociedade publicou editais de chamamento aos Acordos e passou a negociar estes instrumentos individualmente com os representes dos setores.

Como resultado, de acordo com dados do Ministério do Meio Ambiente[31], além dos casos já descritos anteriormente, desde a promulgação da PNRS até outubro de 2020 foram estabelecidos compromissos para os sistemas de logística reversa de:

- Embalagens Plásticas de Óleo Lubrificante (Acordo Setorial publicado em 07.02.2013);
- Lâmpadas fluorescentes, de vapor de sódio e mercúrio e de luz mista (Acordo Setorial assinado em 27 de novembro de 2014);
- Embalagens em Geral (Acordo Setorial assinado em 25.11.2015);
- Embalagens de Aço (Termo de Compromisso assinado em 21.12.2018);

27. Art. 15 do Decreto 7.404/2010, que regulamenta a Lei 12.305/2010, que estabelece a Política Nacional de Resíduos Sólidos
28. Art. 19 do Decreto 7.404/2010.
29. Art. 20 a 29 do Decreto 7.404/2010.
30. Art. 32 do Decreto 7.404/2010.
31. MMA – Ministério do Meio Ambiente. Logística Reversa. Disponível em: https://sinir.gov.br/logistica-reversa. Acesso em: 08 out. 2020.

- Baterias Chumbo Ácido (Acordo Setorial assinado em 14.08.2019);
- Produtos Eletroeletrônicos e seus Componentes (Acordo Setorial assinado em 31/10/2019);
- Medicamentos Domiciliares Vencidos ou em Desuso (Decreto 10.388, de 05 de junho de 2020).

Cabe destacar que cada qual destes sistemas possui não apenas regras e condições próprias, mas distintos graus de maturidade. Assim, enquanto certos sistemas ainda estão se estruturando (caso de medicamentos, por exemplo), outros se encontram em operação, mas sem um sistema unificado ou entidade gestora própria (caso do OLUC, por exemplo).

Já outros já estão bastante bem estruturados e com resultados robustos (caso de embalagens de agrotóxicos). Embora cada caso traga desafios e dificuldades distintas que justificam em muitas situações essa diferença evolutiva, tais diferenças podem também podem ser explicadas por distintos graus de comprometimento, com reflexos no respectivo *compliance* ambiental.

Em outras palavras, a atuação das empresas é fator decisivo para que a logística reversa funcione. Em uma país com as dimensões do Brasil, contar apenas com a atuação de fiscais para controlar o comportamento dos agentes econômicos é praticamente inviável. Por essa razão é tão relevante o sistema a *compliance* ambiental.

Da mesma forma, a relação acima descrita revela que alguns sistemas se apoiam na regulação preexistente (caso dos setores regulamentados anteriormente), enquanto outros foram desenvolvidos a partir da negociação de Acordos Setoriais e Termos de Compromisso – o que denota o sucesso, ao menos parcial, da aposta do legislador nos processos de negociação e participação.

Este fato demonstra em si uma maturidade das empresas e seus representantes, que, participando das negociações junto com o Poder Público, foram capazes de obter o necessário consenso para estabelecimento dos Acordos e Termos, reflexo inequívoco de maior consciência sobre o *compliance*.

Destaca-se que no início das discussões, logo após a publicação da PNRS, muitas empresas e entidades que participavam das negociações sequer reconheciam a responsabilidade trazida pela Lei e, ao longo do processo, muitos mudaram de postura, assumindo compromissos e se dispondo a negociações mais propositivas. Embora isso não tenha ocorrido a todos, novamente fica demonstrada maior absorção das preocupações de *compliance* ambiental.

3.5 O *enforcement* da logística reversa no estado de São Paulo

Um aspecto bastante importante da implementação da logística reversa no Brasil é que, dada a sua diversidade socioeconômica e as diferenças de infraestrutura, é de se esperar que esse mecanismo tenha implementação de formas diferenciadas entre os estados da federação. Neste sentido, São Paulo se antecipou ao próprio governo federal e estabeleceu uma estratégia paralela para implementar a logística reversa em seu território[32].

São Paulo decidiu dividir a implementação da logística reversa em fases, optando pela negociação de Termos de Compromisso. Assim, inicialmente foi promulgada a Resolução SMA 38/2011, que solicitava propostas da parte das empresas e seus representantes. A partir dessas propostas, iniciou-se um processo de negociação ampla que culminou com 14 Termos de Compromissos assinados até o final de 2014. Ou seja, contou-se com a cooperação das empresas para efetivar a logística reversa.

Em 2015 uma segunda fase foi iniciada, com a promulgação da Resolução SMA 45/2015, que trouxe novas regras e passou a exigir a implementação dos sistemas. Essa mudança, bastante significativa, foi o reconhecimento de que a ação voluntária foi fundamental, mas havia chegado à saturação – fazendo-se necessário um mecanismo de *enforcement* na logística reversa, tema ainda hoje inexistente no restante do país. Neste sentido, a Resolução SMA 45/2015 determina que:

> Artigo 4º Para atendimento ao disposto no artigo 24, da Lei Federal 12.305, de 02 de agosto de 2010; no artigo 19, da Lei Estadual 12.300, de 16 de março de 2006; e no artigo 11, do Decreto Estadual 54.645, de 05 de agosto de 2009, a Companhia Ambiental do Estado de São Paulo – CETESB exigirá o cumprimento desta Resolução como condicionante para a emissão ou renovação da licença de operação[33].

A operacionalização dessa nova regra demandou da CETESB um extenso desenvolvimento das normas, elaboradas a partir da renovação dos Termos de Compromisso. Após a revisão desses Instrumentos, as equipes da agência ambiental do estado desenvolveram uma proposta contendo condições, metas e critérios que, após aprovação foi publicada como a Decisão de Diretoria CETESB 076/2018/C[34], posteriormente substituída pela Decisão de Diretoria CETESB 114/2019/P/C[35], a qual atualiza algumas das metas e condições[36].

Essa determinação, bastante ousada e inovadora, trouxe uma nova perspectiva à questão. Se antes a participação na negociação dos Termos e Acordos Setoriais (este

---

32. Para detalhes referentes a esse processo consulte: RIBEIRO, Flávio de Miranda; KRUGLIANSKAS, Isak. Implementação da Logística Reversa no Brasil: estudo de caso do Estado de São Paulo entre 2011 e 2018. In: XXI ENGEMA – Encontro Int. Gestão Emp. Meio Ambiente. Anais. São Paulo: FEA-USP, 2019.
33. Resolução SMA 45/2015
34. CETESB – Companhia Ambiental do Estado De São Paulo. Decisão de Diretoria CETESB 076/2018/C. Disponível em https://cetesb.sp.gov.br/wp-content/uploads/2018/04/DD-076-2018-C.pdf . Acesso em 08 de outubro de 2020.
35. CETESB – Companhia Ambiental do Estado de São Paulo. Decisão de Diretoria CETESB 114/2019/P/C. Disponível em: https://cetesb.sp.gov.br/wp-content/uploads/2019/10/DD-114-2019-P-C-Procedimento-para-a-incorpora%C3%A7%C3%A3o-da-Log%C3%ADstica-Reversa-no-%C3%A2mbito-do-licenciamento-ambiental.pdf. Acesso em: 08 out. 2020.
36. Para mais detalhes sobre esta Norma, consulte o artigo: BRUSADIN, Maurício, AMARAL FILHO, Geraldo. RIBEIRO, Flávio de Miranda. Termos de Compromisso: a incorporação da logística reversa no licenciamento ambiental. *RMAI – Revista Meio Ambiente Industrial*. São Paulo, p. 38-40, 01 jul. 2018.

em âmbito federal) resultando, portanto, no cumprimento da Lei, era feita apenas com base no grau de compromisso em relação ao *compliance* de cada ente, com a gradual entrada em vigor das novas normas, ocorreu uma pressão adicional para a busca de *compliance*.

Essa afirmação pode ser confirmada pelo exercício de poder de polícia efetivada pela CETESB em 2019, quando foram notificadas 346 empresas e lavrados 59 autos de infração por descumprimento da apresentação de Planos e Relatórios de Logística Reversa, o que teria sido responsável por ampliar de 27 para 60 o número de Planos apresentados, com um aumento de 44,8% no número de empresas inseridas, de 1.276 em 2018, para 1.848[37].

4. A EVOLUÇÃO DO *COMPLIANCE* DA LOGÍSTICA REVERSA NO BRASIL

Pelo exposto anteriormente, podemos perceber que é possível dividir o *compliance* da logística reversa no Brasil em três momentos evolutivos: 1. antes da PNRS; 2. após sua promulgação; e 3. na perspectiva futura trazida pelo vínculo das exigências de logística reversa com o licenciamento ambiental, na experiência do estado de São Paulo.

No primeiro desses momentos, vê-se que os quatro setores objeto de regulamentação anterior à PNRS tiveram, cada qual a seu tempo e intensidade, que atender a uma legislação estabelecida com base na regulação direta. Embora tenha havido a possibilidade de influência dos setores regulados na construção da regulação, principalmente dentro dos procedimentos participativos do CONAMA, não havia um movimento do poder público em trazer o tema à uma construção de fato colaborativa.

Naquele momento, a prevalência era de uma determinação das regras de caráter mandatário e o *compliance* no caso se dá apenas pelo estrito cumprimento de forma obrigatória dos ditames legais e procedimentos administrativos, sem previsão de gradualidade ou negociação caso a caso.

A promulgação da PNRS trouxe substancial mudança a esse panorama, com a previsão da definição das regras e requisitos da logística reversa de forma negociada nos Acordos Setoriais e Termos de Compromisso, em um sistema de governança.

Com isso, a legislação abriu um importante precedente para ampliar a flexibilidade no *compliance*, tanto pela possibilidade de participação dos entes regulados na construção dos requisitos durante a negociação destes Acordos e Termos, como pela previsão de que neste transcurso fossem deliberadamente consideradas questões de viabilidade e gradualidade – inclusive com a possibilidade de ampliação do diálogo por meio de consultas públicas e outros instrumentos.

37. CETESB – Companhia Ambiental do Estado de São Paulo. Avanços da Logística Reversa em 2019 no Estado. Disponível em: https://cetesb.sp.gov.br/blog/2020/01/08/avancos-da-logistica-reversa-em-2019-no-estado/. Acesso em: 08 out. 2020.

Este aspecto, aparentemente, permitiu que temas aos quais muitos representantes do setor produtivo eram refratários anteriormente, pudessem ser discutidos e negociados[38]. Ainda que em muitos casos os resultados dos sistemas objeto destes Acordos e Termos ainda estejam aquém do esperado, principalmente em termos da cobertura geográfica e da taxa de coleta dos resíduos, inequivocamente houve um avanço – em lugar de eventuais judicializações que poderiam ter surgido, caso o modelo mandatário tivesse sido aplicado.

Neste contexto, cabe destacar que o *compliance* ambiental não se restringe ao atendimento às regras postas, mas se amplia incluindo a participação na construção conjunta dos requisitos. Este aspecto individualmente já demonstra uma importante evolução de postura, seja do Poder Público, ao acreditar nessa possibilidade, seja das empresas, ao assumirem compromissos concretos em relação às responsabilidades definidas em Lei.

Porém, nem todas as empresas, entidades ou setores respondem da mesma forma à esta possibilidade de participação. Como mostra a experiência de São Paulo, em um dado momento torna-se necessário que as estratégias colaborativas sejam complementadas e fortalecidas por mecanismos de *enforcement*.

Embora ainda seja cedo para avaliar os efeitos da incorporação da logística reversa no licenciamento ambiental, as evidências apontam que esta medida induz ao *compliance* aquelas empresas menos comprometidas, que não haviam se apresentado ao diálogo voluntariamente. Mas, além disso, outro aspecto bastante importante é a mensagem que esta medida leva àquelas empresas que já haviam se comprometido anteriormente, demonstrando que seus esforços de *compliance* não foram em vão, e que aqueles que ainda não estavam fazendo sua parte passarão a ser cobrados pelo Poder Público.

Mais que isso, a medida tal qual foi proposta aplica a todos as regras negociadas, em cada caso, justamente com quem se apresentou voluntariamente ao diálogo, dando novo sentido e valor à participação voluntária nas negociações como reforço positivo a uma postura de *compliance* ambiental mais ampla.

5. CONCLUSÃO

O ponto central deste texto sobre *compliance* ambiental consiste no princípio da prevenção. A atuação da empresa deve pautar-se pelos parâmetros legais de proteção do ambiente, que encontram suporte na Constituição Federal, no que se refere à existência digna, ao princípio da função social da propriedade e do direito de todos ao meio ambiente ecologicamente equilibrado.

38. Este tema é analisado com mais profundidade, usando o referencial do "change management" da administração de empresas, no artigo: RIBEIRO, Flávio de Miranda. KRUGLIANSKAS, Isak. Critical factors for environmental regulation change management: evidence from an extended producer responsibility case study. *Journal of Cleaner Production*, v. 246, p. 119013, 2020. https://doi.org/10.1016/j.jclepro.2019.119013.

Mais que isso, a observância do princípio da prevenção trabalha a favor da própria empresa, pois no século XXI o cuidado com o ambiente e com o entorno das instalações é visto como um fator positivo em relação às atividades econômicas.

Por sua vez, um sistema de *compliance* ambiental bem estruturado pode proporcionar à empresa a possibilidade de atendimento a padrões privados do mercado, garantindo nichos de consumo especiais. Os próprios setores econômicos ser organizam em torno dessa sistemática, como forma de proteções contra problemas ambientais que possam prejudicar a sua imagem junto a governos e à própria sociedade, incluindo-se os consumidores.

Trata-se de um mecanismo útil para a empresa, cabendo lembrar que a complexidade de um sistema de *compliance* é proporcional à complexidade e dimensão da empresa, o que significa que é possível, inclusive para a média e pequena empresa estabelecerem seus sistemas.

Por fim, cabe assinalar a importância dos sistemas de *compliance* para a segurança dos bens e pessoas externas às atividades da empresa, que muitas vezes ficam extremamente prejudicadas com eventos deletérios ao ambiente, provocados pela miopia e pela falta de percepção da necessidade de cumprir a lei.

6. REFERÊNCIAS

ABINEE – Associação Brasileira da Indústria Elétrica e Eletrônica. *Programa recebe pilhas*. Disponível em: http://www.abinee.org.br/informac/arquivos/pilhas.pdf. Acesso em: 08 out. 2020.

BELL, Stuart; McGILLIVRAY, Donald; PEDERSEN, Ole; LEES, Emma; STOKES, Elen. *Environmental Law.* 9. ed. Oxford: Oxford Press, 2017.

BRUSADIN, Maurício, AMARAL FILHO, Geraldo. RIBEIRO, Flávio de Miranda. Termos de Compromisso – A incorporação da logística reversa no licenciamento ambiental. *RMAI – Revista Meio Ambiente Industrial*. São Paulo, p. 38-40, 01 jul. 2018.

CETESB – Companhia Ambiental do Estado de São Paulo. *Decisão de Diretoria CETESB 076/2018/C*. Disponível em: https://cetesb.sp.gov.br/wp-content/uploads/2018/04/DD-076-2018-C.pdf. Acesso em: 08 out. 2020.

CETESB – Companhia Ambiental do Estado de São Paulo. *Decisão de diretoria Cetesb 114/2019/P/C*. Disponível em: https://cetesb.sp.gov.br/wp-content/uploads/2019/10/DD-114-2019-P-C-Procedimento-para-a-incorpora%C3%A7%C3%A3o-da-Log%C3%ADstica-Reversa-no-%C3%A2mbito-do-licenciamento-ambiental.pdf. Acesso em: 08 out. 2020.

CETESB – Companhia Ambiental do Estado de São Paulo. *Avanços da Logística Reversa em 2019 no Estado*. Disponível em: https://cetesb.sp.gov.br/blog/2020/01/08/avancos-da-logistica-reversa-em-2019-no-estado/. Acesso em: 08 out. 2020.

COMISSÃO MUNDIAL SOBRE MEIO AMBIENTE E DESENVOLVIMENTO. *Nosso futuro comum*. 2. ed. Rio de Janeiro: FGV, 1991.

CONSELHO ADMINISTRATIVO DE DEFESA ECONÔMICA (CADE). *Guia para programas de* compliance. Disponível em: http://www.cade.gov.br/acesso-a-informacao/publicacoes-institucionais/guias_do_Cade/guia-compliance-versao-oficial.pdf. Acesso em: 14 out. 2020.

FEBRABAN. *Guia Boas Práticas Compliance*. Disponível em: https://cmsportal.febraban.org.br/Arquivos/documentos/PDF/febraban_manual_compliance_2018_2web.pdf. Acesso em: 14 out. 2020.

FERREIRA, Aurélio Buarque de Holanda. *Novo dicionário da língua portuguesa*. Rio de Janeiro: Nova Fronteira, 1986.

FREIRE, Laudelino. *Grande e novíssimo dicionário da língua portuguesa*. Rio de Janeiro: A Noite, 1943, v. IV, p. 4126.

GRANZIERA, Maria Luiza Machado. *Direito ambiental*. 5. ed. Indaiatuba: Foco, 2019.

GREEN ELETRON. *Página Institucional*. Disponível em: https://www.greeneletron.org.br/blog/tudo--o-que-voce-precisa-saber-sobre-a-logistica-reversa-de-eletroeletronicos-e-pilhas/. Acesso em 08 de outubro de 2020.

INPEV – INSTITUTO NACIONAL DE PROCESSAMENTO DE EMBALAGENS VAZIAS. *Sistema Campo Limpo em Números*. Página Internet institucional. Disponível em: https://inpev.org.br/sistema-campo-limpo/em-numeros/. Acesso em: 08 out. 2020.

LEITE, Paulo Roberto. *Logística reversa:* sustentabilidade e competitividade. São Paulo: Saraiva, 2017.

MMA – Ministério do Meio Ambiente. *Logística Reversa*. Disponível em: https://sinir.gov.br/logistica-reversa. Acesso em: 08 out. 2020.

MMA – Ministério Do Meio Ambiente. *Coleta de óleo lubrificante usado ou Contaminado – 2018* (ano base 2017). Disponível em: https://sinir.gov.br/images/sinir/LOGISTICA_REVERSA/Sistemas_Implantados_OLUC/Relatorio_CONAMA_OLUC_2018.pdf. Acesso em: 8 out. 2020.

MMA – Ministério do Meio Ambiente. *Pilhas e baterias*. Disponível em: https://sinir.gov.br/logistica-reversa/portarias-mma/63-logistica-reversa/126-pilhas-e-baterias. Acesso em: 08 out. 2020.

RECICLANIP. *Reciclanip*. Página Internet institucional. Disponível em: https://www.reciclanip.org.br/. Acesso em: 08 out. 2020.

RIBEIRO, Flávio de Miranda; KRUGLIANSKAS, Isak. Implementação da Logística Reversa no Brasil: estudo de caso do Estado de São Paulo entre 2011 e 2018. *XXI ENGEMA – Encontro Internacional sobre Gestão Empresarial e Meio Ambiente*. Anais. São Paulo: FEA-USP, 2019. Disponível em: http://engemausp.submissao.com.br/21/anais/.

RIBEIRO, Flávio de Miranda. Implantação da logística reversa: a primeira fase da experiência piloto do estado de São Paulo. In: AMARO, A.B.; VERDUM, R. (Org.). *Política Nacional de Resíduos Sólidos e suas interfaces com o espaço geográfico*: entre conquistas e desafios. Porto Alegre: Letra1, 2016, p. 101-117. Disponível em: https://www.lume.ufrgs.br/bitstream/handle/10183/147901/001001547.pdf?sequence=1&isAllowed=y.

RIBEIRO, Flávio de Miranda. KRUGLIANSKAS, Isak. Critical factors for environmental regulation change management: evidence from an extended producer responsibility case study. *Journal of Cleaner Production*, v. 246, p. 119013, 2020. https://doi.org/10.1016/j.jclepro.2019.119013

RIBEIRO, Flávio de Miranda. Logística Reversa. *Cadernos de Educação Ambiental* – v. 20. São Paulo: SMA-Secretaria do Meio Ambiente, 2014. Disponível em: https://www.infraestruturameioambiente.sp.gov.br/educacaoambiental/prateleira-ambiental/caderno-20-logistica-reversa/.

SILVA, José Afonso da. *Curso de direito constitucional positivo*. 42. ed. São Paulo: Malheiros, 2019.

THE AMERICAN HERITAGE DICTIONARY. Disponível em: https://ahdictionary.com/word/search.html?q=compliance Acesso: 14 out. 2020.

ANOTAÇÕES